운전면허보다 따기 쉬운

변액보험
판매관리사

한권으로 끝내기

시대에듀

머리말 PREFACE

변액보험판매관리사를 운전면허보다 쉽게 따는 방법!

저금리 시대, 평균 수명이 연장됨에 따라 장기적인 노후 대비로 변액종신보험이 대세라는 인식의 확산과 함께 차세대 주력상품으로 급부상한 변액보험을 둘러싸고 금융회사 간 경쟁이 치열해졌습니다. 그러므로 보험업계뿐만 아니라 은행, 금융투자업계도 변액보험판매관리사 확보에 적극적이므로 그 전망이 매우 밝습니다.

변액보험을 판매하기 위해서는 변액보험판매관리사 자격증이 필수입니다. 변액보험은 실적배당형 상품이기 때문에 일반보다 철저한 관리를 요하기 때문입니다.

공부에는 왕도가 없다지만, 학습에 할애할 시간이 많지 않은 직장인들을 위한 비결이 있습니다. 바로 운전면허를 취득할 때를 떠올리면 변액보험판매관리사를 쉽게 합격할 요령을 엿볼 수 있습니다.

변액보험판매관리사와 1종 보통면허의 3가지 공통 필승 공식

첫째, 한 번에 합격한다는 마음가짐!

변액보험을 팔기 위해서, 운전을 하기 위해서 꼭 있어야 하는 필수 자격증입니다.
어차피 따야 한다면, 한 번에 합격한다는 필승의 자세가 필요합니다.

둘째, 70점 이상만 받으면 된다!

만점을 받으면 뿌듯하겠지만 절대평가이므로 70점 이상만 받는다면
100점을 받으나 71점을 받으나 똑같이 합격입니다. 지나치게 많은
시간과 비용을 투자하기보다는 전략적으로 다가가는 것이 중요합니다.

셋째, 기출문제를 많이 풀어보면 된다!

알고 보면 당연한 말인데 글로 보면 머리가 아픕니다.
모든 내용을 암기하려고 하기보다 나올만한 문제를 반복해서 많이 풀어보는 것이 중요합니다.

운전면허보다 따기 쉬운 변액보험판매관리사 한권으로 끝내기는 실제 출제된 문제를 바탕으로 만들어졌습니다. 최소한으로 알아야 할 기본 이론을 강남 족집게 과외처럼 핵심만 짚어낸 핵심이론요약과 각 장마다 이론에 해당하는 핵심예제와 엑기스 문제만 뽑아 만든 기출 변형 15회 최종모의고사만 마스터한다면 어느덧 합격의 문턱에 다다를 것입니다.

본서가 변액보험판매관리사 자격시험에 도전하는 수험생 여러분에게 최종 합격의 길잡이가 되어 경쟁력 있는 보험왕으로 성장하는 데 도움이 될 수 있기를 진심으로 바랍니다.

시대금융자격연구소 올림

시험안내 INFORMATION

》》 변액보험판매관리사 시험안내

합격은 총 100점 만점을 기준으로 하여 70점 이상 득점한 경우이며, 총 40문항으로 문항별 배점은 약 2.5점입니다. 40문항에서 28문항 이상을 득점해야 합격입니다.

▶ **시험 과목 및 비중**

- 시험범위는 변액보험 교재, 모집종사자의 직업윤리, 경제 일반상식 등에서 출제됩니다.
- 시험은 진위형(O · X), 4지선다형으로 출제되며 시험시간은 총 75분(CBT 60분)입니다.

변액보험판매관리사 시험 과목	비 중
제1장 금융시장의 이해	35~40%
제2장 생명보험의 이해	5~15%
제3장 변액보험의 이해	30~40%
제4장 보험공시 및 예금자보호제도	5~15%
일반상식	5%

》》 PBT 시험개요

▶ **응시자격**

보험업법 제83조(모집할 수 있는 자)에 규정된 모집종사자 중 생명보험계약의 체결을 대리 또는 중개할 수 있는 자)

▶ **시험 실시 지역**

전국 7개 지역(지역별 응시 신청 인원 규모에 따라 일부 조정 가능)

▶ **응시신청**

응시 예정자의 소속 생명보험회사를 통해 생명보험협회 전산시스템으로 일괄 신청(개인별 응시신청 불가)

▶ **응시신청서류**

응시신청서, 재직증명서 및 개인정보 수집 · 이용에 관한 동의서 각 1부(생명보험회사 임직원인 경우)

▶ **응시신청수수료**

생명보험회사는 자사 소속 응시 신청자의 응시신청수수료(40,000원(부가세 포함))를 협회에서 지정하는 금융기관의 소속회사(본사) 명의로 일괄 납부

▶ **합격기준**

100점 만점 기준 70점 이상 취득 시 합격

》 CBT 시험개요

▶ CBT 시험이란?
시험 응시자가 종이가 아닌 컴퓨터로 시험을 보는 방식으로, 개별 응시자가 응시 신청, 시험 응시, 결과 확인까지 일련의 과정을 컴퓨터를 통해 진행합니다.

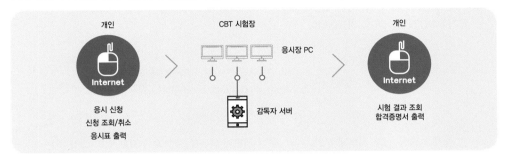

▶ 응시자격
응시 신청 당시 협회에 등록되어 생명보험상품을 판매할 수 있는 설계사, 대리점유자격자, 대리점 소속 설계사

▶ 응시접수
❶ 협회 홈페이지 내 〈변액보험판매자격시험 CBT 홈페이지〉에서 개인 접수

❷ 응시 신청 수수료 : 40,000원(부가세 포함)

❸ 취소 및 환불
- 접수 기간 내 취소 : 100% 환불
- 별도의 취소 가능기간이 명기된 경우 : 취소가능기간 내 100% 환불
- 취소기간 이후 취소불가
- 취소방법 : 협회 자격시험홈페이지에서 응시신청자가 직접 취소
- 수수료 환불 : 변액보험판매자격시험 및 자격관리에 관한 규정에서 정한 바에 따름

❹ 합격자 발표 : 시험일 당일(지면시험으로 대체하는 등 당일 발표가 불가능한 경우 시험일의 익일)

❺ 시험결과 조회 : 협회 홈페이지 내 자격시험 조회에서 본인인증을 거쳐 합격여부/합격일/자격번호/점수 조회 가능

▶ 시험응시
❶ 응시 신청 시 선택한 협회 CBT 시험장에서 실시(시험시간 60분)

❷ 신분증(주민등록증, 운전면허증, 여권) 미지참 시 시험응시 불가

▶ 합격기준
100점 만점 기준 70점 이상 취득 시 합격

※ 시험 관련 사항은 사정에 따라 변경될 수 있으므로 시험 응시 전 생명보험협회 홈페이지에서 다시 한 번 확인하시기 바랍니다.

합격 전략 ANALYSIS

⟫ 한눈에 알아보는 변액보험판매관리사 합격 전략!

운전면허를 따기 위해서는 필기와 실기를 모두 합격해야 합니다. 하지만 필기를 100점 맞지 못해도 운전을 하는 데는 지장이 없기 때문에 운전면허 공부를 고시처럼 할 필요가 없습니다. 더군다나 직접 해보면 쉽게 이해할 내용을 이론에는 어렵게 서술해 놓았기 때문에 문제를 여러 번 풀어보는 편이 필승 방법입니다. 변액보험판매관리사 취득 요령도 이와 일맥상통하지만 지피지기면 백전백승! 본격 문제풀이에 앞서 장별 핵심적인 부분과 최소한의 암기할 POINT를 짚어드리겠습니다.

제1장 ㅣ 금융시장의 이해

금융시장과 금융상품의 기본 개념을 정확히 이해하고 넘어가야 합니다.

출제 비중은 전체 시험에서 35~40%를 차지하기 때문에 학습에 투자를 많이 해야 하는 과목입니다. 기존에 펀드투자권유대행인, 증권투자권유대행인 등 타 자격증을 공부한 적이 있는 분들이라면 수월하게 넘어갈 수 있지만, 처음 수험준비를 하시는 분들이라면 까다로울 부분입니다. 특히, 금융상품의 공통점과 차이점을 비교하며 살펴보세요.

제2장 ㅣ 생명보험의 이해

변액보험을 공부하기에 앞서 상위 개념인 생명보험에 대해 살펴보는 장입니다.

보험업에 종사하고 있는 분들이라면 친숙하실 부분입니다. 출제 비중은 5~15% 정도로 높지 않으나, 생명보험상품과 보험 약관에 대한 기본 개념을 정립하는 부분이기 때문에 이 장에서 야무지게 공부한다면 제3장에서는 변액보험의 특징에 대해서만 추가로 준비하면 될 것입니다. 생명보험 상품의 종류, 형태, 약관 그리고 관련 세제 등을 다루고 있습니다.

제3장 ㅣ 변액보험의 이해

변액보험판매관리사 자격증의 본론입니다.

전체 시험에서 30~40%를 차지하며 제1장과 비슷한 비중이지만, 다른 자격증에서는 이렇게 미시적으로 다루지 않아, 이 장은 현업에 종사해도 낯설 수밖에 없습니다. 변액상품과 약관의 기본 내용, 변동보험금을 계산하는 방법 등이 자세하게 나옵니다. 변액상품 간의 특징과 차이에 관해 숙지해둔다면, 시험에는 물론 실무에서 고객 상담을 할 때 유용하게 사용할 재산이 될 것입니다.

제4장 | 보험공시 및 예금자보호제도

완전 판매를 위한 지식을 쌓는 장입니다.

출제 비중은 5~15% 정도지만 완전 판매를 하려면 소홀히 해서는 안 되는 장입니다. 상품에 관한 풍부한 지식으로 보험을 판매하는 것도 중요하지만, 이후 관리할 때 필요한 부분이기 때문입니다. 수익률 등 어떤 공시를 어디에서 볼 수 있는가를 알 수 있습니다. 또한, 변액보험 판매 시 준수 사항을 지키는 것은 고객을 보호하기도 하지만 판매자도 보호받을 수 있는 길입니다. 시험을 위해서라면 기본 개념과 용어만 숙지하는 정도로 공부하면 됩니다.

Check Point

변액보험판매관리사 시험교재인 변액보험의 이해와 판매는 크게 4장으로 구성되어 있습니다. 각 장은 유기적으로 연결되어 있기 때문에 공부의 내용은 결국 하나입니다. 제1장을 통해 금융시장 전반에 걸친 지식을 쌓을 수 있고, 변액보험은 생명보험의 한 부분이기 때문에 제2장에서 생명보험 전반을 알아본 후, 제3장에서 변액보험에 대해 집중적으로 살펴봅니다. 그리고 제4장에서 보험공시와 예금자보호를 공부하며 마무리합니다.

이 시험의 특징이라면 40문제 중 2문제는 교재에 없는 일반상식에서 출제된다는 점입니다. 단지 시험을 위한 공부라고 생각하지 마시고, 실무에 필요한 지식을 쌓는다는 자세로 학습에 임하시길 바랍니다.

1. 전날에 무리하지 말고 컨디션 관리!

밤샘 벼락치기 혹은, 지나친 음주는 집중력의 저하를 가져옵니다. 시험 시간만은 충실한 자세로 임할 수 있도록 최상의 컨디션을 유지하세요.

2. 시험 볼 때 준비물챙기기!(필수 : 신분증 · 컴퓨터용 사인펜, 선택 : 시계 · 물 · 초콜릿 · 휴지 등)

신분증이 없으면 시험응시가 불가합니다. 답안지 마킹 시 필요한 컴퓨터용 사인펜과 기타 시험에 도움이 되는 준비물을 챙기세요.

3. 문제지는 받자마자 훑어보고 쉬운 문제부터 풀기!

한 문제 당 주어진 시간은 1.87분입니다. 자신 있는 과목부터 풀며 시간을 배분하면 그만큼 효율적으로 사용할 수 있습니다.

이 책의 목차 CONTENTS

이론편

시동걸기

교육은 우리 자신의 무지를
점차 발견해 가는 과정이다.

- 윌 듀란트 -

체크포인트

■ 금융시장과 금융상품

직접금융·간접금융, 장·단기금융시장, 화폐시장·자본시장, 발행시장·유통시장, 금융시장 6가지 기능, 선물·선도·옵션·스왑, 금리 종류 4가지, 원리금·만기수령액 계산, 은행의 고유업무·부수업무, 저축성 상품·특수목적 상품, CMA, MMF, MMDA, 투자신탁·투자회사, COFIX

■ 주식시장의 이해

주식, 우선주, 무상증자, 기업공개, 상장, 매매거래중단제도(Circuit Breakers), 사이드카, 권리락·배당락, 레버리지효과, 주식투자수익률의 변동요인(물가, 금리, 환율, 원자재 관계), 가격우선원칙, 자본시장법 불공정거래행위, KOSPI200, 지정가주문, EPS·PER·PBR, BSI

■ 채권시장의 이해

채권, 주식과 차이, 만기수익률, 할인채·복리채·이표채, 신용등급, 금융감독원·금융투자협회 역할, 채권수익률 계산, 채무불이행, 세후수익률 계산, 전환사채, 교환사채, 신주인수권부사채, 신용도, 유동성

■ 세금과 금융투자상품

소득세·주민세·상속세, 금융소득종합과세, 과세·비과세 구분, 퇴직소득·양도소득

■ 금융상품의 선택기준과 요령

목적·기간·안전성·수익성·환금성·저축기관, 확정금리·연동금리·실적금리, 안정성·환금성·수익성, MMDA·MMF 구분

학습전략

출제비중 35 ~ 40%로 전체 범위에서 가장 많은 비중을 차지한다. 리츠, 스왑 등 평소에 자주 접해보지 못하는 낯선 용어들이 많이 등장해 공부하기 까다로우며, 특히 금융회사의 고유업무나 상품의 종류들은 기본적인 암기가 필요하기 때문에 여러 번 읽어보며 눈에 익숙해지도록 하자.

1   금융시장의 구조

(1) 금융과 금융시장

① 금융 : 가치이전의 수단으로서 통화의 순환이 이루어지는데서 발생되는 돈(자금)의 융통을 말한다.

② 금융시장 : 기업, 가계, 정부, 금융기관 등 경제주체들이 금융상품을 거래, 필요자금 조달, 여유자금을 운용하는 장소를 말한다.

> ●COMMENT●   조직화된 장소뿐만 아니라 비조직화된 장소도 모두 포함하며 물리적인 장소만 의미하는 것은 아니다.

③ 시장의 크기 : 자본시장 > 유통시장 > 주식시장 > 한국거래소

(2) 금융시장의 종류

① 직접금융시장 : 대표적으로 증권회사가 있으며, 자금 수요자가 자기명의로 발행한 증권을 자금 공급자에게 교부하고 자금을 직접 조달하는 시장이다.

② 간접금융시장 : 대표적으로 은행이 있으며, 자금 공급자에게서 자금을 받아서 자금 수요자에게 제공하는 중개의 역할을 수행하는 금융기관이다.

(3) 금융기관

정보와 금융상품을 제공하고, 자금의 공급자와 수요자 사이에 유통되도록 하는 역할을 수행한다.

① 은행 : 자금 공급자(예금자)로부터 자금을 모아 자금 수요자(기업 혹은 가계)에게 자금을 공급한다.

② 증권회사 : 기업이 발행하는 자금증서(주식, 채권)를 투자자에게 판매한다.

핵심예제

다음 중 금융시장과 금융기관에 대한 설명으로 틀린 것은?

① 금융시장의 경제 주체는 기업, 가계, 정부, 금융기관 등이다.

② 금융시장은 물리적인 장소에 한한다.

③ 기업(수요자)이 주식이나 사채를 발행하여 증권시장에 내다파는 것은 직접금융에 속한다.

④ 간접금융은 자금 공급이 가능한 사람과 필요한 사람을 중개하는 역할이다.

해설   IT 기술이 발달하면서 특정 물리적 공간이 아닌 온라인 상에서도 거래가 가능해져 시장의 의미가 확대되었다. 🎯 ②

③ 보험회사 : 보험계약자로부터 보험료를 받고 수취한 보험료를 금융상품에 투자하여 보험금을 지급하는 역할을 하는데 보험료를 운용하는 과정에서 금융상품 투자나 대출을 하기도 한다.

• COMMENT • 보험회사의 금융상품 투자와 대출 등은 보험계약에서 발생하는 보험료에 기반하고 있기 때문에 은행이나 증권사에 비해 만기가 길다는 특징이 있다.

2 금융시장의 기능 ★★★

• COMMENT • 금융시장의 기능에 해당하지 않는 것을 찾는 문제로 자주 출제되므로 모두 외워두는 것이 좋다.
- 자금 중개
- 유동성 제공
- 위험관리
- 금융자산가격의 결정
- 거래비용 절감
- 시장규율

(1) 자금 중개

금융시장은 자금잉여 부문을 좋은 투자기회를 가지고 있는 기업에 적절히 배분하고, 가계에 적절한 자산운용과 차입기회를 제공한다. 즉, 여유자금을 필요한 곳으로 이전해 줌으로써 국민경제 내의 자금을 보다 효율적으로 활용하여 새로운 부가가치를 창출한다.

(2) 금융자산가격의 결정

수요자와 공급자 간에 끊임없이 적정가치를 찾아가는 과정을 거쳐 금융자산의 가격을 결정한다. 새로운 정보가 신속하게 반영된 금융자산의 가격을 참조하여 개별 경제주체들은 소비나 투자 등을 결정한다. 이때 자금의 가치를 나타내는 기준을 **이자율**이라고 한다.

① 주식시장 : 주식시장에 상장된 회사의 가치는 경영성과와 비례
  ㉠ 성과가 좋을 때 : 기업가치 상승 → 주식 수요 상승 → 주가 상승
  ㉡ 성과가 나쁠 때 : 기업가치 하락 → 주식 수요 하락 → 주가 하락
② 채권시장 : 주식시장과 유사
  ㉠ 채권 수요(자금 공급)가 증가할 때 : 채권 가치 상승 → 채권 수익률 하락
  ㉡ 채권 수요(자금 공급)가 감소할 때 : 채권 가치 하락 → 채권 수익률 상승

핵심예제

다음 중 금융시장의 기능으로 볼 수 없는 것은?
① 자금을 중개하는 기능
② 금융자산의 가격을 결정하는 기능
③ 변동성 제공
④ 거래비용을 감소시키는 기능

해설 금융상품의 가격은 시장상황에 따라 달라질 수 있는 변동성(위험)을 가지고 있다. 금융시장은 이러한 변동성을 줄일 수 있는 수단을 제공한다. **달 ③**

> **●COMMENT●** 채권 수요 = 채권 매수자 = 자금 공급
> 투자자(채권자)가 회사(채무자)에 돈을 빌려주고 채권을 가져간다고 생각하면 된다. 그러므로 채권 수요자는 돈을 빌려주겠다는 사람이다. 빌려야 할 돈은 정해져있는데 돈을 빌려주겠다는 사람이 늘어나면 이율이 낮아질 수밖에 없다.

(3) 유동성 제공

금융시장이 발달하면 보유하고 있는 자산을 필요한 경우 시장에 매각하여 손실 없이 현금으로 바꿀 수 있는 유동성이 확보된다.

> **●COMMENT●** 부동산은 급하게 현금화하려면 급매로 내놓아야 한다. 그렇게 되면 보통 시세보다 싸게 팔아야 할 확률이 높은데다 원하는 때 팔릴 거라는 보장도 없다. 이를 두고 유동성이 낮다고 표현한다. 반대로 수시입출금식 예금은 필요할 때 손쉽게 찾을 수 있으므로 유동성이 높다.

(4) 거래비용 절감

금융시장이 조직화되고 효율적으로 발달하면 모든 정보가 금융자산가격을 통해 전파되므로 탐색비용과 정보비용이 크게 줄어든다.

① 탐색비용 : 금융거래 의사를 밝히고 거래 상대방(공급자 혹은 수요자)을 찾는데 소요되는 비용을 말한다.

② 정보비용 : 금융자산의 투자가치를 평가하기 위해서 필요한 정보를 얻는데 소요되는 비용이다.

(5) 위험관리

시장참가자들은 금융시장을 통해 다양한 금융상품과 금융거래를 제공받음으로써 위험을 관리할 수 있다. 변동성을 위험이라고 하며 가령 금융상품 투자자에게는 금융상품의 가치변동, 가계의 경우 가장이 사망할 경우 줄어들 소득 등을 말한다. 원금을 지키지 못할 확률이 높은 투자처일수록 수익률이 높은 경우가 많다. 이에 원금을 손해볼 확률이 있더라도 수익률이 높은 곳에 투자하는 사람을 위험선호도가 높은 투자자, 수익률보다는 원금 보전(안전성)을 중시하는 자를 위험회피도가 높은 투자자라 한다. 각자 위험선호도에 맞는 자금운용전략을 취할 수 있도록 하며 자금중개 규모도 늘어나게 된다.

핵심예제

금융시장의 기능 중 위험관리에 대한 설명으로 옳은 것은?

① 다양한 금융상품과 금융거래를 이용하여 위험을 관리할 수 있다.
② 위험도와 수익률은 대체로 반비례한다.
③ 위험감내도가 높은 투자자를 위험회피도가 높은 투자자라고 한다.
④ 위험선호도가 높은 투자자에게는 원금이 보장되는 예금을 추천한다.

해설 ② 비례하고, ③ 위험을 잘 버티는 투자자는 위험선호도가 높다고 하며, ④ 원금이 보장되는 예금은 위험회피도가 높은 투자자에게 추천한다.

답 ①

보험은 위험으로부터 경제주체가 겪을 수 있는 소득의 변동, 투자가치의 변동을 줄이는 기능을 한다. 또한 우연한 사고로 인한 치료비와 재산피해를 보상해 주는 역할을 한다.

> **●COMMENT●** • 위험회피도 높은 사람 – 저위험 · 저수익
> • 위험선호도 높은 사람 – 고위험 · 고수익

(6) 시장규율

금융시장의 평가가 해당 주식이나 채권의 금리 혹은 가격 변동에 반영되어 참가하는 기업과 정부를 감시하고 평가하여 행위를 규율하는 기능을 한다.

> **●COMMENT●** 반드시 그런 것은 아니지만 일반적으로 신용도가 낮은 기업은 주식 가격도 싸다. 이는 시장의 평가가 주가에 반영된 것이라 볼 수 있다.

[금융시장과 자금흐름]

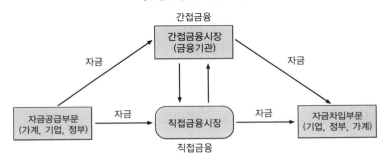

3 금융시장의 유형

광의의 금융시장에는 은행과 같은 예대시장, 집합투자시장(펀드시장), 신탁업시장, 보험시장이 있고, 협의의 금융시장은 전통적 금융시장과 외환시장, 파생금융상품시장으로 나눌 수 있다. 여기서 금융시장은 협의의 금융시장을 대상으로 한다.

핵심예제

시장의 평가가 해당 주식이나 채권의 금리 혹은 가격 변동에 반영되어 참가하는 기업과 정부를 감시하고 평가하는 것을 금융기관의 어떤 기능이라고 하는가?

① 유동성 제공
② 거래비용 절감
③ 시장규율
④ 위험관리

> **해설** 금융회사의 경영결과가 시장의 소비자, 투자자들에게 영향을 미치고 소비자와 투자자들의 행위가 시장의 움직임으로 나타나 다시 금융회사의 행위를 규율하는 것을 의미한다. **답** ③

(1) 단기금융시장(자금시장)과 장기금융시장(자본시장) ★★★

① 단기금융시장(자금시장) : 보통 만기 1년 이내의 금융자산이 거래되는 시장이다. 기업, 개인 또는 금융기관이 일시적인 여유자금을 운용하거나 부족자금을 조달하는데 활용된다.

② 장기금융시장(자본시장) : 보통 만기 1년 이상의 장기채권이나 만기가 없는 주식이 거래되는 시장이다. 주로 기업, 정부 등 자금부족부문이 장기적으로 필요한 자금을 조달하는데 활용된다.

●COMMENT● 장기와 단기를 구분하는 기준은 일반적으로 만기 1년이다. 채권, 주식과 같은 장기자산은 가격변동폭(리스크)이 크기 때문에 기대수익률이 일반적으로 단기금융상품보다 높게 형성되며, 이를 이자율 기간구조라고 한다.

[한국의 금융시장 구조(협의)]

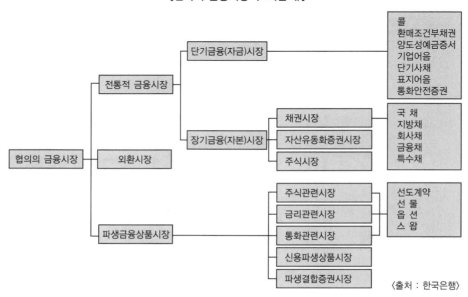

〈출처 : 한국은행〉

금융시장의 유형에 대한 설명 중 틀린 것은?

① 거래되는 금융상품의 만기 1년을 기준으로 단기금융시장과 장기금융시장으로 구분된다.
② 단기금융시장은 일시적 여유자금을 운용하거나 부족자금을 조달하는 데 활용된다.
③ 자본시장은 기업, 정부 등 자금부족부문이 장기적으로 필요한 자금을 조달하는 데 활용되며 주식시장과 채권시장을 포함한다.
④ 광의의 금융시장은 전통적 금융시장과 외환시장, 파생금융상품시장으로 구분할 수 있다.

해설 광의가 아니라 협의에 대한 설명이고, 광의의 금융시장은 예대 · 펀드 · 신탁업 · 보험시장이다. 답 ④

단기금융시장

통상 만기가 1년 미만인 금융상품이 거래되는 시장을 단기금융시장이라 하며, 규모가 크고 시장참가자는 주로 일반 개인이 아닌 금융기관이나 연기금 또는 일부 기업 위주이다.

- 콜시장 : 금융기관이 초단기로 일시적인 여유자금을 대여(콜론)하거나 부족자금을 차입(콜머니)하는 금융기관 간 자금시장이다. **콜거래의 최장만기는 90일 이내**로 제한되며 만기가 1일인 익일물거래가 전체 거래의 대부분을 차지하고 있다.
- 기업어음시장 : 기업어음시장은 기업이 단기자금을 조달할 목적으로 상거래와 관계없이 발행한 융통어음(CP ; Commercial Paper)이 거래되는 시장이다. 이 시장은 무담보가 원칙으로 신용도가 우량한 기업이 발행하고, 금융투자회사와 종금사가 이를 할인하여 매출하며, 주로 은행, 보험사 등이 매입하여 만기까지 보유한다. CP의 만기 제한이 폐지됨에 따라 6개월 이상 장기물 비중이 늘어나는 추세지만, **통상 3개월 이내**의 만기물이 주로 발행된다.
- 양도성예금증서시장 : 은행의 정기예금에 양도성을 부여한 증서(CD ; Negotiable Certificate of Deposit)가 거래되는 시장이다. 최단만기가 30일 이상으로 제한되어 있으나 주로 만기가 3개월, 6개월물이 많으며 만기 전 중도환매는 불가하다.
- 환매조건부채권매매시장 : 일정기간 경과 후에 **일정한 가격으로 동일채권을 다시 매수하거나 매도할 것을 조건**(RP ; Repurchase Agreement)으로 채권이 거래되는 시장이다. 채권보유자는 단기자금이 필요한 경우 채권을 담보로 손쉽게 자금을 조달할 수 있다.
- 통화안정증권시장 : 한국은행이 통화량을 조절하기 위하여 금융기관 또는 일반을 대상으로 발행하는 통화안정증권(MSB ; Monetary Stabilization Bond)이 거래되는 시장이다. 통화안정증권의 만기는 14일(2주)에서 2년까지 13종으로 정형화되어 있다.
- 표지어음시장 : 금융기관이 보유하고 있는 상업어음, 무역어음 또는 팩토링 어음을 분할·통합하여 새롭게 발행한 약속어음의 일종인 표지어음이 거래되는 시장이다. 표지어음은 최장만기에 대한 별도의 제한 없이 원어음의 잔여만기 이내로 발행되며 3개월 만기가 대부분을 차지한다.
- 단기사채시장 : 기업어음시장의 단점을 보완하는 한편 중장기적으로는 기업어음시장을 대체하기 위해 2013년 1월 도입되었다. CP와 동일한 성격을 유지하면서도 전자방식 발행, 발행정보 공시 등을 통해 CP의 단점을 크게 개선하였으며 발행금액 최소 1억원 이상, 만기 1년 이내로 발행해야 하는 점이 CP와 다르다.

다음 중 단기금융시장에서 거래되는 상품으로만 묶여진 것은?

① 기업어음, 금융채, 회사채
② 표지어음, 통화안정증권, 상장주식
③ CD, 통화안정증권, 표지어음, 단기사채시장
④ 회사채, 금융채, 상장주식

해설 **단기금융시장(자금시장)과 장기금융시장(자본시장)**
- 단기금융시장 : 콜, 환매조건부채권, 양도성예금증서, 기업어음, 표지어음, 통화안정증권, 단기사채시장
- 장기금융시장 : 채권시장(국채, 지방채, 회사채, 금융채, 특수채)과 주식시장

답 ③

(2) 외환시장

외환의 수요자와 공급자 간의 외환거래가 정기적 또는 지속적으로 이루어지는 시장을 가리킨다. 일반고객과 외국환은행 간 외환거래가 이루어지는 대고객 시장과 외국환은행 간 외환거래가 이루어지는 은행 간 시장으로 나누어진다.

① 외환시장의 종류

㉠ 현물환 및 선물환시장 : 현물환(Spot)거래는 계약일로부터 2영업일 이내에 외환의 인수도와 결제가 이루어지는 거래를 말한다. 선물환(Forward)거래는 계약일로부터 통상 2영업일 경과 후 미래의 특정일에 외환의 인수도와 결제가 이루어지는 거래를 말한다.

- Outright Forward거래 : 일방적인 선물환 매입 또는 매도거래만 발생하는 거래로 만기시점에 실물의 인수도가 일어나는 일반선물환거래와 만기시점에 실물의 인수도 없이 차액만을 정산하는 차액결제선물환(NDF)거래로 구분
- Swap Forward거래 : 선물환거래가 쌍방으로 스왑거래의 일부분으로서 일어나는 거래

㉡ 통화선물 및 통화옵션시장 : 통화선물거래란 거래소에 상장되어 있는 특정 통화에 대하여 시장참여자 간 호가방식에 의해 결정되는 선물환율로 일정기간 후에 인수도할 것을 약정하는 거래를 말한다. 통화옵션거래란 미래의 특정시점에 특정통화를 미리 약정한 가격으로 사거나 팔수 있는 권리를 매매하는 거래를 말한다. 통화옵션거래는 거래소나 장외시장에서 모두 거래되나 우리나라의 경우 장외시장에서의 거래가 보다 활발하다.

> **●COMMENT●** 선물환거래와 통화선물거래의 비교
> - 유사점 : 계약 시점에서 약정한 가격으로 미래의 일정시점에 특정 통화를 매입 또는 매도하는 거래
> - 차이점 : 장외거래인 선물환거래와 달리 거래소가 존재하는 통화선물거래는 거래조건의 표준화, 거래계약의 이행을 보증하는 거래소의 청산소, 일일정산제도, 증거금 예치제도 등이 존재하는 거래이며, 선물환거래는 만기일에 실물인수도가 이루어지지만 통화선물거래는 최종 결제일 이전에 대부분 반대거래를 통하여 차액을 정산하는 거래

핵심예제

장외시장에 대한 설명으로 틀린 것은?

① 거래소 이외의 시장에서 이뤄지는 거래를 말한다.
② 매매 당사자가 직접적으로 거래하는 직접거래시장과 딜러가 중개하는 점두시장으로 구분된다.
③ 거래정보가 매우 투명하다.
④ 스왑(Swap)은 장외파생상품으로 볼 수 있다.

해설 장외시장은 거래정보가 매우 불투명하다.
장외시장
- 비상장된 유가증권 등이 거래소 이외의 장소에서 거래
- 직접거래시장(당사자 간의 직접적 거래)과 점두시장(브로커 개입)으로 구분
- 투명성이 낮은 편

답 ③

ⓒ 외화자금시장 : 금리를 매개변수로 하여 대출과 차입 등 외환의 대차거래가 이루어지는 시장
을 말한다. 대표적으로 외환스왑시장과 통화스왑시장이 있다.

- 외환스왑(FX Swap) : 거래 양 당사자가 현재의 계약환율에 따라 서로 다른 통화를 교환하
고, 일정기간 후 최초 계약시점에서 정한 선물 환율에 따라 원금을 재교환하는 거래
- 통화스왑(Currency Swap) : 서로 다른 통화로 표시된 원금을 교환하고 일정기간 동안 그
원금에 대하여 미리 정한 이자지급조건으로 이자를 교환한 다음 만기 시 미리 약정한 환율
로 원금을 재교환하는 거래

●COMMENT● 외환스왑은 주로 1년 이하의 단기자금 조달 및 환리스크 헤지 수단으로 이용되는 반
면 통화스왑은 주로 1년 이상의 중장기 환리스크 및 금리리스크 헤지 수단으로 이용
된다는 점과 외환스왑은 스왑기간 중 해당 통화에 대해 이자를 교환하지 않고 만기시
점에 양 통화 간 금리차이를 반영한 환율(계약시점의 선물환율)로 원금을 재교환하나,
통화스왑은 계약기간동안 이자를 교환하고 만기시점에 처음 원금을 교환했을 때 적용
했던 환율로 다시 원금을 교환한다는 점에서 차이가 있다.

(3) 파생금융상품시장 ★★

금리나 환율변동으로부터 예상외의 손실이 발생하는 위험을 회피하기 위하여 고안된 것이다. 이는 환
율, 금리, 주가의 변동으로 기초금융자산 및 부채의 가치가 달라짐에 따른 리스크를 회피하기 위한 신
종금융상품으로 파생이라는 표현은 파생금융상품의 가치가 외환, 채권, 주식 등 기초자산의 가치변동
으로부터 파생되어 결정되기 때문에 붙여진 이름이다.

① 기초자산 기준 : 금리/통화/주식/실물상품
② 거래장소 기준 : 장외/장내 거래
③ 거래형태 기준 : 선도, 선물, 옵션, 스왑

ⓐ 선도 : 선물과 유사한 개념이지만 표준화된 거래소가 아니라 개별적 조건에 맞춘 장외거래라
는 차이가 있다.

핵심예제

다음 중 금융시장별 거래되는 금융상품이 바르게 연결된 것은?

① 단기금융시장 : 회사채, 자산유동화증권
② 장기금융시장 : 옵션, 스왑
③ 외환시장 : 선물환, 통화선물
④ 파생금융상품시장 : 통화안정증권, 환매조건부채권

해설 ① 회사채, 자산유동화증권은 장기금융시장에서 거래된다.
② 옵션, 스왑은 파생금융상품시장에서 거래된다.
④ 통화안정증권, 환매조건부채권은 단기금융시장에서 거래된다.

답 ③

ⓛ 선물 : 거래소에서 통화, 금리, 주가지수 등을 대상으로 표준화된 계약조건으로 매매계약 체결 후 일정기간이 경과한 뒤에 미리 결정된 가격에 의하여 그 상품의 인도와 결제가 이루어지는 거래를 말한다.

●COMMENT● 여기서 선물은 생일에 주고받는 선물(膳物 ; Gift)의 의미가 아니라 물건(物)을 받기 전에 먼저(先)하는 계약이라는 의미의 선물(先物 ; Futures)이다.

ⓒ 옵션 : 장래 특정일 또는 일정기간 내에 미리 정해진 가격으로 상품이나 유가증권 등의 특정자 산을 사거나 팔 수 있는 **권리**, 즉 선택권을 가지되 의무를 지지 않는 계약을 말한다.

ⓔ 스왑 : 통화나 금리 등의 거래조건을 서로 맞바꾸는 것을 말하는데 오늘날에는 두 채무자가 각 자의 금리지급조건을 교환하는 금리스왑과 서로 다른 통화의 원리금을 교환하는 통화스왑, 그 리고 이들 금리 및 통화스왑을 여러 형태로 결합한 혼합스왑 등 거래 대상과 목적에 따라 다양 하게 발전되어 있다.

4 금리의 이해

(1) 의 의

① 일종의 돈의 가격으로, 자금이 거래되는 금융시장에서 자금수요자가 자금공급자에게 자금을 빌 린 데에 대한 대가로서 지급하는 이자율을 뜻한다.

② 자금의 공급자는 자금을 빌려줌으로써 자신이 포기해야 하는 현재 소비와 자금을 돌려받아 소비 하는 미래 소비의 가치를 동일하게 유지하려고 하므로 현재 소비와 미래 소비의 가치를 동일하게 유지해주는 금액이 이자다.

③ 자금 수요가 늘면 금리는 상승하고, 자금 공급이 늘면 금리는 하락한다.

④ 금리가 오르면 많은 이자를 받을 수 있으므로 가계의 저축이 늘어나는 반면 기업의 자금조달비용 이 커져 투자는 감소한다. 이와 같이 금리의 변동은 자금의 수요·공급 규모를 결정하고 자금을 적절히 배분하는 역할을 한다.

핵심예제

다음에서 설명하는 파생상품의 거래형태는 무엇인가?

> 장래 특정일 또는 일정기간 내에 정해진 가격으로 상품이나 유가증권 등의 특정자산을 사거나 팔 수 있는 권리 를 말한다.

① 선도(Forwad)   ② 스왑(Swap)
③ 옵션(Option)   ④ 선물(Futures)

해설 옵션거래에 대한 설명이다.   **답** ③

•COMMENT•
- 금리 상승 → ┌ 저축 증가(공급 증가)
  └ 비용 증가로 기업 투자 감소(수요 감소) ┐ → 금리 하락
- 금리 하락 → 소비 증가로 저축 감소(공급 감소) → 물가 상승(수요 증가) → 금리 상승

(2) 중앙은행의 금리정책

① 중앙은행은 금리의 급격한 변동을 통제하면서 과열된 경기를 진정시키거나 침체된 경기를 부양시킬 수 있는 정책수단으로 금리를 이용하고 있다.

② 우리나라는 1980년대까지 금융기관의 여수신금리 등 각종 금리를 정부와 한국은행이 상당부분 직접 규제하는 금리정책에 의존하다가 1990년대 들어 단계적으로 금리자유화 조치를 추진하였다.

③ 외환위기 이후 금융시장의 개방과 시장경제의 확대로 예금 및 대출 금리의 자유화가 사실상 완결되면서 우리나라의 금리정책도 시장원리를 근간으로 금리를 조절하는 메커니즘이 정착되었다.

이해더하기

금융통화위원회의 금리정책
- 통화정책은 화폐 발행권을 지닌 중앙은행이 물가를 안정시키고 지속가능한 경제성장을 이루어 나가기 위해 유통되는 통화의 양이나 가격(금리)을 조절하는 것을 말한다.
- 물가안정목표제 : 한국은행은 통화정책 운영체계로, '통화량' 또는 '환율' 등 중간목표와 최종목표인 '물가'에 목표치를 정하고 이를 달성하려는 통화정책 운영 방식이다.
- 한국은행 금융통화위원회 : 매월 물가 동향, 국내외 경제 상황, 금융시장 여건 등을 종합적으로 고려하여 연8회 기준금리를 결정(유지, 인상, 인하)한다. 기준금리 결정은 실물경제에 즉시 반영되는 것은 아니고 6~12개월 정도의 시차가 있다.
- 한국은행의 기준금리 변경은 초단기금리인 콜금리에 즉시 영향을 미치고 이는 장단기 시장금리, 예금 및 대출 금리 등의 변동으로 최종적으로 실물경제 활동까지 영향을 미치게 된다. 일반적으로 금리경로, 자산가격경로, 신용경로, 환율경로 등을 통해 정책의 효과가 파급된다.

핵심예제

금리의 종류에 대한 설명 중 틀린 것은?
① 실질금리 – 명목금리에서 물가변동지수 차감금리
② 표면금리 – 이자계산방법 등을 고려하지 않고 겉으로 나타난 금리
③ 실효금리 – 실제 지급하거나 부담하는 금리
④ 명목금리 – 물가변동을 고려한 금리

해설 명목금리는 물가변동을 고려하지 않고 외부로 표현되는 금리를 말한다. 물가변동을 고려한 금리는 실질금리이다.
답 ④

(3) 금리의 종류

① 명목금리와 실질금리

○ 명목금리 : 물가상승에 따른 구매력의 변화가 반영되지 않는 금리이다.

○ 실질금리 : 명목금리에서 물가상승률을 차감한 금리이다.

○ 명목금리와 실질금리의 관계

> **실질금리 = 명목금리 - 물가상승률**

○ 명목금리가 높더라도 물가상승률이 높아서 실질금리가 낮으면 기업의 투자는 활발해진다.

●COMMENT● 명목금리와 실질금리는 물가변동의 고려 유무로 나누어진다. 물가상승률이 높으면 자금 공급자가 지급받는 이자의 가치는 줄어들고 자금 수요자가 지급하는 비용은 줄어든다.

② 표면금리와 실효금리

○ 표면금리 : 금융거래를 할 때 표면적으로 약속한 금리이다. 모든 수익률 계산 시 기준이 되는 금리이며, 예금증서 · 채권 등의 표면에 기재된 이자율을 말한다.

○ 실효금리 : 이자계산방법, 대출금 회수방법 · 보상예금 · 과세 여부 등 대출에 부수되는 조건을 조정한 후 기업이 실질적으로 부담하는 순자금조달비용이다.

●COMMENT● 이자지급방식에는 단리, 연복리, 6개월 복리, 12개월 복리 등이 있다. 계산법은 하단 핵심 예제 문제의 해설을 참조한다.

핵심예제

원금이 100만원, 연이율 10%, 만기가 3년인 정기예금의 만기수령액은 얼마인가?(단, 이자지급방법은 연복리법을 사용한다)

① 130만원   ② 133만 1천원
③ 134만원   ④ 134만 8천원

해설 연복리법 : 원금 × $(1 + 연이율)^{경과년수}$ = 100만 × $(1 + 0.1)^3$ = 133만 1천원

① 단리법 : 원금 × (1 + 연이율 × 경과년수) = 100만원 × (1 + 0.1 × 3) = 130만원

③ 6개월 복리 : 원금 × $(1 + \dfrac{연이율}{2})^{경과년수×2}$ = 100만원 × $(\dfrac{1 + 0.1}{2})^{3×2}$ = 134만원

④ 12개월 복리 : 원금 × $(1 + \dfrac{연이율}{12})^{경과년수×12}$ = 100만원 × $(\dfrac{1 + 0.1}{12})^{3×12}$ = 134만 8천원   **답 ②**

5 금융기관의 역할 ★★

(1) 유동성 제고를 통한 자산 전환

자금공급자의 유동성이 떨어지는 자산을 담보로 증권을 발행하여 원활한 금융거래가 가능하도록 해준다.

(2) 거래비용 절감 및 위험 분산

많은 증권을 대량으로 거래하므로 규모의 경제와 범위의 경제가 가능하도록 해준다. 또한 금융기관에서 발행하는 간접증권을 구매함으로써 직접투자보다 거래비용을 줄일 수 있으며 분산투자의 위험분산효과를 노릴 수 있다.

(3) 지급결제제도 등 금융서비스 제공

신용카드나 수표와 같은 효율적인 지급수단을 제공해주고 거래기록의 자동화라는 이점을 주는 등 다양한 서비스를 제공한다.

6 금융기관의 종류 ★★★

COMMENT 금융기관의 종류와 고유 업무에 대해 숙지하도록 하자.
- 은행
- 생명보험 및 손해보험회사
- 자산운용회사(집합투자업자)
- 금융투자업자
- 비은행예금취급기관(상호저축은행 등)
- 기타금융기관

(1) 은 행 ★★

① 예금이나 신탁을 받거나 채권을 발행하여 조달한 자금으로 수요자에게 대출을 해주는 업무를 주로 한다.
② 은행은 단기로 자금을 빌려주고 싶은 사람들로부터 자금을 받아 장기로 자금을 빌리고 싶은 경제주체들에게 자금을 공급하는 만기전환(maturity transformation) 기능을 수행한다.

핵심예제

다음 중 금융기관의 역할이 아닌 것은?
① 자금공급자의 잉여자금을 흡수하고 자금수요자가 발행한 간접증권을 매입하여 유동성을 충족시킨다.
② 규모의 경제와 범위의 경제가 가능하기 때문에 거래비용이 증가한다.
③ 다양한 종류의 직접증권에 투자함으로써 위험분산효과를 얻을 수 있다.
④ 지급결제서비스 등 금융서비스를 제공한다.

해설 규모의 경제와 범위의 경제가 가능하여 거래비용을 낮출 수 있다.　　　　답 ②

③ 종 류

ㄱ 일반은행 : 시중은행, 지방은행

ㄴ 특수은행 : 농협, 수협, 한국산업은행, 기업은행, 수출입은행

④ 다른 금융기관에 비해 저축상품의 수익률은 낮은 편이지만 대출 금리도 역시 낮다.

⑤ 고유업무 : 예금 · 적금의 수입 또는 유가증권, 기타 채무증서의 발행, 자금의 대출 및 어음할인, 내외국환업무 등이 있다.

⑥ 부수업무 : 채무보증, 어음인수, 상호부금, 유가증권투자, 환매조건부채권매매, 유가증권의 인수 · 모집 · 주선, 팩토링 등의 업무가 있다.

⑦ 겸영업무 : 신탁업과 신용카드업, 집합투자업 및 집합투자증권에 대한 투자매매업 또는 투자중개업이 있다.

> **●COMMENT●** 은행은 단기로 자금을 빌려주고 싶은 사람들(예금자)로부터 자금을 받아 장기로 자금을 빌리고 싶은 경제주체들에게 자금을 공급하는 역할을 하는데, 이를 은행의 만기전환 기능이라고 한다. 이는 예금자들이 예금을 일시에 모두 인출할 가능성이 낮기 때문에 가능하다.

(2) 금융투자업자

① 주식, 국 · 공채, 회사채 등 기업이나 국가가 발행하는 채무증권의 매매, 인수, 매출 등을 전문적으로 취급하는 기관이다.

② 자본시장법에 따라 금융투자업을 영위하는 금융투자업자의 고유업무를 다음과 같이 구분하고 있다.

> **●COMMENT●** 국내 중 · 대형 증권사의 경우 대부분 투자중개업자이자 투자매매업자로 되어 있다. 투자중개업은 일반인이 생각하는 증권 주식 중개인이 하는 업무이고, 투자매매업은 주식과 채권의 발행과 관련된 업무 및 금융회사가 자기 돈으로 유가증권(주식, 채권)을 사고 팔아 이득을 챙기는 것을 말한다.

핵심예제

다음 중 은행의 업무에 대해 잘못 짝지은 것은?

① 고유업무 : 예금 및 적금
② 부수업무 : 유가증권 발행
③ 겸영업무 : 신탁업
④ 겸영업무 : 집합투자업

> **해설** 유가증권 발행은 고유업무에 속한다.
> **은 행**
> • 고유업무 : 예금, 적금, 대출, 유가증권 발행 등
> • 부수업무 : 어음인수, 채무보증, 유가증권 인수 또는 모집, 기업합병 주선, 보호예수제도 등
> • 겸영업무 : 신탁업, 신용카드업, 집합투자업 등
>
> **달** ②

투자매매업	명의에 관계없이 자기의 계산으로 금융투자상품의 매도·매수, 증권의 발행·인수 또는 그 청약의 권유, 청약, 청약의 승낙을 영업으로 하는 것
투자중개업	명의에 관계없이 타인의 계산으로 금융투자상품의 매도·매수, 그 청약의 권유, 청약, 청약의 승낙 또는 증권의 발행·인수에 대한 청약의 권유, 청약, 청약의 승낙을 영업으로 하는 것
집합투자업	2인 이상의 투자자로부터 모은 금전 등을 투자자로부터 일상적인 운용지시를 받지 않으면서 재산적 가치가 있는 투자대상자산을 취득·처분, 그 밖의 방법으로 운용하고 그 결과를 투자자에게 배분하여 귀속시키는 집합투자를 영업으로 하는 것을 말한다. 대표적인 상품으로 채권형/주식형/혼합형 수익증권, MMF 등이 있는데 자산운용회사는 이러한 집합투자상품을 설정·운용 및 판매할 수 있다. 현재 증권회사, 은행, 보험회사 및 자산운용회사가 집합투자상품을 직접 판매할 수 있으며 직접 판매에 대한 한도제한은 없다.
투자자문업	금융투자상품의 가치 또는 금융투자상품에 대한 종류, 종목, 취득·처분, 취득·처분의 방법·수량·가격 및 시기 등에 대한 투자판단에 관한 자문에 응하는 것을 영업으로 하는 것
투자일임업	투자자로부터 금융투자상품에 대한 투자판단의 전부 또는 일부를 일임 받아 투자자별로 구분하여 금융투자상품을 취득·처분, 그 밖의 방법으로 운용하는 것을 영업으로 하는 것
신탁업	금전, 부동산 및 동산, 기타 재산권을 수탁 받아 위탁자의 이익이나 특정목적을 위해 관리하는 업무

●COMMENT● 자본시장법의 기본방향
- 포괄주의 규율체제 : 원칙적으로 포괄적 자율, 예외적인 규제
- 기능별 규율체계 : 금융기능(= 금융투자업 + 금융투자상품 + 투자자)을 경제적 실질에 따라 분류하고 취급 금융기관을 불문하고 경제적 실질이 동일한 금융 기능을 동일하게 규율
- 업무범위의 확대 : 6개 금융투자업무 상호간 겸영 허용, 투자권유대행인 제도 도입
- 투자자 보호제도 선진화 : 투자권유 규제 도입, 이해상충 방지체계 마련, 발행공시의 적용 범위 확대

(3) 생명보험회사와 손해보험회사

① 생명보험회사 : 노후, 사망, 질병 등 주로 사람에 관한 보험사고 발생에 대비한다.

② 손해보험회사 : 화재, 자동차사고, 해상사고 등에 따른 사람의 신체에 관한 손해, 재산상의 손해, 배상책임에 의한 손해를 대비한 보험의 인수·운영을 주된 업무로 하는 금융기관이다.

●COMMENT● 생명보험은 정액보상, 손해보험은 실손보상이 특징이다.

핵심예제

금융기관에 대한 설명 중 틀린 것은?

① 은행은 은행채를 발행할 수 있다.
② 한국수출입은행은 특수은행에 속한다.
③ 상호저축은행은 대기업 및 정부를 대상으로 금융서비스를 제공한다.
④ 보험은 크게 생명보험과 손해보험으로 구분된다.

해설 상호저축은행은 지역의 서민이나 소기업 등을 대상으로 금융서비스를 제공한다.
상호저축은행
- 일정기간 부금을 납입 받고, 그 대가로 일정한 금액을 지급하는 신용부금업무를 주로 담당하였으나 최근에는 일반은행과 유사한 형태로 운영하고 있다.
- 대출금리가 높은 편이나 절차가 간편하다는 장점이 있다.

답 ③

(4) 비은행예금 취급기관

은행과 유사한 여수신업무를 주요 업무로 취급하지만 보다 제한적인 목적으로 설립되어 자금조달 및 운용 등에서 은행과는 상이한 규제를 받는 금융기관으로 상호저축은행, 신용협동기구(신용협동조합, 새마을금고, 상호금융), 우체국예금, 종합금융회사가 있다.

상호저축은행	• 상호저축은행의 본래 설립취지는 특정 행정구역 내에서 주로 서민 및 영세 상공인에게 금융편의를 제공하도록 설립 • 신용부금업무를 주로 취급하여 왔으나 지금은 일반은행과 거의 같은 업무를 함 • 2002년 3월부터 상호신용금고에서 상호저축은행으로 명칭이 바뀜 • 은행에 비해 신용도가 낮아 금리가 높고 점포수도 적지만 대출절차는 오히려 은행보다 간편하고 신속하다는 장점이 있음
신용협동기구	• 신용협동조합, 새마을금고, 상호금융 등이 해당됨 • 조합원에 대한 저축편의 제공과 조합원 상호 간 상부상조를 목적으로 조합원에 대한 여수신업무를 취급하는 금융기관
우체국예금	• 국영 금융기관으로 원칙적으로 예금수취 업무만 하며 수집된 자금은 다른 금융기관에의 위탁 또는 정부회계에의 대여 등의 방법으로 운용 • 대출업무는 취급하지 않음
종합금융회사	• 민간부문의 외자도입을 원활히 하고 기업의 다양한 금융수요를 충족시키기 위해 1970년대 도입 • IMF 금융위기 이후 회사 수가 크게 감소

(5) 자산운용회사(집합투자업자)

① 다수의 고객으로부터 위탁받은 장·단기자금을 공동기금으로 조성하고 이를 채권, 주식 등 유가증권에 투자함으로써 발생한 수익을 고객에게 되돌려주는 증권투자대행기관이다.

② 전문지식이 부족하거나 시간적 여유가 없는 투자자 또는 직접적인 증권투자가 어려운소액투자자들이 이용하기에 적합하다.

③ **대표적 상품** : 채권형·주식형·혼합형 수익증권, MMF 등

④ 자산운용회사의 상품은 예금자보호가 불가하다.

자산운용회사(집합투자기구)에 대한 설명으로 틀린 것은?

① 공동기금을 조성하여 채권과 주식 등에 투자하고, 고객에게 수익을 돌려주는 기관이다.

② 투자에 대한 지식과 시간이 부족한 투자자들이 이용하기에 적합한 기관이다.

③ 소액투자자들이 이용하기에 적합하다.

④ 자산운용회사의 상품은 예금보험공사에서 원금을 보장해 준다.

해설 자산운용회사의 상품은 예금자보호가 불가하다.   답 ④

(6) 기타 금융기관 ★

① 여신전문금융회사 : 수신기능 없이 여신업무만을 취급하는 금융기관으로 리스회사, 신용카드회사, 할부금융회사 및 신기술사업금융회사로 구분된다.

② 선물회사 : 일반상품, 금융상품 및 지수를 대상으로 거래소에서 선물거래영업을 하는 회사이다.

③ 증권금융회사 : 금융투자회사와 일반투자자에게 증권의 취득, 인수, 보유 및 매매와 관련한 자금을 공급하거나 금융기관간 자금거래의 중개를 전문으로 하는 회사이다.

④ 자금중개회사 : 금융기관 간 자금거래의 중개를 전문으로 하는 회사이다.

⑤ 유동화전문회사 : 소유자로부터 자산을 양도 또는 신탁을 받아 이를 기초로 유동화증권을 발행하고 당해 자산의 관리 · 운용 · 처분에 의한 수익을 유동화증권의 원리금 · 배당금 · 수익금으로 지급하는 자산유동화업무를 전문으로 하는 회사이다.

⑥ 한국주택금융공사 : 장기주택금융 공급을 확대하기 위해 2004년 설립된 공적기관이다. 장기 모기지론, 주택금융신용보증, 주택연금, 등을 공급한다.

⑦ 금융보조기관 : 신용보증기관, 예금보험공사, 한국자산관리공사, 한국무역보험공사, 금융결제원, 한국거래소, 신용정보회사 등이 있다. 이러한 보조기관들은 경제 및 금융의 발전에 따라 늘어나고 더욱 세분화된 전문기관으로 나타난다.

7 금융상품의 이해

(1) 수신상품

① 예금상품

㉠ 입 · 출금이 자유로운 상품

- 고객이 직접 인출(계좌이체, 송금 등 포함)하거나 수표발행 후 그 결제대금으로 쓰기 위해 언제든지 인출할 수 있도록 유동성이 가장 중요한 선택기준이 되는 상품이다.

핵심예제

수신기능 없이 여신업무만을 취급하는 금융기관을 여신전문금융회사라고 한다. 여기에 속하지 않는 회사는?

① 리스회사
② 신용카드회사
③ 신용보증기관
④ 신기술사업금융회사

해설 신용보증기관은 금융보조기관이다.

답 ③

- 보통예금, 저축예금, 당좌예금, 가계당좌예금, 별단예금 등이 있다.
- MMDA(Money Market Deposit Account ; 시장금리부 수시입출금식 예금)는 시장실세금리에 의한 고금리와 자유로운 입출금 및 각종 이체, 결제기능이 결합된 상품으로 단기간 목돈을 운용할 때 유리하다.

  ⓒ 저축성 상품(예금)
- 결제서비스 또는 단기예치보다는 상당기간 동안의 저축을 통하여 높은 수익을 기대하는 자금의 운용에 적합한 수신상품이다.
- 거액의 자금을 장기간 운용하는 정기예금과 매월 또는 매분기와 같이 정기적으로 정해진 금액을 계속 불입하여 목돈을 마련하는 정기적금이 있다.

  ⓒ 시장성 상품 및 특수목적부 상품
- 시장성 상품 : 단기금융시장에서 거래되는 유가증권과 같은 금융상품을 매개로 예금거래가 발생하는 것으로 CD, RP, 표지어음 등이 있다.
- 특수목적부 상품 : 일반 수신상품에 정부정책적 차원에서 특수한 조건을 부가하여 별도의 상품으로 판매하는 것으로 주로 정기예금이나 정기적금에 세제혜택이 부여되어 있거나 아파트 청약권이 부여된 상품이 있다.

② 비은행금융기관의 예수금
  ⊙ 신용협동기구 및 우체국에서 취급하는 예수금, 상호저축은행에서 취급하고 있는 각종 예·적금 및 부금은 물론 종합금융회사나 증권회사 등에서도 단기예치 목적의 수신상품을 취급하고 있다.
  ⓒ 각 기관이 취급할 수 있도록 허용된 범위 내에서 시장성 상품도 은행과 유사한 방법으로 판매되고 있다.

금융상품에 대한 다음 설명 중 틀린 것은?
① 저축예금은 보통예금처럼 예치금액 및 예치기간 등에 아무런 제한이 없다.
② 금융기관이 기업으로부터 매입한 어음을 기초로 발행하는 것이 기업어음이다.
③ MMDA는 은행에서 판매하는 시장금리부 수시입출금식 예금이다.
④ CD는 발행금융기관의 승낙 없이도 자유롭게 양도·양수할 수 있는 정기예금증서이다.

해설   금융기관이 기업으로부터 매입한 어음을 기초로 발행하는 것은 표지어음이다.
기업어음
신용평가등급이 B등급 이상인 적격기업이 자금조달을 위해 발행하는 융통어음으로 투자금융회사는 이것을 할인매입하여 고객들에게 판매한다.

답 ②

③ 실적배당형 상품

  ㉠ 금전신탁

   • 신탁은 위탁자(투자자)가 주식, 채권 등에 직접 투자하기보다는 투자를 전문적으로 하는 회사(수탁자)에게 자신의 재산을 대신 관리, 운용해 줄 것을 위탁하는 상품이다.

   • 금전신탁은 고객으로부터 받은 신탁자금을 공동으로 하여 합동운용하고 운용과실을 고객에게 적절히 배분하는 합동운용금전신탁과 신탁자금을 개별적으로 분리하여 운용하는 단독운용금전신탁으로 구분된다.

   • 특정금전신탁은 신탁재산운용대상으로 특정주식이나 대출 등을 고객이 구체적으로 정하는 것이고, 불특정금전신탁은 이를 수탁자인 은행 또는 금융투자회사에 일임하고 신탁종료 시에 금전으로 환급할 것을 약정하는 것으로 주로 고수익을 목적으로 한다.

  ㉡ 단기실적배당상품

   • MMF(Money Market Fund) : 여러 고객이 투자한 자금을 모아 주로 양도성예금증서, 기업어음, 단기채권 등에 투자하고 발생한 수익을 고객에게 돌려주는 초단기 상품이다. 포트폴리오의 가중평균잔존만기를 120일 이내로 제한하고 있으며, 초단기상품이므로 환매수수료를 받지 않는다.

   • CMA(Cash Management Account) ★★

    – 어음관리계좌라고도 하며, 고객으로부터 예탁금을 받아 단기고수익 상품으로 운용하여 높은 수익을 지급함과 동시에 수시입출 및 자금결제기능 등 부가서비스를 제공하는 복합금융 상품이다.

핵심예제

실적배당형 상품에 대한 설명으로 옳은 것은?

① 신탁상품은 위탁자가 수탁자를 대신하여 재산을 관리, 운용하는 것을 말한다.
② MMF, CMA 등은 대표적인 장기실적 배당상품에 속한다.
③ 종합금융회사의 CMA는 예금보호대상이다.
④ 변액보험은 회사 직원들의 급여 중 일부를 모아 펀드를 구성하는 구조이다.

해설 종합금융회사의 CMA는 5천만원까지 예금보호대상이 되지만 증권회사형 CMA는 예금자보호대상이 아니다.
    ① 수탁자가 위탁자를 대신하여 재산을 관리, 운용한다.
    ② 단기실적 배당상품에 속한다.
    ④ 고객의 보험료를 모아 펀드를 구성하는 구조이다.   **정답** ③

- 종금사형 CMA, 증권회사형 CMA로 구분된다.
- 종금사형 CMA는 CP, CD, 국공채, 금융채, 상장채권 등에 투자한 후 일정수익률을 보장하며, 5천만원까지 예금보호대상이 된다.
- 증권회사형 CMA는 약관에 따라 예탁금을 RP 또는 MMF에 자동으로 연결투자하고 연결투자유형에 따라 RP형 CMA, MMF형 CMA로 구분되며, 증권회사는 예금수취기관이 아니므로 예금으로 분류되지 않고 예금보호대상도 아니며, 고객예탁금과도 구별된다.

ⓒ 변액보험
  • 고객이 납입한 보험료를 모아 펀드(기금)를 구성한 후 주식, 채권 등 유가증권에 투자하여 발생한 이익을 배분하여 주는 실적배당형 보험이다.
  • 변액보험(Variable Life Insurance), 변액유니버설보험(Variable Universal Life Insurance), 변액연금(Variable Annuity) 등이 있다.

ⓔ 집합투자기구
  • 투자신탁(수익증권)
    - 투자신탁을 설정한 집합투자업자가 투자신탁의 수익권을 구좌수로 균등 분할하여 수익자의 가입금액에 따라 나누어 주는 형태이다.
    - 고객이 맡긴 자산의 운용주체인 **집합투자업자(자산운용회사)**와 고객재산의 보관 · 관리주체인 **수탁회사(자본시장법에 의한 신탁업자)**, 집합투자업자와의 계약에 따라 수익증권을 판매하는 **판매회사**가 역할을 분담한다.
  • 투자회사(뮤추얼펀드)
    - 집합투자업자가 투자자들로부터 자금을 모아 주식회사인 투자회사를 만들고 **투자자들**은 주주가 되어 배당의 형태로 수익금을 받는다.
    - 투자회사는 상법상 회사이기 때문에 운용수수료 외에 등록세, 임원보수, 회계감사보수 등을 투자자들이 추가로 부담한다.

핵심예제

투자신탁과 투자회사를 비교한 것 중 틀린 것은?

	구 분	투자신탁	투자회사
①	통제제도	주주(자율규제)	감독기관(감독)
②	투자자	수익자	주 주
③	설립형태	신탁계약관계	법인(주식회사)
④	발행증권	수익증권	주 식

해설 투자신탁(수익증권)은 감독기관의 감독을 받고, 투자회사(뮤추얼 펀드)는 주주의 자율규제에 따른다.　　**답** ①

– 투자회사는 중도환매가 가능한 **개방형**과 중도환매가 되지 않지만 거래소 등 유통시장
에서 거래가 가능한 **폐쇄형**으로 구분한다.

● COMMENT ●　투자신탁과 투자회사의 비교

구 분	투자신탁(수익증권)	투자회사(뮤추얼펀드)
설립형태	계약(신탁)	법인(주식회사)
발행유가증권	수익증권	주 식
투자자의 법적지위	수익자	주 주
통제제도	감독기관의 감독	주주의 자율규제
환매방법	판매사에 환매를 청구하면 자산운용사가 펀드자산을 매각하여 판매사에 환매대금을 지급	폐쇄형 : 주식매도로 투자자금 회수 개방형 : 판매회사를 통해 환매청구
관련법률	신탁법, 자본시장법	상법, 자본시장법

• 상장지수 집합투자기구(ETF)
　– 거래소에 상장되어 주식과 같이 자유롭게 거래되는 **인덱스펀드**이다.
　– 주가지수에 연동하도록 편입종목 및 편입비율이 결정되며, 개별종목보다는 시장전체
또는 특정 포트폴리오의 주가상황에 따라 투자하려는 투자자에게 유용한 상품이다.

● COMMENT ●　인덱스펀드는 펀드의 수익률이 KOSPI200 등 주가지수 수익률(시장수익률)을 따라가도록
설계하여 운용되는 펀드를 말한다.

ⓜ 부동산투자신탁(REITs ; Real Estate Investment Trusts)
불특정 다수의 투자자로부터 금전을 수탁 또는 납부받아 이 금전으로 부동산을 매입, 개발, 관
리, 처분하거나 부동산관련 채권, 유가증권 등에 투자하고 그 수익을 수익자나 투자자에게 교
부하는 투자상품이다.

핵심예제

불특정 다수인으로부터 금전을 수탁 또는 납부받아 이 금전으로 부동산 관련 품목에 투자하고 그 수익을 수
익자나 투자자에게 교부하는 투자상품으로 옳은 것은?

① CMA
② 수익증권
③ REITs
④ 뮤추얼펀드

해설　부동산투자신탁(REITs)는 부동산을 매입, 개발, 관리, 처분하거나 부동산 관련 채권, 유가증권 등에 투자하고 그 수
익을 수익자나 투자자에게 교부한다.　　　　　　　　　　　　　　　　　　　　　　　　　　　답 ③

(2) 여신상품(대출상품)

① 통상 기업이 주요 차입자로 상업어음할인, 무역금융 등 단기운전자금과 장기시설자금을 취급한다.

② 가계의 경우 부동산 담보대출, 예·적금 담보대출, 주택관련대출과 일부 신용대출이 있다.

③ 대출금리는 고정금리와 시장연동금리가 있으며 과거에는 고정금리를 주로 적용하였으나 금리변동에 따른 위험을 줄이기 위해 최근에는 변동금리를 선택하는 경우가 많다.

④ 변동금리는 보통 자금조달비용지수(COFIX)를 기준으로 일정폭의 가산 금리를 더하여 정한다.

⑤ 보험회사도 은행과 유사한 대출상품이 있다. 기업대출과 가계대출로 나뉘는데, 가계대출의 경우 신용대출, 담보대출과 더불어 보험계약대출을 취급한다. 보험계약대출은 보험회사와 보험계약자 간에 약속된 금리로 해약환급금의 범위에서 대출한다.

●COMMENT● 금리 전망에 따른 거래주체별 유리한 거래
- 빌려줄 때
  - 금리가 오를 전망일 때 : 변동금리 > 고정금리
  - 금리가 내릴 전망일 때 : 고정금리 > 변동금리
- 갚을 때
  - 금리가 오를 전망일 때 : 고정금리 > 변동금리
  - 금리가 내릴 전망일 때 : 변동금리 > 고정금리

이해더하기

자금조달비용지수(COFIX ; Cost Of Fund Index)
예금은행의 자금조달비용을 반영하여 산출된 지수로 2010년 2월부터 주택담보대출의 기준금리로 사용되고 있다. 이전에는 CD금리를 기준금리로 사용했으나 CD는 은행의 자금조달잔액에서 차지하는 비중이 낮은 데다 시장 금리와의 괴리가 발생하는 등 은행의 자금조달비용을 제대로 반영하지 못하는 문제가 있었다. 이에 따라 금융당국 및 은행연합회는 은행과의 협의를 거쳐 새로운 대출 준거금리인 코픽스를 도입하였다. 국내 8개 은행(정보제공은행)들이 제공한 자금조달 관련 정보를 기초로 하여 산출되는 자금조달비용지수로서 잔액기준 코픽스, 신규취급액기준 코픽스 및 단기 코픽스로 구분 공시된다. 잔액기준 및 신규취급액기준 코픽스는 매월 15일(공휴일인 경우 익영업일) 15시에, 단기 코픽스는 매주 3영업일 15시에 은행연합회 홈페이지를 통해 공시하고 있다. 지수산출대상 자금조달 상품은 정기예금, 정기적금, 상호부금, 주택부금, 양도성예금증서, 환매조건부 매도, 표지어음매출, 금융채(후순위채 및 전환사채 제외)이다.

핵심예제

다음 중 COFIX에 대한 설명으로 틀린 것은?

① CD 금리를 대체하는 주택담보대출의 기준금리다.
② 지수산출 대상 자금조달 상품에는 정기예금, 표지어음, 금융채 등이 있다.
③ 은행의 자금조달 총액과 가중평균금리 등의 정보를 취합해 한국은행에서 제공한다.
④ 매월 15일 15시 이후 공시된다.

해설 한국은행이 아니라 은행연합회에서 제공한다. 은행자금조달상품의 가중평균금리로서 잔액기준, 신규취급액기준, 단기코픽스로 구분되며, 잔액기준 및 신규취급액기준 코픽스는 매월 15일(공휴일인 경우 익영업일) 15시에, 단기코픽스는 매주 3영업일 15시에 은행연합회 홈페이지에서 확인할 수 있다. **정답** ③

제 2 절 주식시장의 이해

1 주식의 개념 및 종류

(1) 개 념

① 주식 : 기업이 발행하는 유가증권으로 투자자로부터 돈을 받은 증표이며, 회사 소유권의 일부를 주는 것이다.

② 주식회사 : 여러 사람(투자자)이 자본을 모아 회사를 설립하면서 그 회사의 소유권(주식)을 나누어 가지는 형태의 회사이다.

③ 주식과 채권의 비교 ★★

구 분	주 식	채 권
자금조달방법	자기자본	타인자본(부채)
증권소유의 지위	주 주	채권자
존속기간	영구적	한시적
원금상환의무	없 음	있 음
원금상환권리	잔여재산분배권	우선적으로 원리금 지급
경영참여권리	경영참여 권리가 있음	경영참여 권리가 없음

●COMMENT 주식을 사는 것은 회사에 자본을 투자한다는 개념이고, 채권을 사는 것은 돈을 빌려준다는 개념이다. 그래서 주식을 통해 얻는 것은 배당, 채권을 통해 얻는 것은 이자라고 한다.

> **이해더하기**
>
> **증 권**
> • 자본시장법상 금융투자상품은 증권과 파생상품으로 구분한다.
> • 증권은 내국인 또는 외국인이 발행한 금융투자상품으로서 투자자가 취득과 동시에 지급한 금전 등 외에 어떠한 명목으로든지 추가로 지급의무를 부담하지 않는 것이다.
> • 증권은 채무증권, 지분증권, 수익증권, 투자계약증권, 파생결합증권, 증권예탁증권으로 구분된다.
> • 우리나라 상법은 무액면주 발행을 허용하지 않는다.

핵심예제

다음 중 빈칸에 들어갈 말로 옳게 짝지어진 것은?

구 분	채 권	주 식
자금조달	(㉠)자본	(㉡)자본
원금상환의무	㉢	㉣

	㉠	㉡	㉢	㉣			㉠	㉡	㉢	㉣
①	타인	자기	×	○		②	자기	타인	○	×
③	자기	타인	×	○		④	타인	자기	○	×

해설 채권은 타인자본 + 원금상환, 주식은 자기자본 + 상환하지 않음

답 ④

(2) 주식의 종류

① 배당 및 잔여재산의 분배 기준

  ㉠ 보통주 : 이익배당이나 잔여재산분배 등에서 표준이 되는 주식이다.

  ㉡ 우선주 : 이익배당이나 잔여재산분배 등에서 우선적 지위가 인정되는 주식으로 참가적 우선주
     와 비참가적 우선주, 누적적 우선주와 비누적적 우선주로 구분된다.

  ㉢ 후배주 : 이익배당이나 잔여재산분배 등에서 보통주보다 후위에 있는 주식이다.

  ㉣ 혼합주 : 이익배당은 보통주에 우선하고 잔여재산분배에 있어서는 열등한 지위에 있는 주식이다.

② 의결권 기준 : 의결권주, 무의결권주

③ 액면표시 기준 : 액면주, 무액면주

④ 기명여부 기준 : 기명주, 무기명주

2 주식의 발행

(1) 기업공개(IPO ; Initial Public Offering)

① 주식회사가 발행한 주식을 일반투자자에게 똑같은 조건으로 공모하거나(신주공모) 이미 발행되어
  대주주가 소유하고 있는 주식의 일부를 매출하여(구주매출) 주식을 분산시키고 재무 내용을 공시
  함으로써 명실상부한 주식회사의 체제를 갖추는 것이다.

② 기업공개와 상장은 같은 개념이 아니고, 기업의 공개를 원활히 하기 위해서 상장이라는 수단을
  사용하게 되는 것이다.

③ 상장은 한국거래소와 같은 공인된 거래소에서 증권 거래가 될 수 있도록 하는 것으로 기업단위가
  아니라 기업이 발행한 증권 종목별로 이루어지는 반면, 기업공개는 거래소에 상장되지 않더라도
  일정한 기준에 맞추어 다수의 투자자에게 주식을 분산하는 것을 말하며 반드시 기업단위로 이루
  어진다.

핵심예제

기업공개에 관한 내용 중 틀린 것은?

① 과거 기업공개요건을 충족하지 못하는 기업에 대해서는 증권사의 주식인수가 제한되었다.

② 기업공개와 상장이 분리되어 상장요건을 갖추지 못한 기업도 기업공개를 할 수 있다.

③ 기업공개와 상장이 분리되어 상장되지 않은 기업은 주식을 통한 자금조달이 불가능해졌다.

④ 일정한 심사를 거쳐 한국거래소에서 매매대상으로 인정된 증권을 상장증권이라 한다.

해설 상장 또는 협회등록요건을 갖추지 않은 기업이라도 주식발행을 통해 얼마든지 자금조달이 가능하다. **답** ③

④ 기업공개의 **효과** : 자금조달능력의 확대, 경영합리화 도모, 기업의 홍보, 기업의 신용도 향상 및 공신력을 제고한다.

(2) 증 자

① 회사가 자본을 늘리기 위해 주식을 추가 발행하는 것으로 유상증자와 무상증자로 구분된다.

② 유상증자는 자본금과 실질적인 재산이 증가하고, 무상증자는 자본금은 증가하지만 실질재산은 증가하지 않는다.

③ 유상증자 방법 : 기존 주주에게 추가금을 받고 신주를 발행한다.

    ㉠ 주주배정 : 새로 발생되는 주식의 인수권을 기존 주주들의 보유지분에 비례하여 배정하고 실권주가 발생하면 이사회의 결의에 따라 그 처리방법을 결정하는 것으로 가장 일반적인 유상증자의 형태를 말한다.

    ㉡ 주주우선공모 : 상장법인이 신주를 모집하는 경우에 주주에게 우선청약의 기회를 부여하는 것은 주주배정증자 방식과 동일하나, 실권주 발생 시 불특정 다수인을 대상으로 청약을 받아 처리한다는 점에서 차이가 있다.

    ㉢ 제3자배정 : 특정의 제3자(당해 법인의 주주, 회사의 협력관계나 거래처, 특별한 관계에 있는 자 등)에게 신주인수권을 부여하고 신주를 발행하는 방식으로 우리사주제도가 대표적인 사례이다.

    ㉣ 일반공모 : 제3자 배정방식과 같이 신주발행 시 기존의 주주에게 배정하지 않고 일반 불특정다수인을 대상으로 공개모집방식에 의하여 유상증자를 실시하는 방법이다.

    ㉤ 직접공모 : 인수기관을 통하지 않고 발행회사가 직접 자기의 책임과 계산 하에서 신주를 공모하는 방식이다.

④ 무상증자 : 기존 주주에게 추가 금액을 받지 않고 새로운 주식을 발행하여 무상으로 나누어 주는 것을 말한다. 예 주식배당

핵심예제

증자에 관한 설명으로 틀린 것은?
① 자본금증가를 목적으로 신주를 발행하는 것을 유상증자라 한다.
② 기존의 주주에게 주식을 무상으로 할당해주는 것을 무상증자라 한다.
③ 유상증자는 주식시장에서 자본조달이 가능하다.
④ 무상증자를 통해 자금의 실질적 유출이 나타날 수 있다.

해설 무상증자의 경우 자금크기의 실질적인 변화는 없다고 봐야 한다.
※ 자본금과 실질적인 재산이 증가하는 것은 유상증자의 경우이다.

정답 ④

(3) 감자

누적된 부실을 해소하기 위해 주식 금액이나 주식수의 감면을 통해 자본금을 줄이는 것을 말한다.

① 감자의 방법 3가지
- ㉠ 액면금액 감액법 : 일반적으로는 주식병합법 활용
- ㉡ 주식수를 줄이는 방법 : 주식소각, 주식병합 등
- ㉢ ㉠, ㉡을 동시에 사용하는 방법

② 주주의 이해관계에 변화를 초래한다.

③ 채권자의 담보를 감소시키게 한다.

④ 부실에 더 큰 책임이 있는 대주주와 소액주주를 구분하여 차등감자하기도 한다.

3 주식의 유통

(1) 상장

① 상장은 거래소가 개설하고 있는 유가증권시장과 코스닥시장 및 코넥스시장 등에서 매매할 수 있도록 하는 것이다.

② 상장요건으로 설립 경과기간, 자본규모, 주식분산, 기업지배구조, 재무상태 등을 고려한다.

③ 코스닥시장과 코넥스시장은 성장성이 높은 기업을 육성하기 위해 유가증권시장보다 다소 완화된 기준을 적용한다.

④ 상장효과
- ㉠ 긍정적 효과 : 회사의 공신력 제고, 주식의 유동성 증가, 기업 자금조달의 용이, 담보가치의 제고, 회사의 홍보및 지위 향상, 소유주식의 분산, 종업원 사기 진작 등
- ㉡ 부정적 효과 : 다수의 소액투자자의 경영 간섭, 외부에서의 경영권 위협, 공시의무 및 위반시 제재, 기업비밀의 노출, 적정 배당에 대한 압력 등

핵심예제

증자와 감자에 관한 설명 중 올바른 것은?

① 증자는 자본금을 늘리기 위해, 감자는 자본금을 줄이기 위해 실행한다.
② 주주배정은 가장 일반적인 무상증자 방법이다.
③ 주주우선공모의 대표적인 사례로는 우리사주제도가 있다.
④ 감자는 채권자의 담보를 증가시키는 원인이 된다.

해설 ② 주주배정은 가장 일반적인 유상증자의 형태이다.
　　　③ 우리사주제도는 제3자 배정의 대표적인 사례이다.
　　　④ 감자는 채권자의 담보를 감소시킨다.

답 ①

(2) 매매거래 ★★★

매매계약을 체결한 날로부터 3일째 되는 날(휴장일 제외)에 결제가 이루어지는 보통결제거래에 따른다. 휴장일은 토요일, 법정공휴일, 근로자의 날(5월 1일), 12월 31일(공휴일 또는 토요일인 경우 직전 매매거래일) 등이다.

① 거래시간 : 현행 매매거래시간은 정규시장의 경우, 9시~15시 30분(6시간 30분)이며, 투자자들에게 추가적으로 매매기회를 부여하기 위한 시간외 매매 중 시간외 종가매매는 전일 종가를 기준으로 장 개시 전 8시 30분~8시 40분(10분), 당일 종가를 기준으로 장 마감 후 15시 40분~16시(20분)에 운영되고 있다. 또한 시간외 단일가 매매가 16시~18시(2시간)에 운영되고 있고, 시간외 대량/바스켓매매는 8시~9시(1시간), 15시 40분~18시(2시간 20분)에 운영되고 있다(한국거래소 기준).

② 거래단위 : 매매거래의 단위는 호가단위라 하는데, 호가는 유가증권시장에서 유가증권의 가격대별로 1원에서 1천원까지 7단계(코스닥시장은 1원에서 100원까지 5단계)로 구분되며, 매매수량단위는 투자자가 주문을 제출할 수 있는 최소 단위의 수량으로서 1주(수익증권은 1좌)로 하고 있다.

③ 위탁증거금 : 금융투자회사가 매매거래의 위탁을 받고 고객의 주문이 진실하다는 증표로서 금융투자회사가 고객으로부터 징수하는 증거금이다. 증거금 해당액 외 나머지는 결제가 종료되는 시한인 3일째 되는 날까지 입금하면 된다.

④ 위탁수수료와 증권거래세 : 위탁수수료는 매매거래가 성립되었을 때 금융투자회사가 투자자로부터 받는 수수료이며 요율은 금융투자회사가 자율적으로 결정한다. 낮은 수수료율은 거래비용 절감, 효율적인 주가 형성, 거래량 증대에 도움을 준다. 한편 증권거래세는 주식매매가 이루어지는 경우 혹은 지분이 양도되는 경우에 부과되며 외국유가증권시장에 상장된 주권을 양도하는 경우 등 일부 경우에서는 비과세이다. 증권거래세는 비상장주식 매매의 경우에는 0.35%, 유가증권시장에서 양도되는 주권의 경우 0%(증권거래세 없음), 코스닥시장에서 양도되는 주권에 대해서는 매도금액의 0.15%를 원천징수한다(코넥스시장 0.10%). 증권거래세율은 금융투자소득세 시행시기(25년 1월 1일)에 맞추어 단계적으로 인하될 예정이다.

⑤ 매매계약의 체결

다음의 순서대로 적용하며, 적용순위는 가급적 거래가 많이, 간단하게 체결하기 위함이다.

핵심예제

매매계약 4원칙에 대한 설명으로 틀린 것은?

① 낮은 가격으로 매도하려는 사람이 우선권을 가진다.
② 동일한 가격으로 접수한 사람이 다수라면 가장 먼저 접수한 사람이 우선권을 가진다.
③ 단일가 매매시간에 동시에 호가가 접수되었다면 고객 주문인 자기매매가 우선권을 가진다.
④ 동시호가 여부나 시간 선후가 분명하지 않고 가격이 동일하면 주문수량이 많은 사람이 우선권을 가진다.

해설 동시호가 사이에는 고객 주문인 위탁매매가 우선권을 가진다.   답 ③

⊙ 가격우선의 원칙 : 매도 시 싸게 팔려는 사람이, 매수 시 비싸게 사려는 사람이 우선이다.

ⓛ 시간우선의 원칙 : 같은 값으로 매수 또는 매도 주문이 들어가면 먼저 접수한 사람이 우선이다.

ⓒ 위탁매매우선의 원칙 : 단일가 매매시간에 접수된 호가가 동시호가인 경우에 동시호가 사이에는 고객의 주문인 위탁매매가 금융투자업자 상품거래인 자기매매보다 우선이다.

ⓔ 대량우선의 원칙 : 동시호가 및 시간의 선후가 분명하지 않고, 가격이 동일한 경우에는 주문수량이 많은 거래원이 우선이다.

●COMMENT● 싸게 팔수록, 비싸게 살수록, 먼저 접수할수록, 금융투자업자보다는 고객이, 대량주문일수록 우선이다.

⑥ 매매결제와 명의개서

⊙ 매매결제 : 매매가 성립되면 모든 결제는 거래 성립일로부터 3영업일째 되는 날에 금융투자회사에서 결제가 이루어진다.

ⓛ 명의개서 : 권리자의 변경에 따라 정부 또는 증권의 명의인의 표시를 고쳐 쓰는 일이다. 주식을 산 사람은 발행회사가 지정한 기관에서 명의개서를 하여야 주주로서의 권리를 갖게 된다.

(3) 매매거래의 관리

① 가격폭 제한 : 2015년 6월 15일부터 가격제한폭은 확대되어 현재 가격제한폭은 전일종가 대비 상하 30%로 유가증권시장과 코스닥시장이 동일하다. 가격제한폭은 주식시장의 안정에 기여하는 반면 주가를 신속하게 반영하기 어렵다는 단점도 지닌다. 한편, 정리매매종목, 주식워런트증권(ELW), 신주인수권증서, 신주인수권증권의 경우에는 가격제한폭이 적용되지 않는다.

●COMMENT● 가격제한폭을 두고 있는 나라는 우리나라, 일본, 프랑스, 태국 등이 있다.

② 매매거래 중단제도(서킷 브레이커, Circuit Breakers) ★★

⊙ KOSPI가 직전거래일의 종가보다 8%, 15%, 20% 이상 하락한 상태가 1분간 지속되는 경우 주식시장의 모든 종목의 매매거래를 중단한다.

ⓛ 최초로 KOSPI가 전일종가 대비 8% 이상 하락한 경우 1단계 매매거래 중단이 발동되며, 1단계 매매거래 중단 발동 이후 KOSPI가 15% 이상 하락하고 1단계 발동지수 대비 1% 이상 추가 하락한 경우 2단계 매매거래 중단이 발동된다.

핵심예제

매매계약을 체결한 날로부터 3일째 되는 날 결제가 이루어지는 것은?

① 보통결제거래
② 선물거래
③ 옵션거래
④ 당일결제거래

해설　• 보통결제거래 : 주식, 전환사채권, 신주인수권부사채권, 교환사채권
　　　• 당일결제거래 : 국공채, 회사채 등의 채권거래

답 ①

ⓒ 1단계 · 2단계 매매거래 중단이 발동되면 20분 동안 시장 내 호가접수와 채권시장을 제외한 현
물시장과 연계된 선물옵션시장도 호가접수 및 매매거래를 중단한다.

ⓔ 각 단계별로 발동은 1일 1회로 한정하며, 당일 종가 결정시간을 확보하기 위해 장종료 40분전
이후에는 중단하지 않는다.

ⓜ 2단계 매매거래중단 발동 이후 KOSPI가 전일종가대비 20% 이상 하락하고, 2단계 발동지수
대비 1% 이상 추가 하락한 경우 당일 발동 시점을 기준으로 유가증권시장의 모든 매매거래를
종료한다.

●COMMENT● 20% 기준에 의한 당일 매매거래 중단이 발동된 경우 취소호가를 포함한 모든 호가접수가
불가능하고, 이러한 3단계 매매거래 중단은 장종료 40분전 이후에도 발동이 가능하다.

③ 프로그램 매매 호가효력 일시정지제도(사이드카, Sidecar)

㉠ 선물가격이 전일 종가대비 5%(코스닥 6%) 이상 등락하여 1분 이상 지속되는 경우 프로그램매
매 호가에 대하여 5분간 효력을 정지한다.

㉡ 매매거래 중단제도와 마찬가지로 1일 1회에 한하며, 장종료 40분 전부터 장 종료시점까지는
발동되지 않는다.

④ 개별 종목의 매매거래정지 및 재개

개별 종목의 주가 및 거래량이 급변하는 경우 매매거래를 중단시키고 조회공시를 요구한다. 매매거
래 재개는 중단사유에 대한 조회결과를 공시한 시점부터 30분이 경과한 후에 재개하며, 14시 30분
이후에 공시하는 경우에는 다음날부터 매매거래가 재개된다.

⑤ 배당락

배당기준일이 지나면 배당을 받을 수 있는 권리가 없어지므로 배당기준일 전날 배당락 조치를 취
한다. 배당락 전일 매수자까지에 한해 배당을 받을 수 있으며 배당락 이후 매수자는 다음 정기주
주총회 이후에 배당을 받을 수 있다.

●COMMENT● 예를 들어, 12월 결산법인인 경우 12월 28일이 마지막 거래일이라고 한다면 배당기준일은 12
월 28일이고 배당을 받기 위해서는 매매계약이 체결된 날로부터 3일째 되는 날에 결제가 이
루어지므로 12월 26일까지 매수하여야 하며 12월 27일에는 배당락 조치를 취하게 된다.

핵심예제

다음에서 설명하는 매매거래 관리제도는 무엇인가?

> 코스피가 전일 종가보다 일정수준 이상으로 하락한 상태가 1분 이상 지속되는 경우 주식시장의 모든 종목 거
> 래를 중단하는 제도를 말한다. 각 단계별로 1일 1회로 한정한다.

① 서킷 브레이커   ② 배당락
③ 권리락   ④ 사이드카

해설 코스피가 전일 종가보다 8%, 15%, 20% 이상 하락한 상태가 1분간 지속되는 경우 모든 종목의 매매거래를 중단하
는 제도는 서킷 브레이커(매매거래 중단제도)이다.   답 ①

⑥ 권리락

기업이 증자를 하는 경우 새로 발행될 주식을 인수할 수 있는 권리를 확정하기 위해 신주배정 기준일을 정하는데 그 기준일의 익일 이후에 결제되는 주식에는 신주인수권이 없어지는 것이다.

•COMMENT• 예를 들어 기업의 유상증자가 x일에 있다고 하면 유상증자에 참여하고자 하는 주주는 $x-2$일까지 주식을 매입해야 한다. $x-1$일에 주식을 매입한다면 결제가 $x+1$에 발생하기 때문에 유상증자를 받을 수 없게 된다. 따라서 x일과 $x+1$일 주가는 증자 받을 권리 상실로 인한 가치하락으로 떨어지게 된다. 권리락 조치를 취할 경우 주주는 이러한 가치하락을 피할 수 있게 된다.

(4) 공시제도

① 상법상의 공시 : 회사가 주주명부상의 주주(투자자, 채권자, 재무분석사 등)를 대상으로 영업보고서, 재무상태표, 손익계산서 등을 직접적으로 공시하는 것이 원칙이다.

② 자본시장법상의 공시

   ㉠ 발행시장공시 : 증권의 발행인으로 하여금 당해 증권과 증권의 발행인에 관한 모든 정보를 투자자에게 투명하게 전달하도록 강제하는 제도를 말한다(증권신고서, 투자설명서, 증권발행실적보고서 등).

   ㉡ 유통시장공시 : 증권의 유통과 관련된 공시를 말하며 정기공시(사업보고서, 반기보고서, 분기보고서 등), 수시공시(주요 경영사항 등), 주요사항보고서(부도발생, 은행거래 정지 및 합병, 주식의 포괄적 교환·이전 등) 및 기타공시(공개매수신고서, 시장조성·안정성조작신고서 등)가 있다.

   •COMMENT• 공시는 제4장 보험공시 및 예금자보호제도에서 다시 자세하게 다룬다.

┌─ 이해더하기 ──────────────────────────────────────
│
│ ■ 불공정행위 방지제도
│ • 미공개정보이용행위 규제 : 회사의 내부자가 자신의 지위를 이용하여 회사의 중요한 미공개정보로 증권을 거래하는 것을 '내부자거래'라고 하며, 엄격히 규제한다.
│ • 단기매매차익반환 제도 : 회사의 내부자가 회사증권을 6개월 내에 매매하여 얻은 이익은 내부정보를 이용하였는지 여부와 관계없이 이익을 회사에 반환토록 하는 제도이다.
└──

핵심예제

주식시장의 공시제도에 관한 설명으로 틀린 것은?

① 회사가 주주들에게 재무제표를 직접 공시하는 것이 원칙이다.
② 발행시장공시는 증권의 발행과 관련된 공시를 말한다.
③ 유통시장공시 중 공개매수신고서는 수시공시사항에 해당한다.
④ 자본시장법상 부도 또는 보유 주식의 포괄적 이전 등의 사건이 발생한 경우 주요사항보고서에 공시해야 한다.

해설 공개매수신고서는 기타공시사항에 해당한다.   **답 ③**

- 임원·주요주주의 소유상황 보고제도 : 상장법인의 임원 또는 주요주주는 임원으로 선임 또는 주요주주가 된 날로부터 5일 이내에, 그리고 소유상황에 변동이 있는 날부터 5일 이내에 증권선물위원회와 거래소에 보고하여야 한다.
- 공매도 규제 : 소유하지 아니한 상장증권을 매도하는 것을 원칙적으로 금지한다.
- 시세조종행위 규제 : 재산 상의 이익을 얻고자 인위적으로 주가를 변동시키는 행위를 불법적인 시세조종행위 및 사기적 행위로써 금지한다.
- 사기적 행위 금지
- 역외적용 : 국외에서 이루어진 행위라도 그 효과가 국내에 미치는 경우 불공정 거래행위에 대한 규제를 적용한다.

■ **주식관련 용어**
- 손절매 : 주식의 시세가 매입 가격보다 하락한 상태에서 손해를 보고 매도하는 것
- 레버리지 효과(Leverage Effect) : 차입금 등 타인자본을 지렛대로 삼아 자기자본이익률을 높이는 것
- 관리종목 : 거래소가 기업의 경영상태가 크게 악화되어 상장폐지기준에 해당하는 종목 가운데 특별히 지정한 종목
- 액면분할과 액면병합 : 액면분할은 주식의 액면가를 일정비율로 나누는 것이고 액면병합은 액면가를 높이는 것
- 분식결산 : 기업이 회사의 실적을 좋게 보이기 위해 고의로 자산이나 이익 등을 크게 부풀려 회계장부를 조작하는 것
- 시가총액 : 각 종목마다 상장주식수에 시가를 곱해 이를 합계한 것으로서 상장된 모든 주식을 시가로 평가한 금액
- 프로그램 매매 : 시장분석, 투자시점판단, 주문제출 등의 과정을 컴퓨터로 처리하는 거래기법
- 우리사주조합 : 종업원이 자기 회사의 주식을 보유하여 기업의 경영과 이익분배에 참여하게 함으로써 종업원의 근로의욕을 고취시키고 재산 형성을 촉진시키기 위해 만든 종업원지주제의 일환으로 결성된 조직
- 스톡옵션(Stock Option : 주식매입선택권) : 기업에서 임직원에게 자사의 주식을 일정 한도 내에서 일정한 가격으로 매입할 수 있는 권리를 부여한 뒤 일정기간이 지나면 임의대로 처분할 수 있는 권한을 부여하는 것

핵심예제

기업에서 임직원에게 자사의 주식을 일정 한도 내에서 일정한 가격으로 매입할 수 있는 권리를 부여한 뒤 일정기간이 지나면 임의대로 처분할 수 있는 권한을 부여하는 것을 무엇이라고 하는가?

① 우리사주조합
② 시세조종
③ 스톡옵션
④ 프로그램 매매

해설 흔히 자사주식매입선택권이라고 하며 해당 기업의 경영상태가 양호해져 주가가 상승하면 자사 주식을 시세보다 낮은 가격에 소유한 임직원은 이를 매각함으로써 상당한 차익금을 남길 수 있기 때문에 임직원의 근로의욕을 진작시킬 수 있는 수단으로 활용하며 사업전망이 밝은 기업일수록 스톡옵션의 매력이 높아진다. **답** ③

4 투자분석

(1) 주가지수

① 주가지수 산정방식

    ㉠ 주가평균식 : 대상종목의 주가합계를 대상종목수로 나누어 산출하는데 유·무상증자, 액면분할, 감자 등 시장외적인 요인이 발생하면 대상 종목 수를 조정한다.

        예 다우존스산업평균지수, 니케이225지수 등

    ㉡ 시가총액식 : 비교시점의 시가총액을 기준시점의 시가총액으로 나누어 산출하며 현재 우리나라의 거래소에서 발표되는 주가지수는 모두 시가총액식이다.

        예 KOSPI지수, 코스닥지수, 나스닥지수, S&P500지수 등

② 한국종합주가지수(KOSPI지수)

    ㉠ 유가증권시장에 상장된 전 종목의 주가변동을 종합한 우리나라의 대표적인 주가지수이다.

    ㉡ 기준시점의 시가총액과 비교시점의 시가총액을 비교하는 시가총액식 주가지수이다.

        ●COMMENT● 종합주가지수가 10배 상승했다고 해서 시가총액도 10배 늘어난 것은 아니다. 상장 종목이 계속 변하고, 증자나 감자 등 조건이 동일하지 않기 때문이다.

    ㉢ 1980년 1월 4일의 주가지수를 100으로 정하고 이에 대비한 매 거래일의 주가지수가 발표된다.

    ㉣ 종합주가지수는 거래소에서 산출한다.

$$KOSPI = \frac{\text{비교시점의 시가총액}}{\text{기준시점의 시가총액}} \times 100$$

③ KOSPI200지수

    ㉠ 유가증권시장에 상장되어 있는 주식 중 시장대표성, 유동성 및 업종대표성 등을 고려해 선정된 200종목을 대상으로 산출되는 지표이다.

    ㉡ 1990년 1월 3일의 주가지수를 100으로 정하고 이에 대비한 주가지수가 발표된다.

핵심예제

종합주가지수는 기준시점과 비교시점의 무엇을 비교한 지표인가?

① 거래총대금
② 거래총주식
③ 시가총액
④ 매수매도잔량

해설 종합주가지수란 유가증권시장에 상장된 전 종목의 주가변동을 종합한 우리나라의 대표적인 주가지수이다. 기준시점의 시가총액과 비교시점의 시가총액을 비교하는 시가총액식 주가지수로 거래소가 산출하는데 1980년 1월 4일을 100으로 정하고 이에 대비한 매일의 주가지수가 발표되고 있다. 따라서 종합주가지수는 증권시장에 상장된 상장기업의 가치가 기준시점과 비교시점을 비교하여 볼 때 얼마나 변동되었는가를 나타내는 지표라 할 수 있다. **답** ③

ⓒ 한국거래소는 매년 6월에 지수구성종목을 정기적으로 심의 · 변경한다.

ⓔ 구성종목의 시가총액을 기준으로 하며 거래소에 상장되어 있는 파생상품인 주가지수선물과 옵션의 기초자산으로 이용되고 있다.

> **COMMENT** 주가지수선물은 KOSPI200 지수를 미리 결정된 가격으로 미래 일정시점에 인도 · 인수할 것을 약정한 거래이고, 주가지수옵션이란 기초자산인 KOSPI200 지수를 사전에 정한 가격(행사가격)으로 지정된 날짜(만기일) 또는 그 이전에 매수하거나 매도할 수 있는 권리를 말한다.

(2) 주식의 투자수익

① 매매차익(손)

ⓐ 살 때보다 가격이 올라 이익이 발생하면 매매차익, 가격이 떨어져 손해가 발생하면 매매차손이라고 한다.

ⓑ 기존에는 주식 매각 시 매각대금에 대한 증권거래세만 과세했지만 2025년에 금융투자소득세가 도입될 경우 개인투자자도 일정 금액 이상의 매매차익(국내주식 및 국내 주식형 펀드 등 연 5천만원 이상, 해외주식 및 비상장주식, 채권, 파생상품 등 연 250만원 이상)을 얻으면 양도세를 납부해야 한다.

② 배당수익

ⓐ 주식을 보유하고 있는 동안 배당으로 낸 수익이다.

ⓑ 배당은 주식 1주 당 일정금액씩 지급한다.

ⓒ 통상 배당총액은 당해연도에 기업이 거둔 세전이익 − (법인세 납부 + 내부유보금)의 일부로 정해진다.

ⓓ 배당금에는 15.4%의 세금(배당소득세 14%, 지방소득세 1.4%의 합)이 과세되며 금융투자업자가 원천징수하고, 주주는 배당금에서 세금을 공제한 금액을 수령한다.

(3) 주가 및 주식투자수익률의 변동요인

일반적으로 주가는 시장의 자금상황과 실물경기 동향 및 전망, 투자자들의 투자 심리, 그리고 주식 발행 기업의 배당과 유 · 무상증자 등에 영향을 받기 때문에 상대적으로 높은 변동성을 보인다.

핵심예제

다음 중 주가를 하락시키는 요인으로 볼 수 없는 것은?
① 금리가 상승하였다.
② 물가가 완만히 상승하지 않고 급격히 상승하였다.
③ 환율이 상승하였다.
④ 해외 원자재가격이 상승하였다.

해설 일반적으로 환율상승은 주가상승 요인이다. 답 ③

① 시장전체 변동요인 ★★

　　㉠ 경제적 요인 : 경기, 물가, 금리, 재정수지, 무역수지, 환율, 기술혁신, 해외요인(경기, 증시, 금리, 자금이동 등)

　　㉡ 경제 외적 요인 : 국내정세, 국제정세

　　㉢ 주식시장 내부요인 : 투자자 동향, 신용거래 규모, 차익거래 규모, 규제변화, 지분이동

② 기업의 개별요인 : 증자, 감자, 인수합병, 배당정책, 임원인사, 신제품개발, 생산 · 수익 동향, 주주구성 변화 등

(4) 주식시장의 상승신호

증권회사의 고객예탁금 증가, 외국인의 매수 증가, 우리나라 수출의 증가, 경기선행지수의 상승, 기업경기실사지수의 상승 등이 있다.

① 경기선행지수

　　㉠ 앞으로의 경기동향을 예측하는 지표로서 현실의 경기보다 한발 앞서가는 것들을 모아서 만든 지수다.

　　㉡ 대표적 지표 : 구인구직비율, 건설수주액, 기계류내수출하지수, 재고순환지표, 소비자 기대지수, 코스피지수, 장단기 금리차

② 경기후행지수

　　㉠ 경기선행지수와는 반대로 사후적 경기의 위치를 판단하는데 사용하는 지수다.

　　㉡ 대표적 지표 : 이직자 수, 상용근로자 수, 생산자제품 재고지수

③ 기업경기실사지수(BSI ; Business Survey Index) ★★★

　　㉠ 기업가들의 경기에 대한 판단, 투자확대, 장래전망 등을 설문을 통해 조사한 것이다.

　　㉡ 100 이상이면 경기가 좋아질 것으로 보는 기업가가 더 많고 100 이하면 부정적으로 보는 기업가가 더 많다는 것을 의미한다.

$$BSI = \frac{(긍정적\ 응답\ 업체수 - 부정적\ 응답\ 업체수) \times 100}{전체\ 응답\ 업체수} + 100$$

핵심예제

BSI에 대한 설명으로 옳은 것은?

① 소비자물가지수라고도 한다.

② 설문을 통해 조사한다.

③ 100보다 크면 경기가 악화될 것이라고 예측한다.

④ 100보다 크면 주가는 하락할 가능성이 높다.

해설　BSI는 기업가들에게 경기에 대한 전망을 설문을 통해 조사하는 기법이다.
기업경기실사지수라 하며 지수가 100 이상이면 경기가 좋아질 것으로 보는 기업가가 더 많다는 뜻으로 주가도 오를 가능성이 높다 볼 수 있다.　　답 ②

채권시장의 이해

1 채권의 개념 및 특성

(1) 개 념

① 채권이란 정부, 공공기관, 특수법인과 민간기업 등의 발행주체가 불특정 다수의 투자자로부터 비교적 장기간에 걸쳐 거액의 자금을 조달하고 자금을 공급한 투자자에게 발행하는 유가증권을 말하는데 일종의 차용증서로 채무를 표시한 유가증권이다.

② 채권은 원금은 물론 일정한 이자를 지급받을 권리가 주어져 있는 증권으로 일정 기간 후에 얼마의 이익을 얻을 수 있는가 하는 수익성과 원금과 이자를 확실히 받을 수 있는가 하는 안정성, 중도에 돈이 필요할 때 현금화가 가능한가 하는 유동성이 골고루 갖추어져 있는 점이 장점이다.

> **이해더하기**
>
> **채권관련 용어**
> • 액면가 : 채권 한 장마다 권면에 표시되어 있는 1만원, 10만원, 100만원 등의 금액을 지칭한다.
> • 단가 : 유통시장에서 채권의 매매단가는 적용 수익률로 계산한 액면 10,000원당 단가를 말한다.
> • 표면이율 : 액면가에 대한 1년당 이자율(연이율)을 의미한다. 할인채의 경우는 할인율로 표시한다.
> • 잔존기간 : 기존에 발행된 채권의 중도 매매 시 매매일로부터 원금 상환까지의 기간을 말한다.
> • 만기수익률 : 이율은 액면가에 대한 이자의 비율이고, 수익률은 투자 원본에 대한 수익의 비율로서 통상 만기수익률을 의미하며 투자자가 최종 상환일까지 채권을 보유한 경우 받게 되는 1년 기준 전체 수익을 투자원본으로 환산하였을 때의 비율을 말한다.
> • 경과이자 : 발행일(매출일) 또는 직전 이자지급일로부터 매매일까지의 기간 동안 표면이율에 의해 발생한 이자를 말한다.

다음 채권에 관한 설명 중 맞는 설명은?
① 채권은 발행주체에 따라 할인채와 이표채로 나뉜다.
② 채권은 이자지급방식에 따라 특수채와 회사채로 나뉜다.
③ 신용등급이 매우 낮은 채권을 Junk Bond라고 한다.
④ 국채는 회수불가능 위험이 0이다.

해설 신용등급이 매우 낮을 경우 폐기물(Junk)과 같다하여 정크본드(Junk Bond)라고 한다.
① 발행주체에 따라 국채, 지방채, 특수채 등으로 나뉜다.
② 이자지급방식에 따라 이표채, 복리채, 할인채 등으로 나뉜다.
④ 국채는 회수불가능 위험이 매우 낮으나, 국가파산 등의 경우에는 회수불가능 위험이 발생할 수 있다. **目** ③

37

(2) 특성

① 채권을 발행할 수 있는 주체가 법률로 정해져 있다.

> 예 정부, 공공기관, 특수법인, 상법상의 주식회사 등

> •COMMENT• 은행이 발행하는 채권을 은행채, 신용카드회사가 발행하는 채권을 카드채라고 한다. 반면 보험 회사는 상법상의 주식회사지만 채권을 발행하기 위해서는 금융위원회의 승인을 받아야 한다.

② 발행 한도가 있다.

> ㉠ 정부(국채) : 국회의 동의

> ㉡ 기업(회사채) : 신용평가회사의 사채등급 평가를 받고 금융감독원에 증권신고서 제출(단, 회사 채 발행규모에 대한 한도 제한은 없음)

③ 만기가 있으며, 만기 이전에도 유통시장을 통해 자유로운 거래가 가능하다.

④ 기업의 성과에 따른 배당은 받을 수 없으며 정해진 이자만 받을 수 있다.

⑤ 청산 시 주식에 우선한 재산분배권을 가진다.

⑥ 채권과 주식의 차이 ★★★

구 분	채 권	주 식
발행자	정부, 지방자치단체, 특수법인, 주식회사 등	주식회사
자본조달형태	대부증권	출자증권
조달자금의 성격	타인자본(부채)	자기자본
증권의 존속기간	한시적	영구적
조달원금	만기 시 원금상환	상환의무 없음
증권소유자의 지위	채권자	주 주
경영참가권	없 음	있 음
소유 시 권리	• 회사 정리절차 등에서 채권단 참여 • 확정부 이자 수취 • 주식에 우선하여 재산분배권 가짐	• 의결권 • 배당금 수취 • 잔여재산 분배권

> •COMMENT• 채권 투자의 장점
> • 예금보다 높은 금리
> • 주식보다 낮은 위험
> • 높은 유동성
> • 다양한 종목
> • 금리가 변동할 때 시세차익 가능

핵심예제

다음 중 주식 및 채권의 특징을 비교한 것으로 잘못된 것은?

	구 분	채 권	주 식
①	발행자	정부, 지자체, 특수법인	주식회사
②	자본의성격	타인자본	자기자본
③	소유자의 지위	주 주	채권자
④	경영참여	불가능	가 능

해설 채권소유자의 지위는 채권자이고 주식소유자의 지위는 주주이다.
따라서 기업이 이익을 낼 경우 채권은 그 기업의 채권자로서 정해진 이자만 받고 주식은 주주로서 배당을 받는다.

답 ③

2 채권의 종류

(1) 발행주체에 따른 분류

① **국채** : 정부가 발행하는 국고채권, 국민주택채권 등

② **통화안정증권** : 한국은행이 발행

③ **지방채** : 지방자치단체가 발행

④ **특수채** : 정부투자기관 및 공기업 등이 발행

⑤ **회사채** : 일반 주식회사가 발행

　　●COMMENT● 　금융회사가 발행하는 금융채는 특수채 중 하나이다.

(2) 이자지급방식에 따른 분류

① **이표채(Coupon Bond)** : 채권의 권면에 붙어 있는 표면이율에 따라 일정기간마다 일정 이자를 나누어 지급하는 채권 예 국고채, 회사채, 금융채 중 일부

② **할인채(Discount Bond)** : 발행가격이 미리 액면금액에서 상환기일까지의 이자를 차감하여 정해지는 채권 예 금융채의 일부(통화안정증권, 산업금융채권 등)

③ **복리채(Compound Bond)** : 이자가 복리로 재투자되어 만기시에 원금과 이자가 지급되는 채권 예 국민주택채권, 지역개발공채, 금융채 중 일부

(3) 신용등급에 따른 분류

발행주체의 신용등급에 따라 투자적격등급 또는 투자부적격등급으로 구분되며 신용등급이 매우 낮은 채권을 정크본드(Junk Bond)라고 한다. 신용등급은 신용평가기관마다 약간씩 다르게 운용되고 있다.

(4) 만기에 의한 분류

① **단기채** : 상환기간이 1년 이하인 채권 예 통화안정증권 등

핵심예제

만기 시에 원금과 이자가 동시에 지급되는 채권으로 옳은 것은?

① 이표채

② 할인채

③ 복리채

④ 특수채

해설 이표채는 이자지급일에 일정 이자를 지급 받고, 할인채는 이자를 단리로 미리 할인한다. 특수채는 발행주체에 따른 분류로 이와 관련이 없다.　　**답** ③

② **중기채** : 상환기간이 1년에서 5년 미만인 채권 예 국고채권, 외국환평형기금채권, 회사채 등

③ **장기채** : 상환기간이 5년 이상인 채권 예 국민주택채권, 도시철도채권 등

(5) 채권소유자의 실명 확인 가능여부에 따른 분류

① 기명식 채권, 무기명식 채권으로 구분

② 통상 기명식으로 발행

③ 무기명 국공채는 프리미엄이 붙어 높은 가격에 거래되거나 상속수단으로도 활용

(6) 기 타

① 이자변동여부 : 고정금리부 채권, 변동금리부 채권

② 원리금에 따른 제3자의 지급보증 여부 : 보증채, 무보증채

③ 채권의 변제순위 : 후순위채

(7) 합성채권

① 전환사채(CB ; Convertible Bond)

　㉠ 발행 당시에는 이자가 확정된 보통사채로 발행되지만 일정한 조건에 따라서 채권을 발행한 회사의 주식으로 전환할 수 있는 권리가 부여된 채권이다.

　㉡ 전환 전에는 사채로서의 확정이자를 받을 수 있고 전환 후에는 주식으로서의 이익(시세차액 + 배당)을 얻을 수 있어 사채와 주식의 중간 형태를 취한 채권이다.

② 신주인수권부사채(BW ; Bond with Warrant)

　㉠ 발행 시 미리 그 회사의 주식을 인수할 수 있는 권리가 부여된 사채로서 사채권자에게 소정의 기간이 경과한 후 일정한 가격으로 발행회사의 일정 수의 신주를 인수할 수 있는 신주인수권이 부여된 채권을 말한다.

　㉡ 장점 : 저금리에 의한 자금 조달, 현금 납입, 재무구조개선 효과, 리스크헤징 수단이다.

핵심예제

채권시장에 대한 설명으로 옳은 것을 모두 고르시오.

㉠ 발행주체, 발행방법, 발행규모는 금융경제에 따라 달라질 수 있다.
㉡ 통상 액면금액 1만원당 합의된 가격으로 거래가 이루어진다.
㉢ 경제상황, 정치적·사회적 상황 등 금융경제의 변화가 자금 흐름에 영향을 미친다.
㉣ 국공채 중심으로 장내거래가 증가하고 있다.

① ㉠, ㉡ 　　　　　　　　　　　　　② ㉡, ㉣
③ ㉡, ㉢ 　　　　　　　　　　　　　④ ㉢, ㉣

해설 ㉠, ㉢ 모두 금융경제가 아닌 실물경제이다.　　　　　　　　　　정답 ②

③ 교환사채(EB ; Exchangeable Bonds)

　　㉠ 소지인에게 소정의 기간 내에 사전에 합의된 조건으로 당해 발행회사가 보유하고 있는 상장유
　　　가증권으로 교환청구를 할 수 있는 권리가 부여된 채권이다.

　　㉡ 사채 자체가 상장회사의 소유주식으로 교환되는 것으로 교환 시 발행사의 자산과 부채가 동시
　　　에 감소한다.

　　㉢ 수시로 주식과 교환할 수 있고 추가적인 자금 부담이 없다는 점에서 신주인수권부사채와 다
　　　르다.

　　㉣ 자본금 증가가 수반되지 않는다는 점에서 전환사채와 다르다.

　　●COMMENT　　전환사채는 사채를 주식으로 바꿀 수 있고, 신주인수권부사채는 사채는 그대로 있고 사채발행
　　　　　　　　회사의 주식을 추가로 싼 값에 살 수 있는 권리를 주며, 교환사채는 사채와 사채발행회사가 들
　　　　　　　　고 있는 다른 회사의 주식(발행회사 주식 X)으로 바꿀 권리가 있다.

　　㉤ 표면이율 : 보통사채 > 교환사채 > 신주인수권부사채 > 전환사채

④ 전환사채, 신주인수권부사채, 교환사채의 비교 ★★★

구 분	전환사채	신주인수권부사채	교환사채
권 리	전환권	신주인수권	교환권
대상 유가증권	발행사의 주식	발행사의 주식	발행사가 소유한 타사의 상장유가증권
권리행사 후 사채권자의 지위	사채권자의 지위 상실, 발행회사 주주의 지위 획득	신주인수권 행사 후에도 사채권자 지위 존속	사채권자의 지위 상실, 대상회사 주주의 지위 획득
주주의 취득가격	전환가격	행사가격	교환가격

3 채권시장

(1) 발행시장

발행주체가 발행 중개기관을 통하여 채권을 발행한 후 채권증서 제공을 통해 자금을 공급받는 제1차
시장을 말한다.

① 구성 : 발행자, 투자자, 증권회사

② 경제상황, 정치적 · 사회적 상황 등 실물경제의 변화가 자금 흐름에 영향을 미친다.

핵심예제

합성채권에 대한 내용으로 올바른 설명을 모두 고른 것은?

　㉠ 전환사채는 전환권을 행사하고 난 후에도 사채권자의 지위를 유지한다.
　㉡ 교환사채는 자본금의 증가가 수반되지 않는다는 점에서 전환사채와 다르다.
　㉢ 신주인수권부사채는 권리를 행사하더라도 추가자금을 납입하지 않는다.
　㉣ 교환사채의 발행이율은 보통사채에 비해 일반적으로 낮다.

① ㉠, ㉡　　　　　② ㉡, ㉣　　　　　③ ㉡, ㉢　　　　　④ ㉢, ㉣

해설　합성채권의 전환　　　　　　　　　　　　　　　　　　　　　　　　　　　　**답** ②

구 분	자본금	부 채	자 산	전환 추가금
전환사채	증 가	감 소	불 변	불필요
신주인수권부사채	증 가	불 변	증 가	필 요
교환사채	불 변	감 소	감 소	불필요

③ 발행주체, 발행방법, 발행규모는 실물경제에 따라 달라질 수 있다.

(2) 유통시장

이미 발행된 채권이 매매되는 제2차 시장으로 유동성과 환금성을 높인다. 장외와 장내로 나눠지며 채권은 주로 장외시장에서 유통된다.

●COMMENT● 국공채 중심으로 장내거래가 증가하고 있으며, 한국거래소 내 '소매채권시장'을 개설하여 개인투자자의 비중도 증가하고 있다.

(3) 매 매

① 통상 액면금액 1만원 당 합의된 가격으로 거래가 이루어진다.

② 증권회사가 보유하고 있는 채권을 환매조건부채권(RP) 방식으로 거래하는 것이 보통이다.

4 채권투자 분석

(1) 채권투자의 매력

① 수익성 : 만기와 신용등급에 따라 금융기관의 예금상품보다 금리가 높다.

② 안정성 : 주식에 비해서 투자위험이 낮다.

③ 유동성 : 유통시장에서 만기 상환일 이전에라도 언제든지 현금화할 수 있으며 익일 또는 당일결제가 가능하다.

(2) 채권수익률의 개념과 의의 ★★★

① 채권투자에서 얻게 되는 현금흐름의 현재가치와 채권의 시장가격을 일치시켜주는 할인율로서 채권에 투자했을 때 일정기간에 발생된 투자수익을 투자원본으로 나누어 투자기간을 환산하는 것이다.

② 채권수익률은 채권의 가격을 나타내는 하나의 수단으로서 채권의 시장가격을 알면 수익률을 계산할 수 있고 수익률이 주어지면 채권가격을 알 수 있다.

핵심예제

채권수익률에 대한 설명으로 바르지 못한 것은?

① 채권가격은 수익률과 반대방향으로 움직인다.

② 채권의 액면가격을 알면 수익률을 계산할 수 있다.

③ 채권의 잔존기간이 길수록 동일한 수익률 변동에 대한 가격변동률은 커진다.

④ 표면이율이 높을수록 동일한 크기의 수익률 변동에 대한 가격변동률은 작아진다.

해설 채권수익률은 채권의 가격을 나타내는 지표로서 채권의 시장가격을 알면 수익률을 계산할 수 있고 수익률이 주어지면 채권가격을 알 수 있다.

답 ②

③ 채권수익률은 예금이자율과 같은 개념으로 표면이자율, 잔존기간, 시장가격이 서로 다른 채권을 비교하는 기준으로 이용되고 있다.

④ 말킬(B. G. Malkiel)의 채권가격 정리 ★★★

　　㉠ 채권가격은 수익률과 반대방향으로 움직인다.

　　㉡ 채권의 잔존기간이 길수록 동일한 수익률 변동에 대한 가격변동률은 커진다.

　　㉢ 채권의 잔존기간이 길수록 발생하는 가격변동률은 체감한다.

　　㉣ 동일한 크기의 수익률변동이 발생하더라도 채권가격의 변동률은 수익률이 하락할 때와 상승할 때가 동일하지 않다.

　　㉤ 표면이율이 높을수록 동일한 크기의 수익률변동에 대한 가격변동률은 작아진다.

(3) 채권수익률의 종류와 계산방법

① 표면수익률 : 채권의 표면에 기재된 이율로 1년 간 발행자가 지급하는 이자를 액면으로 나눈 단리의 개념이다.

$$\text{표면수익률} = \frac{\text{1년 간 총지급이자}}{\text{액면가격}} \times 100$$

② 발행수익률 : 발행시장에서 채권이 발행되어 처음 매출될 때 매출가액으로 매입하는 경우 이 매입가격으로 산출된 채권수익률이다.

③ 유통수익률(시장수익률, 내부수익률, 만기수익률) : 통상 채권시장에서 대표되는 수익률로서 일단 발행된 채권이 유통시장에서 계속 매매되면서 시장의 여건에 따라 형성되는 수익률이다.

④ 연평균수익률 : 만기가 1년 이상인 채권에서 만기까지의 총수익을 원금으로 나눈 후 단순히 해당 연수로 나눈 단기수익률이다.

⑤ 실효수익률 : 채권의 수익을 측정하는 데 있어서 재투자율을 적용하여 채권의 원금, 표면이자, 재투자 수익 등 세 가지 수익을 모두 계산한 투자수익의 증가율을 나타내주는 지표이다.

핵심예제

다음은 무엇을 구하는 공식인가?

$$\frac{\text{1년 간 총지급이자}}{\text{액면가액}} \times 100$$

① 표면수익률　　　　　　　　　　② 발행수익률
③ 유통수익률　　　　　　　　　　④ 실효수익률

해설　표면수익률은 채권 표면에 기재된 수익률을 의미하기에 단리를 나타낼 때 1년 간 총지급이자를 액면가액으로 나눠서 구할 수 있다.　　　　　　　　　　　　　　　　　　　　**답** ①

$$\text{실효수익률} = \frac{(\text{표면이자수입} + \text{중도이자의 재투자수익}) - \text{채권매입비용}}{\text{채권매입비용}} \times \frac{365일}{\text{보유일수}}$$

⑥ 세전수익률 : 일정기간 동안의 채권투자로 얻은 수익에서 보유기간 동안의 경과이자에 대한 세금을 공제하기 전의 수익률을 말한다.

⑦ 세후수익률 : 이자에 대한 세금을 공제한 후의 수익률을 말한다.

(4) 채권수익률의 결정요인 ★★

① 외적요인

ㄱ 중앙은행의 통화정책 : 중앙은행이 정책금리를 변경시킬 경우 단기채권 수익률 변동을 통해 장기채권 수익률에도 영향을 미친다.

ㄴ 경기 및 물가 : 경기에 따른 투자수요가 변화하면 채권수익률도 변한다.

ㄷ 채권의 수급여건 : 정부의 재정자금 조달, 기업의 투자계획 등에 의해 결정되는 채권의 공급은 단기간에 변동하기 어려우므로 채권에 대한 수요가 수익률 변동 요인이 된다.

ㄹ 해외 국채금리 : 2008년 글로벌 금융위기 이후 미국 국채금리의 국내 채권금리에 대한 영향이 커지고 있다.

●COMMENT● 예를 들어 미국 국채금리가 환율변동을 고려한 국내 채권금리보다 낮다면 외국인 투자자들의 국내채권수요가 늘어날 것이고 반대일 경우 국내 채권수요는 줄어들 것이다. 이러한 이유로 국내 채권수익률은 해외 채권수익률의 영향을 받는다.

② 내적요인

ㄱ 채권의 잔존만기 : 만기까지의 기간이 길수록 채권가격의 변동위험이 크고 유동성이 떨어지기 때문에 이를 보상하기 위하여 수익률이 올라간다.

ㄴ 이자율 기간구조(장단기 금리차) : 채무불이행위험이 높거나 쉽게 현금화하기 어려울수록(즉, 유동성이 낮을수록) 프리미엄이 필요해 채권수익률이 높아진다. 경기가 개선될 것으로 전망되면 장기채 금리가 더 빠르게 상승하기 때문에 이자율 기간구조도 더 가파르게 된다.

ㄷ 기타 : 채무불이행위험, 유동성 등

핵심예제

다음 중 채권수익률에 미치는 외적요인이 아닌 것은?

① 중앙은행의 통화정책
② 물가상승
③ 채권공급증가
④ 유동성

해설 유동성은 내적요인으로 유동성이 낮을수록(채무불이행위험이 높거나, 쉽게 현금화하기 어려울수록) 프리미엄이 높아져서 채권수익률은 상승한다.

답 ④

5 자산유동화증권(ABS ; Asset - Backed Securities)시장

(1) 대출채권 등 다양한 자산(보유자산)을 기반으로 발생하는 증권으로 금융의 증권화를 가속시킨 대표적인 금융상품이다.

(2) 유동성이 낮은 자산을 기초로 하여 발행되며, 자산보유자가 자산유동화를 위한 별도의 서류 상의 회사(Paper Company)인 특수목적기구(SPC)를 설립하고, 동 법인에 유동화자산을 양도하면 이를 기초로 하여 증권을 발행·매각함으로써 자금을 조달한다.

(3) 기초자산이 주택저당채권인 경우 MBS(Mortgage - Backed Security : 주택저당담보부증권), 채권인 경우 CBO(Collateralized Bond Obligation : 채권담보부증권), 은행의 대출채권인 경우 CLO(Collateralized Loan Obligation : 대출채권담보부증권), 신용카드매출채권인 경우 CARD(Certificates of Amortizing Revolving Debts), 자동차할부대출인 경우 Auto - loan ABS 등으로 구분된다.

제 **4** 절 **세금과 금융투자상품**

1 세법의 종류별 과세형태 및 이론

(1) 소득세의 의미와 과세원칙

소득세는 자연인이 얻는 소득에 대하여 그 자연인에게 부과되는 조세이다. 우리나라에서는 개인소득세만을 소득세라 하고 법인소득세를 단순히 법인세라 한다.

핵심예제

ABS(자산유동화증권)에 대한 설명 중 틀린 것은?

① 유동성이 매우 높다.
② 현금흐름을 예측할 수 있다.
③ 자산의 표준화를 통해 증권을 발행한다.
④ 자산의 양도가 가능해야 한다.

해설 ABS의 유동성은 낮은 편이다.
자산유동화증권
자산보유자가 보유한 재산을 유동화전문회사에 양도하고, 유동화전문회사는 이 자산을 기초로 자산유동화증권을 발행하여 투자자에게 판매한다. **답** ①

(2) 소득세 : 열거주의 과세

① 개인의 소득은 이자소득, 배당소득, 사업소득, 근로소득, 연금소득, 기타소득, 퇴직소득, 양도소득의 8가지로 나눈다.

② 이자소득, 배당소득, 사업소득, 근로소득, 연금소득, 기타소득은 1월 1일부터 12월 31일까지 발생한 소득을 합산하여 종합소득으로 과세한다.

③ 일정한 요건을 충족하는 경우 분리과세하고, 일시적으로 발생하는 퇴직소득, 양도소득은 종합소득에 합산하지 않고 별도로 분류과세한다.

④ 비과세 및 분리과세 금융소득을 제외한 연간 금융소득(이자 · 배당소득)이 2천만원을 초과하는 경우에는 근로 · 사업소득 등과 합산하여 6~45%의 누진세율을 적용하는 종합과세를 한다.

⑤ 유형별 포괄주의 : 과세대상과 유사한 것이면 구체적으로 열거되지 않은 경우에도 과세하는 방식을 말하며, 이자, 배당소득에 대하여는 유형별 포괄주의를 채택한다. 그 외의 소득에 대하여는 열거주의를 채택하고 있다.

⑥ 열거주의 : 과세대상으로 구체적으로 열거된 것만을 과세하는 방식을 말한다.

> ●COMMENT● • 종합과세 : 소득 종류에 관계없이 일정한 기간을 단위로 합산
> • 분류과세 : 일시적 소득이라 합산하지 않는 세금(종합소득 합산 X)
> • 분리과세 : 소득이 지급될 때 원천징수(특정한 경우 종합소득 합산 O)

(3) 법인소득세 : 순자산증가설

법적으로만 실체가 인정되는 법인의 소득을 대상으로 부과되는 조세이다. 법인세는 열거되지 않은 소득도 법인이 얻은 모든 순자산의 증가액에 과세를 한다.

(4) 상속세와 증여세 : 완전포괄주의 과세

① 완전포괄주의 : 과세물건을 법률에 명백하게 규정하지 않고 그 종류나 원천에도 불구하고 경제적 이익이 발생하면 이를 모두 과세소득으로 보아 세금을 부과하는 것이다.

② 상속세와 증여세는 완전포괄주의를 도입하였다.

> ●COMMENT● 열거주의 과세를 적용하는 경우와 포괄주의 과세를 적용하는 경우를 구분할 줄 알아야 한다.

핵심예제

다음 중 열거주의 과세에 해당하는 것은?

① 이자소득
② 양도소득
③ 증여세
④ 상속세

해설 증여세와 상속세는 완전포괄주의 과세이고 이자소득과 배당소득은 유형별 포괄주의이다. 완전포괄주의란 법률에 별도 면세규정을 두지 않는다면 상속 · 증여로 볼 수 있는 모든 거래에 세금을 부과하고, 유형별 포괄주의는 과세대상과 유사하면 열거되지 않은 경우도 과세하는 방식이다.

답 ②

2 과세 세율

(1) 소득세의 세율

종합소득세 산출세액 = (과세표준 × 세율) − 누진공제		
과세표준	세 율	누진공제
1,400만원 이하	6%	−
1,400만원 초과 5,000만원 이하	15%	126만원
5,000만원 초과 8,800만원 이하	24%	576만원
8,800만원 초과 1억 5,000만원 이하	35%	1,544만원
1억 5,000만원 초과 3억원 이하	38%	1,994만원
3억원 초과 5억원 이하	40%	2,594만원
5억원 초과 10억원 이하	42%	3,594만원
10억원 초과	45%	6,594만원

※ 지방소득세 별도

(2) 법인세의 세율

과세표준	세 율
2억원 이하	9%
2억원 초과 200억원 이하	19%
200억원 초과 3,000억원 이하	21%
3,000억원 초과	24%

※ 지방소득세 별도

(3) 상속세와 증여세의 세율 ★★

과세표준	세 율
1억원 이하	10%
1억원 초과 5억원 이하	20%
5억원 초과 10억원 이하	30%
10억원 초과 30억원 이하	40%
30억원 초과	50%

※ 지방소득세 별도

핵심예제

다음 중 금융소득 종합과세대상이 되는 연간 금융소득의 기준금액은?

① 1천만원
② 2천만원
③ 3천만원
④ 4천만원

해설 금융소득은 개인별 연간 금융소득의 합계액이 2천만원 이하일 경우에는 해당 소득세를 원천징수함으로써 납세의무
가 종결된다. 그러나 2천만원을 초과할 경우에는 2천만원을 초과하는 금융소득에 대해서는 종합소득에 해당하는 다
른 소득과 합산하여 누진세율을 적용하여 종합과세한다. 📖 ②

3 금융소득과 세금

(1) 대표적인 비과세 및 분리과세 금융투자상품

비과세 금융투자상품	분리과세 금융투자상품
• 일정요건을 충족한 저축성보험의 보험차익 • 65세 이상인 거주자, 장애인 등 법에 정한 자가 1명당 저축원금 5,000만원 이하인 비과세 종합저축에 법에서 정한 기한 내 가입한 경우 그 저축의 이자, 배당	다음에 해당하는 장기채권의 이자로 분리과세를 신청한 경우 • 2012.12.31까지 발행된 10년 이상의 장기채권 이자 • 2013.1.1 이후 발행된 10년 이상의 장기채권을 3년 이상 계속하여 보유한 거주자가 그 장기채권을 매입한 날부터 3년이 지난 후에 발생하는 이자 • 2014.12.31까지 가입한 세금우대종합저축에서 발생하는 이자, 배당

(2) 금융소득 과세방법

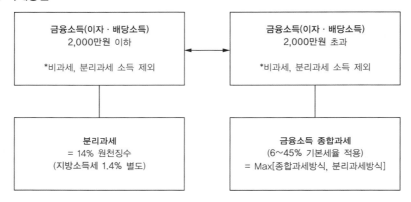

다음 중 분리과세 금융투자상품이 아닌 것은?

① 2012년 12월 31일까지 발행된 10년 이상의 장기채권 이자

② 2013년 1월 1일 이후 발행된 10년 이상의 장기채권을 3년 이상 계속하여 보유한 거주자가 그 장기채권을 매입한 날부터 3년이 지난 후에 발생하는 이자

③ 일정요건을 충족한 저축성보험의 보험차익

④ 2014년 12월 31일까지 가입한 세금우대종합저축에서 발생하는 이자, 배당

해설 일정요건을 충족한 저축성보험의 보험차익은 비과세이다.　　　　　　　　　답 ③

제 5 절 금융상품의 선택기준과 요령

1 목적을 고려한 선택

① 주택자금 마련 목적 : 주택청약예금 · 저축 · 부금, 주택청약종합저축, 장기주택마련펀드 등

② 노후생활자금 마련 목적 : (변액)연금보험, 노후생활연금신탁, (개인)연금신탁, 연금저축, 역모기지론 등

③ 자녀교육비 마련 목적 : 장학적금, 교육보험 등

④ 생활안정성 확보 목적 : 생명보험, 암보험, 종신보험 등

⑤ 대출을 받기 위한 저축 : 상호부금, 신용부금 등

●COMMENT● 노후생활연금신탁, 개인연금신탁, 주택청약예금 · 저축 · 부금, 장기주택마련펀드는 신규가입이 중단됨

2 기간을 고려한 선택

구 분	은 행	자산운용회사	금융투자회사
1개월 이내	저축예금, MMDA	MMF	RP, CMA
1~3개월 이내	표지어음, RP, CD, 정기예금	MMF, 단기수익증권(채권형)	RP, CMA, 단기수익증권(채권형)
3~6개월 이내	표지어음, RP, CD, 정기예금, 맞춤형 특정 신탁	단기수익증권(채권형)	RP, CMA, 단기수익증권(채권형)
6개월~1년 이내	표지어음, 정기예금, 맞춤형 특정신탁	중기수익증권 (채권형/주식형)	중기수익증권 (채권형/주식형)
1년 이상	정기예금, 금융채, 연금신탁, 맞춤형 특정신탁, 주택관련 저축	장기수익증권 (채권형/주식형), 연금투자신탁, 뮤추얼펀드	증권저축, 회사채, 국공채, 장기수익증권(채권형/주식형)

●COMMENT● 6개월 이내의 단기수익증권은 채권형이고, 중기수익증권은 채권형 · 주식형 모두 해당한다.

핵심예제

다음은 저축목적과 관련 금융상품을 서로 연결한 것이다. 이 중 틀린 것은?

① 주택 마련 – 주택청약저축

② 자녀교육비 마련 – 교육보험

③ 노후생활자금 마련 – (변액)연금보험

④ 생활안정성 확보 – 장학적금

해설 장학적금은 자녀교육비 마련을 목적으로 하는 금융상품이다. 생활안정성 확보를 목적으로 하는 금융상품으로는 생명보험, 암보험, 종신보험 등이 있다.

답 ④

3 안정성을 고려한 선택

구 분	안정성지표	공통사항
은 행	BIS 기준 자기자본비율, 부실여신비율	• 경영공시내용 • 국제 신용평가 기관의 신용등급 • 감독당국의 경영평가 결과 • 최근 주가수준 등
증권회사	영업용 순자본비율	
보험회사	지급여력비율	
자산운용회사	위험대비 자기자본비율	

4 수익성을 고려한 선택

구 분	확정금리	연동금리	실적금리
내 용	계약기간 동안 확정된 금리 보장	대표적인 시장금리에 연동하여 적용	투자결과를 실적에 따라 배당
수익률 · 리스크	작 다	중 간	크 다
투자자 책임	작 다	중 간	크 다
금융기관 책임	크 다	중 간	작 다
주요 금융상품	정기예금, 적금, 전통형 보험	CD금리연동형 정기예금, 공시이율 적용 보험상품	실적배당형 신탁, 뮤추얼 펀드, 변액보험, 수익증권

5 유동성(환금성)을 고려한 선택 ★★

환금성이란 유동성을 의미하며, 자금이 필요한 때에는 언제든지 보유한 상품을 별다른 손해 없이 현금화할 수 있는 정도

구 분	환금성	주요 저축상품
단기 저축상품	높 다	• 은행의 MMDA • 입출금이 자유로운 상품 : 보통예금, 저축예금, 가계당좌예금 등 • 만기 1년 이내의 상품 : MMF, 단기수익증권 등
장기 저축상품	낮 다	• 은행의 만기 1년 이상 상품 : 저축성 예금, 신탁상품 및 금융채 • 장기수익증권, 폐쇄형 뮤추얼펀드 등 • 보험회사의 저축성 보험상품 등

핵심예제

장 · 단기로 금융상품을 구분할 때 일반적으로 기간이 다른 하나는?

① 저축예금
② MMDA
③ MMF
④ 뮤추얼펀드

해설 저축예금, MMDA, MMF는 비교적 단기에 속하지만 장기수익권(채권형/주식형), 연금투자신탁, 뮤추얼펀드는 장기에
속한다. 따라서 상품 선택 시 장기저축자금, 단기운용자금을 구분하여 기간을 분산해서 가입한다. 정답 ④

금융자산의 유동성 순위

현금 > 요구불예금 > 저축성예금 > 국공채 > 사채 > 우선주 > 보통주

6 금융기관을 고려한 선택

취급기관의 자금운용능력과 운용방식, 고객에 대한 부대서비스의 내용, 점포망, 직원들의 업무능력 등이 여기에 속하며 하나의 금융기관을 주거래기관으로 정해놓고 집중적으로 이용하는 것이 바람직 하다.

핵심예제

금융자산의 유동성 순위가 큰 것부터 바르게 나열된 것은?

① 요구불예금 > 저축성예금 > 국공채 > 보통주
② 요구불예금 > 국공채 > 저축성예금 > 보통주
③ 저축성예금 > 요구불예금 > 국공채 > 보통주
④ 요구불예금 > 저축성예금 > 보통주 > 국공채

해설 **금융자산의 유동성 순위**
현금 > 요구불예금 > 저축성예금 > 국공채 > 사채 > 우선주 > 보통주

답 ①

02 | 생명보험의 이해

■ **생명보험산업 현황**
   보험업 일반현황, 생명보험업 일반현황

■ **생명보험상품 및 보험약관**
   대수의 법칙, 수지상등의 원칙, 현금흐름방식, 영업보험료, 예정사망률ㆍ사망보험료, 예정이율ㆍ보험료, 책임준비금을 구성하는 6가지 준비금, 책임준비금 적립방식(질멜식 책임준비금, 순보험료식 책임준비금), 보장성보험, 저축성보험, 보험계약의 성립ㆍ청약철회제도, 사망보험, 생존보험, 생명보험계약 특징, 계약 전 알릴 의무, 보험계약의 부활

■ **생명보험과 세금**
   일반보장성 보험료, 세액공제, 보험료 납입 시 세제혜택, 보험금 수령 시 세제혜택

학습전략

생명보험의 전반적인 개념에 대한 장으로 출제비중이 그리 높은 편은 아니다. 하지만 보험의 기본개념을 위해서는 내용을 알아둘 필요가 있다. 특히 보험료를 산정할 때 3이원 방식 대신 현금흐름방식을 도입했고 세제혜택도 소득공제 방식에서 세액공제 형식으로 바뀌는 등 다양한 변동을 반드시 체크하자.

제 1 절 생명보험산업 현황

미국, 일본, 영국 등에 이어 세계 8위의 생명보험 대국으로 자리 잡고 있는 한국의 생명보험업계는 FY2023(2023년 1월~12월) 기준으로 생명보험과 손해보험의 수입보험료 합계액은 237조 2,894억원을 기록하였으며, 이 중 생명보험은 47.4%, 손해보험은 52.6%의 점유율을 나타낸다. 또한 FY2023(2023년 1월~12월) 변액보험의 초회보험료는 전체 초회보험료의 0.5%를 차지하고 있으며, 변액보험 수입보험료는 전체 수입보험료의 10.9%를 점유하고 있다. 한편 변액보험의 총자산은 FY2023말 기준 105조 6,943억원이다.

제 2 절 생명보험 상품 및 보험약관

1 생명보험 상품의 구성

(1) 생명보험의 기본원리 ★★★

① 대수의 법칙 : 생명보험에서 사용되는 가장 기본적인 원리이며 보험운영의 근간이다. 어떤 사건의 발생비율은 1~2회의 관찰로는 측정이 곤란하지만 관찰의 횟수를 늘려가면 일정한 발생확률이 나오고 이 확률은 대개 동일하게 진행된다는 법칙이다. 우연한 사고의 발생가능성 및 시기 등은 불확실하지만 다수의 사람들을 대상으로 관찰해보면 대수의 법칙에 따라 그 발생확률을 구할 수 있다.

② 수지상등의 원칙 : 보험료는 대수의 법칙에 의해 파악된 사고발생확률에 기초하여 회사가 장래에 수입되는 보험료와 향후 보험사고로 인해 지급될 보험금 등이 일치하도록 산출된다. 따라서 보험계약자 개개인으로 본다면 납입한 보험료와 지급받은 보험금 사이에 차이가 날 수 있으나, 전체 계약자

핵심예제

다음 중 생명보험의 기본원리와 보험료 산출에 대한 설명으로 바르지 못한 것은?

① 생명보험의 기본원리는 대수의 법칙과 수지상등의 원칙이다.
② 수지상등의 원칙은 전체 계약자 측면에서의 보험료와 보험금의 균형원칙이다.
③ 대수의 법칙은 보험운영의 근간을 이루는 개념으로 보험료의 정확한 산출을 가능하게 해준다.
④ 특정연령대에 어느 정도가 사망하는지 나타나게 됨에 따라 보험료를 산출할 수 있는 것이 수지상등의 원칙이다.

해설 수지상등이 아니라 대수의 법칙에 관한 설명이다. 수지상등은 전체 보험계약자 측면에서 보면 납입하는 보험료 총액과 보험회사가 지급하는 보험금 및 사업비, 이윤 등의 총액은 균형이 맞다.   답 ④

측면에서 보면 계약자들이 납입하는 보험료 총액과 보험회사가 지급하는 보험금 및 지출비용총액은 동일한 규모가 되는 것이다.

> 보험료 총액(전체 계약자 납입보험료) = 보험금 총액 + 사업비(경비) 등

●COMMENT● 보험상품에 가입된 보험계약자가 많지 않으면 수지상등의 원칙이 적용되지 않을 수도 있다.

③ **생명표** : 어떤 연령대의 사람들이 1년에 몇 명 정도 사망(또는 생존)할 것인가를 산출하여 계산한 표로서 사람의 연령별 생사와 관련된 통계(생존자 수, 사망자 수, 생존율, 사망률, 평균여명)를 나타낸다. 국민생명표는 전체 국민 또는 특정 지역의 인구를 대상으로 그 인구통계에 의해 사망상황을 작성한 표이고, 경험생명표는 생명보험회사, 공제조합 등의 가입자에 대해 실제사망경험을 근거로 작성한 표이다. 우리나라 생명보험회사는 2024년 4월부터 제10회 경험생명표가 적용된다(남자 평균수명 : 86.3세, 여자 평균수명 : 90.7세).

(2) 현금흐름 방식에 의한 보험료 산출 ★★★

① **도입경과** : 2009년 12월 보험업법 시행령 개정으로 현금흐름방식 보험료 산출이 도입되었다. 2013년 4월부터는 3이원 방식을 사용할 수 없고, 현금흐름방식에 따라 보험료를 산출해야 한다(단, 보험기간이 3년 이하인 단기상품은 3이원 방식을 사용할 수 있다).

② **특징** : 3가지 예정기초율(위험률, 이자율, 사업비율) 외에 계약유지율, 판매량, 목표이익 등 현금흐름에 영향을 주는 다양한 요소들을 반영하며, 기초율도 보수적 가정보다는 회사별 상황에 맞는 최적가정으로 책정할 수 있다.

③ **기대효과** : 회사별 경험통계에 기초한 가정, 상품의 기대이익 및 가격전략 등을 유연하게 반영할 수 있게 되어 회사별 보험료가 보다 차별화되고, 다양한 옵션 · 보증이 부가된 보험상품이 출시될 수 있다.

핵심예제

투자이익, 계약유지비용, 관리비, 계약체결비용, 모집수수료 등 보험료에 영향을 주는 변수를 미래 현금 흐름으로 계산, 예정손익을 산출해 이를 실제 손익과 맞춰 보험료를 결정하는 방식은 무엇인가?

① 보험료 규모별 할당 방법
② 보험금 규모별 할당 방법
③ 현금흐름방식
④ 이원별 할당 방법

해설 보험업감독규정 개정에 따라 보험료를 결정할 때 2013년 4월부터 현금흐름방식이 적용되고 있다.　　답 ③

(3) 3이원 방식에 의한 보험료 산출

생명보험회사가 2013년 3월까지 보험료를 계산할 때 사용했던 방식으로 예정위험률, 예정이율, 예정사업비율을 말한다. 예정기초율은 한 번 적용되면 보험기간이 만료될 때까지 변경되지 않는다.

> 영업보험료(총보험료) = 순보험료(위험보험료 + 저축보험료) + 부가보험료
> 적용기초율 :   예정위험률   예정이율   예정사업비율

① 예정위험률

   ㉠ 피보험자(보험대상자)가 어떤 비율로 생존하여 보험료를 납입하며, 어떤 비율로 사망(또는 상해 · 질병 발생, 생존 등)하여 보험금을 지급받는지의 비율

   ㉡ 위험률차손익 : 보험료 산출 시 사용된 예정위험률과 실제위험률(사망, 재해, 질병 등)의 차이

② 예정이율

   ㉠ 계약자가 납부할 보험료가 미래에 지급될 보험금의 현재가치에 일치하도록 하는 할인율

   ㉡ 이자율차손익 : 보험료 산출 시 사용된 예정이율과 실제 자산운용 수익률과의 차이

③ 예정사업비율

   ㉠ 보험료 가운데 생명보험회사가 미리 책정한 사업비의 비중

   ㉡ 사업비차손익 : 예정사업비율에 의해 책정된 사업비와 실제 지출된 사업비의 차이

④ 예정기초율과 보험료와의 관계

구 분	보험료와의 관계	●COMMENT●
예정위험률 (사망률의 경우)	• 예정사망률 ↓ ⇒ 사망보험 보험료 ↓, 생존보험 보험료 ↑ • 예정사망률 ↑ ⇒ 사망보험 보험료 ↑, 생존보험 보험료 ↓	사망할 확률이 낮다. = 오래 산다.
예정이율	• 예정이율 ↓ ⇒ 보험료 ↑ • 예정이율 ↑ ⇒ 보험료 ↓	10년 뒤 저축으로 100만원을 모으기 위해서는 금리가 높을 수록 원금을 적게 모아도 된다.
예정사업비율	• 예정사업비율 ↓ ⇒ 보험료 ↓ • 예정사업비율 ↑ ⇒ 보험료 ↑	비용이 많이 들수록 보험료도 올라 간다.

핵심예제

예정기초율과 보험료와의 관계로 옳지 않은 것은?

① 예정사망률이 낮아질 경우 생존보험 보험료는 높아진다.
② 예정사망률이 높아지면 사망보험 보험료는 높아진다.
③ 예정이율이 낮아지면 보험료는 낮아진다.
④ 예정사업비율이 낮아지면 보험료는 내려간다.

해설   예정이율과 보험료는 반비례한다. 예정이율이 낮아지면 보험료는 높아지고, 예정이율이 높아지면 보험료는 낮아진다.

답 ③

(4) 보험료 산출방식의 비교

구 분	3이원 방식	현금흐름 방식
가정종류	위험률, 이자율, 사업비율	3이원 포함, 해지율, Option, 재보험 등
가정적용	보수적인 표준기초율	회사별 최적가정
이익원천	이원별 이익	종합 이익
수익성분석	선택적	필수적
새로운 원가요소반영	용이하지 않음	용이함

(5) 책임준비금의 개념 및 구성

① 개념 : 보험회사가 계약자 또는 보험수익자에 대하여 장래에 지급하는 보험금, 배당금, 환급금 등을 충당하기 위하여 계약자로부터 받은 순보험료의 일부를 적립해 놓은 금액을 말한다.

> **이해더하기**
>
> **자연보험료와 평준보험료**
> - 자연보험료 : 생명보험에서 피보험자가 매년 갱신 조건부로 1년 정기보험을 계약할 경우 각 연도에 계약자가 부담하는 위험보험료를 의미한다. 사망률은 연령이 증가할수록 높아지므로 보험료 역시 매년 상승하여 결국에는 가입자가 부담할 수 없을 정도의 고액이 된다. 이처럼 보험료가 매년 위험률 변화에 따라 변경되는 것을 자연보험료라고 한다.
> - 평준보험료 : 자연보험료를 전 보험기간에 걸쳐 평준화한 보험료로서 전 보험기간에 걸쳐 수지상등이 되도록 정한 정액의 보험료를 의미한다. 우리나라 보험회사는 일반적으로 보험료 산출 시 평준보험료로 산출한다.
>
>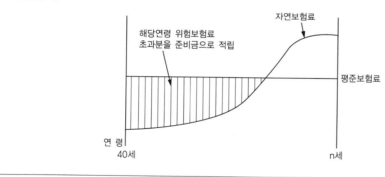

책임준비금에 관한 설명으로 틀린 것은?

① 보험회사가 보험계약자의 장래 사망 및 만기 시 보험금 지급을 위해 적립해야 하는 적립금액의 누적액을 말한다.
② 실제위험률과 예정위험률의 차이가 적립의 주된 원인이다.
③ 미경과보험료적립금은 책임준비금의 구성항목에 포함되지 않는다.
④ 책임준비금 적립방식 중 질멜식 책임준비금이 있다.

해설 미경과보험료적립금은 책임준비금의 구성항목에 포함된다.
　　책임준비금 구성항목 : 보험료적립금, 미경과보험료 적립금, 지급준비금 등

답 ③

② 책임준비금의 구성(IFRS17 적용 기준)

2023년 IFRS17이 도입됨에 따라 보험부채의 평가 방법이 원가기준에서 시가기준으로 변경되었다. IFRS17에서의 책임준비금은 평가시점의 현재가치로 적립하며, 미래 현금흐름에 대한 현행추정치를 적용하여 책임준비금을 평가한다.

ㄱ 잔여보장부채 : 결산시점에 아직 발생하지 않은 보험사고 및 지급되지 않은 투자요소에 대한 부채를 말한다. 잔여보장부채는 최선추정부채, 위험조정, 보험계약마진으로 구성되어 있다.

ㄴ 발생사고부채 : 이미 발생한 보험사고나 지급사유가 발생했지만 지급되지 않은 투자요소에 대한 부채를 말한다. 발생사고부채는 보고되지 않은 사고최선추정부채, 위험조정을 포함한다.

ㄷ 이행현금흐름 : 보험계약을 이행함에 따라 발생할 미래 현금흐름의 현재가치를 말하며, 잔여보장부채 중 최선추정부채와 위험조정을 합한 것이다.

ㄹ 보험계약마진 : 보험계약 집합 내 보험계약에 따라 서비스를 제공하면서 인식하게 될 미실현이익을 말한다. 보험계약마진은 보장기간동안 상각하여 이익으로 인식한다.

ㅁ 최선추정부채 : 보험계약 내 순현금흐름을 현재가치로 평가한 값을 말한다.

ㅂ 위험조정 : 보험계약 집합의 비금융위험에서 발생하는 현금흐름의 금액과 시기에 대한 불확실성을 감수하는 대가로 보험사가 요구하는 보상금액을 말한다.

(6) 해약환급금

① 개념 : 보험계약의 해약, 효력 상실이 등이 발생한 경우 계약자에게 반환하는 금액을 말하며, 고객의 계약자적립액에서 해약공제액을 뺀 금액으로 계산한다.

② 계약자적립액 : 보험회사가 고객에게서 받은 보험료(평준보험료) 중 보험금 지급을 위한 위험보험료(자연보험료)와 사업비 등을 뺀 나머지 적립금액을 말한다.

③ 해약공제액은 보험료납입기간(납입기간이 7년 이상인 경우 7년으로 함) 이내에 계약을 해지할 경우 계약자적립액에서 차감하는 금액을 말하며, 중도해지에 따른 페널티성 금액이다.

> **이해더하기**
>
> **책임준비금의 구성(IFRS17 적용 이전 기준)**
> - 보험료적립금
> - 미경과보험료적립금
> - 지급준비금
> - 계약자배당준비금
> - 계약자이익배당준비금
> - 배당보험손실보전준비금
> - 재보험료적립금
> - 보증준비금

(7) 책임준비금 적립방식(IFRS17 적용 이전 기준)

① 순보험료식 책임준비금 적립방식 : 책임준비금을 결정하는 데 있어서 계약 초기에 과도하게 지출되는 사업비에 대한 부분을 전혀 고려하지 않으므로 계약 초기에 영업보험료 속에 포함된 사업비보다 과다 지출된 사업비는 보험자의 잉여금으로부터 차입하여 쓰도록 하고 있다. 따라서 책임준비금은 순보험료와 보험금만을 고려하여 계산된다.

> **●COMMENT●** 순보험료식 책임준비금 적립방식은 초년도에 신계약비 지출로 인한 비용부담이 크지만, 책임준비금을 두텁게 적립하는 장점을 가진다. 그러나 오래된 계약자 입장에서는 계약자배당 규모가 축소되거나 배당시기가 지연되는 단점을 가진다.

② 질멜식 책임준비금 적립방식 : 초년도에 부족한 사업비는 순보험료부분에서 빌려서 사용하도록 하며, 2차 년도부터는 영업보험료 속에 포함된 부가보험료로써 갚아 나가도록 하고 있다. 얼마의 기간 동안에 갚아 나가느냐에 따라 단기 질멜식과 전기 질멜식이 있다. 전자는 정해진 기간 동안에 갚아 나가는 제도이고, 후자는 보험가입 전(全) 기간에 걸쳐 갚아가는 제도이다.

2 생명보험 상품의 구조와 형태

(1) 생명보험 상품의 구조

① 주계약 : 보험계약에 있어서 기본이 되는 중심적인 보장내용 부분이다.

② 특약 : 특별보험약관의 준말로, 주계약에 보험계약자가 필요로 하는 보장을 추가하거나 보험가입자의 편의를 도모하기 위한 방법을 추가하는 것을 말한다.

(2) 보험 사고의 형태에 따른 분류

① 생존보험

ㄱ 피보험자가 만기일, 일정시점까지 생존했을 때에만 보험금이 지급되는 보험이다.

ㄴ 피보험자가 사망했을 때에는 보험금이 지급되지 않고 납입한 보험료도 환급되지 않는 것이 원칙이다.

핵심예제

생명보험상품을 분류함에 있어 기본형태가 아닌 것은?

① 생존보험
② 사망보험
③ 생사혼합보험
④ 종신보험

해설 생명보험상품을 분류할 때 가장 기본적인 분류방법은 보험사고의 형태에 따른 것으로서 생존보험, 사망보험, 생사혼합보험이다.

답 ④

ⓒ 현재 우리나라에서 판매되고 있는 생존보험은 대부분 피보험자가 보험기간 중 사망하더라도 사망보험금을 지급받을 수 있도록 각종 사망보장이 부가되어 판매된다.

ⓔ 대표적인 생존보험으로는 **연금보험**과 **교육보험**이 있다.

② **사망보험**

ⓐ 피보험자가 **보험기간 중 사망**했을 때 보험금이 지급되는 보험이다.

ⓑ 보험기간 만료일까지 생존했을 때에는 원칙적으로 보험금이 지급되지 않으며 납입한 보험료도 환급되지 않지만 만기 생존 시에 이미 납입한 보험료 범위 내에서 환급하는 상품(환급형)도 존재한다.

ⓒ 보험기간을 미리 정해 놓은 사망보험인 **정기보험**과 피보험자의 일생 동안을 보험기간으로 하는 사망보험인 **종신보험**으로 구분한다.

●COMMENT● 다른 조건이 동일한 경우 정기보험이 종신보험에 비해 보험료가 낮다.

③ **생사혼합보험(양로보험)**

ⓐ 만기 시에는 만기보험금을, 사망 시에는 사망보험금을 지급한다.

ⓑ 각종 질병 및 사고에 대비한 종합 **보장성** 보험이다.

ⓒ 사망보험(정기보험)의 보장기능과 생존보험의 저축기능이 결합된 형태의 상품이다.

이해더하기

연금보험의 분류
- 소득세법령상의 세제지원 여부 : 세제적격상품(연금저축계좌), 세제비적격연금(일반연금)
- 적용금리 : 금리확정형연금, 금리연동형연금, 실적배당형연금
- 연금수령형태 : 종신연금, 확정연금, 상속연금

---

(3) 보험가입의 주목적에 따른 분류

① **보장성 보험** : 기준연령에서 생존 시 지급되는 보험금의 합계액이 이미 납입한 보험료를 초과하지 아니하는 보험으로 보험기간 중 사망, 질병, 재해 등의 보험사고 시 보장을 받을 수 있다.

핵심예제

다음이 설명하는 보험상품과 가장 가까운 것은?

> 보험기간 내에 보험대상자가 사망할 경우에는 사망보험금이 지급되고, 보험기간 내에 보험대상자가 생존하더라도 생존보험금이 지급되는 보험

① 연금보험 ② 사망보험
③ 양로보험 ④ 교육보험

해설 ① 노후를 대비하여 설계비용을 준비
② 피보험자가 사망 시 보험금을 지급
④ 피보험자의 자녀교육금을 마련

답 ③

② 저축성 보험 : 보장성 보험과 대비되는 개념으로 생명보험 고유의 위험보장 기능보다는 생존 시에 보험금이 지급되는 저축기능을 강화한 보험으로 생존 시 지급되는 보험금의 합계액이 이미 납부한 보험료를 초과한다.

(4) 기타분류

① 배당여부 : 배당보험 · 무배당보험
② 보험회사의 위험선택 단위 : 개인보험 · 단체보험
③ 보험료 재산출 여부 : 갱신형보험 · 비갱신형보험
④ 지급보험금 확정/실손 여부 : 정액보험 · 실손보험

3 생명보험 약관

(1) 생명보험계약의 의의

① 보험계약은 보험계약자의 **청약**과 보험회사의 **승낙**으로 이루어진다.
② 생명보험계약은 **사람의 생사**를 보험사고로 하고 보험사고 발생 시 손해의 유무나 정도를 불문하고 일정한 금액을 지급하는 **정액보험**으로서 보험사고가 발생할 때 실제로 생긴 재산상의 손해를 보상하는 손해보험과는 근본적으로 차이가 있다.

이해더하기

생명보험계약과 손해보험계약 비교

구 분	생명보험계약	손해보험계약
보장대상	생존, 사망	재산 손해
보장원칙	정액보상	실손보상
보험기간	장 기	단 기

핵심예제

보험약관이 필요한 이유에 대해 설명한 것으로 옳지 않은 것은?

① 보험계약을 개별적으로 작성할 경우 계약자 사이에 불공평성이 생길 우려가 있다.
② 보험약관을 활용 시 금융위원회의 통제로 보험계약자 보호가 용이해진다.
③ 거래 시 마다 계약서를 작성하는 것은 비효율성을 초래한다.
④ 보험계약자가 보험약관을 작성하므로 보험계약자에게 유리한 내용이 반영될 수 있다.

해설 **보험약관**
보험자가 동종 또는 다수의 보험계약을 체결하기 위하여 계약의 내용 및 조건 등을 미리 정하여 놓은 정형화된 계약조항이다.
                                                                          답 ④

(2) 생명보험계약의 특성 ★★★

① **유상·쌍무계약성** : 보험계약은 보험회사와 보험계약자 사이에 이루어지는 일종의 채권 계약이다. 즉, 보험계약이 성립되면 보험계약자는 보험료를 납부해야 할 의무를 지게 되며 반대로 보험회사는 보험사고가 발생할 때 보험금을 지급해야 할 의무가 발생된다. 이 두 채무, 즉 보험금 지급 및 보험료 납부는 서로 대가관계가 있으므로 쌍무계약이며 또한 유상계약이다.

② **불요식·낙성계약성** : 보험계약은 계약자의 청약이 있고 이를 보험회사가 승낙하면 계약이 성립된다. 즉, 당사자 쌍방의 의사합치가 있으면 성립하고 그 계약의 성립요건으로서 특별한 요식행위를 요구하지 않고 있으므로 불요식·낙성계약이다.

③ **부합계약성** : 보험계약은 일반적으로 보험회사에 의해 미리 작성된 보험약관을 통해 체결되는데, 보험계약자는 그 약관을 전체로서 승인하거나 아니면 거절해야 하는 부합계약이다. 이처럼 부합계약의 특성을 갖는 이유는 한 보험회사가 수많은 보험계약자를 상대로 개개인의 필요에 맞게 보험약관을 만드는 것이 불가능하기 때문이다.

④ **사행계약성** : 보험금 지급이 장래의 우연한 사고에 기인한다는 점에서 확률적 계약이다. 발생원인이 우연한 사고라는 확률에 근거한다는 점에서 도박과 닮은 점이 있으나 보험은 위험에 대비하여 경제생활의 안정을 꾀하는 적법한 제도이고, 도박은 일확천금을 꾀하는 사행심을 조장하는 행위로서 사회적 효용이 없다는 점에서 구별된다.

⑤ **선의계약성** : 보험계약은 일반 계약보다도 더욱 최대선의가 요구되는 계약이다. 왜냐하면 보험금 지급책임이 우연한 사고의 발생에 기인하므로 선의성이 없다면 보험계약이 도박화될 수 있기 때문이다.

> **이해더하기**
>
> **최대선의원칙**
> 계약당사자들이 상대방의 요청여부를 불문하고 보험계약체결여부를 결정하는데 필요한 모든 사실을 계약 상대자에게 알릴 법적의무

핵심예제

계약 당사자들이 상대방의 요청여부를 불문하고 보험계약체결여부를 결정하는데 필요한 모든 사실을 계약 상대자에게 알릴 법적의무를 뜻하는 말로 가장 옳은 것은?

① 최대선의원칙
② 유상·쌍무계약의 원칙
③ 부합계약성
④ 사행계약성

해설 계약자 또는 피보험자의 계약 전 알릴 의무를 위반한 경우는 보험회사가 보험계약에 대해 해지할 수 있는 사유이다.

답 ①

(3) 생명보험약관의 주요 내용 ★★★

① 용어 정의

소비자 불편을 해소하고 민원 예방을 위해 어려운 용어를 순화하고 재정비하여 생명보험표준약관을 개정하였다.

이해더하기

용어 정의 예시(생명보험 표준약관)
- 계약관계 관련 용어
  - 보험계약자 : 회사의 계약을 체결하고 보험료를 납입할 의무를 지는 사람을 말한다.
  - 보험수익자 : 보험금 지급사유가 발생하는 때에 회사에 보험금을 청구하여 받을 수 있는 사람을 말한다.
  - 보험증권 : 계약의 성립과 그 내용을 증명하기 위하여 회사가 계약자에게 주는 증서를 말한다.
  - 진단계약 : 계약을 체결하기 위하여 피보험자가 건강진단을 받아야 하는 계약을 말한다.
  - 피보험자 : 보험사고의 대상이 되는 사람을 말한다.
- 지급사유 관련 용어
  - 중요한 사항 : 계약 전 알릴 의무와 관련하여 회사가 그 사실을 알았더라면 계약의 청약을 거절하거나 보험가입금액 한도 제한, 일부 보장 제외, 보험금 삭감, 보험료 할증과 같이 조건부로 승낙하는 계약 승낙에 영향을 미칠 수 있는 사항을 말한다.
- 지급금과 이자율 관련 용어
  - 연단위 복리 : 회사가 지급할 금전에 이자를 줄 때 1년마다 마지막 날에 그 이자를 원금에 더한 금액을 다음 1년의 원금으로 하는 이자 계산방법을 말한다.
  - 평균공시이율 : 전체 보험회사 공시이율의 평균으로, 이 계약 체결 시점의 이율을 말한다.
  - 해약환급금 : 계약이 해지되는 때에 회사가 계약자에게 돌려주는 금액을 말한다.
- 기간과 날짜 관련 용어
  - 보험기간 : 계약에 따라 보장을 받는 기간을 말한다.
  - 영업일 : 회사가 영업점에서 정상적으로 영업하는 날을 말하며, 토요일, '관공서의 공휴일에 관한 규정'에 따른 공휴일과 근로자의 날을 제외한다.

핵심예제

다음 중 가입자의 고지의무에 관한 설명 중 맞지 않은 것은?
① 보험계약자는 계약 전 고지의무를 하지 않았다면 계약 후에라도 할 수 있다.
② 보험계약자(피보험자)는 보험계약을 청약할 때 피보험자의 건강상태 등 위험을 측정하는데 중요한 사항을 알려야 한다.
③ 현재와 과거의 건강상태, 신체 장해상태, 직업 등을 알려야 한다.
④ 알려야 할 사항이란 보험회사가 알았다면 계약인수에 영향을 미칠 수 있는 사항을 말한다.

해설 보험회사는 계약자 또는 피보험자가 고지의무를 다하지 않을 경우 회사가 별도로 정하는 방법에 따라 계약을 해지하거나 보장을 제한할 수 있다. **답 ①**

② **가입자의 계약 전 알릴 의무(고지의무)** : 보험계약자 또는 피보험자는 보험계약을 청약할 때 피보험자의 건강상태 등 위험을 측정하는 데 필요한 중요한 사항을 반드시 사실대로 알려야 하는데 이를 가입자의 계약 전 알릴 의무(고지의무)라고 한다. 계약 전 알릴 의무의 내용은 현재와 과거의 건강상태, 신체의 장해상태, 직업 등이며 일반적으로 피보험자가 알려야 할 중요한 사항은 보험회사가 알았다면 계약의 청약을 거절하거나 보험가입금액을 제한하는 등 계약의 인수에 영향을 미칠 수 있는 사항을 의미한다.

③ **생명보험계약의 성립** : 보험계약은 보험계약자의 청약과 보험회사의 승낙으로 이루어진다. 보험계약의 청약은 보험을 청약하는 사람이 보험회사에 대하여 일정한 보험계약을 맺을 것을 목적으로 하는 일반적 의사표시로서 구두에 의하든, 서면에 의하든 상관 없으나 일반적으로 청약서를 이용한다.

④ **청약철회제도** : 보험계약자는 보험증권을 받은 날로부터 15일 이내(청약일로부터 30일 초과 시 철회불가)에 계약의 청약을 철회할 수 있다. 진단계약, 보험기간이 90일 미만인 계약, 전문금융소비자가 체결한 계약은 청약철회를 인정하지 않는다.

> **이해더하기**
> • 전문금융소비자 : 보험계약에 관한 전문성, 자산규모 등에 비추어 보험계약에 따른 위험감수능력이 있는 자로서, 국가, 지방자치단체, 한국은행, 금융회사, 주권상장법인 등이 해당된다.
> • 일반금융소비자 : 전문금융소비자가 아닌 계약자를 말한다.

⑤ **약관의 교부 및 설명의무** : 보험회사는 계약을 체결할 때 계약자에게 약관을 교부하고 중요한 내용을 설명하여야 한다. 보험회사가 보험계약자에게 보험약관을 전달하지 않았거나 약관의 중요한 내용을 설명하지 아니한 경우, 자필서명을 누락 · 대리서명한 경우에는 청약일로부터 3개월 이내에 그 계약을 취소할 수 있다.

핵심예제

다음 중 계약자가 청약일로부터 3개월 이내에 보험계약을 취소할 수 있는 경우에 해당하지 않는 것은?
① 계약자에게 청약서부본을 전달하지 않은 경우
② 계약자 또는 피보험자가 청약서에 자필서명을 하지 않은 경우
③ 계약체결 시 약관을 전달하지 않은 경우
④ 계약자 또는 피보험자가 계약 전 알릴 의무를 위반한 경우

해설 계약자 또는 피보험자의 계약 전 알릴 의무를 위반한 경우는 보험회사가 보험계약에 대해 해지할 수 있는 사유이다.
답 ④

⑥ 회사가 제작한 보험안내장의 효력 : 보험설계사 등이 모집과정에서 사용한 회사 제작의 보험안내자료 내용이 약관의 내용과 다른 경우에는 계약자에게 유리한 내용으로 계약이 성립된 것으로 본다.

⑦ 피보험자의 서면(또는 전자서명, 공인전자서명)동의 철회권 : 타인의 사망보장 계약을 하려면 계약 체결시까지 피보험자의 서면동의를 얻어야 하지만, 서면동의를 한 피보험자는 계약의 효력이 유지되는 기간에는 언제든지 서면동의를 철회할 수 있다.

⑧ 보험계약 내용의 변경 : 생명보험계약은 장기에 걸친 계약이므로 경제적 여건이나 보험수익자 등의 변경이 필요한 경우가 발생할 수 있다. 이 경우 보험계약자는 회사의 승낙을 얻어 보험종목, 보험기간, 보험료 납입주기, 보험가입금액 등 보험계약 내용을 변경할 수 있다. 단 보험수익자 변경시에는 회사의 승낙이 불필요하다.

이해더하기

보험회사가 계약 전 알릴 의무 위반으로 계약을 해지할 수 없는 경우
- 보험회사가 계약 당시 계약 전 알릴 의무 위반사실을 알았거나 중대한 과실로 인하여 알지 못하였을 때
- 보험회사가 그 사실을 안 날로부터 1개월 이상 지났거나 보장개시일로부터 보험금 지급사유가 발생하지 않고 2년(진단계약은 1년)이 지났을 때
- 계약체결일로부터 3년이 지났을 때
- 보험회사가 계약 청약 시 피보험자의 건강상태를 판단할 수 있는 기초자료(건강진단서 사본 등)에 의하여 승낙통지를 한 때(계약자 또는 피보험자가 회사에 제출한 기초자료의 내용 중 중요한 사항을 고의로 사실과 다르게 작성한 때에는 제외)
- 보험설계사 등이 계약자 또는 피보험자에게 고지할 기회를 주지 않았거나 계약자 또는 피보험자가 사실대로 고지하는 것을 방해한 경우
- 보험설계사 등이 계약자 또는 피보험자에게 사실대로 고지하지 않게 하였거나 부실한 고지를 권유한 경우(단 보험설계사 등의 행위가 없었다 하더라도 계약자 또는 피보험자가 사실대로 고지하지 않거나 부실한 고지를 했다고 인정되는 경우에는 계약을 해지하거나 보장을 제한할 수 있음)

---

⑨ 보험료의 납입 : 보험료의 납입은 보험회사의 위험부담에 대한 대가로서 보험계약자가 지는 중요한 의무이다. 특히 보험계약은 제1회 보험료를 납입해야 회사의 책임이 개시되므로 계약자는 보

핵심예제

계약부활에 관한 설명 중 틀린 것은?
① 계약이 해지된 날로부터 3년 이내에 부활을 청구할 수 있다.
② 부활은 회사의 승낙 없이 가능하다.
③ 계약이 부활되면 그 계약은 해지이전의 상태로 되돌아간다.
④ 계약부활 시 신계약절차를 준용한다.

해설 부활은 신계약절차를 준용하므로 회사의 승낙이 있어야 가능하다.

답 ②

험계약이 성립한 후 지체 없이 보험료를 납입해야 한다. 계약자가 제2회 이후의 보험료를 납입기일까지 납입하지 않아 보험료 납입이 연체 중인 경우에 회사는 14일(보험기간이 1년 미만인 경우에는 7일) 이상의 기간을 납입최고(독촉)기간으로 정하여 계약자(보험수익자와 계약자가 다른 경우 보험수익자를 포함)에게 납입최고(독촉)기간 내에 연체 보험료를 납입하여야 한다는 내용과 납입최고(독촉)기간이 끝나는 날까지 보험료를 납입하지 않을 경우 납입최고(독촉)기간이 끝나는 날의 다음 날에 계약이 해지된다는 내용을 서면(등기우편 등), 전화(음성녹음) 또는 전자문서 등으로 알려주어야 한다.

⑩ **보험계약의 부활** : 보험계약자가 계속 보험료를 납입하지 못하고 납입유예기간이 경과하였을 때에는 보험계약의 효력이 상실된다. 이러한 경우의 보험계약자가 새로운 계약을 체결할 경우에는 피보험자의 연령이 증가하여 보험료를 더 많이 부담해야하는 등 여러 가지 불이익이 발생할 수 있다. 따라서 계약이 해지 또는 실효되고 환급금이 지급되지 않은 경우, 해지된 날로부터 3년 이내에 연체된 보험료 등을 지급하면 그 계약을 해지 이전 상태로 회복시킬 수 있는데 이를 보험계약의 부활(효력회복)이라고 한다.

⑪ **강제집행 등으로 인한 해지된 계약의 특별부활** : 계약자의 해약환급금 청구권에 대한 강제집행, 담보권실행, 국세 및 지방세 체납처분절차에 따라 계약이 해지된 경우 해지 당시의 보험수익자가 계약자의 동의를 얻어 계약 해지로 인해 회사가 채권자에게 지급한 금액을 회사에 지급하고 계약자 명의를 보험수익자로 변경하여 계약의 특별부활(효력회복)을 청약할 수 있고, 회사는 이를 승낙하여야 한다. 특별부활권은 해약환급금 청구권을 압류한 채권자와 수익자의 보장적 이익을 합리적으로 조정하기 위한 제도이다.

⑫ **사기계약의 취소 및 중대사유에 의한 계약의 해지** : 계약자, 피보험자, 수익자가 고의로 보험금 지급사유를 발생시키거나 보험금 청구에 관한 서류에 고의로 사실과 다르게 기재하였거나 서류를 위조 · 변조한 경우, 그 사실을 안 날로부터 1개월 이내에 계약을 해지할 수 있다. 또한 뚜렷한 사기에 의하여 계약이 성립되었음을 회사가 증명하는 경우에는 보장개시일부터 5년 이내(사기사실을 안 날부터는 1개월 이내)에 계약을 취소할 수 있다.

핵심예제

사기에 의한 보험계약 취소 내용으로 옳은 설명은?

① 상법 제110조의 규정이다.
② 계약취소권은 일반적으로 계약일로부터 5년 내 행사해야 한다.
③ 계약 전 알릴 의무 위반 시라도 책임개시일로부터 보험사고 없이 2년(질병은 1년)이 지났을 땐 보험회사의 취소권을 인정하지 않는다.
④ 보험사기는 단순히 보험금의 수령여부만을 문제 삼는 것이 아니라 형사처벌의 대상도 될 수 있다.

해설　① 민법 제110조의 규정이다.
　　② 계약일이 아니라 보장개시일로부터 5년 이내이다.
　　③ 질병이 아니라 진단이다.

답 ④

⑬ 분쟁의 조정 : 보험계약에 관하여 분쟁이 있는 경우 분쟁 당사자 또는 기타 이해관계인과 회사는
금융감독원장에게 조정을 신청할 수 있다.

제 3 절 | 생명보험과 세금

보험상품은 세제혜택이 있는데 크게 보험료 납입 시 세제 혜택과 보험금 수령 시 세제 혜택으로 구
분할 수 있다.

이해더하기

■ 변액보험과 세금
세법에서는 일반종신보험이든 변액종신보험이든 관계없이 보장성 보험으로 보아 세법규정을 적용한다. 변
액보험은 보험료를 어떻게 운용하는 것인가 하는 투자와 투자이익의 배분에 관한 문제일 뿐이므로 변액보
험이라고 하여 다른 세법규정을 적용하지는 않는다.

■ 보험과 관련된 세제 관심사항
보험에 있어 보험고객들의 공통적인 관심사항을 보면 다음과 같은 것들이 있다.
첫째, 보험가입 시 '피보험자(보험대상자)와 계약자, 수익자를 누구로 할 것인가' 하는 문제이다. 즉 이러한
가입사항에 따라 '세금(특히 상속 · 증여세)이 어떻게 과세될 것인지 또는 비과세될 수 있는가' 에 대
해 많은 관심을 가지고 있다.
둘째, 법인이 보험에 가입하는 경우 개인이 가입하는 것과 어떤 점에서 다른가 하는 것이다. 특히 법인이
보험료를 납부하는 경우 '이러한 행위가 법인의 세제절감에 유용한가' 하는 것에 대한 관심이다.
셋째, 이러한 세제혜택을 고려한 보험상품의 가입이 '과연 다른 금융자산(증권 또는 채권 등) 또는 부동산
에 투자하는 것보다 상대적인 강점을 갖고 있는가' 하는 것이다.

핵심예제

다음 중 보험과 세금에 관한 내용으로 옳지 않은 것은?

① 세법에서 일반종신보험은 보장성 보험으로 보아 세법규정을 적용한다.
② 세법에서 변액종신보험은 저축성 보험으로 간주하여 세법규정을 적용한다.
③ 법인은 보험료의 납부가 법인의 세절감에 유용한가에 관심을 둔다.
④ 다른 금융자산에 투자하는 것보다 상대적인 강점을 갖고 있는가에 관심을 둔다.

해설 변액보험은 집합투자기구로 운용되더라도 일반적인 집합투자기구에 적용되는 「소득세법 시행령」 제26조의 2의 적
용에서 제외된다. 변액보험의 경우 일반보험과 세제 취급이 동일하다. 보장성 보험(변액종신보험 등)으로 분류되면
보장성 보험으로 과세되고, 저축성 보험(변액연금보험 등)으로 분류되면 저축성 보험으로 과세된다. 답 ②

1 보험료 납입 시 세제혜택

보험료 납입 시 개인에 대한 대표적인 세제혜택으로는 보장성 보험료에 대한 세액공제와 연금계좌에 대한 세액공제가 있으며 이러한 제도는 근로소득자에 대한 보장강화 및 고령화에 따른 개인의 노후준비 지원 등을 위해서 도입되었다.

(1) 일반 보장성 보험료에 대한 세액공제

① 일반 보장성 보험의 정의

㉠ 만기에 환급되는 금액이 납입보험료를 초과하지 않는다.

㉡ 보험계약 또는 보험료 납입영수증에 보험료공제 대상임이 표시된 생명보험, 상해보험, 손해보험 등이 해당한다.

㉢ 근로소득자를 대상으로 한다. 예 사장, 임원, 직원, 개인사업자에게 고용된 직원

㉣ 세액공제 제외대상 : 개인사업자, 일용근로자, 연금소득자

COMMENT 개인사업자에게 고용된 직원이 근로소득자인 경우에는 세액공제가 가능하다.

② 세액공제 내용

㉠ 당해 연도에 납입한 보험료(100만원 한도)의 12%(지방소득세 별도)에 대해 연말정산 시 세액공제를 받을 수 있다.

㉡ 근로소득자가 기본공제대상자를 피보험자로 하는 보장성 보험의 경우에 한한다.

③ 기본공제 대상자

㉠ 연령 및 연간소득금액 요건에 부합하는 본인 외 배우자 또는 직계존속을 말한다.

㉡ 요건(연간 소득금액 합계액 100만원 이하, 근로소득만 있는 경우 총급여 500만원)

납입자	피보험자	소득요건	나이요건(장애인의 경우 적용 X)	세액공제
본 인	본 인	X	X	가 능
본 인	직계존속	O	만 60세 이상	가 능
본 인	배우자	O	X	가 능
본 인	직계비속(동거입양자 포함)	O	만 20세 이하	가 능
본 인	형제자매	O	만 20세 이하 또는 만 60세 이상	가 능

핵심예제

세액공제에 대한 내용으로 옳지 않은 것은?

① 당해 연도에 납입한 보험료(100만원 한도)의 12%(지방소득세 별도)에 대해 연말정산 시 세액공제를 받을 수 있다.
② 근로소득자가 기본공제대상자를 보험자로 하는 보장성 보험의 경우에 한한다.
③ 만기에 환급되는 금액이 납입보험료를 초과하지 않는다.
④ 기본공제 대상자의 요건은 직계존속의 경우 만 60세 이상이다.

해설 근로소득자(일용근로자 제외)가 기본대상자를 피보험자로 하는 일반 보장성 보험에 가입할 경우 해당연도에 납입한 보험료(100만원 한도)의 12%(지방소득세 별도)에 해당하는 금액을 공제받을 수 있다. 답 ②

④ 장애인 전용 보장성 보험료 : 장애인을 피보험자 또는 수익자로 하는 장애인 전용 보험에 가입한 경우, 당해 연도에 납입한 보험료(100만원 한도)의 15%(지방소득세 별도)에 대해 종합소득산출세액에서 공제받을 수 있다.

> • 근로자가 배우자(장애인)를 피보험자로 일반 보장성 보험료를 연간 100만원, 장애인 전용 보장성 보험료를 연간 100만원을 납부한 경우
> 27만원 세액공제 가능(12만원 + 15만원, 지방소득세 별도)
> • 근로자(장애인)가 본인을 피보험자로 장애인 전용 보장성 보험료를 연간 100만원을 납부한 경우
> 15만원 세액공제 가능(지방소득세 별도), 일반 보장성 보험료 세액공제와 중복적용 불가능

COMMENT 기본공제대상자가 장애인일 경우에는 나이에 상관없이 소득금액에 대한 요건만 충족하면 세액공제를 받을 수 있다.

⑤ 보장성 보험 중도 해지 시 세액공제 여부

당해 연도 중 해지하였다면 당해 연도에 납입한 보험료의 12%(지방소득세 별도)에 대한 세액공제가 가능하고 이미 세액공제 받은 보험료에 대해서도 추징되지 않는다.

COMMENT 근로자가 부담하는 국민건강보험료, 고용보험료 및 노인장기보험료에 대해서는 전액 소득공제된다.

보험 구분	세액공제 대상 보험료	공제율
일반 보장성 보험료	기본공제대상자를 피보험자로 하는 일반 보장성 보험의 보험료 (연간 100만원 한도)	12%
장애인 전용 보장성 보험료	기본공제대상자 중 장애인을 피보험자 또는 수익자로 하는 장애인 전용 보장성 보험료 (연간 100만원 한도)	15%

※ 지방소득세 별도

COMMENT 연간 소득금액이 100만원을 초과하는 경우, 기본공제대상자에 해당하지 않는 부양가족을 피보험자로하는 경우, 피보험자가 태아인 경우에는 보장성 보험료 세액공제가 불가능하다. 한편, 일시 납입한 경우 납입일이 속하는 연도의 근로소득에서 세액공제하며, 미납분 보험료는 실제로 납입한 연도에 세액공제한다.

핵심예제

장애인 전용 보장성 보험료에 대한 설명으로 틀린 것은?

① 당해 연도에 납입한 보험료 중 조건이 맞는 금액은 종합소득세에서 공제받을 수 있다.
② 공제받을 수 있는 당해 연도 납입 보험료는 100만원 한도이다.
③ 공제받을 수 있는 세액은 15%(지방소득세 포함)이다.
④ 일반 보장성 보험료 세액공제와 장애인 전용 보장성 보험료 세액공제가 중복될 시 선택해야 한다.

해설 15%에 지방소득세는 별도이다. 답 ③

(2) 연금계좌에 대한 세액공제

① 연금계좌

㉠ 연금저축계좌와 퇴직연금계좌를 통칭하는 개념으로 연금저축이라고도 한다.

㉡ 보험회사의 연금저축보험, 은행의 연금저축신탁, 자산운용회사의 연금저축펀드로 구분된다.

㉢ 퇴직연금계좌는 퇴직연금을 받기 위해 가입하고 설정하는 계좌로 확정기여형(DC형)과 개인형 퇴직연금계좌(IRP) 등이 있다.

●COMMENT● 확정급여형(DB형) 퇴직연금계좌는 연금계좌에서 제외된다.

② 세액공제 대상 : 종합소득이 있는 거주자

③ 연금계좌 세액공제율

- 종합소득이 있는 거주자가 연금계좌에 납입한 금액이 있는 경우 : 12%(지방소득세 별도)에 해당하는 금액

- 종합소득금액 4,500만원 이하 또는 근로소득만 있는 경우 : 총 급여액 5,500만원 이하인 경우에는 연금계좌 납입액의 15%(지방소득세 별도)

종합소득금액(총급여액*)	세액공제 대상 연금계좌 납입한도(퇴직연금 합산 시 한도)	세액공제율
4.5천만원 이하(5.5천만원)	600만원(900만원)	15%
4.5천만원 초과(5.5천만원)		12%

* 근로소득만 있는 경우 총급여 기준

④ 세액공제 대상 연금계좌 납입한도

㉠ 연금계좌에 납입하는 금액은 다음에 해당하는 금액을 제외한 금액을 의미한다.

- 다음 사유로 원천징수되지 않는 퇴직소득 등 과세가 이연되는 소득
  - 퇴직인 현재 연금계좌에 있거나 연금계좌로 지급되는 경우
  - 퇴직하여 지급받은 날부터 60일 이내에 연금계좌에 입금되는 경우
- 연금계좌 중 연금저축계좌에 납입한 금액이 연 600만원을 초과하는 경우에는 그 초과하는 금액은 없는 것으로 하고, 연금저축계좌에 납입한 금액 중 600만원 이내의 금액과 퇴직연금계좌에 납입한 금액을 합한 금액이 연 900만원을 초과하는 경우에는 그 초과하는 금액은 없는 것으로 한다.

핵심예제

연금계좌와 세액공제에 관한 설명으로 틀린 것은?

① 연금계좌는 연금저축계좌와 퇴직연금계좌를 통칭하는 개념이다.
② 퇴직연금계좌는 확정기여형과 확정급여형이 있다.
③ 연금저축계좌에 납입한 금액이 연 600만원을 초과하는 경우에는 그 초과하는 금액은 없는 것으로 한다.
④ 근로소득만 있는 경우 총급여액 5,500만원 이하인 자는 연금계좌 납입액의 15%를 세액공제 받을 수 있다.

해설 확정급여형 퇴직연금계좌는 연금계좌에서 제외된다.　　답 ②

⑤ 개인종합자산관리계좌(ISA) 만기 시 추가납입 허용 및 세액공제

개인종합자산관리계좌(ISA)로 형성한 자산을 노후 대비 연금재원으로 유도하기 위하여 다음과 같이 추가로 세제혜택을 제공한다.

구 분	주요 내용
연금계좌 납입한도	① 연금저축 및 퇴직연금(연간 1,800만원 한도) ② ISA계좌만기 시 연금계좌 전환금액(한도 미규정) ③ 1주택 고령가구가 가격이 더 낮은 주택으로 이사한 경우 지역(1억원 한도) ※ ②, ③은 추가납입 항목
세액공제 한도	현행 세액공제 대상 연금계좌 납입한도(600만원, 퇴직연금 합산 시 900만원) (위의 연금계좌 납입한도의 ① + ③ 항목) + ISA계좌 만기 시 연금계좌 전환금액의 10%(300만원 한도) (위의 연금계좌 납입한도의 ② 항목)
세액공제율	현행 세액공제율과 동일 (종합소득금액 4,500만원 이하, 총급여 5,500만원 이하 15%, 그 외의 경우에는 12%)
ISA계좌 만기 시 추가납입 방법	만료된 날부터 60일 이내에 연금계좌로 납입한 경우 그 납입한 금액(전환금액)을 납입한 날이 속하는 과세기간의 연금계좌 납입액에 포함한다(한도 : 전환금액의 100분의 10 또는 300만원 중 적은 금액과, 연금계좌 세액공제 한도 내에서 납입한 금액을 합산하여 적용).

2 보험금 수령 시 세제 혜택

(1) 저축성 보험의 보험차익 비과세

저축성 보험이란 보장성 보험 이외 만기 또는 해지 시 돌려받는 돈이 납입보험료를 초과하는 보험을 말한다. 이때 초과분을 보험차익이라고 하는데 일정 요건을 충족하는 경우 비과세되지만 그렇지 않을 경우 이자소득으로 분류되어 14%(지방소득세 별도)가 원천징수된다.

① 일시납 저축성 보험

• 최초납입일로부터 만기일(또는 중도해지일)까지의 기간이 10년 이상

• 계약자 1명당 납입할 보험료 합계액[계약자가 가입한 모든 저축성 보험(월적립식 저축성 보험, 종신형 연금보험은 제외)의 보험료 합계액]이 아래의 구분에 따른 금액

> • 2017년 3월 31일까지 체결하는 보험계약의 경우 : 2억원
> • 2017년 4월 1일부터 체결하는 보험계약의 경우 : 1억원

다만, 최초납입일로부터 만기일(또는 중도해지일)까지의 기간은 10년 이상이지만 납입한 보험료를 최초납입일부터 10년이 경과하기 전 확정된 기간 동안 연금형태로 분할하여 지급받는 경우는 제외

② 월적립식 저축성 보험
  • 최초납입일로부터 만기일(또는 중도해지일)까지의 기간이 10년 이상
  • 최초납입일로부터 납입기간이 5년 이상
  • 최초납입일부터 매월 납입하는 기본보험료(보험계약의 보험료 및 책임준비금 산출방법서상의 기본보험료로, 최초 계약한 기본보험료의 1배 이내로 기본보험료를 증액하는 경우를 포함)가 균등하고, 기본보험료의 선납기간이 6개월 이내
  • 계약자 1명당 매월 납입하는 보험료 합계액(계약자가 가입한 모든 월적립식 보험계약에서 순수보장성 보험 제외)이 150만원 이하일 것(2017년 4월 1일 이후 체결한 보험계약으로 한정)

③ 종신형 연금보험
  • 계약자가 보험료 납입 계약기간 만료 후 55세 이후부터 사망 시까지 보험금·수익 등을 연금으로 지급받을 것
  • 연금 외의 형태로 보험금·수익 등을 지급하지 아니할 것
  • 사망 시 보험계약 및 연금재원이 소멸할 것
  • 계약자와 피보험자 및 수익자가 동일한 계약으로서 최초 연금지급개시 이후 사망일 전에 계약을 중도 해지할 수 없을 것
  • 매년 수령하는 연금액이 (연금수령 개시일 현재 연금계좌 평가액 ÷ 연금수령 개시일 현재 기대여명 연수) × 3 이내일 것

핵심예제

다음 중 저축성 보험의 보험차익 비과세 대상이 아닌 것은?

① 계약자 1명 당 납입할 보험료의 합계액이 2억원 이하이고 최초로 보험료를 납부한 날부터 만기일 또는 중도해지일까지의 기간이 10년 이상인 저축성 보험계약(2017년 3월 31일 체결한 보험계약)
② 계약자가 보험료 납입 계약기간 만료 후 55세 이후부터 사망시까지 보험금을 연금으로 지급받는 종신형 연금보험계약
③ 계약기간이 10년 이상이고 최초납입일로부터 납입기간이 5년 이상인 월적립식 저축성 보험계약
④ 계약기간 10년이 경과하기 전에 납입보험료를 확정된 기간 동안 연금형태로 분할하여 지급받는 경우

해설 계약기간은 10년 이상이지만, 10년이 경과하기 전에 납입보험료를 확정된 기간 동안 연금형태로 분할하여 지급받는 경우는 과세대상이다.

답 ④

(2) 연금소득 분리과세 선택

연금소득은 금융회사에서 연금을 지급하는 시점에 금융회사가 원천징수를 하고 연금수령자는 추후 다른 종합소득과 합산하여 종합과세하는 것이 원칙이다. 다만, 연금저축, 퇴직연금 등 사적연금소득은 다음과 같이 분리과세를 선택할 수 있다.

① 사적연금소득의 합계액이 연 1,500만원 이하인 경우 : 3~5% 저율 분리과세 선택 가능

이해더하기

연금소득 인출요건
- 55세 이후 수령
- 가입일로부터 5년 경과 수령
- 연금수령한도 내 수령

$$연간\ 연금수령한도 = \frac{과세기간\ 개시일\ 현재\ 연금재원평가총액}{(11 - 연금수령연차^*)} \times 120\%$$

* 55세 이상 & 가입 5년 이상 경과한 시점이 연금수령 1년차로 보며, 수령연차가 11년 이상인 경우 한도 미적용

연금소득자의 나이에 따른 원천징수세율

나이(연금수령일 현재)	세 율
70세 미만	5%
70세 이상 80세 미만	4%
80세 이상	3%

사망할 때까지 연금수령하는 종신계약에 따라 받는 연금소득 : 4%

퇴직소득을 연금수령하는 연금소득
연금 실제 수령연차 10년 이하인 경우 연금 외 수령 원천징수세율의 70%, 10년 초과인 경우 연금 외 수령 원천징수세율의 60%

---

② 사적연금소득 연 1,500만원 초과 시 과세방법

구 분	개정 전	2022년 세법 개정	2023년 세법 개정
과세 방법	종합과세	종합과세 또는 분리과세(15%) 선택	종합과세 또는 분리과세(15%) 선택
분리과세 기준		연 1,200만원 이하	연 1,500만원 이하
적용시기		'23.1.1이후 연금수령분부터	'24.1.1이후 연금수령분부터

(3) 비과세종합저축에 대한 과세특례

비과세종합저축은 2014년 말 일몰이 도래한 세금우대종합저축과 고령자·장애인 등을 위한 생계형 저축을 통합하여 재설계된 것으로 모든 금융기관에서 취급할 수 있으며, 보험회사에서는 비과세종합저축보험으로 표시한다.

통합 전	통합 후
생계형저축 • 가입한도 : 3천만원 한도 • 가입대상 : 만 60세 이상 노인, 장애인, 독립유공자 등 • 세제혜택 : 이자, 배당소득 비과세 **세금우대종합저축** • 가입한도 및 가입대상 : 만 20세 이상 거주자는 1천만 원, 만 60세 이상 노인, 장애인, 독립유공자 등은 3천만원 한도 • 세제혜택 : 저율 분리과세(9%, 농어촌특별세 별도) ※ 적용기한 : 2014년 12월 31일까지 가입분	**비과세종합저축** • 가입한도 : 5천만원 한도 • 가입대상 : 만 65세 이상인 자, 장애인, 독립유공자 등 • 세제혜택 : 이자, 배당소득 비과세

3 (변액)연금보험과 연금저축 비교

연금보험과 연금저축은 일정기간의 보험료 납입기간을 통해 형성된 재원을 연금형태로 수령한다는 공통점이 있지만, 두 상품의 가입요건, 세제혜택 및 소득구분 등의 차이점을 숙지하여 고객의 가입 목적, 소득수준 등에 적합한 상품을 권유하여야 한다.

구 분	(변액)연금보험	연금저축
소득구분	이자소득	연금소득
취급기관	생명보험회사	모든 금융기관
세제혜택 적용요건	일시납, 월적립식 저축성 보험계약, 종신형 연금보험계약별 요건 충족	보험료납입 및 인출요건의 충족
보험료 납입 시 세제혜택	없 음	연금계좌 세액공제
보험금 수령 시 세제혜택	보험차익 비과세 (이자소득세 비과세)	연금소득 분리과세 선택 (3~5% 세율적용, 지방소득세 별도)

핵심예제

(변액)연금보험과 연금저축의 차이점으로 틀린 것은?

번 호	구 분	(변액)연금보험	연금저축
①	취급기간	생명보험회사	모든 금융기관
②	세제혜택 요건	일시납	납입 및 인출요건 충족
③	납입 시 세제혜택	연금계좌 세액공제	없 음
④	수령 시 세제혜택	저축성 보험의 보험차익 비과세	연금소득 연 1,500만원 이하 분리과세 선택

해설 납입 시 세제혜택이 없는 것은 연금보험이다. **답** ③

4 변액보험과 기타세금

(1) 종합소득산출세액 계산구조

① 종합소득금액 계산

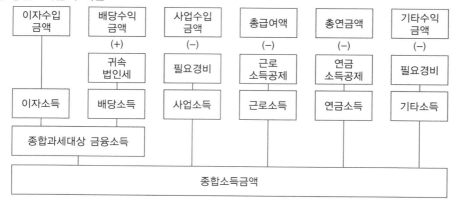

② 종합소득 과세표준 계산

> 과세표준 = 종합소득세 − 종합소득공제(기본공제, 추가공제 등)

③ 종합소득 과세표준 구간별 세율

※ 지방소득세 별도

과세표준	세 율
1,400만원 이하	6%
1,400만원 초과 5,000만원 이하	15%
5,000만원 초과 8,800만원 이하	24%
8,800만원 초과 1억 5,000만원 이하	35%
1억 5,000만원 초과 3억원 이하	38%
3억원 초과 5억원 이하	40%
5억원 초과 10억원 이하	42%
10억원 초과	45%

핵심예제

종합소득 과세표준과 기본세율로 틀린 것은?

① 1,400만원 이하, 6%
② 1,400만원 초과 5,000만원 이하, 12%
③ 5,000만원 초과 8,800만원 이하, 24%
④ 1억 5,000만원 초과, 38%

<u>해설</u> 1,400만원 초과 5,000만원 이하의 경우 기본세율은 15%이다.

답 ②

(2) 금융재산 상속 공제 ★★

① 일반적인 경우 종신보험의 수령보험금은 당연히 상속재산에 포함된다. 상속재산 중에 금융재산이 있는 경우에는 금융재산의 20%(2억원 한도)를 공제해주는 제도가 있다.

② 금융재산 상속공제

순금융재산(금융재산 − 금융부채)	공제액
2,000만원 이하	전액공제
2,000만원 초과 1억원 이하	2,000만원
1억원 초과	순금융재산 × 20%(2억 한도)

(3) 실질과세원칙에 따른 유형별 보험금 과세방법

① 변액종신보험에 가입한 경우 피보험자의 사망으로 인한 사망보험금 수령 시 과세방법은 실제 보험료 납입자와 보험금 수익자가 누군가에 따라 결정된다.

② 세법상 실질과세원칙에 따라 보험금 수익자가 보험료 납입자와 다를 경우 보험금 수령시점의 보험료 납입자에 대한 생사여부에 따라 상속세 또는 증여세가 과세된다.

③ 보험계약자 본인의 소득으로 보험료를 납입한 경우 사망 등의 보험사고 발생 시 보험회사로부터 상속인들에게 보험금이 지급된다. 이 경우 보험금은 상속재산으로 보아 상속세 과세대상이 된다.

보험계약자	피보험자	보험수익자	실질보험료 납입자	보험사고	보험금 과세방법
부	부	본 인	부	부 사망	상속세 과세
부	부	본 인	본 인	부 사망	과세×
본 인	모	본 인	모	모 사망	상속세 과세
본 인	모	본 인	본 인	모 사망	과세×

핵심예제

상속이 개시되는 시점에서 순금융재산이 6억원인 경우 금융재산의 상속공제액으로 적절한 것은?

① 600만원
② 6천만원
③ 1억원
④ 1억 2천만원

해설 1억원이 넘을 경우 2억 한도로 20%까지 인정해준다.

답 ④

④ 증여재산으로 보는 보험금

보험계약자	피보험자	보험수익자	실질보험료 납입자	보험사고	보험금 과세방법
부	모	본 인	부	모 사망	증여세 과세
부	모	본 인	본 인	모 사망	과세×
본 인	본 인	본 인	부	연금지급개시	증여세 과세
본 인	부	본 인	본 인	연금지급개시	과세×
본 인	부	본 인	본인*	모 사망	증여세 과세

※ 보험계약자는 본인이나, 부모로부터 증여받은 재산으로 보험료를 납입한 경우

㉠ 실질적인 보험료 납입자와 보험료 수익자(보험금 수령인)가 서로 다른 경우 : 보험사고가 발생한 경우 보험금 상당액을 보험수익자의 증여재산가액으로 함

㉡ 보험수익자가 보험료 일부를 납입한 경우 :

$$보험금 상당액 \times \frac{보험수익자 이외의 자가 납입한 보험료액}{납입한 보험료 총액}$$

㉢ 보험수익자가 타인으로부터 증여받은 재산으로 보험료를 납입한 경우 :

$$보험금 상당액 \times \frac{보험수익자 이외의 자가 납입한 보험료액}{납입한 보험료 총액} - 타인재산 수증분으로 납입한 보험료$$

※ 보험계약자는 미성년자이거나 소득이 없는 자인 경우 보험계약 시 보험료 납입액을 타인으로부터 증여받아 납입한 것으로 간주하여 보험금 전액에 증여세를 부과한다.

핵심예제

보험금수취인이 타인으로부터 재산을 증여받아 보험료를 불입한 경우 아래의 공식에 빈칸에 들어갈 말로 올바른 것은?

$$증여재산으로 보는 보험금 = 보험금 \times \frac{보험금 수취인이 아닌 자가 불입한 보험료}{총 불입 보험료} - \boxed{}$$

① 타인으로부터 증여받아 불입한 보험료
② 보험금 수취인이 아닌 자가 불입한 보험료
③ 기타인적공제금액
④ 기초공제액

해설 보험수익자가 타인으로부터 증여받은 재산으로 보험료를 납입한 경우 증여재산으로 보는 보험금은

'보험금 $\times \dfrac{보험금 수취인이 아닌 자가 불입한 보험료}{총 불입 보험료}$ - 타인으로부터 증여받아 불입한 보험료'이다. **답** ①

03 변액보험의 이해

체크포인트

■ **변액보험의 역사**
변액보험 판매 배경과 순서, 미국의 변액보험과 시사점, 일본의 변액보험과 시사점, 우리나라의 변액보험, 우리나라 변액보험 규제현황

■ **변액보험의 상품내용**
변액보험 특징, 변액보험 특별계정, 변액보험 세제혜택, 일반계정·특별계정 비교, 변동보험금 계산방법, 가산지급방법·일시납보험 추가가입방법 비교, 책임준비금 비례방법 특징, 사망보험금 계산, 최저보증옵션, 보증옵션 구분, 변액종신보험, 일반종신보험과 비교, 변액유니버설보험 적립형, 변액유니버설보험 보장형, 변액유니버설 보험 특징

■ **변액보험의 자산운용**
변액보험 특별계정의 특징, 보험 차감항목, 특별계정·일반계정 구분, 특별계정 자산운용옵션(펀드변경, 분산 변액보험 수수료 차감, 최저사망보험금 보증비용), 채권형 펀드·주식형 펀드 비교, 자산평가방법, 특별계정 자산 평가기준, 계약자적립금·펀드기준가격 계산, 변액보험 자산운용옵션

■ **변액보험약관 주요내용**
승낙과 특별계정 투입일자, 1회 보험료와 2회 이후 보험료의 특별계정 투입 기준, 변액보험 철회일, 사망보험금 계산, 추가납입, 선납보험료, 변액보험 보험금 구분, 약관대출, 보유좌수 계산, 변액보험 변경사항, 일반종신보험으로 전환, 변액보험 특별계정의 초기투자자금 특징, 특별계정 폐지

학습전략

변액보험판매관리사 자격시험의 본론을 공부하는 장이다. 시험을 위해서 알아야 하기도 하지만 실무에서 고객 상담을 위한 배경지식을 쌓는다고 생각하고, 이 장만큼은 꼼꼼하게 공부하자.

변액보험의 역사

1 개 요

(1) 변액보험의 의의 ★★

① 변액보험은 전통적 보험과 달리 보험계약자가 납입한 보험료의 전부 또는 일부로 기금을 형성하고 그 기금의 투자 · 운용성과를 실적에 연동해 계약자에게 분배하는 보험이다.

② 변액보험은 투자실적에 따라 사망보험금과 만기보험금(해약환급금)이 변동되는 보험으로 사망보험금은 최저보장금액이 있으나 만기보험금에는 최저보장금액이 없다는 것이 특징이다.

③ 변액보험은 인플레이션(Inflation, 통화팽창으로 인한 물가상승)을 대응해 만든 상품으로 1952년 네덜란드를 시작으로 영국(1957), 캐나다(1967), 미국(1976), 일본(1986) 우리나라(2001) 등 여러 선진국에서 판매되고 있는 실적배당형 생명보험상품이다.

(2) 각국의 변액보험

① 네덜란드 : 네덜란드 바르다유사(社)에서 세계 최초 자산운용 실적과 보험금을 연계, 실질가치를 보전하는 프랙션(Fraction)이라는 변액보험을 판매하였다.

② **영국** : 영국에서의 최초 변액보험 판매회사는 런던 & 에딘버그사(社)로 에퀴타스(Eqitas)라 불리는 변액양로보험을 선보였으며, 영국에서 초기의 변액보험은 생명보험과 유닛 트러스트가 결합한 형태였다.

● COMMENT ● **변액보험 판매 순서**
네덜란드 → 영국 → 캐나다 → 미국 → 일본 → 한국

핵심예제

변액보험에 관한 설명으로 옳은 것은?

① 변액보험은 보험계약자가 납입한 보험료를 정해진 이율로 분배하는 보험이다.
② 만기보험금에는 최저보장금액이 있으나 사망보험금은 최저보장금액이 없다.
③ 변액보험은 인플레이션을 대응해 만든 상품이다.
④ 미국에서 가장 먼저 도입되었다.

해설 ① 정해진 이율이 아니라 실적에 연동, ② 만기보험금과 사망보험금의 설명이 바뀜, ④ 미국이 아니라 네덜란드

답 ③

2 미국의 변액보험 사례 연구 ★★★

(1) 미국의 변액보험 도입 배경

① 경제환경의 변화 : 고물가, 고금리시대의 돌입

1970년대 유가파동으로 인한 물가상승과 고금리시대를 계기로 보험금의 실질가치가 하락하면서 생명보험회사의 자금이 급격히 이탈하였다.

② 금융소비자의 변화 : 고금리추구성향 확대

세대 당 평균 자녀수의 감소와 맞벌이 부부의 증가 등 가계소득이 증가함에 따라 금리에 대한 선호도가 높아지고, 금융상품과 정보에 대한 지식이 확대되어 소비자의 성향 변화에 부응하는 보험상품의 개발이 필요하게 되었다.

③ 경쟁 금융상품의 변화 : 고수익 투자형 상품의 등장

1970년대 중반이후 금융혁신 및 금리자유화와 고금리현상이 진전되면서 금융기관에 고수익을 실현하는 투자형 상품들이 등장하였고 이에 대응하여 기존 정액보장에서 보험금 및 해약환급금을 투자실적과 연동시키는 탄력성 있는 보험상품을 만들었다.

④ 생명보험회사의 경영상 필요성 : 투자위험 회피

기존의 보험상품은 예정이율 변경이 어려워 고금리 상황에서는 경쟁력을 상실한데다 향후 저금리 시대로 전환 시 보험회사는 막대한 경영상의 위험을 부담할 수밖에 없기 때문에 투자성과와 위험을 회사에서 부담하지 않는 변액보험이 필요했다.

●COMMENT● 예정이율은 보험회사가 고객으로부터 받은 보험료로 운용을 통해 거둘 수 있는 예상수익률을 말한다. 기존의 보험상품은 예정이율이 고정금리라 저금리 시대로 전환되어 운용수익이 줄어들어도 높은 이율을 보장해 주어야 하는 부담이 있었다.

(2) 미국의 변액보험상품판매 성공사유

① 시중금리의 하락 및 주식 시장의 지속적 활황 : 1991년~1997년 평균 주가지수 상승률을 보면 16%로 매우 높은 수준을 유지했으나, 동일기간 90일 T-Bill(Treasury-Bill, 미국의 초단기국채) 금리수준은 2.9~5.9%로 1980년대 금리수준(5.2~16.3%)보다 절반 이하로 떨어져 자연스럽게 주

제3장 | 변액보험의 이해

핵심예제

다음은 미국에서 변액보험이 출현하게 된 배경에 대해 설명한 내용이다. 틀린 것은?

① 금융상품에 대한 선호도가 일시납 및 고액의 투자형으로 전환되었기 때문에
② 보험사로서는 투자위험을 회피하여 경영상의 안전을 도모할 필요가 있었기 때문에
③ 고물가 하에서 보험계약이 급증한 탓에 수익을 높이는 것이 요구되었기 때문에
④ MMF, MMC 등의 고수익 상품과 경쟁할 수 있는 보험상품이 필요하였기 때문에

해설 고물가 · 고금리로 인해 보험상품이 경쟁력을 상실하면서 보험계약이 급감하였기 때문이다.
금리선호의식 증대, 고수익 투자형 상품의 등장 등의 이유도 변액보험이 출현하게 된 배경이다. **달 ③**

식투자 붐이 조성될 수 있었다.

② 뮤추얼펀드의 대중화 및 실적배당형 보험에 대한 인지도 개선 : 1996년 당시 미국가계의 약 35%가 뮤추얼펀드를 소유하고 있을 정도로 주식형 투자상품에 대한 국민 인지도가 높아 이와 유사한 보험상품인 변액보험상품의 판매 증대가 가능했다.

③ 변액보험상품의 뛰어난 유연성 및 다양한 투자 옵션

  ㉠ 변액보험상품 중에서도 변액유니버설보험은 보험료의 자유납입, 중도인출 등이 가능하고, 상품구조도 단순하였기 때문에 종합금융형 상품에 대한 고객니즈를 잘 반영하고 있어 쉽게 고객에게 접근했다.

  ㉡ 펀드변경 등 다양한 자산운용 옵션을 부가하여 고객에게 투자리스크를 경감할 수 있는 간접 선택권을 많이 제공했다.

④ 보험상품에만 부여하는 세제혜택 : 보험 유지기간 동안 발생한 이자에 대해 과세를 하지 않고 해지 또는 만기 시 등 자금의 인출시점에서 이자소득세를 부과하므로, 소득 수준이 낮은 노년기에 해지 등으로 자금을 인출하면 저율과세를 적용받게 돼 변액보험상품 세금이연을 활용하여 절세효과를 낼 수 있다.

(3) 미국의 변액보험 판매자격제도 및 법적 규제

변액보험상품을 보험회사 외 증권회사, 은행 등에서도 판매하는데, 보험설계사 자격시험과 투자상품 및 변액보험 판매자격시험(Series 6)을 모두 통과하고 등록해야 판매할 수 있다. 보험업법, 증권거래법, 투자신탁업법 등의 적용을 받는다.

3 일본의 변액보험 사례 연구

(1) 일본의 변액보험 도입배경

① 변액보험이 판매된 1980년대 중반 일본의 경제상황은 금리자유화의 진전, 경상수지의 지속적인 흑자 및 소비자의 금리선호 의식고조로 고금리에 따른 재테크 붐이 전개되었다.

핵심예제

다음 중 미국의 변액보험에 대한 설명으로 틀린 것은?

① 고물가, 고금리로 인해 보험금의 실질가치가 하락하자 이에 따른 대응으로 필요하게 되었다.
② 금융소비자들의 금리선호의식이 점차 감소하자, 이에 따른 대응으로 필요하게 되었다.
③ 미국의 변액보험이 성공할 수 있었던 이유로는 시중금리의 하락과 주식시장의 호황 등을 들 수 있다.
④ 미국의 변액보험이 성공할 수 있었던 이유로는 보험상품에만 적용되었던 세제혜택을 들 수 있다.

해설 미국의 경우 가계소득이 증가함에 따라 소비자들의 금리선호의식이 점차 증대되었다. **답** ②

② 일본 생보사들은 타 금융기관과의 금리경쟁으로 시중금리보다 높은 예정이율 사용, 일시납 양로보험 판매를 통해 대규모 계약을 유치했으나, 1990년대 들어 버블경제가 붕괴되자 모든 생보사의 금리부담으로 작용했다.

③ 변액보험을 주력 상품으로 일본에 진출하려는 에퀴타블 회사의 판매허용 요청과 자유화, 국제화 등을 감안해 1986년부터 도입하여 판매했다.

(2) 일본의 변액보험 도입초기 판매 실패 사유 ★★★

① 주식시장의 침체로 인한 수익률의 저하 : 변액보험의 평균 수익률보다 정액보험의 배당이 더 높은 수익률을 달성하여 메리트가 없었다.

② 특별계정의 펀드운용 미숙 : 일본 내국사의 경우 통합형 펀드 1개만 운용하여 투자에대한 고객의 리스크를 분산할 수 있는 방법이 없었다.

③ 부실판매로 인한 소송 빈발 및 상품이미지 악화 : 시장점유율이 매우 큰 일본생명, 제일생명 등에서 부실판매로 한 소송이 빈발하여 변액보험 판매를 기피했다.

④ 복잡한 상품구조 및 상품의 유연성 부족 : 미국의 초기 변액보험을 그대로 도입하다 보니 상품내용이 난해하여 완전판매가 어려웠고, 보험료 납입의 경직성과 중도인출, 펀드변경 등의 부가 금융서비스가 없어 수익률을 제하면 메리트가 없었다.

(3) 일본의 변액보험판매자격제도 및 법적 규제

① 일본은 보험심의회의 권고에 따라 생명보험업계의 자율제도로서 변액보험판매자격 제도를 도입하여 실시하고 있다.

② 무자격 설계사는 변액보험을 판매할 수 없다는 법적 근거는 없으나 재무성에 의해 행정지도 되고 있다.

③ 미국과 달리 보험업법의 규제는 받으나 증권거래법, 투자신탁업법 등의 적용은 받지않는다.

핵심예제

일본에서 변액보험의 판매가 실패한 이유로서 옳지 않은 것은?

① 주식시장의 침체로 일반보험의 배당률이 변액보험 평균수익률보다 높았기 때문에
② 내국사의 경우 펀드변경 등의 서비스 부재로 리스크를 분산할 수 없었기 때문에
③ 상품내용이 매우 복잡하여 설계사 및 고객의 이해부족으로 인하여 완전판매가 곤란하였기 때문에
④ 주택담보대출을 통한 부실판매로 계약자들의 소송이 빈발하면서 설계사가 판매를 기피하였기 때문에

해설 내국사의 경우 통합형 펀드 1개만 운용하여 투자에 대한 고객의 리스크를 분산할 수 있는 방법이 없었던 반면에 외국계 생명보험회사의 경우 채권형, 주식형, 통합형의 3개 펀드를 운용하면서 펀드변경 등 일부 자산운용 옵션을 도입하여 고객 유인력을 확보해 나가 지속적인 판매량을 유지할 수 있었다.   답 ②

4 미국 · 일본 변액보험 사례가 주는 시사점 ★★

(1) 저금리, 고주가라는 금융시장 여건이 조성되어 있어야 한다.

(2) 고객의 니즈와 금융환경 변화에 대응할 수 있도록 **다양한 옵션을 가진 상품이 개발되어야 한다.**

(3) 불완전판매를 철저히 배제하여 고객에게 변액상품에 대한 긍정적인 이미지를 정립해 나가야 한다.

5 우리나라의 변액보험 도입배경 및 법적 규제

(1) 도입배경 및 경과 ★★

① 2001년 4월 27일 금융감독위원회(現 금융위원회)가 보험업감독규정을 개정하여 법적근거가 마련되었고, 2001년 7월부터 판매가 시작되었다.

② 2002년 1월 보험업법의 개정으로 변액보험계약이라는 문구가 법률에 정식으로 반영되었고 2009년 2월부터 자본시장법이 시행됨에 따라 집합투자기구의 요건을 준수해야 한다.

③ 2001년 변액종신보험이 최초 도입된 이래 2002년에 변액연금, 2003년에 변액유니버설보험이 판매되었다.

●COMMENT● 국내 변액보험 판매 순서
변액종신 → 변액연금 → 변액유니버설보험

④ 변액보험 도입 배경(필요성)

보험소비자 측면	물가상승에 대응하는 보험금의 실질가치 보장 및 상품선택권 확대
보험회사 측면	역마진 등 금리리스크 적정 관리로 보험경영의 안정성 증가
모집종사자 측면	소비자 욕구를 충족하는 보험시장의 확대로 수입증대 및 자격제도에 따른 전문성 제고
국가경제적 측면	보험시장 건전성 제고와 주식 · 채권 투자 증가로 보험시장 및 자본시장 발전에 기여

핵심예제

다음 중 변액보험의 판매 성공의 핵심요인이 아닌 것은?

① 고객의 요구에 부합하는 상품개발
② 건전한 모집질서의 확립
③ 고금리, 저주가의 금융환경
④ 회사의 좋은 투자운용실적

해설 변액상품은 고금리 시대에 다른 금융기관과의 경쟁과 고객의 선호도를 맞추기 위해 도입되었지만 판매가 성공하기 위해서는 저금리, 고주가라는 금융시장 여건이 조성되어야 한다. 답 ③

(2) 변액보험에 대한 법적 규제

① 변액보험은 생명보험과 집합투자(펀드운용에 의한 실적배당)의 성격을 동시에 가지므로 법적 규제에 있어서 보험업법/자본시장법의 일부규정이 동시에 적용된다.

② 변액보험은 특별계정을 설정하여 운용해야 한다.

(3) 변액보험판매자격 제도

① 2001년 5월 생명보험협회 및 생명보험회사는 변액보험판매자격시험 및 자격관리에 관한 규정을 자율적으로 제정하여 보험설계사와 보험대리점의 사용인에 대해 시험으로 자질을 평가, 선별적으로 판매자격을 부여하였다.

② 변액보험판매자격시험은 2003년 8월 27일 보험업법 시행령, 9월 26일 보험업감독규정에 그 법적 근거가 마련됨으로써 자율규정에서 일종의 법적 자격시험의 성격을 가지게 되었다.

제 2 절 **변액보험의 상품내용**

1 변액보험

(1) 개 념

변액보험이란 고객이 납입한 보험료를 모아 펀드를 구성한 후 주식, 채권 등 유가증권에 투자하여 발생한 이익을 배분하여 주는 실적배당형 보험을 말한다.

핵심예제

다음 중 우리나라의 변액보험에 대한 설명으로 틀린 것은?

① 자본시장법이 시행된 것은 2002년이다.
② 변액종신보험이 판매된 것은 2001년부터이다.
③ 변액연금이 판매된 것은 2002년부터이다.
④ 변액유니버설보험이 판매된 것은 2003년부터이다.

해설 자본시장법은 2009년 2월부터 시행됨에 따라 변액보험의 펀드는 이 법규의 규제를 받게 되어 집합투자기구의 요건을 준수해야 한다. 답 ①

(2) 종 류

① 기본 분류 : 변액종신보험(Variable Life Insurance), 변액유니버설보험(Variable Universal Life Insurance), 변액연금보험(Variable Annuity) 등

변액연금보험	노후생활자금 확보를 주목적으로 하며, 펀드의 운용실적에 따라 적립된 금액을 연금으로 지급받는 상품
변액종신보험	사망보장을 주목적으로 하며, 펀드의 운용실적에 따라 사망보험금이 변동되는 상품
변액유니버설보험 (보장형)	사망보장을 주목적으로 하며, 수시입출금 기능이 있고 펀드의 운용실적에 따라 사망보험금이 변동되는 상품
변액유니버설보험 (적립형)	장기투자를 주목적으로 하며, 투자기능과 수시입출금 기능이 결합된 상품

② 변액유니버설 보험의 분류 : 보장성상품, 저축성상품

③ 변액보험과 유니버설보험의 비교

구 분	변액보험	유니버설보험
사망보험금	기본보험금 + 변동보험금	기본보험금 + 적립액
부리이율	실제투자수익률(실적배당)	공시이율(실세금리에 연동)
운용계정	특별계정	일반계정(구분계리)
투자위험부담	고객부담	회사부담
보험료납입	정액정기납	자유납입, 추가납입, 중도인출
설계사 자격	전문설계사(판매자격시험제도 운영)	일반설계사

2 상품 특징

(1) 투자실적에 따라 보험금과 해약환급금 등이 변동

① 보험금・연금액이 투자실적에 따라 변동하며 투자 결과에 대한 책임이 금융투자회사상품처럼 전적으로 계약자가 부담하는 자기책임의 원칙이 적용되는 보험이다.

② 보험고유의 기능인 보장을 제공하기 위해 사망 시 지급되는 사망보험금이 최저 보증될 수 있도록 설계하는 경우 보증비용을 추가로 부담하면 된다.

핵심예제

변액보험과 유니버설보험을 비교한 다음 내용 중 맞는 것은?

	구 분	변액보험	유니버설보험
①	사망보험금형태	기본 + 변동보험금	적립액
②	운용계정	특별계정	특별계정
③	투자위험부담	계약자부담	회사부담
④	설계사자격	전문설계사	전문설계사

해설 유니버설보험은 기본보험금 + 적립액으로 일반계정으로 운용하며 일반설계사도 판매가 가능하다.   답 ③

③ 변액보험과 금융투자회사 상품의 비교

구 분	변액보험	투자신탁(수익증권), 투자회사(뮤추얼펀드)
가입목적	장기적 인플레이션 헤지를 통해 실질가치가 보전된 보장 제공	간접투자를 통해 고수익 추구
운용형태	보험료의 일부(회사소정의 사업비 및 위험보험료 등을 차감한 금액)를 유가증권 등에 투자하여 자산운용 실적에 따른 보험금 지급	투자금액 대부분을 유가증권 등에 투자하여 수익을 투자자에게 지급하며 수수료는 적립금에서 차감
투자자 지위	계약자 권리 보유	수익자 또는 주주의 권리 보유
비 용	사업비, 특별계정 운용보수, 보증비용 등	판매보수, 자산운용보수, 수탁보수 등
세제혜택	10년 이상 유지되고 관련요건 충족 시 보험차익 비과세	국내주식 매매차익 비과세

(2) 특별계정에 의한 자산운용

① 변액보험의 순보험료는 분리계정(특별계정)으로 운용된다. 변액보험은 자산운용수익을 즉시 계약자에게 환원하기 때문에 자산운용수익을 일반보험과 관련되는 운용수익과 명확히 구분하기 위하여 특별계정을 설정하여야 한다.

② 현재 특별계정에서 운용되는 상품은 변액보험, 퇴직보험, 연금저축, 퇴직연금(기업연금) 등이 있다.

③ 일반계정과 특별계정(변액보험)의 비교

구 분	일반계정	특별계정
리스크 부담자	회 사	계약자
최저보증이율	있 음	없 음
자산운용목적	안정성 위주	수익성 위주
자산평가시기	매 월	매 일
결산시기	매 년	매 일

제3장 | 보험료 적립금 등

핵심예제

특별계정의 설정·운용에 관한 사항으로 틀린 것은?

① 보험회사는 특별계정에 속하는 자산은 다른 특별계정에 속하는 자산 및 그 밖의 자산과 구분하여 계리하여야 한다.

② 보험회사는 특별계정에 속하는 이익을 그 계정상의 보험계약자에게 분배할 수 없다.

③ 특별계정에 속하는 자산의 운용방법 및 평가, 이익의 분배, 자산운용실적의 비교·공시, 운용전문인력의 확보, 의결권 행사의 제한 등 보험계약자 보호에 필요한 사항은 대통령령으로 정한다.

④ 연금저축계약은 특별계정을 설정하여 운용할 수 있다.

해설 특별계정의 경우 그 이익을 보험계약자에게 분배하는 것이 가능하다. 답 ②

3 **상품구조**

(1) 변액보험상품의 구조

① 변액종신보험의 사망보험금 형태는 기본보험금 + 변동보험금이다.

② 보험의 성격을 유지하기 위해 변동보험금 크기와 상관없이 사망보험금 최저보장이 있다.

③ 변액종신보험에서는 기본보험금을 최저보장 사망보험금으로 설정한다.

④ 변액연금 및 일부 변액유니버설보험에서는 기본보험금이 아닌 기납입보험료를 최저보장 사망보험금으로 설정한다.

⑤ 변액보험의 상품구조

구 분	내 용
기본보험계약	• 보험료 산출의 기초가 되는 계약 • 최저보증금액 산정 기초
변동보험계약	• 특별계정의 운영실적에 따라 추가로 계산되는 계약(투자실적 반영) • 추가보험료 부담 없음
선택특약	• 현금흐름에 따른 보험료 산출 • 일반계정에서 운용

●COMMENT● 이렇게 구조화 해보면 이해하기 쉽다.

주보험	기본보험계약	보험료산출의 기초가 되는 계약
	변동보험계약	특별계정의 실적에 따라 추가로 계산되는 계약
선택특약		일반계정에서 운용

⑥ 설계별 구조

㉠ 변액종신보험 및 변액유니버설보험(보장형)

• 사망보험금 = 기본보험금 + 변동보험금

• 사망보험금에 대한 최저보장 설정(기본보험금을 최저사망보험금으로 보장)

핵심예제

다음 변액보험의 상품구조를 설명한 내용 중 틀린 것은?

① 변동보험계약은 추가로 계산되는 계약이므로 계약자는 추가보험료 납입의무가 있다.

② 기본보험계약은 보험료 산출의 기초가 되며 예금자보호법에 의한 보호를 못 받는다.

③ 선택특약은 예정이율로 부리 · 적립운용되며 예금자보호법에 의한 보호를 받는다.

④ 기본보험계약은 최초 가입 시 상품내용으로 최저보장금액 산정의 기초가 된다.

해설 변동보험계약은 추가보험료 납입의무가 없다.

답 ①

ⓛ 변액유니버설보험(보장형)

- 사망보험금 = MAX[보험가입금액, 계약자적립금의 일정비율, 기납입보험료]
- 변동보험금은 없으나 초과수익발생에 따라 위험보험료를 증감시키도록 운영
- 주로 종신보험으로 판매

ⓒ 변액연금보험 및 변액유니버설보험(적립형)

- 사망보험금 = 기본사망보험금 + 사망 당시 계약자적립금
- 투자실적에 따라 계약자적립금이 변동(사망 시 기납입보험료가 최저사망보험금)

> **이해더하기**
>
> **현금흐름방식(Cashflow Pricing)에 따른 보험료 산출**
>
> 2013년 4월부터 보험업감독규정에 따라 보험료 및 책임준비금 산출방법이 기존 3이원 방식에서 현금흐름방식으로 변경되었으며, 상품의 종류에 따라 보험료 산출형과 보험료 비산출형으로 구분된다.
>
> | 구 분 | 보험료 산출형(현가형) | 보험료 비산출형(종가형) |
> |---|---|---|
> | 해당 변액보험 | 변액종신, 변액유니버설보험(보장형) | 변액연금, 변액유니버설보험(적립형) |
> | 보험료 산출방식 | 시산보험료를 산출한 후 최적기초율을 적용한 현금흐름을 통해 모델계약의 수익성을 분석하고 수익성 가이드라인을 고려한 영업보험료를 결정 | 최적기초율을 적용한 현금흐름을 통해 수익성을 분석하고 그 결과가 수익성 가이드라인을 충족하는지 여부를 확인 |

---

4 최저보증옵션의 이해

(1) 변액종신보험 · 변액유니버설보험(보장형)

① 피보험자(보험대상자)가 보험기간 중 사망 시 **특별계정의 펀드수익률과 상관없이** 최소한 가입금액수준을 보장받기 위한 위험보험료를 계약자적립금에서 공제하지 못할 때에는 **최저사망보험금 보증준비금에서 위험보험료를 공제**한다.

> **핵심예제**
>
> **다음은 변동보험금 계산방식에 대해 설명한 것이다. 이 중 틀린 것은?**
>
> ① 가산지급방식은 저축을 목적으로 변액보험에 가입할 때 유용하다.
> ② 책임준비금비례방식은 보장을 목적으로 변액보험에 가입할 때 유용하다.
> ③ 일시납보험 추가가입방식은 가산지급방식에 비해 구조가 복잡한 편이다.
> ④ 책임준비금비례방식은 아직 국내에서 활성화되지 못하고 있다.
>
> **해설** 일시납보험 추가가입방식은 보장을 목적으로 변액보험에 가입할 때 유용하며, 변액종신 또는 보장형 변액유니버설 상품에 적용할 수 있다.
>
> 답 ②

② 보험회사는 매일(또는 매월) 특별계정 적립금에서 보증비용을 공제하여 일반계정 내에 최저사망 보험금 보증준비금 계정에 적립하고, 계약자적립금에서 가입금액에 해당하는 위험보험료를 차감할 수 없는 경우에 사용한다.

③ 최저사망보험금 보증기간은 납입최고기간이 끝나는 날의 다음날부터 예정해약환급금이 '0'이 될 때까지의 기간을 말하며, 최저사망보험금 보증기간이 끝나는 경우 계약은 효력이 없어진다.

(2) 변액연금보험

① 변액연금보험의 사망보험금은 **사망 당시 계약자적립금 + 기본사망보험금**을 정의한다.

② 연금보험의 최저사망보험금보증은 피보험자(보험대상자)가 연금개시 전 보험기간 중 사망 시 특별계정의 펀드수익률과 상관없이 **사망보험금으로 최소한 기납입보험료 수준을 보증해 주는 옵션**이다.

③ 보험회사는 매일(또는 매월) 특별계정 적립금에서 보증비용을 공제하여 일반계정 내에 '최저사망보험금 보증준비금' 계정에 적립하고 사망보험금이 기납입보험료보다 적은 계약이 발생한 경우 그 부족분을 보전해 주는데 사용한다.

④ 변액연금보험의 최저연금적립금보증은 피보험자(보험대상자)가 연금개시시점에서 생존하였을 경우 특별계정의 펀드수익률과 상관없이 연금개시시점의 연금재원으로 최소한 기납입보험료 수준을 보증해주는 옵션이다.

⑤ 보험회사는 매일(또는 매월) 특별계정 적립금에서 보증비용을 공제하여 일반계정 내에 최저연금 적립금보증준비금 계정에 적립하고 연금재원이 기납입보험료보다 적은 계약이 발생한 경우 그 부족분을 보전해주는데 사용한다.

> **COMMENT** 계약자의 선택권 확대를 위해 최저연금적립금(GMAB) 보증여부를 계약자가 선택할 수 있도록 개선할 예정이다.

핵심예제

다음 빈칸에 알맞은 말은?

> 변액연금보험의 사망보험금 = 사망 당시 계약자적립금 + (   )

① 기본사망보험금
② 특별계정 적립금
③ 보증비용
④ 위험보험료

해설 변액연금보험의 사망보험금은 사망 당시 계약자적립금 + 기본사망보험금으로 정의한다.　　　**답** ①

이해더하기

최근에는 연금개시시점에 기납입보험료의 100% 또는 100%를 초과 보증해주는 것뿐만 아니라 연금개시 전 보험기간 중 특별계정 성과에 따라 일정수준 달성 시 달성된 적립금을 보증하거나 특별계정 성과에 관계없이 매 시점마다 일정수준 체증된 금액을 보증하는 경우가 있다. 이를 일반적으로 Step-up 보증이라고 하는데 Step-up 보증은 특별계정 성과와의 관련유무에 따라 아래와 같이 두 가지 유형으로 구분된다.

■ **특별계정 성과에 따른 스텝업(Step-up) 보증**

연금개시 전 보험기간 중 계약자적립금이 특별계정 성과에 의해 미리 약정한 수준(예 기납입보험료의 120%, 140%, 160% 등)을 달성하는 경우 그 이후 특별계정 성과에 관계없이 연금개시시점 적립금은 달성된 수준으로 최저보증하는 형태이다.

단, 약정된 적립금 수준 달성 시 안정적인 운용을 위해 채권형 펀드의 운용 비율이 의무적으로 상향조정되는 것이 일반적이므로 보험계약자에게 명확하게 안내할 필요가 있다.

■ **특별계정 성과에 관계없는 스텝업(Step-up) 보증(또는 Roll-up 보증)**

연금개시 전 보험기간 중 계약을 일정기간 유지하는 경우 일정시점(예 10년 또는 납입기간 종료시점)에 특별계정 성과에 관계없이 기납입보험료의 100%를 보증하고 이후 3년마다 6%씩 체증된 금액으로 적립금을 최저보증하는 형태(보험기간 내내 보증이 아니며, 해당 시점에만 적립금 보증)이다.

다만, 위와 같은 보증형태를 가진 변액연금은 선택 가능한 펀드가 하나로만 구성되어 있으며, 해당 펀드는 특수한 형태로 운용되므로, 계약자에게 펀드 관련 정확한 안내가 필요하다.

(3) 변액유니버설보험(적립형)

변액연금보험의 최저사망보험금보증(GMDB)과 유사한 옵션으로 보험회사는 매일(또는 매월) 특별계정 적립금에서 보증비용을 공제하여 일반계정에 **최저사망보험금 보증준비금** 계정에 적립하고 사망보험금이 기납입보험료보다 적은 계약이 발생한 경우 그 부족분을 보전해주는데 사용한다.

핵심예제

다음 중 스텝업 보증에 관한 설명으로 가장 먼 것은?

① 연금개시시점에 기납입보험료의 100%를 보증해 주는 것이 아니기 때문에 등장한 개념이다.
② 스텝업 보증은 특별계정 성과에 따른 것과 특별계정 성과와 관계없는 것이 있다.
③ 특별계정 성과에 따른 스텝업은 미리 약정한 수준을 달성하는 경우, 이후 성과에 관계 없이 최저보증하는 형태이다.
④ 특별계정 성과에 관계없는 연금개시 전 보험기간 중 계약을 일정시간 유지하는 경우 일정시점에 기납입보험료의 80%를 보증해준다.

해설 특별계정 성과에 관계없는 스텝업 보증은 80%가 아니라 100% 보증하고 이후 3년마다 6%씩 체증된 금액으로 적립금을 최저보증하는 형태이다. **답** ④

(4) 변액보험 보증옵션의 종류

구 분	보증내용
변액종신, 변액유니버설 (보장형)	GMDB : Guaranteed Minimum Death Benefit(최저사망보험금 보증) 　　실적이 악화되더라도 기본사망보험금을 보증하는 옵션
변액연금	• GMDB : Guaranteed Minimum Death Benefit(최저사망보험금 보증) 　　제1보험 기간(연금개시 전) 중 사망보험금이 기납입보험료보다 적을 경우 기납입보 　　험료 등 약정된 보증금액을 사망보험금으로 보증하는 옵션 • GMAB : Guaranteed Minimum Accumulation Benefit(최저연금적립금 보증) 　　기납입보험료 등 약정된 보증금액을 연금개시시점의 계약자적립금(연금재원)으로 보 　　증하는 옵션 • GMWB : Guaranteed Minimum Withdrawal Benefit(최저중도인출금 보증) 　　제2보험기간(연금개시 후 보험기간) 중 연금재원을 특별계정에서 운용할 경우 특별 　　계정의 투자성과에 관계없이 연금재원의 일정수준을 지급 보증하는 옵션 • GMIB : Guaranteed Minimum Income Benefit(최저연금 보증) 　　연금개시 후 보험기간 중 지급될 연금액(적립금 × 연금지급률)을 보증, 통상 계약체결 　　시점에 결정 • GLWB : Guaranteed Lifetime Withdrawal Benefit(최저종신중도입출금 보증) 　　연금개시 후 보험기간 중 연금재원을 특별계정에서 운용할 경우 특별계정의 투자성 　　과에 관계없이 연금재원의 일정 수준을 종신동안 인출할 수 있도록 보증하는 옵션
변액유니버설 (적립형)	GMDB : Guaranteed Minimum Death Benefit(최저사망보험금 보증) 　　사망보험금이 기납입보험료보다 적을 경우 기납입보험료를 사망보험금으로 보증하는 옵션

5 상품종류

(1) 변액종신보험 ★★★

① 개요 : 일반종신보험과 상품의 형태는 동일하나 사망보험금이 투자실적에 따라 변동된다는 점과 중도해지 시 투자실적에 따라 해약환급금이 변동된다는 것 등이 일반종신보험과 다르다. 변액유니버설보험과는 입출금이 제한되어 있다는 점에서 차이가 있다.

핵심예제

변액보험의 보증옵션에 대한 설명으로 틀린 것은?

① GMDB : 최저사망보증에 관한 옵션
② GMAB : 최저적립보증에 관한 옵션
③ GLWB : 최저생존보증에 관한 옵션
④ GMIB : 최저연금보증에 관한 옵션

해설　GLWB(Guaranteed Lifetime Withdrawal Benefit)는 최저종신중도입출금 보증에 관한 옵션이다.　　　　답 ③

② 변액종신보험의 특징

㉠ 펀드의 운용실적에 따라 사망보험금과 해약환급금이 변동한다.

㉡ 사망보험금을 최저보증한다. 단, 해약환급금은 최저보증이율이 없으며 경우에 따라서는 원금의 손실이 발생할 수도 있다(계약자 책임의 원칙 적용).

㉢ 고객의 투자성향에 따른 자산운용 형태를 직접 선택할 수 있다는 것이다. 고객은 변액종신보험 가입 시 회사에서 설정한 채권형 펀드, 혼합형 펀드 등을 선택할 수 있다.

이해더하기

변동보험금 계산방법

• 기본보험계약의 예정책임준비금을 초과하는 금액(초과적립금)을 일시납 보험료로 하여 잔여기간에 해당하는 보험을 추가가입(증액)하는 방법이다.

• 사망보험금은 기본보험금액에 사망 시점의 변동보험금을 합한 금액이 지급된다.

• 초과적립금을 재원으로 사망보험금을 구입하는 것이므로 가산지급방법에 비해 사망 보험금이 크게 증가할 수 있다.

• 초과적립금 중 일부 재원이 당해 연도(당월)의 위험보험료로 소비되고 재투자되지 않기 때문에 수익률이 낮아질 수 있다.

• 보장을 목적으로 하는 고객에게 적합한 방법이다.

• 계산방법이 새로운 보장을 추가적으로 구입하는 형태여서 상품내용이 복잡해 상품판매 시 충분하게 설명을 해야 한다.

• 변동보험금의 변동 시기는 계산주기에 따라 월 1회, 연 1회 등으로 구분할 수 있으며, 사망보험금은 기본보험금액에 사망시점의 변동보험금액을 합한 금액이 지급되므로 사망보험금은 변동보험금의 계산주기에 따라 월 1회, 연 1회 등으로 변동하게 된다.

핵심예제

다음 중 변액종신보험에 대한 설명으로 틀린 것은?

① 펀드 운용실적에 따른 사망보험금과 해약환급금 변동이 없다.

② 해약환급금에 있어 최저보증이율이 존재하지 않는다.

③ 계약자 책임의 원칙이 적용된다.

④ 예금자보호법의 적용을 받지 않는다.

해설   변액종신보험은 일반종신보험과 달리 펀드 운용실적에 따라 사망보험금과 해약환급금이 변동될 수 있다.   **답** ①

③ 변액종신보험과 일반종신보험의 공통점

  ㉠ 다양한 선택특약을 자유 조립할 수 있다.

  ㉡ 다양한 세제혜택을 누릴 수 있다.

  ㉢ 건강상태가 양호할 경우 회사의 우량체 할인특약을 통해 할인혜택을 받을 수 있다.

  ㉣ 연금전환특약을 활용할 수 있다.

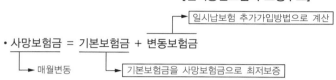

[변액종신보험의 보장구조]

일시납보험 추가가입방법으로 계산

• 사망보험금 = 기본보험금 + 변동보험금

  매월변동   기본보험금을 사망보험금으로 최저보증

④ 변액종신보험과 일반종신보험의 비교

구 분	변액종신보험	일반종신보험
사망보험금	• 기본보험금 + 변동보험금 – 보험금 : 투자실적에 연동	• 보험가입금액 – 보험금 : 확정 또는 공시이율 연동
적용이율	• 투자수익률 : 최저보증이율 없음	• 산출이율(또는 공시이율) : 최저보증이율 있음
자산운용	• 특별계정(펀드) – 변액보험 자산만 별도운용, 펀드변경 가능	• 일반계정 – 다른 보험 자산과 통합운용
투자책임	• 계약자 부담 : 자기책임의 원칙	• 회사 부담 : 산출이율 초과 시 회사 이익, 손실 발생 시 회사 책임
판매설계사	• 전문설계사 : 판매자격시험 합격자	• 일반설계사
예금자보호	• 예금자보호법의 적용대상에서 제외	• 예금자보호법의 적용대상에 포함
해약환급금	• 표준형 상품만 설계 가능 – 표준형 상품 : 해지 시 해약환급금 100% 지급	• 표준형 상품 및 저무해지환급금 구조 설계 가능 – 표준형 상품 : 해지 시 해약환급금 100% 지급 – 저무해지환급금 상품 : 해지 시 해약환급금의 일부만 지급하는 대신 보험료가 저렴한 상품
기 타	부가되는 보장성 선택특약은 동일	

●COMMENT● 2016년 6월부터 변액보험은 예금자보호법의 적용대상에서 제외되지만, 최저보증 옵션에 따른 최저보장보험금에 한해서는 예금자보호법에 따라 예금보험공사가 보호하는 것으로 변경되었다. 이 경우 해당 보험회사의 모든 예금보호 대상 금융상품의 해약환급금에 기타지급금을 합하여 1인당 최고 5천만원까지 보호한다.

핵심예제

일반종신보험과 변액종신보험을 비교 설명한 내용으로 맞는 것은?

① 일반종신보험은 예정이율을 초과하여 수익이 발생할 경우 그 이익이 회사에 귀속된다.

② 변액종신보험은 보험료 납입방법을 월납, 3개월납, 6개월납 등으로 선택할 수 있다.

③ 변액종신보험은 최저사망보험금보증제도가 있기 때문에 펀드 변경이 불가능하다.

④ 일반종신보험은 우량체에 대한 보험료 할인이 있으나 변액종신보험은 할인혜택이 없다.

해설 ② 월납과 일시납만이 가능하다.
  ③ 회사별로 횟수에는 차이가 있지만 대체로 펀드 변경이 가능하다.
  ④ 변액종신보험도 피보험자가 우량체 요인(비흡연, 혈압, 체격)을 충족하면 보험료 할인혜택을 받는다. 답 ①

사망과 고도장해의 분리

과거 사망을 보장하는 보험은 피보험자가 사망하거나 질병 또는 동일한 재해로 여러 신체 부위의 합산 장해지급률이 80% 이상인 장해 상태가 되었을 때 사망보험금을 지급하고 계약이 소멸됐다. 그러나 고도장해(합산 장해지급률 80% 이상)가 발생 시 사망보험금을 지급하고 계약이 소멸되면, 피보험자는 통원비, 입원비 등 기존 보험계약에 부가되어 있는 생존보장을 받을 수 없게 된다. 이에 이런 문제점을 보완하고자 금융감독원은 2009년 12월 보험업감독규정 시행세칙(표준약관)을 개정하여 사망보험금의 지급사유를 피보험자가 사망할 경우로 제한하였다. 이로 인해 2011년 4월 이후부터는 사망을 보험금 지급사유로 하는 상품은 고도장해를 보장대상에서 제외한 상품과 고도장해가 발생할 경우 장해보험금을 지급하고 사망 시 사망보험금을 추가로 지급하는 상품으로 구분되어 판매되고 있다.

(2) 변액연금보험

① 연금개시 전 사망 시에는 기본사망보험금 + 사망 당시 계약자적립금(사망 당시 적립금은 투자실적에 따라 변동)으로 계산하고, 생존 시에는 계약자적립금을 투자실적에 따라 적립한 후 연금개시 연령이 되면 그동안 적립된 금액을 연금지급 재원으로 하여 계약자가 선택하는 연금지급방식에 따라 연금을 지급한다.

② 연금개시 이후의 적립금 운용방법은 계약자의 선택에 따라 일반계정에서 운영되는 공시이율적용 연금형 또는 특별계정에서 운영하는 변액연금형(실적배당형)으로 운영할 수 있다.

③ 변액연금형은 연금지급 준비금을 계속 실적배당으로 운영하여 발생한 수익에 기초한 연금을 지급하게 되므로 투자실적이 악화될 경우 연금지급액이 줄어들 수 있다.

④ 변액연금은 투자의 위험을 계약자가 모두 부담하므로 안전성을 선호하는 연금보험 가입자들에게 충분한 상품설명을 통해 가입여부를 확인하여야 한다.

⑤ 국내에서 판매되고 있는 변액연금은 최소한의 안정성을 부여하기 위해 최저사망보험금(GMDB) 보증과 최저연금적립금(GMAB) 보증 기능을 적용하고 있다.

COMMENT 최저연금적립금(GMAB) 미보증형 변액연금
2016년 4월부터는 변액연금의 최저연금적립금(GMAB) 보증비용 부담여부를 계약자가 선택할 수 있다.

국내에서 판매되는 변액연금보험에 있어서 연금 본연의 취지를 감안하여 최소한의 안정성을 확보하기 위한 제도로만 묶인 것은?

① 최저사망보험금 보증, 최저연금적립금 보증
② 최저사망보험금 보증, 최저해약환급금 보증
③ 최저해약환급금 보증, 최저순보험료 보증
④ 최저해약환급금 보증, 최저연금적립금 보증

해설 국내에서 판매되는 변액연금은 최소한의 안정성을 부여하기 위해 최저사망보험금(GMDB) 보증과 최저연금적립금(GMAB) 보증 기능을 적용하고 있다.

답 ①

⑥ 변액종신보험이나 변액유니버설보험 등과 비교하면 사망 시 사망보험금을 지급하고 계약이 소멸되는 점은 동일하지만 사망보험금은 상대적으로 적고, 저축성 성격이 강한 변액보험이다.

⑦ 특정 장해 상태 시 제공되는 납입면제기능은 없는 것이 일반적이나, 일부 보험회사는 장해 시 납입면제를 해주기도 한다.

⑧ 실제사망보험금(확정사망보험금 + 계약자적립금)이 기납입보험료보다 적은 경우에 기납입보험료를 사망보험금으로 지급

> ●COMMENT 회사에 따라 연금개시 시 계약자적립금의 일부는 공시이율로 나머지는 실적배당으로 운영하여 연금지급 개시 후 안정성과 수익성을 동시에 추구하는 상품도 있다.

이해더하기

변액연금보험만의 특징

첫째, 연금개시시점까지 유지 시 기납입보험료 등 일정수준의 재원을 최저연금적립금으로 보장해 준다는 것이다. 계약자는 보험기간 중 투자수익률이 악화되더라도 연금개시시점까지 보험계약을 유지하기만 하면 일정수준의 원금을 최저보장받을 수 있다.

둘째, 대부분의 변액연금상품은 연금개시 이후 일반계정의 공시이율을 반영하여 계산된다는 점이다. 즉, 연금은 연금개시시점의 계약자적립금을 기준으로 연금지급개시 후의 공시이율이 적용되므로 상대적으로 안정적인 연금을 수령할 수 있다. 최근에는 연금개시 후의 재원을 특별계정에서 실적배당형으로 운영하는 상품이 많이 판매되고 있으며, 이 상품은 공시이율적용 연금형태에 비해 연금액의 증감이 크게 나타난다. 또한 최근 판매되고 있는 변액연금은 제한적이긴 하지만 변액유니버설보험의 기능인 추가납입과 인출기능도 부여되어 있다.

[변액연금보험의 보장구조]

• 사망보험금 = 기본사망보험금 + 사망 시점까지 적립된 계약자적립금

> └──▶ 투자실적에 따라 매일 변동함

※ 기본사망보험금은 보험료에 비례하거나 구좌 당 확정되어 있는 경우가 대부분이며, 기본사망보험금이 없는 경우도 있다. 또한, 기납입보험료 등을 사망보험금으로 최저보증한다.

• 연금은 연금지급시점까지 적립된 계약자적립금(기납입보험료 등을 연금개시 시 최저 보증함)을 기준으로 계산하여 연금지급

핵심예제

변액유니버설보험의 특징으로 볼 수 없는 것은?

① 변액보험과 유니버설보험의 장점을 모아 만든 것이다.

② 적립형과 보장형으로 구분된다.

③ 중도인출은 불가하다.

④ 보험료 납입기간에 있어 제한의 폭이 적은 편이다.

해설 변액유니버설보험의 경우 계약자는 언제든지 해약환급금 범위 내에서 중도인출이 가능하다. **답** ③

변액연금보험의 경과기간별 사망보험금, 해약환급금, 연금액 예시

금융감독원장이 정하는 바에 따라 산정한 전체 보험회사 공시이율의 평균으로 전년도 9월 말 기준 직전 12개월간 보험회사 평균공시이율이다. 2025년에 적용되는 평균공시이율은 2.75%로, 2025년 기준 변액연금은 투자수익률(-1%, 2.75%, 4.125%)을 가정하여 사망보험금, 해약환급금 및 연금액을 예시하고 있다.

(3) 변액유니버설보험

① 변액보험의 장점인 실적배당과 유니버설보험의 장점인 단순한 **상품구조** 및 **자유입출금**을 결합한 종합금융형 보험이다.

② 장기투자를 주목적으로 하는 적립형과 사망보장을 주목적으로 하는 보장형으로 구분할 수 있다.

③ 적립형 변액유니버설보험은 가산지급방법을 사용하여 가입 시 정해진 금액에 투자실적에 따라 매일 변동되는 계약자적립금을 더하여 지급한다.

④ 중도인출이 가능하고 보험료 납입기간의 자율성을 가지고 있다.

⑤ 적립형 변액유니버설보험은 사망보험금으로 **기납입보험료**를 **최저보증**하며, 보장형 변액유니버설보험은 기본사망보험금을 최저보증한다.

[변액유니버설보험의 보장구조]

[적립형]

• 사망보험금 = 기본사망보험금 + 사망 시점까지 적립된 계약자적립금
  └─ 투자실적에 따라 매일 변동함

 ※ 기본사망보험금은 보험료에 비례하거나 구좌 당 확정되어 있는 경우가 대부분이며, 기본사망보험금이 없는 경우도 있다. 또한, 기납입보험료 등을 사망보험금으로 최저보증한다.

[보장형]

• 사망보험금 = 기본보험금 + 변동보험금 일시납보험 추가가입 방법으로 계산
  └─ 매월변동   └─ 기본보험금을 사망보험금으로 최저보증

 ※ 초과적립금 발생 시 변동보험금을 추가로 가입함으로써 보장수준을 높일 수 있다.

핵심예제

변액연금보험의 특징으로 옳은 것은?

① 최저연금적립금(GMAB) 보증비용 부담여부를 계약자가 선택할 수 있다.
② 투자실적이 악화되어도 연금지급액은 유지된다.
③ 실적연동이기 때문에 최저사망보험금은 보증되지 않는다.
④ 변액유니버설보험과 비교했을 때 사망보험금이 상대적으로 많다.

해설 2016년 4월부터 변액연금의 최저연금적립금(GMAB) 보증비용 부담여부를 계약자가 선택할 수 있다.
또한 계약자가 실질적으로 부담하게 되는 원금손실위험은 보험계약을 중도 해지하거나 최저연금적립금 보증을 선택하지 않고 연금개시시점까지 계약을 유지한 경우에만 발생한다 할 수 있다. 답 ①

- 사망보험금 = Max [기본보험금, 계약자적립금의 일정비율(101~110% 수준), 기납입보험료]

   ↳ 매일변동   ↳ 기본보험금을 사망보험금으로 최저보증

※ 초과적립금 발생 시 위험보험료를 적게 차감하여 수익률을 높일 수 있다.
  현재 판매되고 있는 변액유니버설종신보험은 기본보험금만 있는 형태가 대부분이며, 이는 종신보험이 사망보장의 기능뿐만 아니라 수익률 상승을 통해 연금전환, 적립계약전환 등 생존 시 활용할 수 있도록 판매되고 있기 때문이다.

제 **3** 절   **변액보험의 자산운용**

1 **특별계정** ★★★

(1) 특별계정의 필요성

① 일반보험과 달리 자산운용의 실적에 대한 투자위험의 부담자가 상이하므로 그 기여도를 명확히 하기 위함이다.

② 자산운용의 평가에서 일반보험은 장부가 기준이나 변액보험은 매일 매일의 시가법에 따르기 때문이다.

③ 자산운용의 목적상 일반보험은 안전성을 중요시 하나 변액보험은 수익성을 중시하기 때문이다.

핵심예제

변액보험은 자산을 특별계정으로 운용하기도 하는데, 그 이유로 볼 수 없는 것은?

① 변액보험과 일반보험은 자산운용에 따른 투자의 위험도가 동일하지 않기 때문이다.
② 변액보험은 수익성이 중요시되나 일반보험은 안정성을 중시한다.
③ 변액보험은 일반보험에 비해 거래의 규모가 크기 때문이다.
④ 변액보험은 일반보험과 다른 평가방법을 사용하기 때문이다.

해설 투자자 위험도, 자산 평가방법, 운용목적 등의 상이함으로 인해 변액보험은 자산을 특별계정으로 운용한다. 달 ③

(2) 변액보험의 현금흐름(Cash Flow) ★★

① 영업보험료는 순보험료(저축보험료 + 위험보험료)와 계약체결 및 계약관리비용(계약관리비용은 계약유지비용과 기타비용으로 구분)으로 구성된다.

② 계약관리비용 중에서 기타비용은 보험료를 납입하는 기간 이내에만 사용하는 사업비이며, 계약유지비용은 계약이 유지되는 전 기간 동안 계약유지를 위해 사용하는 사업비이다.

③ 계약유지비용은 보험료 납입기간 동안 사용하는 납입 중 계약유지비용과 보험료 완납 이후 계약유지 기간 동안 사용하는 납입 후 계약유지비용으로 구분된다.

④ 특별계정으로 투입되는 보험료는 순보험료와 미래에 사용해야 할 유지비인 납입 후 계약유지비용을 합한 금액이다.

⑤ 특별계정 투입보험료는 특별계정에서 채권, 주식 등 유가증권에 투자되어 매일 실적배당률로 적립되며, 매월 계약해당일에 해당월의 자연식 위험보험료와 납입 후 계약유지비용을 특별계정에서 일반계정으로 차감하게 된다.

> **이해더하기**
>
> **특별계정 투입보험료**
>
> 특별계정 투입보험료 = 영업보험료 − (계약체결비용 + 납입 중 계약유지비용 + 기타비용)
>
> = 순보험료 + 납입 후 계약유지비용

⑥ 변액보험에는 일반보험의 사업비 외에 특별계정 운용·수탁보수와 최저사망보험금 보증비용 또는 최저연금적립금 보증비용 등 보증옵션비용이 추가로 부과된다.

COMMENT CFP(Cash Flow Pricing) 전면 도입으로 인한 용어의 변경

변경 전	변경 후	변경 전	변경 후
부가보험료	계약체결 및 계약관리비용	유지비	계약유지비용(납입 중과 납입 후로 구분)
신계약비	계약체결비용	수금비	기타비용

핵심예제

다음 괄호 안에 들어갈 말을 순서대로 맞게 나열한 것은?

> 특별계정 운용수수료는 특별계정을 운용하고 관리하는 데 필요한 비용을 충당하기 위해 부과하는 것으로 (   ) 의 적립금에 대해 (   )을 부가한다.

① 일반계정, 일정률   ② 일반계정, 일정액
③ 특별계정, 일정률   ④ 특별계정, 일정액

해설 특별계정의 적립금에 대해 일정률을 부가하고, 매일 특별계정에서 일반계정으로 차감하게 된다. 일반적으로 운용보수는 특별계정의 리스크에 따라 적용률이 다르다.   **답** ③

⑦ 특별계정 운용보수는 운영보수, 투자일임보수, 수탁보수 및 사무관리보수를 합한 보수를 말한다.

구 분	세부 내용
운영보수	특별계정에 속한 재산의 운용 및 관리 등을 위해 보험회사가 수취하는 보수
투자일임보수	특별계정에 속한 재산의 투자일임을 위해 자산운용사 등 투자일임업자에게 지급하는 보수
수탁보수	특별계정에 속한 재산의 보관 및 관리, 자산운용의 지시이행, 운용업무의 위규여부 등을 감시하기 위해 신탁업자에게 지급하는 보수
사무관리보수	특별계정에 속한 재산의 회계업무 및 기준가격 산정업무 등을 수행하기 위해 일반사무관리회사에게 지급하는 보수

⑧ 변액보험의 현금흐름과 수수료 차감 방식

구 분	변액연금, 변액종신, 변액유니버설보험 (의무납입기간 중)	변액유니버설보험 (자유납입기간 중)
납입보험료	정액 정기납(일부 추가납입 가능)	자유납
↓	계약체결 및 계약관리비용 차감	계약체결 및 계약관리비용(기타비용) 차감
특별계정 투입보험료	지정한 특별계정에 투입 후 운용	
↓	• 월공제액 차감(매월 계약해당 일) 　– 자연식 위험보험료 　(나이가 증가함에 따라 점차 증가) • 납입 후 계약유지비용 　(변액연금, 변액종신의 납입종료 후)	• 월대체보험료 차감(매월 계약해당일) 　– 자연식 위험보험료 　– 계약체결 및 계약관리 비용(기타비용 제외) 　– 선택특약 보험료
	• 특별계정 운용보수 차감(매일) 특별계정 적립금에 연간 보수율을 일일기준으로 환산하여 부과하며, 보수율은 운용형태, 주식편입비중, 리스크에 따라 펀드별로 차등 적용	
	• 최저보증비용 차감(매일 또는 매월) 　– 최저사망보험금 보증비용(전 변액상품), 최저연금적립금 보증비용(변액연금) 　– 특별계정 적립금에 부과하며, 상품 및 보증내용에 따라 차등 적용	
계약자적립금	제반비용을 차감하고 특별계정 운용실적을 반영하여 매일 변동	
↓	• 지급사유 발생 시 특별계정 적립금을 일반계정으로 이체 후 지급(사망보험금, 연금적립금) 　– 해약환급금의 경우 해지시점의 적립금에서 미상각신계약비(최대 7년까지 적용)를 차감한 후 지급	
보험금/환급금		

다음 괄호 안에 들어갈 말로 맞게 나열한 것은?

> 특별계정 투입보험료 = (　　　　) – 계약체결비용 – (　　　　) – 기타비용

① 순보험료, 납입 중 계약유지비용　　　　② 순보험료, 납입 후 계약유지비용
③ 영업보험료, 납입 중 계약유지비용　　　④ 영업보험료, 납입 후 계약유지비용

해설 납입 후 계약유지비용은 보험료 납입 후에 계약자가 그 이상 보험료를 납입하지 않으므로 납입 후 계약유지비용은 보험료를 납입할 때 선취된다. 이렇게 미래에 사용될 계약유지비용인 선취된 납입 후 유지비는 특별계정으로 순보험료와 함께 투입된다. 따라서 특별계정 투입보험료는 순보험료와 납입 후 계약유지비용을 합한 금액이 된다. 답 ②

(3) 특별계정의 종류

① 주식편입비율에 따라 주식형 펀드, 채권형 펀드, 혼합형 펀드 등의 형태로 운용된다.

② 각 생명보험회사는 회사의 여건에 따라 다양한 특별계정을 설정 · 운용할 수 있다.

③ 채권형 펀드에는 국 · 공채, 투자적격 우량 회사채 등에 주로 투자 · 운용하여 안정적인 수익을 추구하는 일반적인 의미의 채권형 펀드와 주로 콜, CD, CP 등 단기 현금성 자산에 투자하는 단기채권형 펀드(또는 MMF)가 있다.

④ 단기채권형 펀드는 유동성 확보를 중시하여 고수익을 기대하기 어려운 대신 원금손실 발생가능성은 거의 없으며, 투자펀드라기보다는 리스크 헤지용 펀드에 더 가깝다.

⑤ 주식형 펀드와 혼합형 펀드는 주식편입비율에 따라, 현물주식 투자를 하느냐 또는 KOSPI 200 같은 종합주가지수에 연동하여 운용하느냐에 따라 구분된다.

⑥ 공격적 투자성향의 고객에게는 편입비율이 높은 펀드를, 안정성을 겸비한 투자성향을 갖고 있는 고객에게는 편입비율이 낮은 펀드를 권하면 된다.

⑦ 인덱스혼합형 펀드는 주로 KOSPI 200지수에 연동하여 펀드의 수익률이 목표지수와 비슷하게 움직이도록 포트폴리오를 구성하여 운용하는 펀드이다.

⑧ 주식형 펀드, 채권형 펀드와 혼합형 펀드의 비교 ★★

구 분	주식형 펀드	채권형 펀드	혼합형 펀드
운용대상	• 주로 주식(60% 이상)에 투자 • 일부 채권, 유동성 투자	• 주로 채권(60% 이상)에 투자 • 주식에 투자 안함	주로 채권(40% 이상), 단기자금, 주식(60% 미만) 등에 운용
장 점	• 수익성 추구 • 주식시장 활황 시 고수익 획득 가능	• 장기 안정적인 수익 확보 및 원금보전 가능성 높음 • 주식에 투자하지 않기 때문에 급격한 수익률 등락은 거의 없음	• 안정성과 수익성의 동시 추구 가능 • 주식편입비율에 따라 주식혼합형, 채권혼합형으로 구분
단 점	주식시장 폭락 시 원금손실 발생	고수익 기대 곤란	주식시장 활황 시 주식형에 비해 수익 기대 곤란
투자스타일	고위험/고수익	저위험/저수익	중위험/중수익

핵심예제

변액보험의 현금흐름과 수수료 차감 방식에서 정액 정기납(일부 추가납입 가능)으로 납부하는 보험이 아닌 것은?

① 변액연금
② 변액유니버설보험(의무납입기간 중)
③ 변액종신
④ 변액유니버설보험(자유납입기간 중)

해설 변액유니버설보험(자유납입기간 중)의 경우 자유납으로 납부한다. **답** ④

⑨ 변액보험과 타업권 실적배당상품의 비교 ★★★

구 분	변액보험(생보사)	실적배당상품(금융투자회사 등)
자산 운용 상 차이점	• 10년 이상 장기 운용 • 위험자산 편입비중 제한 있음 • Middle risk Middle return(중위험 중수익) • 장기저축 및 인플레이션에 따른 보험금의 실질가치 하락방지 주목적	• 주로 3년 내외 중·단기 운용 • 위험자산 편입비중 제한 없음 • High risk High return(고위험 고수익) • 유가증권 시장의 단기 실적호전에 따른 시세차익 획득 주목적
상품 상 차이점	• 사망, 연금, 질병 등의 보장 제공 • 부가기능 있음(분할투자, 자동재배분 등) • 적립금에 대한 최저보증 선택가능 　– 연금개시 시 기납입보험료 등을 최저보증 • 고객은 자산운용 리스크 부담 　– 회사는 연금개시 및 사망 등의 경우 보험 고유의 리스크 부담(투자실적이 아무리 악화되더라도 사망보험금최저보증) • 펀드변경 기능 • 자금필요 시 인출(인출수수료 부담)	• 보장 없음 • 부가기능 없음 • 적립액에 대한 최저보증 없음 　– 만기라 하더라도 원금손실 가능 • 고객이 자산운용 리스크 전액 부담 　– 회사의 자산운용 리스크 없음 • 대부분 펀드변경 기능 없음 　(엄브렐라 펀드에 한해 펀드변경 기능 있음) • 자금필요 시 환매 　(경우에 따라 환매수수료 부담)

● COMMENT ● 변액보험과 금융투자회사 상품에 대한 차이점은 시험문제에 자주 등장하는 내용으로 확실하게 알아두어야 한다.

2 자산운용

(1) 기본원칙

① 펀드운용의 성과와 위험을 직접 계약자에 귀속, 자기책임의 원칙을 갖는다.

② 수익성뿐만 아니라 안전성과 유동성을 동시에 추구한다.

③ 일반계정과 분리운용하는 것은 특별계정 자산을 일반계정과 상호 매매·교환하지 못하도록 하기 위한 것이다.

④ 특별계정 개설 초기에는 자산규모가 적고 해지율 등의 예측이 곤란하기 때문에 일반계정보다 높은 수준의 유동성을 확보해야 한다.

⑤ 계약자는 특별계정자산의 운용방법에 대한 지시 등은 할 수 없다.

핵심예제

다음 중 변액보험과 금융투자회사의 실적배당상품에 대한 내용으로 틀린 것은?

① 변액보험은 금융투자회사 상품과 달리 사망보장을 제공한다.

② 변액보험은 적립액에 대해 최저보증한다.

③ 두 상품 모두 예금자보호법에 따른 보호대상이다.

④ 두 상품 모두 회사는 자산운용 리스크를 부담하지 않는다.

해설 두 상품 모두 예금자보호법의 적용대상이 아니다.

답 ③

(2) 운용대상

① 변액보험은 투자손실 리스크를 계약자가 직접 부담하게 되므로 각종 법령에 의해 엄격히 제한하여 운용하도록 하고 있다.

② 보험업법, 보험업법 시행령, 보험업감독규정 및 보험업감독업무 시행세칙, 자본시장 및 금융투자업에 관한법률 및 시행령 등에 근거한다.

③ 국내·외 금융환경, 공사채시장, 주식시장 상황 등을 고려한다.

④ 운용자산은 국내·외 유가증권(주로 채권 및 주식)을 주요 대상으로 한다.

⑤ 채권형 펀드와 혼합형 펀드 비교 ★★

구 분	채권형 펀드	혼합형 펀드
운용대상	채권, 대출 등	채권, 대출, 주식 등
주식편입 여부	X	O
장 점	원금보전 가능	고수익 가능
운용적기	고금리 안정화기	주식시장 활황기

(3) 자산 평가방법

① 평가방법 ★★

㉠ 계약자 간 공평성을 유지하기 위해 매일 실적배당률을 산출, 그 성과를 매일 계약자적립금에 반영한다.

㉡ 시가평가 : 국내·외 상장주식, 국내·외 공채 및 사채

㉢ 특별계정 자산의 평가방법은 시가평가가 원칙이나, 대출 등 객관적 시가가 형성되지 않은 경우에는 취득원가(장부가)에 해당일의 수입이자를 더한 금액을 해당일의 평가금액으로 한다.

대 상		평가방법
국내·외 상장주식 국내·외 공·사채	→	시가평가 시가평가

핵심예제

채권형 펀드에 관한 설명으로 틀린 것은?

① 채권형 펀드는 자산의 60% 이상을 채권에 투자하는 펀드를 의미한다.

② 시장금리가 낮을 경우에는 높은 수익을 기대하기 어렵다.

③ 수익률 변동폭은 주식형 펀드에 비해 낮은 편이다.

④ 안정적인 수익을 얻을 수 있으나 원금손실의 가능성이 높다.

해설 채권형 펀드는 주식에 투자하지 않기 때문에 장기 안정적인 수익확보 및 원금보전 가능성이 높다.   답 ④

② 자산운용 실적의 적립금 반영방법

    ㉠ 좌당 기준가격 방법을 사용한다.

    ㉡ 일정한 거래단위(좌)의 기준가격과 단위의 수량(좌수)으로 적립액을 산출한다.

    ㉢ 특별계정 최초개설 시 좌당 기준가격은 1,000좌당 1,000.00원으로 시작한다.

- 최초 1,000좌당 기준가격 = 1,000.00원

- 계약자 보유좌수 = $\dfrac{\text{특별계정 투입보험료}}{\text{투입일 기준가격}} \times 1,000$

- 계약자적립금 = 해당일 기준가격 $\times \dfrac{\text{계약자 보유좌수}}{1,000}$

- 해당일 기준가격 = $\dfrac{\text{전일말 특별계정 순자산가치}}{\text{특별계정 총좌수}} \times 1,000$

•COMMENT• 좌당 기준가격이 1,000원 이하면 수익률 하락, 1,000원 이상이면 수익률도 상승했다는 의미이다.

③ 보험약관상 좌수 및 좌당 기준가격 등

    ㉠ 좌수 : 특별계정 설정 시 1원을 1좌로 하며, 그 이후에는 매일 좌당 기준가격에 따라 좌단위로 특별계정에 이체 또는 인출한다.

    ㉡ 좌당 기준가격 = $\dfrac{\text{전일말 특별계정 순자산가치}}{\text{특별계정 총좌수}}$

    ㉢ 최초 1,000좌당 기준가격 = 1,000원

    ㉣ 계약자 보유좌수 = (특별계정 투입보험료 / 당일 좌당 기준가격) × 1,000

    ㉤ 계약자적립금 = 당일 좌당 기준가격 × (계약자 보유좌수 / 1,000)

    ㉥ 당일 좌당 기준가격 = (전일말 특별계정 순자산가치 / 특별계정 총좌수) × 1,000

    ㉦ 동일한 보험료라도 좌당 기준가격이 높을 경우 보유좌수가 상대적으로 적어진다.

    ㉧ 계약자 보유좌수는 보험료의 납입, 보험계약대출 원리금 상환 등이 특별계정에 투입되면 증가한다.

다음 괄호 안에 들어갈 말을 순서대로 맞게 나열한 것은?

> 변액보험은 투자성과에 대한 리스크를 (　　　)가 부담하고 자산의 평가도 매일매일 (　　　)에 의해 이루어지며 자산운용의 목적도 일반보험과 달리 (　　　)을 중시한다.

① 보험회사, 장부가, 안정성

② 계약자, 시가법, 수익성

③ 계약자, 장부가, 안정성

④ 보험회사, 시가법, 수익성

해설 일반계정에서 운용되는 자산은 결산시점에서 기업회계기준서의 자산별 평가방법에 따라 평가하고, 일반보험은 안정성을 중시하는것이 변액보험과 상이한 점이다.　　　**답** ②

ⓩ 계약자 보유좌수는 보험계약대출, 월 공제액 차감 등이 생겨 일반계정으로 이체되면 감소한다.

ⓩ 좌당기준가격은 특별계정의 자산운용 실적이 호전되면 증가, 악화되면 감소한다.

④ 회사별 변액보험공시 확인 방법

각 회사별 인터넷 홈페이지 **상품공시실** 내에 있는 **변액보험공시실**에서 확인할 수 있다.

㉠ 변액보험 운용설명서 : 변액보험의 주요특징, 주의사항, 자산운용방법, 가입안내 등에 대한 자세한 내용을 설명한다.

㉡ 변액보험 특별계정 운용현황 : 각 특별계정(펀드)별 전월말 기준 자산구성내역, 기준가격, 수익률, 순자산가치 등을 공시한다.

㉢ 계약관리내용 조회 : 계약자 본인의 보유좌수, 해약환급금, 경과기간별 변동보험금내역 등을 공시한다.

이해더하기

연환산수익률

> 경과일수 : 누적수익률 = 365일 : 연환산수익률

[예제]
총 경과 일수 4,818일인 펀드가 누적수익률이 89.29%일 때, 연환산수익률은?
[풀이]
- 4,818일 : 89.29% = 365일 : x%
- 연환산수익률(%) = 6.7644% ≒ 6.76%

제3장 | 보험심사역 이론

핵심예제

변액보험 가입자 김시대 씨의 5월 18일 특별계정 투입보험료가 1,000만원이고 이날 펀드기준가격이 1,250이었다. 2일 후 자산운용 실적이 악화되어 펀드 기준가격이 1,100원으로 감소하였다면 김시대 씨의 5월 20일 현재 계약자적립금은 얼마인가?

① 800만원
② 880만원
③ 1,000만원
④ 1,100만원

해설
- 최초 보험료를 투입했을 당시의 좌수 = (10,000,000 / 1,250) × 1,000 = 8,000,000
- 변동된 펀드 기준가격이 1,100일 때의 계약자적립금 = (8,000,000 × 1,100) / 1,000 = 8,800,000(원) **답** ②

(4) 자산운용 옵션 ★★★

① 펀드변경(Fund Transfer) 기능 : 하나의 특별계정에서 운용되고 있는 적립금의 전부 또는 일부를 계약자의 요청에 의해 다른 특별계정으로 변경시키는 것을 말한다.

② 펀드별 편입비율 설정(Asset Allocation) 기능 : 특별계정 변경 중 일부변경을 가능하게 하기 위한 기능으로 계약자가 보험가입 시 납입보험료를 펀드별로 분산하여 투자를 개시할 수 있게 하는 것이다.

③ 펀드 자동재배분(Auto - Rebalancing) 기능(혼합형 펀드에 적용) : 투자성과에 따라 변동된 펀드의 적립금 비율을 고객이 계약 체결 시 또는 펀드 변경 시 설정한 비율로 자동재배분하는 기능을 옵션으로 부가하여 안정적인 투자전략을 유지할 수 있도록 하는 기능이다.

④ 보험료 평균분할투자(DCA ; Dollar Cost Averaging) 기능 : 일시납보험료 또는는 추가납입보험료 등 주로 고액자금을 일시에 납입할 경우 활용할 수 있는 기능으로 펀드로 자금을 한 번에 투입 시 그 시점의 주식 등 시장의 흐름에 수익률이 크게 좌우되는 불안정성을 해결하기 위해 개발된 기능이다.

핵심예제

다음의 경우 적절히 활용될 수 있는 변액보험 자산운용 옵션은 무엇인가?

> 김시대 씨는 보험료 납입과 관련하여 고액자금을 일시에 납입하고자 한다. 그러나 시장의 상황에 따른 고액자금의 수익률 변동을 우려하고 있다.

① 펀드의 변경   ② 자동재배분을 통한 비율조정
③ 보험료의 평균분할투자   ④ 포트폴리오 구성을 통한 보험료의 분산투입

해설 보험료의 평균분할투자를 활용할 수 있다. 이를 통해 거액자금 납입 시 시장의 상황에 따라 발생할 수 있는 수익률 변동의 불안정을 완화시킬 수 있다.   **답** ③

변액보험약관 주요내용

1 보험료 납입

(1) 변액종신보험

① 일반보험과 동일한 형태로 월납은 매월 납입기간 동안, 일시납은 일시납보험료로 납입하여야 하며, 월납 및 일시납의 납입방법만 선택 가능하다.

② 2개월납, 3개월납, 6개월납, 연납 등 비월납은 운영하지 않는다.

(2) 변액연금보험

① 금리연동형 연금보험과 동일한 형태로 월납 및 일시납의 납입방법만 가능하다.

② 2개월납, 3개월납, 6개월납, 연납 등 비월납은 운용하지 않는 것이 일반적이나, 일부 회사의 경우 3개월납, 6개월납, 연납을 운영하는 경우도 있다.

(3) 변액유니버설보험

① 기본적으로 보험기간과 납입기간이 종신이다.

② 보험기간 중 계약자가 원하는 때에 보험료를 납입할 수 있고, 계약이 해지되지 않는 한도 내에서 원하는 기간만큼 납입을 하지 않을 수도 있다.

③ 보험료 자유납입이 가능하나, 계약 초기 자유납입으로 인한 계약의 조기실효를 방지하기 위해 대부분의 보험사들이 일정기간 동안 보험료 납입을 의무화하는 **의무납입기간**을 설정하여 적용하고 있다.

◀COMMENT▶ 변액종신은 월납, 일시납만 가능하고, 변액연금은 거기에 3, 6개월납과 연납도 가능하다. 반면 변액유니버설은 자유납입이 가능하나 의무납입기간이 정해져 있다.

핵심예제

변액보험의 보험료 납입과 관련된 설명으로 틀린 것은?

① 변액보험은 정액정기납으로 운영되며 비월납은 운용되지 않는다.
② 해당월 납입기일 전에 보험료를 납입하면 납입기일 기준가격으로 특별계정에 투입된다.
③ 변액연금과 변액유니버설보험을 구별하는 기준은 중도인출이 가능한지를 보는 것이다.
④ 보험료 선납 시 선납보험료는 보험료 납입일부터 예정이율로 적립하고, 이는 바로 특별계정으로 투입되지 않는다.

해설 변액종신보험이나 변액연금보험과 변액유니버설보험의 가장 큰 차이는 유니버설기능, 즉 보험료의 자유납입이다. 보험료 납입기간 이후에 보험료 납입 가능 여부, 보험료 납입 일시중지 가능 여부가 중요한 차이점이다. **답** ③

2 보험료 추가납입

변액연금보험은 연금개시 전 보험기간 중, 변액유니버설보험은 보험기간 중 수시로 계약 체결 시 납입하기로 한 기본보험료 이외에 기본보험료의 2배 이내에서 추가납입보험료를 납입할 수 있다.

3 선납보험료

(1) 변액보험은 실적배당형 상품의 원래 특성의 약화, 불완전판매의 가능성 증가를 이유로 대부분 운영하지 않지만 변액연금보험, 변액유니버설보험은 의무납입기간 내에 한하여 선납을 운영한다.

(2) 보험료 납입일부터 평균공시이율로 적립하며, 월계약해당일에 당월 특별계정 투입보험료에 해당되는 금액을 특별계정에 투입한다.

(3) 추가납입보험료는 납입일 + 제2영업일에 특별계정으로 투입되지만 선납보험료는 바로 특별계정으로 투입되지 않고, 매월 계약 해당일마다 투입되기 때문에 이를 계약자에게 잘 설명해야 한다.

(4) 변액연금보험이나 변액유니버설보험의 경우 의무납입기간 안에 운영하는 경우가 있지만, 선납에 의한 보험료 할인은 없으며 보험료의 배수로 선납이 가능하다.

4 특별계정 투입보험료

(1) 변액보험의 경우(변액종신보험 · 변액연금보험)

계약자가 납입하는 보험료 전체가 특별계정에서 펀드로 운용되는 것이 아니고 일반적으로 납입한 보험료 중 계약체결 및 계약관리비용을 제외한 순보험료가 특별계정으로 투입되어 운용되게 된다.

핵심예제

다음 중 변액보험 특별계정 투입보험료에 대해서 틀리게 설명한 것은?

① 고객이 납입한 생명보험료 전액이 특별계정에서 운용되는 것은 아니다.
② 특별계정 투입 보험료는 특별계정에서 주식, 채권 등에 투자되어 매일 실적배당금에 적립된다.
③ 특별계정 운용 수수료는 특별계정 적립금에 대해 일정률로 부과되어 매일 차감된다.
④ 선납보험료는 납입일 + 제2영업일에 특별계정으로 투입된다.

해설 선납보험료는 추가납입보험료와는 달리 매월 계약해당일마다 투입된다.

답 ④

보험료를 추가납입하는 경우에도 동일하다. 다만, 특약보험료는 전액 일반계정에서 운용되며 특별계정 펀드의 운용과는 무관하다.

> 변액종신보험 · 변액연금보험 · 변액유니버설보험(의무납입기간 이내)
> = 납입보험료 − 계약체결 및 계약관리비용(계약체결비용, 납입 중 계약유지비용, 기타비용)

(2) 변액유니버설보험의 경우

영업보험료에서 기타비용만 차감하여 특별계정으로 투입한다. 계약체결비용과 계약유지비용은 보험료 납입과 관계없이 매월 월대체보험료로 차감하기 때문이다.

> 변액유니버설보험(의무납입기간 이후) = 납입보험료(특약보험료 포함) − 기타비용

●COMMENT● 최근에는 변액연금보험에 납입중지 또는 납입유예 등 납입의 유연성을 강화한 상품 출시로 변액유니버설보험 특별계정투입보험료와 유사하게 운용하는 경우도 있다.

5 보험료의 특별계정 투입

(1) 제1회 보험료의 특별계정 투입 ★★★

① 제1회 보험료는 즉시 특별계정으로 투입하지 않고, 이체사유가 발생한 날을 기준으로 특별계정투입보험료를 일반계정에서 특별계정으로 이체한다.

② 특별계정 투입일(이체사유가 발생한 날)

　㉠ 청약을 한 날부터 30일 이내에 승낙 시 : 청약을 한 날부터 30일이 지난 날의 다음날

　㉡ 청약을 한 날부터 30일이 지난 후 승낙 시 : 승낙일

③ 이체사유 발생일에 특별계정으로 이체되는 금액은 청약을 한 날부터 30일이 지난 날의 다음날까지는 평균공시이율(회사별로 상이)로 적립하고, 그 이후의 기간에 대해서는 특별계정 투자수익률을 적용한 금액으로 한다.

④ 제1회 보험료를 납입 즉시 특별계정에 투입하지 않는 이유

　㉠ 변액보험 계약심사를 위한 일정 소요시간이 필요하기 때문

핵심예제

다음과 같은 경우 특별계정 투입일은?

> 2025년 4월 1일 시대생명보험회사는 계약자로부터 변액보험 제1회 보험료를 받고, 같은 해 4월 15일 청약을 승낙하였다.

(1) 위 경우 제1회 보험료의 특별계정 투입일은?　　　　　　　　　　　　　　　　　　　　（　　　）

(2) 만약 5월 10일에 청약을 승낙했다면 특별계정 투입일은?　　　　　　　　　　　　　　　　（　　　）

해설 (1) 청약일(제1회 보험료 납입일)로부터 30일 이내에 승낙이 이뤄졌으므로 청약을 한 날부터 30일이 지난 날의 다음날 투입

(2) 청약일(제1회 보험료 납입일)로부터 30일이 지난 후 승낙이 이뤄졌으므로 승낙이 이루어진 날 투입

답 5월 2일, 5월 10일

    ⓛ 청약철회기간 투자실적 악화 시 계약자가 청약철회를 통해 기납입보험료를 환급해가는 역선택을 방지하기 위함

    ⓒ 보험사가 기납입보험료와 실제 계약자적립금의 차액만큼 부당한 손실을 떠안게 되는 것을 방지하기 위함

(2) 제2회 이후 보험료의 특별계정 투입

① 제2회 이후 보험료 납입시점에 따른 이체사유가 발생한 날

    ㉠ 「월계약해당일 − 제2영업일」 이전에 납입한 경우 : 월계약해당일

    ⓛ 「월계약해당일 − 제1영업일」에 납입한 경우 : 월계약해당일 + 제1영업일

    ⓒ 월계약해당일 이후에 납입한 경우 : 납입일 + 제2영업일

② 변액유니버설보험에서 의무납입기간이후에는 「납입일 + 제2영업일」을 이체사유가 발생한 날로 하며, 이체금액은 보험료에서 산출방법서에서 정한 계약체결비용 및 계약관리비용을 차감한 후 「납입일 + 제2영업일」까지 평균공시이율로 적립한 금액으로 한다.

③ 추가납입보험료는 계약자의 추가납입보험료 「납입일 + 제2영업일」을 이체사유가 발생한 날로 하며, 이 경우 이체금액은 추가납입보험료에 해당하는 계약관리비용을 차감한 후 특별계정투입보험료로 한다.

6 월대체보험료

(1) 보험료 자유납입으로 인하여 계약자는 보험료 납입의 편의성을 갖지만, 보험회사는 계약자가 보험료를 납입하지 않을 경우에는 사업비와 특약보험료를 확보할 수가 없기 때문에 특약보험료와 계약체결 및 계약관리비용을 보험료 납입 시에 공제하지 않고 매월 계약 해당일에 당월 위험보험료와 함께 차감하는 것을 말한다.

(2) 월대체보험료는 해당월의 위험보험료와 계약체결 및 계약관리비용(계약체결비용 및 계약유지비용) 및 특약이 부가된 경우 특약보험료(특약 기타비용 제외)의 합계액으로 월계약해당일에 해약환급금에서 공제한다. 다만, 기타비용은 보험료 납입 시 공제한다.

핵심예제

특별계정 적립금의 중도인출에 관한 설명으로 틀린 것은?

① 변액유니버설보험은 해약환급금 범위 내에서 중도인출이 가능하다.
② 중도인출은 월 1회로 제한된다.
③ 인출 시 수수료가 부과될 수 있다.
④ 특별계정 적립금 인출 방법에 따라 특별계정 자산의 크기가 감소할 수도 있다.

해설 ② 중도인출에는 제한이 없다.
①·③·④ 중도인출 시 인출수수료가 부과될 수 있으며, 일반계정으로 이체할 경우에는 특별계정 자산의 크기가 감소할 수도 있다.

답 ②

7 특별계정 적립금의 중도인출

(1) 변액연금보험, 특히 변액유니버설보험의 경우 보험기간 중 해약환급금의 범위 내에서 보험회사가 정한 기준에 따라 계약자적립금의 인출을 허용한다.

(2) 계약자는 은행의 예금과 같이 해약환급금의 일부를 인출하여 자유롭게 활용할 수 있다.

(3) 인출금액을 특별계정에서 일반계정으로 이체함에 따라 특별계정의 자산이 감소하므로 인출 시에는 소정의 인출수수료를 부과하고 있다.

8 청약철회

(1) 변액보험의 청약철회는 일반보험과 동일하게 보험증권을 받은 날부터 15일 이내에 청약을 철회할 수 있다.

(2) 다만, 다음 중 한가지에 해당되는 경우에는 청약을 철회할 수 없다.
   ① 청약을 한 날부터 30일을 초과하는 경우(단, 청약시점에 만 65세 이상의 계약자가 전화를 이용한 계약 체결 시 45일을 초과한 경우로 한다)
   ② 진단계약, 보험기간이 90일 이내인 계약 또는 전문금융소비자가 체결한 계약

9 사망보험금

(1) 변액종신보험의 사망보험금은 기본보험금과 변동보험금을 합한 금액을 지급한다.

   ◆COMMENT◆ 일반적으로 변액종신의 기본보험금은 보험가입금액을 말하고, 변동보험금은 특별계정의 계약자적립금이 책임준비금 또는 예정적립금보다 많을 경우 그 차액을 기준으로 산출한 보험금을 말한다.

(2) 사망보험금은 사망일을 기준으로 하는 경우와 청구일을 기준으로 하는 경우로 구분한다.

(3) 변액연금보험이나 변액유니버설보험(적립형)의 경우에는 변동보험금을 계산하지 않고, 가입 시 정한 보험가입금액에 특별계정 계약자적립금 전액을 합하여 사망보험금으로 지급한다.

핵심예제

수익자 김시대 씨가 받을 사망보험금으로 맞는 것은?(사망일 기준으로 하는 경우)

- 보험가입일 2013년 8월 5일
- 가입금액 1,000만원
- 피보험자 김고시의 사망일 2025년 1월 4일, 변동보험금 200만원
- 보험금 청구일 2025년 1월 19일, 변동보험금 500만원

① 1,000만원   ② 1,200만원
③ 1,500만원   ④ 500만원

해설 사망보험금은 가입금액에 사망일 기준의 변동보험금을 합한 금액을 지급하므로 가입금액 1,000만원 + 200만원 (2025.1.4) = 1,200만원   답 ②

(4) 변액유니버설보험(보장형)은 「기본보험금 + 변동보험금」을 지급하는 형태와 「적립금의 일정비율, 기본
보험금, 기납입보험료」 중 큰 금액을 사망보험금으로 하는 형태 등이 있다.

🔟 해약환급금

(1) 변액보험의 해지는 「해지신청일 + 제2영업일」의 기준가를 적용한 특별계정 적립금에서 해지공제금액을
차감한 금액을 해약환급금으로 지급하며, 해약환급금에 대한 최저보증은 없다.

(2) 해약환급금은 피보험자의 나이, 보험기간, 납입경과기간, 특별계정의 운용실적에 따라 달라지게
된다.

🔢 만기보험금

(1) 현재 국내에서는 만기가 있는 정기형 변액보험의 판매는 이루어지지 않고 있으며, 보험기간이 종신형
태인 변액보험만 판매되고 있다.

(2) 변액연금보험의 경우는 최소한의 연금지급을 보장하기 위하여 연금개시 시점에 계약자가 이미 납입
한 보험료만큼은 최저연금적립금으로 보장을 하고, 최저연금적립금을 보증하기 위하여 최저연금적
립금 보증비용을 특별계정의 계약자적립금에서 차감하여 일반계정에서 최저연금적립금 보증준비금
으로 적립한다.

🔢 보험료 납입최고기간

(1) 변액보험의 납입최고기간은 일반보험과 같이 계약자가 제2회 이후의 보험료를 납입기일까지 납입하지
아니하여 연체 중인 경우에 회사는 14일(보험기간이 1년 미만일 경우에는 7일) 이상의 기간을 납입최고
(독촉)기간(납입최고(독촉)기간의 말일이 영업일이 아닌 때에는 최고(독촉)기간은 그 익일)으로 한다.

핵심예제

변액보험의 해약환급금에 대한 내용으로 맞는 것은?
① 해당일의 적립금을 지급한다.
② 특별계정 운용실적과는 무관하다.
③ 예정이율로만 부리된다.
④ 최저보증액이 없다.

해설 변액보험의 해지는 해지 신청일의 특별계정 적립금에서 미상각 계약체결비용을 차감한 금액을 해약환급금으로 지급
하며, 변액보험은 실적배당형 상품이므로 해약환급금에 대한 최저보증은 없다. 또한, 특별계정 운용실적에 따라 달
라진다.

답 ④

(2) 변액유니버설보험의 경우에는 보험료 자유납입이 원칙이므로 보험료 미납에 따른 납입 최고는 하지 않고 대신 해약환급금에서 월대체보험료를 충당할 수 없게 된 경우 월계약 해당일의 다음날을 기준으로 기본보험료의 미납 시 적용하는 납입최고기간을 적용한다.

13 보험료 미납 해지

(1) 변액보험(단, 변액유니버설보험은 의무납입기간 동안)의 경우에도 보험료 미납으로 인한 계약의 해지 처리는 일반보험과 동일하다.

(2) 변액유니버설보험에서 의무납입기간 이후 해약환급금에서 월대체보험료를 충당할 수 없게 된 경우 보험료 납입 최고기간 이후 계약이 해지된다.

> ●COMMENT● 변액유니버설보험(보장형)은 최저사망보험금 보증기간(예정적립금에서 예정월대체보험료를 차감할 수 있는 기간) 동안에는 계약을 해지하지 않으며, 최저사망보험금 보증기간이 종료된 이후 해지된다.

(3) 변액보험이 해지된 이후에는 특별계정에서 운용되는 것이 아니라 일반계정에서 운용되기 때문에 해지 이후 특별계정의 운용실적과는 무관하게 되므로 이후 다시 계약을 부활(효력회복)시키더라도 해지된 기간 동안은 특별계정의 운용실적 확보가 불가능하다.

14 부활(효력회복)

(1) 변액보험의 부활은 일반보험의 부활과 동일하게 부활기간, 연체보험료 및 연체이자 등을 계산한다.

(2) 일반보험과 다른 점은 부활 시 일반계정에서 관리하던 적립금을 다시 특별계정으로 투입한다는 것이다.

핵심예제

해약환급금을 받지 아니한 상태에서 보험료 미납으로 인해 계약이 해지될 경우 계약자는 보험이 해지된 날로부터 얼마 이내에 보험계약 부활을 청약할 수 있는가?

① 6개월
② 1년
③ 2년
④ 3년

해설 변액보험의 부활(효력회복)은 일반보험의 부활과 동일한 기간을 가지며, 해약환급금을 받지 아니한 상태에서 보험료 미납으로 인해 계약이 해지될 경우 계약자는 보험이 해지된 날로부터 3년 이내에 보험계약 부활을 청약할 수 있다.

답 ④

(3) 보험료 미납으로 계약이 해지되었으나 해약환급금을 받지 아니한 경우에 계약자는 해지된 날부터 3년 이내에 보험회사가 정한 절차에 따라 계약의 부활을 청약할 수 있으며 보험회사가 이를 승낙한 때에는 부활을 청약한 날까지의 연체보험료에 「평균공시이율 + 1%」 범위 내에서 보험회사가 정한 이율로 계산한 금액을 더하여 납입하여야 한다(변액유니버설보험의 경우 미납된 월대체보험료를 공제함).

(4) 연체보험료를 납입한 경우 일반계정에서 운영하던 적립금을 이체사유가 발생한 날을 기준으로 일반계정에서 특별계정으로 이체한다. 이체사유가 발생한 날은 다음과 같다.

① 부활 승낙 후 연체보험료가 납입된 경우 : 납입일 + 제2영업일
② 연체보험료 납입 후 부활이 승낙된 경우 : 승낙일 + 제2영업일

15 보험계약대출(약관대출)

(1) 변액보험의 보험계약대출원금 처리

① 특별계정방식 : 대출원금을 일반계정에서 먼저 지급한 후 특별계정의 계약자적립금에서 그 금액만큼 차감하여 일반계정으로 이체한 후 보험계약대출적립금 항목에 적립하는 형태이다.
② 일반계정방식 : 계약자가 보험계약대출을 신청할 경우 보험계약대출금액에 해당하는 금액만큼을 일반계정에서 담보대출로 처리하는 형태이다.

(2) 변액보험의 보험계약대출이자 처리

① 변액보험의 계약자대출금액을 보험계약대출형태로 처리하는 경우, 변액보험의 보험계약대출이자는 보험회사에서 정한 보험계약대출수수료를 차감한 나머지 금액이 즉시 특별계정으로 투입되어 운용된다.
② 계약자가 신청한 보험계약대출을 일반계정 담보대출로 처리한 경우, 특별계정은 계약자적립금의 차감 없이 운용되고 대출은 일반계정에서 이루어진 것이므로, 계약자가 납부한 이자는 일반보험과 동일하게 전액 일반계정의 이익으로 처리된다.

핵심예제

다음 중 보험계약대출에 대한 설명으로 볼 수 없는 것은?

① 계약자는 보험계약대출금과 보험계약대출이자를 보험사가 지정한 기간에만 상환하여야 한다.
② 계약자는 보험기간 중에는 계약의 해약환급금 범위 내에서의 보험계약대출이 가능하다.
③ 보험사는 지급사유가 발생한 날을 기준으로 계약자가 주어진 금액을 상환하지 아니하였을 경우, 보험금이나 해약환급금에서 보험계약대출 원리금을 차감할 수 있다.
④ 보험계약대출 원금 처리방법은 크게 2가지 형태로 구분된다.

해설 보험계약대출금과 보험계약대출이자의 경우 언제든지 상환 가능하며 이경우 상환금액에 해당하는 금액을 상환일 + 제2영업일에 일반계정에서 특별계정으로 투입한다.

답 ①

16 선택특약

선택특약의 보험료는 특별계정으로 투입하지 않으며, **일반계정에서 해당 특약의 산출이율로** 적립한다.

17 계약내용의 변경 ★★

(1) 보험가입금액 변경(감액)

계약자가 보험가입금액의 변경을 원할 경우 일반적으로 증액은 불가능하지만 감액은 가능하다. 즉, 기본보험금액을 감액하는 경우에는 같은 비율로 변동보험금액도 감액되며 기본보험금액 또는 변동보험금액의 감액은 불가능하다. 보험가입금액을 감액하고자 할 때에는 그 감액된 부분은 해지된 것으로 보며 이로 인한 보험회사가 지급하여야 할 해약환급금이 있을 때에는 계약자에게 지급하여야 한다. 감액된 계약은 감액 전 보험가입금액으로의 증액이 불가능하다. 그러나 일부 변액유니버설보험에서는 보험가입금액의 증액 또는 감액을 자유롭게 허용하는 경우도 있다.

(2) 변액보험에서 유사한 일반보험으로의 전환

계약자가 변액보험을 일반보험으로 전환하여 줄 것을 보험회사에 서면으로 신청하는 경우 보험회사가 정하는 방법에 따라 판매하고 있는 유사한 일반보험으로 전환된다. 변액보험 도입 초기에 계약자보호를 위해 변액종신보험에 한하여 일반보험으로의 전환을 허용했으나 현재는 거의 남아있지 않다.

(3) 정 정

계약자의 청약서 작성 시 오류, 보험회사 측의 청약서 전산입력 과정에서의 착오 등을 바로 고치는 것으로 보험종류, 보험기간, 납입방법, 피보험자의 성별, 나이 등 모든 사항의 정정이 가능하다.

핵심예제

다음 중 변액보험에서 계약내용을 변경할 수 없는 것은?

① 보험가입금액의 감액
② 가입펀드의 변경
③ 계약자 청약서 작성 시 오류의 정정
④ 변액종신보험을 실손보장보험으로 전환

해설 변액보험 도입 초기 계약자보호를 위해 변액종신보험에 한하여 일반보험으로의 전환을 허용했으나 현재는 거의 남아있지 않다.

답 ④

(4) 자산운용 옵션 변경

펀드변경, 보험료 분산투입 기능, 펀드자동재배분 기능, 주식형 적립금 자동이전 기능, 보험료 정액분할 투자기능 등 자산운용 옵션을 계약자 선택(또는 비선택)에 따라 자유롭게 변경하는 것을 말한다.

18 초기투자자금

회사는 특별계정의 원활한 운용을 위하여 초기투자자금을 일반계정에서 특별계정으로 자금을 이체하여 설정할 수 있다.

19 특별계정 펀드의 증설 및 폐지

(1) 보험회사는 변액보험의 특별계정펀드를 증설 또는 폐지할 수 있다.

(2) 특별계정 펀드를 폐지할 수 있는 사유

① 당해 각 특별계정 펀드의 자산이 급격히 감소하거나, 자산가치의 변화로 인해 효율적인 자산운용이 곤란해진 경우

② 설정한 후 1년이 되는 날에 투자신탁의 설정액이 50억원 미만인 경우 또는 1년이 지난 후 1개월간 계속하여 투자신탁의 설정액이 50억원 미만인 경우

③ 당해 각 특별계정 펀드의 운용대상이 소멸할 경우

④ 상기 ① ~ ③의 사유에 준하는 경우

●COMMENT● 보험회사는 상기 ① ~ ④의 사유로 계약자가 펀드변경을 요구한 경우에는 펀드변경에 따른 수수료를 계약자에게 청구하지 않으며, 연간 펀드변경 횟수에 포함시키지 아니한다.

(3) 보험회사는 특별계정을 폐지할 경우에는 계약자에게 폐지사유, 폐지일까지의 계약자적립금과 함께 펀드변경의 선택에 관한 안내문 등을 작성하여 서면으로 통지하여 계약자에게 불이익이 없도록 하여야 한다. 다만, 계약자가 펀드변경을 별도로 신청하지 않을 경우에는 보험회사가 유사한 펀드로 이동시킬 수 있다.

핵심예제

회사가 변액보험의 특별계정을 폐지하는 경우의 조치로서 맞는 것은?

① 펀드 폐지로 인해 계약자가 펀드변경을 요구할 때에는 수수료를 요구하지 않는다.
② 계약자의 의사와 관계없이 적립금을 수익률이 가장 높은 펀드로 이동시킨다.
③ 특별계정이 폐지되었으므로 계약은 소멸되며, 계약자는 특별계정 적립금을 수령하게 된다.
④ 회사는 특별계정의 폐지 사실을 신문에 공시하고 계약자에게 전화안내를 해야 한다.

해설 보험회사는 다음과 같은 사유로 계약자가 펀드변경을 요구하는 경우에는 펀드변경에 따른 수수료를 계약자에게 청구하지 않으며, 연간 펀드의 변경횟수에 포함시키지 않는다.
• 당해 각 특별계정의 자산이 급격히 감소하거나 자산가치의 변화로 인해 효율적인 자산운용이 곤란해진 경우
• 당해 각 특별계정의 운용대상이 소멸한 경우

답 ①

04 | 보험공시 및 예금자보호제도

체크포인트

■ **보험정보공시**
경영공시, 정기공시 · 수시공시, 정기공시 사항, 수시공시 사항이 아닌 것

■ **변액보험공시**
공시방법, 공시주체, 생명보험협회 업무

■ **변액보험 판매 시 준수사항**
보험안내자료 필수 안내사항 · 기재금지사항, 특별계정의 공시

■ **예금자보호제도**
예금자보호제도, 예금자보호대상 상품, 보호되는 예금 계산

학습전략

출제비중이 높지 않기 때문에 단순 시험 합격용으로는 기본적인 사항만 알아두면 된다. 급하게 준비한다면 간략한 흐름만 알고 건너뛰어도 되겠지만, 여유가 있을 때 틈틈이 알아두면 현장에서 완전판매를 하는데 도움이 된다.

1 공시의 의미

해당 기업의 재무상황, 영업실적 및 기업경영에 있어 일반 이용자들이 알아야 할 중요 정보를 등기 · 등록 · 등재 등과 같이 타인이 인식할 수 있는 방법으로 기업 외부에 알리는 제도이다. 공시는 본래 주주나 채권자의 보호에 목적을 두고 시작되었다.

2 보험정보 공시의 의의와 내용

보험정보 공시는 보험상품의 가격이 자유화되고 은행, 증권 등 다른 금융기관에서 보험상품을 구입할 수 있는 방카슈랑스제도의 정착, 사회적으로는 금융정책이 공급자 중심에서 수요자 중심으로 이동하면서 인터넷 이용자 증가, 소비자보호정책 강화 등에 따라 그 내용이 점차 확대되어 왔다. 보험회사 및 보험상품 가격 외에도 보험회사의 경영현황을 사전에 충분히 살펴보고 회사경영의 안정성이나 수익성 등을 확인함으로써 보험가입의 적정성을 판단하는 데 도움이 되도록 중요한 정보를 제공한다.

(1) 경영공시 ★★★

회사의 각종 경영지표 및 경영활동현황을 공시한다.

① 정기공시
  ㉠ 결산공시 : 보험회사는 매 사업연도 결산일로부터 3개월 이내에 공시기준상의 공시항목의 내용을 인터넷 홈페이지에 3년 간 공시한다.
  ㉡ 분기공시 : 분기별 분기결산일로부터 2개월 이내에 공시한다.
② 수시공시 : 수시공시 사항이 발생한 즉시 금융감독원과 생명보험협회에 그 사실을 보고하고 당해회사 홈페이지에 이를 공시한다(공시일로부터 3년 간 공시).

핵심예제

변액보험에 대한 공시가 정액보험의 공시와 구별되는 이유로 틀린 것은?
① 보험가입절차가 일반보험과 상이하기 때문이다.
② 보험금이 특별계정의 운용실적에 따라 변동되기 때문이다.
③ 해약환급금에 대한 최저보증이 없기 때문이다.
④ 예금자보호 대상이 되지 않기 때문이다.

해설　보험가입절차는 일반보험과 변액보험 모두 동일하다.
보험정보공시는 보험상품의 가격이 자유화되고, 그 내용이 계속 확대 되고 있기 때문에 공시정보의 양도 중요시되지만, 꼭 필요한 정보를 충분히 전달하는 질적 측면이 더욱 중요시 되고 있다.　답 ①

보험업감독규정상의 주요 경영공시사항

정기공시	• 조직현황 및 대주주현황 등의 **일반현황** • 당기순이익, 손익발생원천별 실적 등 **경영실적** • 유가증권, 부동산 등 **재무상황** • 수익성, 유동성 등 **경영지표** • 재무상태표, 손익계산서 등 **재무제표** • 위험관리개요, 보험위험관리, 금리위험관리 등 **위험관리** • 기타 내부통제 및 민원발생현황 등 **기타사항** • 조직 및 인력현황, 신탁계정 재무제표 등 **신탁**
수시공시	• 적기시정조치 등 법령에 의한 주요 조치사항 • 부실채권, 금융사고, 소송, 파생상품거래 등으로 인한 거액의 손실이 발생한 경우 • 재무구조 및 경영환경에 중대한 변경을 초래하는 사항 • 재산, 채권채무관계, 투자 및 출자관계, 손익구조 등에 중대한 변동에 관한 사항 • 기타 경영상 중대한 영향을 미칠 수 있는 사항 등 • 대주주에 대한 신용공여, 대주주가 발행한 채권 또는 주식의 취득 및 의결권 행사 • 정부기관 등으로부터 받은 출자내용 등

(2) 상품공시

소비자에게 생명보험 상품에 대한 정확한 정보를 전달하고 적합한 상품선택에 도움을 주며 보험계약 유지 현황 등을 알려주기 위해 시행하고 있다.

① 의 의

ㄱ 변액보험, 금리연동형 저축성보험 및 연금저축보험에 대해서는 상품의 구조 및 주요내용을 요약 정리한 핵심 상품설명서를 추가로 제공하고 있다.

ㄴ 생명보험회사가 상품공시제도에 의해 공시하는 보험안내자료는 보험계약 체결 시 보험계약을 체결하고자 하는 고객에게 제공하고 그 중요내용을 설명한다.

ㄷ 보험회사는 인터넷 홈페이지 내에 상품공시실을 이용하여 보험계약자 등이 쉽게 확인할 수 있도록 보험상품을 공시한다.

다음 괄호 안에 들어갈 말을 순서대로 맞게 나열한 것은?

> 우리나라 보험정보공시는 공시내용에 따라 소비자가 상품내용과 보험료 등을 쉽게 알 수 있도록 설명하는 (　　　)와 회사의 경영지표 및 활동현황을 공시하는 (　　　)로 크게 분류되며 그 밖에 (　　　)에서 실시하는 비교공시가 있다.

① 상품공시, 경영공시, 금융감독원　　　② 상품공시, 경영공시, 생명보험협회
③ 경영공시, 상품공시, 금융감독원　　　④ 경영공시, 상품공시, 생명보험협회

해설 공시란 해당 기업의 재무구조 및 판매실적 등을 이해관계자가 알 수 있도록 외부에 알리는 제도로서, 경영공시와 상품공시가 있다. 생명보험협회에서는 보험소비자들이 회사별 같은 유형의 상품을 서로 비교하고 선택하는 데 도움을 주기 위해 인터넷 홈페이지에 보험회사별로 상품에 관한 정보를 공시하고 있다.　　　**답** ②

② 보험가격공시

    ㉠ 보험가격공시실은 상품공시실과 별도로 설정하여 운용한다.

    ㉡ 현재 판매 중인 개인보험상품에 대해 본인의 생년월일 등 최소한의 정보를 직접 입력하여 보험료, 보장내용 및 해약환급금 등을 확인한다.

이해더하기

- **보험안내자료의 필수기재사항(보험업법 제95조 및 동법시행령 제42조 제1항, 제3항)**
  - 보험회사의 상호나 명칭 또는 보험설계사 · 보험대리점 또는 보험중개사의 성명 · 상호 및 명칭
  - 보험가입에 따른 권리 · 의무에 관한 주요사항
  - 보험약관에서 정하는 보장에 관한 사항 및 보험금 지급제한 조건에 관한 사항
  - 해약환급금에 관한 사항
  - 예금자보호법에 의한 예금자보호와 관련한 사항
  - 금리연동형 상품의 적용금리 및 보험금 변동에 관한 사항
  - 변액보험에서 원금손실이 발생할 수 있으며, 그 손실이 보험계약자에게 귀속된다는 사실, 최저로 보장되는 보험금이 설정되어 있는 경우 그 내용
  - 보험안내자료의 제작자 · 제작일, 보험안내자료에 대한 보험회사의 심사 또는 관리번호
  - 보험상담 및 분쟁의 해결에 관한 사항
  - 보험금 지급제한 조건의 예시
- **보험안내자료의 기재금지사항(보험업법시행령 제42조 제2항)**
  - 공정거래법에서 정한 불공정거래행위에 해당하는 사항
  - 보험계약의 내용과 다른 사항
  - 보험계약자에게 유리한 내용만을 골라 안내하거나 다른 보험회사 상품과 비교한 사항
  - 확정되지 아니한 사항이나 사실에 근거하지 아니한 사항을 기초로 다른 보험회사 상품에 비하여 유리하게 비교한 사항

---

(3) 상품 비교 · 공시

    ① 생명보험협회에서는 생명보험협회 인터넷공시실(http://pub.insure.or.kr)을 통해 각 보험사의 상품정보를 비교할 수 있도록 하고 있다. 판매상품 비교 · 공시에서는 각 회사별 상품명과 판매채널, 보장내용, 보험료 및 공시이율 등의 주요 정보를 공시하고 있다(대표 계약 기준).

핵심예제

다음 중 보험안내자료 작성 시 준수사항을 설명한 것으로 틀린 것은?

① 보험사업자 상호 및 연락처를 기재한다.

② 인가된 기초서류의 내용과 부합하게 작성하여야 한다.

③ 계약자의 이해도를 높이기 위해 가급적 쉬운 표현을 사용한다.

④ 복잡한 권리의무에 대한 사항은 가급적 수록하지 않는다.

해설   권리의무에 대한 사항은 빠짐없이 상세히 수록해야 한다.

    ※ 보험안내자료의 기재금지사항 : 위 이해더하기 참조   **답** ④

② 변액보험(퇴직연금 실적배당형보험 포함)의 경우 각 펀드별 매일의 기준가격 및 기간별 수익률, 운영보수, 투자일임보수, 수탁보수, 사무관리보수 등의 보수정보, 기준일자별 자산 구성내역 등을 알 수 있다. 모집종사자는 펀드수익률과 실제 납입보험료 대비 수익률이 다르다는 점을 고객에게 설명할 경우 사업비 등을 제외하고 해당 특별계정에 투입된 금액에 대한 수익률임을 분명히 설명하여야 한다.

③ 상품 비교ㆍ공시 내용

ㄱ 보장성 보험 : 종신보험, 정기보험, 질병보험, CI보험, 상해보험, 어린이보험, 단독실존의료보험, 노후실손의료보험

ㄴ 저축성 보험 : 연금저축보험, 연금보험, 유니버설보험, 교육보험, 기타 저축보험

ㄷ 실손의료보험 : 4세대 실손의료보험이 도입(2021년 7월)되어 현재 4세대 실손의료보험, 노후실손의료보험, 유병력자 실손의료보험의 세 가지 분류로 공시되고, 공시실에서는 실손보험료, 직전 3년 간 보험료 인상률 및 손해율을 전체 보험사 대상으로 비교하여 확인할 수 있다.

(4) 기타공시

보험회사를 선택하는데 필요한 정보를 확인할 수 있도록 각 보험회사의 불완전판매비율, 보험금 부지급률 민원건수, 보험금청구지급 관련 소송공시, 보험료 신용카드 납입가능현황, 보험료 신용카드 납 지수, 금융기관보험대리점 모집수수료율, 금융회사 민원건수, 금융소비자보호 실태평가, 위험직군 가입현황, 지배구조 등을 공시하고 있다.

(5) 온라인 보험슈퍼마켓 「보험다모아」

① 생명보험협회 및 손해보험협회가 공동으로 운영함으로써 온라인전용보험, 단독실손의료보험, 자동차보험, 여행자보험, 연금보험, 보장성ㆍ저축성보험 등을 비교ㆍ공시한다.

② 보험다모아에서는 보험소비자가 원하는 보험종목 중 보다 저렴한 상품을 손쉽게 비교하여 가입할 수 있도록 가입 경로를 안내한다.

핵심예제

다음 공시에 대한 설명으로 바르지 못한 것은?

① 보험다모아의 운영주체는 생명보험협회와 손해보험협회 공동이다.
② 생명보험협회는 각 회사별 전체 금융기관 보험대리점의 모집수수료율을 상품별ㆍ회사별ㆍ은행별로 각각 비교ㆍ공시하고 있다.
③ 생명보험협회에서는 분쟁처리결과 및 보험회사에의 경영실적 등을 공시하고 있다.
④ 금융기관 보험대리점은 해당 금융기관에 적용되는 모집수수료율을 점포의 창구 및 홈페이지에 공시해야 한다.

해설 생명보험협회가 아니라 금융감독원에서 공시하고 있는 내용이다.

답 ③

(6) 금융감독원에 의한 공시

① 금융감독원은 분쟁처리결과 및 보험회사에 대한 경영실태 평가 등을 포함한 보험회사의 경영실적 등을 공시한다.

② 보험회사의 재무현황, 보험계약관리, 보험계리사/손해사정사 보유현황, 금융사고현황 등 보험회사 전반에 대한 정보를 공시한다.

③ 보험소비자가 보험회사의 경영상태와 서비스 수준 등을 직접 비교 · 확인할 수 있도록 한다.

제 2 절 변액보험 공시

1 회사별 변액보험공시실

각 회사의 인터넷 홈페이지 상품공시실 내에 변액보험공시실을 구축하여 특별계정운용 현황, 보험계약관리내용, 변액보험 운용설명서 등을 확인할 수 있도록 하고 있으며, 계약자가 홈페이지 로그인을 통해 개인별 계약관리내용을 확인할 수 있다.

(1) **특별계정운용현황** : 기준가격, 누적수익률, 연환산수익률, 매월 말 자산구성내역, 특별계정 보수 및 비용

(2) **보험계약관리내용** : 계약사 개인별 적립금, 사망보험금, 적립비율, 펀드변경 등

(3) **변액보험 운용설명서** : 상품의 개요, 계약유의사항 등

핵심예제

보험회사 인터넷 홈페이지의 변액보험 공시실에 공시되는 항목이 아닌 것은?

① 변액보험운용설명서
② 다른 생명보험회사와의 수익률 비교사항
③ 자산의 변액보험 특별계정현황
④ 계약자의 계약관리 내용 조회

해설 보험상품의 비교공시는 생명보험협회에서 하고 있다.   **답** ②

2 변액보험 운용설명서

상품의 개요, 변액보험 운용흐름(도표), 특별계정 운용현황(펀드종류, 특별계정보수 및 비용, 자산운용옵션) 등의 내용으로 구성된다.

3 보험계약관리내용

일반보험은 사업연도 만료일 기준으로 1년 이상 유지된 계약에 대해 연 1회 보험계약관리내용을 계약자에게 문서로 통보하는데 변액보험의 경우 분기별 1회 이상 보험계약관리 내용을 통보해야 한다. 변액보험의 특별계정은 자본시장법상 투자신탁으로 보고 있으므로 자산운용보고서를 작성하여 해당 재산을 보관·관리하는 신탁업자의 확인을 받아 투자자(계약자)에게 분기별 1회 이상 교부해야 한다.

4 생명보험협회 변액보험 비교 · 공시운영현황

생명보험협회 인터넷 홈페이지 내 공시실/상품비교·공시에서는 매일의 변액보험 펀드별 기준가격 및 수익률, 자산구성내역, 특별계정 보수 및 비용, 운용회사 등을 비교 가능하다.

●COMMENT● 또한 저축성 변액보험의 경우 상품마다 기간별 사업비율과 위험보장비용, 최저보증비용 등을 공시하고 있으며 소비자가 특정 상품에 대해 원하는 이율을 선택 시 해당 상품의 펀드 예상 수익률 등을 비교해 볼 수도 있다.

5 저축성 변액보험의 수수료 안내표 제공

생명보험회사는 저축성 변액보험(변액유니버설보험(적립형), 변액연금보험 등) 등의 계약자가 부담하는 보수·비용을 명확히 알 수 있도록 가입자에게 보험계약체결과정에서 수수료 안내표를 제공하고 있다.

핵심예제

다음 중 옳은 설명은?

① 변액보험을 판매하기 위해서는 금융투자협회가 실시하는 변액보험판매관리사 시험에 합격하여야 한다.
② 변액보험판매자격시험에 합격한 자는 8시간 이상 판매 전 교육을 이수하고 매년 1회 8시간 이상의 보수교육을 이수하여야 한다.
③ 보험계약자로부터 얻은 내용은 보험계약 종료일로부터 2년 간 관리하여야 한다.
④ 보험계약자의 월소득은 보험계약목록에 포함시키지 말아야 한다.

해설 ① 생명보험협회가 실시하는 변액보험판매자격시험에 합격하여야 한다.
② 각각 4시간이다.
④ 보험계약자의 월소득은 보험계약목록에 포함시킬 수 있다.

目 ③

저축성 변액보험 가입 단계별 수수료 안내표 제공방법

① 보험가입 전	② 보험가입 후	③ 비교공시
(상품설명서)	(보험사 홈페이지)	(협회 홈페이지 공시실)
보험관계비용 내역을 담은 수수료 안내표 제공	로그인 후 개별계약 조회란에서 수수료 안내표 확인	상품비교공시 화면에서 '공제금액 구분공시'를 확인하거나, '상품요약서'를 통해 대표계약 수수료 안내표 확인

제 3 절 변액보험 판매 시 준수사항

변액보험은 보험금 및 해약환급금이 특별계정 운용실적에 따라 변동되고 경우에 따라서는 원금의 손실이 발생할 수도 있는 실적배당형 상품이기 때문에 완전판매를 통해 보험가입자의 피해방지와 건전한 보험모집질서 유지가 매우 중요하다.

1 변액보험판매관리사의 도입 및 육성

변액보험을 팔기 위해서는 생명보험협회가 실시하는 변액보험판매자격시험에 합격해야 하며, 시험에 합격한 후에는 변액보험 상품 및 특별계정 펀드에 대한 판매 전 교육을 4시간 이상 교육을 이수하여야 하며, 매년 보수교육을 1회 4시간 이상 이수하여야 한다.

핵심예제

적합성 진단에 관한 설명으로 틀린 것은?

① 면담 또는 질문을 통해 계약자의 연령, 월소득, 월소득 내 보험료 지출 비중 등을 파악한다.
② 집합투자증권의 가입여부가 반드시 포함되어야 한다.
③ 적합성 진단을 받지 않으면 본인이 원하는 보험계약을 체결할 수 없다.
④ 적합성 진단과 관련하여 확인받은 내용은 보험계약 체결 이후 종료일로부터 2년까지 유지·관리하여야 한다.

해설 적합성 진단 불원확인서를 받고 보험계약을 진행하면 된다.

답 ③

2 적합성 진단

(1) 정 의

보험회사 또는 모집종사자가 보험계약자의 변액보험계약 체결 전에 면담 또는 질문을 통해 보험계약자로부터 파악한 정보를 바탕으로 보험계약 성향 분석을 실시하고, 보험계약자에게 적합한 보험계약 목록을 제공하는 것을 말한다. 보험회사가 보험계약자로부터 파악하는 내용에는 「금융소비자보호에 관한 법률」 제17조 및 동 시행령 제11조에 따라 보험계약자의 연령, 재산상황, 보험계약 체결의 목적, 금융상품을 취득·처분한 경험, 금융상품에 대한 이해도 등이 반드시 포함되어야 한다.

(2) 대 상

① 보험계약자가 금융소비자 보호에 관한 법률에 따른 일반금융소비자인지 전문금융소비자인지 확인하여야 하고, 일반금융소비자인 경우 적합성 진단을 실시하여야 한다. 단, 전문금융소비자가 일반금융소비자와 같은 대우를 받겠다는 의사를 보험회사에 서면으로 통지하는 경우, 정당한 사유가 없으면 이에 동의하고 전문금융소비자를 일반금융소비자로 보아야 한다.

② 보험계약자가 일반금융소비자에 해당하는 법인인 경우, 법인을 대표하거나 대리할 수 있는 개인에 대해 적합성 진단을 실시할 수 있으며, 보험계약자가 미성년자이거나 정신적 장애로 일상이나 사회생활에서 제약을 받는 자인 경우, 친권자 등 법정대리인을 대상으로 적합성 진단을 실시할 수 있다.

③ 확인받은 정보를 고려하여 보험계약자가 취약금융소비자(65세 이상 고령자, 미성년자, 정신적 장애로 일상이나 사회생활에서 제약을 받는 자 등)로 판단되는 경우 별도의 기준에 따라 보험계약자를 부적합자로 판단할 수 있다. 다만, 65세 이상 고령자 중 변액보험 계약체결 경험이 있거나 금융투자상품에 가입(투자)한 경험이 있는 자는 취약금융소비자로 판단하지 않는다. 또, 미성년자 또는 정신적 장애로 일상이나 사회생활에서 제약을 받는 자 중 친권자 등 법정대리인 등에 대해 적합성 진단을 실시하고 해당 진단 결과에 따라 적합성 여부를 판정하기로 한 자도 취약금융소비자로 판단하지 않는다.

핵심예제

적합성 원칙 적용 시 보험계약 체결 절차 중 적합성 진단 의사 파악을 할 수 없는 경우 제출해야 하는 서류는?

① 보험계약 성향 분석
② 적합성 진단 불원 확인서
③ 가입설계서
④ 부적합 보험계약 체결 확인서

해설 적합성의 원칙에 따른 의무를 보험사가 부담하지 않아도 된다는 의사를 적합성 진단 불원 확인서에 보험계약자로부터 서명, 기명날인, 녹취 등으로 확인받아야 한다.

답 ②

---

(3) 적합성 진단 내용의 유지 · 관리

보험회사 및 모집종사자는 「금융소비자 보호에 관한 법률」 제28조 제1항 등 관계법규에 따라, 적합성 진단과 관련하여 보험계약자로부터 확인받은 내용을 10년(보장기간이 10년을 초과하는 경우는 보장기간) 동안 유지 · 관리하여야 한다.

3 적정성 진단

(1) 정 의

보험회사 또는 모집종사자가 보험계약자에게 변액보험계약 체결을 권유하지 않고 판매하는 경우에, 변액보험계약 체결 전에 해당 변액보험이 보험계약자에게 적정한지 판단하고 적정하지 않은 경우 보험계약자에게 안내하는 것을 말한다.

(2) 적정성 진단에 따른 보험계약 체결절차

① 보험회사 또는 모집종사자는 적정성 진단을 실시하는 경우, 보험계약 체결 전에 면담 또는 질문 등을 통하여 보험계약자 등의 정보를 파악하여야 한다.

② 보험회사 또는 모집종사자는 보험계약자 등의 정보를 고려하여 보험계약자가 체결하고자 하는 변액보험계약이 보험계약자에게 적정하지 않다고 판단되는 경우, 해당 사실을 적정성 판단 근거 및 상품설명서와 함께 서면, 우편 또는 전자우편, 전화 또는 팩스, 휴대전화 문자메세지 또는 이에 준하는 전자적 의사표시로 보험계약자에게 알리고 보험계약자로부터 서명(「전자서명법」 제2조 제2호에 따른 전자서명을 포함), 기명날인, 녹취 등의 방법으로 확인받아야 한다.

③ 보험회사 또는 모집종사자는 보험계약 성향분석을 실시한 결과, 일반금융소비자의 손실에 대한 감수능력이 적정한 수준이고 일반금융소비자가 선택하고자 하는 특별계정(펀드)의 위험등급과 비교하여 적정한 경우, 변액보험이 일반금융소비자에게 적정하다고 판단할 수 있다.

④ 보험회사 또는 모집종사자는 보험계약자가 적정성 진단결과에 따라 변액보험계약 체결에 적정한 경우, 후속 보험계약 체결단계를 진행할 수 있다.

핵심예제

변액보험 주요내용확인서와 판매 후 모니터링에 관한 내용으로 틀린 것은?

① 특별계정 운용에 따른 이익과 손실이 계약자에게 귀속된다는 내용
② 사망보험금과 해약환급금이 매일 변동된다는 내용
③ 납입한 보험료 중 수수료 등이 제외된 금액이 특별계정으로 투입된다는 내용
④ 변액보험 계약의 승낙 직후 변액보험 필수 안내사항에 대한 설명 여부를 확인

해설 변액보험 계약의 승낙 이전에 확인해야 하며, 변액보험 공시실이용에 대한 안내 등을 위하여 모니터링을 실시해야 한다.

답 ④

4 **변액보험 주요내용 확인서 교부 ★★**

변액보험판매관리사는 보험계약자가 변액보험계약을 청약한 경우 보험계약자에게 변액보험 주요내용확인서를 교부하고 변액보험의 원금손실 가능성 및 예금자보호법 미적용 등 중요내용을 설명해야 한다.

> **이해더하기**
>
> **변액보험 주요내용 확인서 내용**
> • 특별계정의 운용에 따른 이익과 손실이 계약자에게 귀속되며, 사망보험금과 해약환급금이 매일 변동된다는 내용
> • 납입한 보험료 중 각종 공제금액 및 수수료 등이 제외된 금액이 특별계정으로 투입되며, 해약환급금이 납입보험료에 이르기까지 장시간 소요된다는 내용
> (※ 평균공시이율을 기준으로 투자수익률을 가정하여 최초 원금도달기간 표시)
> • 원금손실
> • 상품설명서, 변액보험 운용설명서 등의 교부 및 설명 여부 확인
> • 변액유니버설보험의 월대체보험료 차감에 따른 해약환급금 감소 및 적립금 부족 시 계약해지 가능성 존재

5 **판매 후 모니터링**

보험회사는 변액보험 계약의 청약일로부터 15일 이내에 변액보험 필수 안내사항에 대한 설명 여부를 확인하고, 변액보험공시실 이용에 대한 안내 등을 위하여 완전판매 모니터링을 실시하여야 한다.

6 **변액보험 판매 시 필수 안내사항 ★★★**

(1) 운용실적에 따른 사망보험금 및 해약환급금의 변동

(2) 원금손실 가능성

(3) 예금자보호법의 적용 제외

핵심예제

변액보험 판매 시 필수 안내사항에 대한 내용으로 틀린 것은?
① 운용실적에 따른 사망보험금 및 해약환급금의 변동
② 특약의 예금자보호법 적용 제외
③ 원금손실 가능성
④ 펀드변경 절차 및 필요성

해설 변액보험은 실적배당형 상품으로 예금자보호법의 대상이 아니지만 특별계정 운용실적과 관계없는 특약은 예금자보호법의 보호를 받는다.

답 ②

(4) 특별계정 투입보험료

> **이해더하기**
>
> 펀드에서 차감되는 제반비용
> - 특별계정 운용수수료(적립금 비례) : 매일공제, 펀드별 차등
> - 최저사망보험금 보증비용(가입금액 또는 적립금 비례) : 매일(매월)공제, 펀드별 동일
> - 최저연금적립금 보증비용(적립금 비례) : 매일(매월)공제, 펀드별 동일
> - 위험보험료(기본보험료 비례) : 매월공제, 펀드와 무관
> - 납입 후 계약유지비용(기본보험료 또는 적립금 비례) : 완납 후 매월공제, 펀드와 무관

(5) 펀드의 종류, 펀드별 주식편입비율 등에 대한 설명

　① 채권형 : 안정성 추구(투자위험 최소화), 상대적으로 낮은 수익률

　② 단기채권형 : 리스크헤지용 펀드로 원금손실 가능성은 낮으나, 낮은 투자수익률로 인해 장기 투자 시 불리할 수 있음

　③ 혼합형 : 안정성/수익성 동시 추구(투자위험을 일부 수용해야 함)

　④ 인덱스혼합형 : 안정성/수익성 동시 추구, 주식부분은 KOSPI200 지수 성과 등을 추종하도록 운용(투자위험을 일부 수용해야 함)

　⑤ 성장형(주식형) : 수익성 최대 추구, 투자위험이 상대적으로 높음

(6) 변액보험 공시실 사용방법 등 설명

(7) 펀드 변경 절차 및 필요성

7 변액보험 판매 시 금지사항 ★★★

(1) 변액보험을 타 금융상품이나 일반보험상품으로 오인하게 하는 행위

(2) 장래의 운용성과에 대한 단정적 판단

핵심예제

다음 중 변액보험 판매 시의 금지사항으로 볼 수 없는 것은?
① 보험금, 해약환급금을 보증
② 과장된 설명
③ 손실발생 시 이를 보장
④ 변액보험 수수료에 대한 설명

해설 수수료에 대한 미설명을 금지한다.

답 ④

(3) 자사에게 유리하게 특정회사 또는 특정기간만을 비교하는 행위

(4) 보험금, 해약환급금을 보증하는 행위

(5) 특별이익의 제공

(6) 허위, 과장된 설명

(7) 손실에 대한 보상 약속

(8) 중요사항에 대한 불충분한 설명

(9) 부당한 계약전환을 유도하는 행위

이해더하기

불완전판매 주요 사례

- **해약환급금, 만기환급률 등에 대한 부실, 과장설명**
  - 보험계약을 조기에 해지할 경우 해약환급금이 납입보험료에 미치지 못할 수 있음을 부실하게 설명
  - 일정기간(예를 들어 7년)만 지나면 투자수익률이 악화될 경우에도 납입보험료 이상의 수익률 보장이 가능한 것으로 과장되게 설명
  - 최근 몇 년간 주가상승 실적자료를 활용하여 과거 높은 수익률이 미래에도 보장되는 것처럼 과장되게 설명
  - 안내자료 등에 기재된 해약환급금 예시가 투자수익률에 따라 변동될 수 있음을 미설명(투자수익률이 변동하지 않는다는 가정 하에서 산출되었음을 미설명)

- **계약자적립금 운용 등과 관련한 사실 왜곡**
  - 납입보험료에서 사업비 등을 제외한 금액이 특별계정으로 투입됨에도 납입보험료 전체가 특별계정으로 투입 · 운용되는 것처럼 설명
  - 계약자적립금에서 월대체보험료가 빠져나가는 상품에 대하여 일정기간(상품별 상이) 보험료 의무납입기간 경과 후 보험료 납입의무가 없다고만 설명하고, 장기 미납 시 적립금 부족으로 계약이 해지되거나 해지 환급금이 줄어들 수 있다는 사실을 미설명
  - 저축성 변액보험의 경우 10년 이상 보험계약이 유지될 경우 보험차익에 대해서는 비과세가 적용(일반 저축성보험과 동일)되나 이를 마치 10년 시점에 만기 일시금을 수령하는 보험으로 오인되게 판매
  - 입 · 출금 기능을 지나치게 강조하여 은행의 예 · 적금과 동일하다고 설명
  - 예금자보호법상의 예금자 보호를 받을 수 없다는 사실을 미설명

핵심예제

다음 사례 중 불완전판매에 해당하지 않는 것은?

① 해약환급금, 만기환급률 등에 대한 부실, 과장설명
② 계약자적립금 운용 등과 관련한 사실 왜곡
③ 변액보험 수수료에 대한 설명
④ 투자 기능만을 중점적으로 설명

해설 변액보험 수수료에 대해서는 설명을 반드시 해야 한다.　　　　　　　　　　**답** ③

- **변액보험 수수료에 대한 미설명**
  - 특별계정운용보수 · 수탁보수, 사망보험금 및 연금적립금의 최저 보증을 위한 수수료, 펀드변경 시 발생하는 수수료 등 변액보험 관련 수수료에 대해 미설명
  - 모든 변액보험이 종류와 관계없이 납입한 보험료 중 동일금액이 공제되고 나머지 전액이 특별계정으로 투입된다는 식의 특별계정 투입원금에 대한 잘못된 설명
- **투자기능만을 중점적으로 설명**
  - 변액보험은 보장과 투자기능이 결합된 보험상품으로 장기적 관점에서 판매되어야 함에도 단기 투자 상품으로 판매(보험계약 조기 해지 시 해지 공제 등으로 계약자에게 피해발생 소지)
  - 보장기능에 대해서는 충분한 설명 없이 투자기능만을 강조하여 위험 보험료 공제 등에 있어 민원을 유발

제 4 절 예금자보호제도

1 예금보호제도

(1) 예금 지급불능 방지

금융회사가 영업정지나 파산 등으로 고객의 예금을 지급하지 못하면 해당 예금자는 물론 전체 금융제도의 안정성도 큰 타격을 입게 되므로 이러한 사태를 방지하기 위하여 예금자보호법을 제정하였다.

(2) 보험의 원리

예금보험공사가 금융기관들로부터 미리 예금의 일정 비율에 해당하는 보험료를 납부받아 기금(예금자보험기금)을 적립해 두었다가 특정 금융기관이 예금 지급정지나 파산 등으로 고객에게 예금을 지급할 수 없게 된 경우에 금융기관을 대신하여 예금을 대신 지급한다.

핵심예제

예금자보호법에 의한 예금보험제도와 관련한 다음 설명 중 맞는 것은?
① 새마을금고 및 농 · 수협의 단위조합 예금은 예금자보호법에 의한 보호대상이다.
② 파산한 금융기관에 대출 등 채무가 있을 경우에도 예금 전액을 우선 보장한다.
③ 종금사 발행채권은 예금자보호법에 의한 보호대상이다.
④ 원금과 소정의 이자 등을 합산하여 최고 5천만원까지 예금보장을 받을 수 있다.

해설 ① 예금자보호법에 의한 대상은 아니나 자체 기금으로 보호해준다.
② 대출이 있을 경우 공제한다.
③ 채권은 예금자보호법 대상이 아니다.

답 ④

(3) 공적보험

법에 의해 운영되는 공적보험이므로 금융기관이 납부한 예금보험료만으로는 예금을 대신 지급할 재원이 부족할 경우 예금보험공사가 직접 채권(예금보험기금채권)을 발행하는 등의 방법으로 재원을 조성한다.

2 보호대상 금융기관 ★★★

(1) 예금보험 적용대상 금융기관(부보금융기관) : 은행, 보험회사(생명보험회사, 손해보험회사), 투자매매업자 및 투자중개업자, 종합금융회사, 상호저축은행

(2) 자체 조성 안전기금 보호 금융기관 : 새마을금고 및 농·수협의 단위조합, 신협 등(원리금을 합하여 최고 5천만원까지)

(3) 국가에 의한 보호 : 우체국(우체국 예금·보험에 관한 법률에 의하여 우체국 예금의 원리금과 우체국 보험계약에 의한 보험금 등의 지급을 국가가 책임)

3 보호대상 금융상품

예금보험 가입 금융기관이 취급하는 「예금자보호법」에 따른 예금은 예금보험 대상상품이다. 그러나 은행의 양도성예금증서(CD), 환매조건부채권(RP) 및 외화예금 등 원리금이 보전되지 않는 실적배당형 상품인 투자신탁 상품은 예금자보호대상에서 제외된다.

핵심예제

다음 중 예금자보호법에 의한 보호대상인 것은?

① 은행의 표지어음
② 새마을금고 정기예탁금
③ 정부 및 지자체의 예금
④ 중소도시 신협의 예금

해설 예금보험공사가 보호하는 금융기관을 부보금융기관 또는 예금보험적용대상이라 하는데 농·수협의 지역조합은 예금보험 가입 금융기관이 아니며, 각 중앙회(농·수협중앙회)가 자체적으로 상호금융 예금자보호기금을 설치·운영하여 예금자를 보호하고 있다.

답 ①

예금자보호법에 의한 금융상품 구분

구 분	보호금융상품	비보호금융상품
은 행	• 보통예금, 기업자유예금, 별단예금, 당좌예금 등 요구불예금 • 정기예금, 주택청약예금, 표지어음 등 저축성예금 • 정기적금, 주택청약부금, 상호부금 등 적립식예금 • 예금보호대상 금융상품으로 운용되는 확정기여형 퇴직연금제도 및 개인형퇴직연금제도의 적립금 • 원금이 보전되는 금전신탁 등 • 개인종합자산관리계좌(ISA)에 편입된 금융상품 중 예금보호대상으로 운용되는 금융상품 • 외화예금	• 양도성예금증서(CD), 환매조건부채권(RP) • 간접투자상품(수익증권, 뮤추얼펀드, MMF 등) • 특정금전신탁 등 실적배당형신탁 • 은행발행채권 • 주택청약종합저축 등
투자매매업자 · 투자중개업자 · 증권금융회사	• 증권의 매수 등에 사용되지 않고 고객계좌에 현금으로 남아 있는 금액 • 자기신용대주담보금, 신용거래계좌설정보증금, 신용공여담보금 등의 현금잔액 • 예금보호대상 금융상품으로 운용되는 확정기여형(DC) 퇴직연금제도 및 개인형퇴직연금제도(IRP)의 적립금 • 개인종합자산관리계좌(ISA)에 편입된 금융상품 중 예금보호대상으로 운용되는 금융상품 • 원본이 보전되는 금전신탁 등 • 증권금융회사가 「자본시장과 금융투자업에 관한 법률」 제330조 제1항에 따라 예탁 받은 금전	• 금융투자상품(수익증권, 뮤추얼펀드, MMF 등) • 청약자예수금, 제세금예수금, 유통금융대주담보금 • 증권사 발행채권 • RP • 금현물거래예탁금 등 • 확정급여형(DB) 퇴직연금제도의 적립금 • 랩어카운트, ELS, ELW, CMA • 「자본시장과 금융투자업에 관한 법률」 제117조의 8에 따라 증권금융회사에 예탁되어 있는 금전 • 「자본시장과 금융투자업에 관한 법률」 제137조 제1항 제3호의 2에 따라 증권금융회사에 예탁되어 있는 금전
보험회사	• 개인이 가입한 보험계약 • 퇴직보험 • 원금이 보전되는 금전신탁 등 • 변액보험계약 특약 • 변액보험계약 최저사망보험금·최저연금적립금·최저중도인출금·최저종신중도인출금 등 최저보증 • 예금보호대상 금융상품으로 운용되는 확정기여형 퇴직연금제도 및 개인형퇴직연금제도의 적립금 • 개인종합자산관리계좌(ISA)에 편입된 금융상품 중 예금보호대상으로 운용되는 금융상품	• 보험계약자 및 보험료납부자가 법인인 보험계약 • 보증보험계약, 재보험계약 • 변액보험계약(주계약) 등 • 확정급여형(DB) 퇴직연금제도의 적립금
종합금융회사	발행어음, 표지어음, 어음관리계좌(CMA)	• 수익증권, 뮤추얼펀드, MMF 등 • 환매조건부채권(RP), 양도성예금증서(CD), 기업어음(CP), 종금사 발행채권
상호저축은행 및 상호저축은행 중앙회	• 보통예금, 저축예금, 정기예금, 정기적금, 신용부금, 표지어음 • 상호저축은행중앙회 발행 자기앞수표 등	• 저축은행 발행채권 등 • 확정급여형(DB) 퇴직연금제도의 적립금

핵심예제

다음 중 금융기관별 예금자보호법에 의한 보호대상상품으로 맞는 것은?

① 은행 – 외화예금, 양도성예금증서
② 증권회사 – 청약예수금, 수익증권
③ 보험회사 – 보증보험계약, 재보험계약
④ 종합금융회사 – 발행어음, 표지어음

해설 종합금융회사의 발행어음, 표지어음, CMA 등은 예금자 보호금융상품에 해당한다. **답** ④

4 보험금이 지급되는 경우

(1) 예금이 지급정지된 경우(1종 보험사고)

금융기관의 재무상황 악화 등으로 금융감독당국이 예금의 지급정지명령을 내린 경우에 경영정상화 가능성을 판단하여 정상화가 불가능하다고 판단될 경우 매각을 추진한다.

① **파산할 경우** : 매각 등의 절차도 실패하여 파산이 불가피해지면 예금보험공사가 보험금을 지급한다.

② **계약이전 될 경우** : 계약이전 대상에서 제외된 예금에 대해서는 예금보험공사가 1인당 5천만원(원금 + 소정이자)을 한도로 보험금을 지급하게 된다.

> **COMMENT** 계약이전이란 금융감독당국의 명령 또는 당사자 간의 합의에 따라 부실금융기관의 자산과 부채를 다른 금융기관으로 이전하는 것을 말한다.

(2) 인·허가 취소·해산·파산의 경우(2종 보험사고)

금융기관의 인·허가 취소, 해산, 파산의 경우 예금자의 청구에 의하여 예금보험공사가 보험금(예금 대지급)을 지급한다.

이해더하기

보험금, 가지급금, 개산지급금의 정의
- 보험금 : 예금보험에 가입한 금융회사가 예금의 지급정지, 영업 인·허가의 취소, 해산 또는 파산 등 보험사고로 인하여 고객의 예금을 지급할 수 없는 경우 예금보험공사가 해당 금융회사를 대신하여 지급하는 금전
- 가지급금 : 보험사고 발생 금융기관 예금자의 장기간 금융거래중단에 따른 경제적 불편을 최소화하기 위해 보험금 지급 이전에 보험금 지급한도 내에서 예금보험위원회가 정하는 금액(원금 기준)을 예금자의 신청에 의해 미리 지급하는 금전
- 개산지급금 : 장기간에 걸친 파산절차로 인한 예금자의 불편을 해소하기 위해 예금자가 향후 파산배당으로 받게 될 예상배당률을 고려하여 예금자의 보호한도 초과 예금 등 채권을 예금자의 청구에 의하여 공사가 매입하고, 그 매입의 대가로 예금자에게 지급하는 금전

핵심예제

다음 중 2종 보험사고가 아닌 것은?

① 인가취소
② 예금 지급정지
③ 해 산
④ 파 산

해설 예금이 지급정지된 경우는 1종 보험사고에 해당한다.

답 ②

5 예금자보호한도

(1) 원금과 소정의 이자를 합하여 예금자 1인 당 최고 5천만원까지 보호된다.

(2) 예금보호대상 금융상품으로 운용되는 확정기여형퇴직연금제도 또는 개인형퇴직연금제도의 적립금을 합한 금액은 다른 예금과 별도로 1인 당 최고 5천만원까지 별도로 보호받을 수 있다.

> ●COMMENT● 2016년 6월 23일부터는 변액보험 약관에 최저보증 약정이 있는 경우, 최저보증 보험금도 예금자보호 한도에 포함 · 보호되고 있다. 또한 2023년 10월부터 연금저축(신탁, 보험), 사고보험금, 중소기업퇴직연금기금에 대해서도 다른 예금과 별도로 각각 5천만원의 예금보호한도를 적용하여 보호한다.

(3) 소정의 이자란 금융회사의 약정이자와 시중은행 등의 1년 만기 정기예금 평균금리를 감안하여 예금보험공사가 결정하는 이자 중 적은금액을 말한다.

(4) 1인 당 보호한도는 개별 금융회사별로 적용되므로 본점과 지점 예금 등을 합산하여 산정하며 1인에는 법인도 대상에 포함된다.

(5) 보호한도를 초과하는 예금은 예금채권자로서 파산절차 참여를 통해 일부 금액을 배당받을 수 있다.

6 예금자보호법이 적용되지 않는 금융기관의 예금자보호

새마을금고, 농 · 수협단위조합, 신협 등은 예금자보호대상이 아니지만, 해당기관에서 자체적으로 기금을 만들어 1인 당 5천만원까지 보호를 해준다.

이해더하기

변액보험상품의 보호 방법
변액보험과 같은 실적배당형의 투자상품은 예금자보호법에 의해 보호되지 않는 대신 투자상품 관련 법률에 의해 투자자보호제도가 마련되어 있다. 투자상품을 취급하는 금융기관들은 고객이 맡긴 돈으로 사들인 재산을 자기재산과는 별도로 보관하고 이를 자신의 부채상환 등에 사용할 수 없도록 되어 있기 때문에 해당 금융기관이 파산하여도 고객은 자기의 투자재산을 처분할 수 있다.

핵심예제

김시대 씨는 다음과 같은 금융상품에 가입되어 있다. 금융회사가 파산할 경우 김시대 씨가 예금자보호법에 의해 받을 수 있는 금액은 얼마인가?

- 은행 CD : 4천만원
- 종합금융회사 CMA : 2천만원
- 뮤추얼펀드 : 1천만원

① 1천만원　　　　　　　　　　　② 2천만원
③ 5천만원　　　　　　　　　　　④ 7천만원

해설 은행 CD, 뮤추얼펀드는 보호상품에 포함되지 않으며, 종합금융회사의 CMA는 5천만원까지 보호된다.　　**탭** ②

O·X | 100문답

제 1 장 금융시장의 이해

01   경제주체들이 필요한 자금을 조달 및 운용하는 곳을 금융시장이라고 한다.

02   거래비용 증대는 금융기관의 대표적인 기능이다.

03   단기금융시장과 장기금융시장을 구분 짓는 기간은 1년이다.

04   금융기관 간에 비교적 초단기의 기간 동안 일시적인 자금을 대여·차입하여 자금을 확보하는 거래는 콜시장에서 이뤄진다.

05   당사자 간 미리 정한 가격으로 장래의 특정일이나 일정기간 내에 특정대상을 사거나 팔 수 있는 권리를 갖고, 의무는 갖지 않는 파생금융상품을 선물이라 한다.

06   명목금리와 실질금리 중 소비자물가지수, 즉 물가상승률을 계산한 금리는 실질금리이다.

똑똑한 해설

02   금융기관은 거래비용을 감소시킨다.
05   옵션에 관한 설명이다.

정답확인

01 O   02 ×   03 O   04 O   05 ×   06 O

07 자금의 최종적 수요자가 채무증서나 채권을 발행하였다면 직접증권에 속한다.

08 통화·금리 등의 대상에 대해 거래조건을 맞바꾸는 것을 스왑이라 한다.

09 은행은 간접금융기관이다.

10 명의의 소유와 관련 없이 자기의 계산으로 금융투자상품에 대하여 매도·매수, 증권의 발행·인수 혹은 청약의 권유, 청약, 청약의 승낙을 영업으로 하는 업무는 투자매매업이다.

11 자본시장법은 포괄주의형식을 취하고 있다.

12 수시 입출식 상품에 있어 수익성을 고려하면 MMDA가 CMA보다 우수하지만, 안전성을 고려하면 CMA가 MMDA보다 우수하다.

13 환매수수료가 없으며 은행의 보통예금처럼 자유로운 입·출금이 가능하고, 대표적인 단기실적배당 상품인 것은 MMF이다.

14 투자자로부터 투자판단에 대하여 일부 혹은 전부를 일임받아 투자자에 따른 금융투자상품을 취득하거나 처분·기타의 방법으로 운용하는 업무는 투자자문업이다.

15 투자신탁의 설립형태는 법인형태이고, 투자회사의 설립형태는 신탁형태이다.

똑똑한 해설

12 수시 입출식 상품에 있어 수익성을 고려하면 CMA가 MMDA보다 우수하다. 그러나 안전성을 고려하면 MMDA가 CMA보다 우수하므로 이를 구분할 줄 알아야 한다.

14 투자자문업은 투자자에게 정보를 제공하거나 투자자로부터 포트폴리오 운용을 일임 받아 행하는 업무를 말하며, 투자자로부터 투자판단에 대하여 일부 혹은 전부를 일임 받아 투자자에 따른 금융투자상품을 취득하거나 처분·기타의 방법으로 운용하는 업무는 투자 일임업이다.

15 투자신탁의 설립형태는 신탁형태이고, 투자회사의 설립형태는 법인형태이다.

정답확인

07	08	09	10	11	12	13	14	15
O	O	O	O	O	×	O	×	×

16 금융상품은 원본손실가능성에 따라 금융투자상품과 비금융투자상품으로 구분된다.

17 우선주 중 일정비율로 우선배당을 받되, 남은 부분에 대해서는 보통주의 권한으로 배당에 참가할 수 있는 주식은 참가적 우선주이다.

18 주주의 성명이 주권과 주주명부에 나타나지 않는 주식은 무의결권주이다.

19 보통주 → 우선주, 우선주 → 보통주로 전환 가능한 권리를 갖는 주식을 상환주식이라 한다.

20 주식을 추가적으로 발행함으로써 자금조달의 목적을 달성하고자 하는 형태를 감자라 한다.

21 유가증권시장의 매매거래단위는 5단계이며, 코스닥시장의 매매거래 단위는 7단계이다.

22 시장에서 형성되는 가격으로 매매를 하는 주문방법을 시장가주문이라 한다.

23 매매계약의 체결 원칙은 가격우선 → 시간우선 → 위탁매매우선 → 대량우선이다.

18 무의결권주는 주식을 통해 의결권 행사가 가능한지 여부에 따라 구분된다. 주주의 성명이 주권과 주주명부에 나타나지 않는 주식은 무기명주이다.

19 주식을 변경할 수 있는 권리를 갖는 전환주식에 관한 설명이다.

20 주식을 추가적으로 발행할 때는 감자가 아닌 증자에 속한다.

21 유가증권시장의 매매거래단위가 7단계이며, 코스닥시장의 매매거래단위는 5단계이다.

정답확인

16 ○　17 ○　18 ×　19 ×　20 ×　21 ×　22 ○　23 ○

24 종합주가지수가 전일보다 10% 이상 하락한 상태가 5분 이상 지속 시 모든 주식의 매매거래가 10분간 정지되는 제도를 서킷브레이커(Circuit Breakers)라 한다.

25 불공정거래 방지제도 중 회사내부자가 자신의 지위를 이용하여 회사의 미공개정보를 이용하여 증권을 거래하는 행위를 금지하는 것을 미공개정보이용행위금지라고 한다.

26 유가증권시장에 상장된 주식 중 200종목을 선정하여 산출된 지표를 KOSPI200이라 한다.

27 주가를 주당순이익으로 나눈 것을 EPS라 한다.

28 BSI가 50보다 크면 주가가 오를 것이라 예상할 수 있다.

29 금융기관이 발행하는 채권은 특수채에 속한다.

30 채권은 만기 시 원금상환 의무가 존재하지 않으나, 주식은 원금상환 의무가 존재한다.

31 표면수익률은 1년 간 총 지급이자를 할인가액으로 나눈 것이다.

똑똑한 해설

24 매매거래중단제도(Circuit Breakers)란 한국종합주가지수(KOSPI)가 직전거래일의 종가보다 8%, 15%, 20% 이상 하락한 상태가 1분 간 지속되는 경우 주식시장의 모든 종목의 매매거래를 중단하는 제도이다.

27 EPS는 주당순이익을 의미하며, 당기순이익을 총 주식수로 나눈 값이다. 주가를 주당순이익으로 나눈 것은 PER이다.

28 BSI의 기준은 100이며, 100보다 크면 주가가 오를 것이라 예상할 수 있다.

30 채권은 채무관계를 나타내는 증서이기 때문에 만기 시 원금상환 의무가 존재하나, 주식은 원금상환 의무가 존재하지 않는다.

31 1년 간 총 지급이자를 할인가액이 아닌 액면가액으로 나눈 것이다.

정답확인

24	×	25	○	26	○	27	×	28	×	29	○	30	×	31	×

32 채권수익률의 결정에 있어 잔존만기가 길어지면 수익률이 높아진다.

33 MBS는 대출채권담보부증권을 의미하며, CBO는 주택저당담보부증권을 의미한다.

34 개인소득세는 그 분류 상 포괄주의과세형태를 취하며 이자소득, 배당소득, 사업소득 등이 있다.

35 과세표준이 1억원 이하일 경우 상속세는 과세표준의 5%, 증여세는 과세표준의 5%이다.

36 개인별 연간 금융소득이 2,000만원을 초과하면 종합과세한다.

37 노후생활자금 마련을 목적으로 금융상품을 선택할 경우에는 건강과 관련된 암보험상품을 주로 살펴봐야 한다.

38 확정금리는 실적금리에 비해 운용에 따른 투자자의 책임이 큰 편이다.

39 뮤추얼펀드는 대표적인 변동금리상품에 속한다고 볼 수 있다.

똑똑한 해설

33 MBS는 주택저당담보부증권을 의미하며, CBO는 채권담보부증권을 의미한다.

34 개인소득세는 포괄주의가 아닌 열거주의형태이다.

35 과세표준에 따른 상속세와 증여세의 비율은 동일하며, 과세표준이 1억원 이하일 경우 상속세는 과세표준의 10%, 증여세는 과세표준의 10%이다.

37 노후생활자금 마련을 목적으로 금융상품을 선택할 경우에는 역모기지론 상품 등이 적합할 수 있다.

38 확정금리는 금리가 확정되기 때문에 투자자의 입장에서는 책임이 작은 편이다.

정답확인

| 32 | O | 33 | × | 34 | × | 35 | × | 36 | O | 37 | × | 38 | × | 39 | O |

40 신탁업은 은행의 겸영업무에 속한다고 볼 수 있다.

41 어떤 사건이 발생할 경우 적은 횟수로는 그 예측이 어렵지만 횟수를 점차 늘려가면 일정한 형태파악 및 예측이 가능하다는 것을 말하는 것을 수지상등의 원칙이라 한다.

42 생명표란 연령대를 기준에 따라 구분하여 1년에 사망자 수가 얼마나 되는지, 혹은 생존자 수가 얼마나 되는지를 측정하여 계산한 표를 말한다.

43 예정사망률이 낮아지면 생존보험의 보험료는 올라가며, 사망보험의 보험료는 내려간다.

44 생명보험계약은 계약의 특성상 그 기간이 비교적 장기적이라 할 수 있다.

45 청약철회제도에 따르면 보험계약자는 계약을 철회할 수 있는데, 보험계약을 청약한 날을 기준으로 60일 이내에 철회가 가능하다.

46 보험회사는 계약 전 피보험자에게 알려야 할 사항을 알리지 못했을 경우 계약을 해지할 수 있는데, 계약체결일로부터 3년이 지났을 때는 예외사항에 해당한다.

47 현금흐름방식에 의한 보험료 산출은 3이원 방식 외에 계약유지율 등 다양한 요소를 반영한다.

똑똑한 해설

41 수지상등의 원칙은 보험계약에 있어 예상되는 순보험료 현재가치의 총익이 예상되는 지출보험금 현가의 총액과 같게 되는 것을 말한다. 문제의 설명은 대수의 법칙에 관한 것이다.

45 보험계약자는 보험증권을 받은 날로부터 15일 이내(청약일로부터 30일 이내)에 청약철회가 가능하다.

정답확인

40 O 41 × 42 O 43 O 44 O 45 × 46 O 47 O

48 보험계약이 해지되었으나 해약환급금이 지급되지 않은 경우에는 해지된 날로부터 2년 이내에 회사가 정한 절차에 따라 연체된 보험료 등을 납입하면 그 계약을 부활한다.

49 일반 보장성 보험은 최대 연 100만원까지 납입액의 12%를 세액(지방소득세 별도)으로 공제해 준다.

50 장애인 전용 보장성 보험은 최대 100만원까지 납입액의 15%를 세액(지방소득세 별도)으로 공제해 준다.

51 비과세종합저축보험은 만 60세 이상자 또는 장애인을 가입대상으로 하여 1인당 3천만원 이하까지 납입이 가능하며, 발생한 이자소득에 대해 세금 전액이 면제된다.

52 생명보험계약에 분쟁이 있을 경우에는 생명보험협회의 금융분쟁조정위원회에 조정 신청이 가능하다.

53 보험수익자가 타인으로부터 증여받은 재산으로 보험료를 납입하는 경우 증여재산으로 보는 보험금은

「보험금상담액 $\times$ $\dfrac{\text{보험수익자이외의 자가납입한 보험료액}}{\text{납입한 보험료 총액}}$」에 해당한다.

48 보험혜택을 계속 받기를 원하는 보험가입자들의 권익 제고를 위해 보험료 납입연체로 실효된 계약에 대한 부활청약 기간을 기존 2년에서 3년으로 연장하였다.

51 비과세종합저축보험은 만 65세 이상자 또는 장애인을 가입대상으로 하여 1인당 5천만원 이하까지 납입이 가능하며, 발생한 이자소득에 대해 세금 전액이 면제된다.

52 생명보험계약에 분쟁이 있을 경우에는 금융감독원의 금융분쟁조정위원회에 조정 신청이 가능하다.

53 보험수익자가 타인으로부터 증여받은 재산으로 보험료를 납입하는 경우 증여재산으로 보는 보험금은

「보험금상담액 $\times$ $\dfrac{\text{보험수익자이외의 자가납입한 보험료액}}{\text{납입한 보험료 총액}}$ $-$ 타인재산 수증분으로 납입한 보험료」에 해당한다.

정답확인

48 × 49 ○ 50 ○ 51 × 52 × 53 ×

54　변액보험이 먼저 판매된 나라는 영국이다.

55　미국의 변액보험 도입에는 저물가 · 저금리상황이 맞물려있다.

56　보험가입금액의 감액은 변액종신보험의 계약내용변경 사유에 포함된다.

57　우리나라에는 변액연금이 변액종신보험보다 먼저 도입되었다.

58　변액보험은 자기책임의 원칙이 적용된다.

59　일반계정은 위험부담의 대상이 보험회사이지만 특별계정은 계약자이다.

60　변액보험 펀드 중 채권형 펀드는 안정성을 추구하고 주식형 펀드는 수익성을 추구한다.

61　특약은 기본이 되는 중심적인 보장내용 부분이다.

62　변액연금은 대표적인 책임준비금 비례방법상품이다.

똑똑한 해설

54　네덜란드이다.

55　1970년대 오일파동으로 인해 야기된 고물가 · 고금리상황은 정액보장상품보다 변액보험의 가치를 상승시켰다.

57　우리나라에는 변액종신보험(2001년)이 변액연금(2002년)보다 먼저 도입되었다.

61　특약이 아니라 주계약에 대한 설명이고 특약은 특별보험약관의 준말이다.

62　변액연금은 대표적인 가산지급방법상품에 속하며, 책임준비금비례방법상품은 국내 적용이 극히 낮은 수준이다.

정답확인

54　×　55　×　56　○　57　×　58　○　59　○　60　○　61　×　62　×

63 변액종신보험 중 GMDB는 최저사망보증금 보증을 말하며, 실적이 악화되면 기본사망보험금의 지급을 보증한다.

64 일반계정이 아닌 특별계정의 경우, 보험회사는 특별계정을 폐지하더라도 계약자에게 관련 사항을 서면으로 통지할 필요가 없다.

65 변액보험 특별계정의 초기투자자금은 자산규모가 작은 편이다.

66 보험계약자가 계약의 부활을 청약할 수 있는 기간은 계약이 해지된 날로부터 1년 이내이다.

67 특약보험료는 월대체보험료에 포함되나 위험보험료는 월대체보험료에 포함되지 않는다.

68 변액종신보험의 사망보험금 기준은 기본보험금이다.

69 변액종신보험은 계약이 유지될 경우 최저보증 사망보험금이상의 사망보험금이 지급된다.

70 변액종신보험의 운용은 특별계정이나 일반종신보험의 자산운용은 일반계정이다.

똑똑한 **해설**

64 특별계정을 폐지할 경우 보험회사는 계약자에게 계약관련 사항을 서면으로 통지할 필요가 있다.

66 보험계약자가 계약의 부활을 청약할 수 있는 기간은 계약이 해지된 날로부터 3년 이내이다.

67 특약보험료가 월대체보험료에 포함되지 않으며 위험보험료는 월대체보험료에 포함된다.

68 변액종신보험의 사망보험금 기준은 **기본보험금 + 변동보험금**으로 나타난다.

정답확인

63 ○   64 ×   65 ○   66 ×   67 ×   68 ×   69 ○   70 ○

71 우리나라 변동보험금 계산주기는 월 1회로 한다.

72 변액종신보험은 인플레이션을 일정부분 헤지할 수 있는 기능을 갖추고 있다.

73 변액종신보험은 해약환급금을 최저보증한다.

74 변액종신보험 가입 시 고객의 투자성향에 따라 자산운용 형태를 직접 선택할 수 있으나 보험기간 중 펀드변경은 불가능하다.

75 변액종신보험의 최저보장보험금에 대해서도 예금자보호법의 적용대상에서 제외된다.

76 변액종신보험의 변동보험금은 매월 계약해당일마다 일시납보험 추가가입방법으로 계산되며, 다음달 계약해당일까지 1개월 간 확정·적용한다.

77 사망을 보험금 지급사유로 하는 상품은 고도장해를 보장대상에서 제외한 상품과 고도장해가 발생할 경우 장해보험금을 지급하고 사망 시 사망보험금을 추가로 지급하는 상품으로 구분되어 판매된다.

78 국내에서 판매되는 변액연금은 최저사망보험금(GMDB) 보증과 최저연금적립금(GMAB) 보증을 적용한다.

79 2016년 4월부터 변액연금의 최저연금적립금(GMAB) 보증비용 부담여부를 계약자가 선택할 수 있다.

80 특별계정으로 투입되는 보험료는 「순보험료와 보험료 납입기간 동안 사용하는 납입 중 계약유지비용을 합한 금액」이다.

똑똑한 해설

73 변액종신보험은 펀드의 운용실적이 악화되더라도 계약체결시 정한 기본사망보험금은 최저보증하나 해약환급금은 최저보증하지 않는다. 이 경우 원금의 손실이 발생할 수도 있다.

74 보험 기간 중 연간 4회 내지 12회 정도 펀드변경이 가능하다.

75 변액보험은 예금자보호법의 적용대상에서 제외되지만 2016년 6월부터 최저보증 옵션에 따른 최저보장보험금에 한해서는 예금자보호법에 따라 1인 당 최고 5천만원까지 예금보험공사가 보호하는 것으로 변경되었다.

80 특별계정으로 투입되는 보험료는 「순보험료와 미래에 사용해야 할 유지비인 납입 후 계약유지비용을 합한 금액」이다.

정답확인

71 ○   72 ○   73 ×   74 ×   75 ×   76 ○   77 ○   78 ○   79 ○   80 ×

81 특별계정은 주로 주식에 60% 이상 투자하는 주식형 펀드, 주로 채권에 60% 이상 투자하는 채권형 펀드, 주로 채권, 단기자금, 주식 등에 60% 미만 투자하는 혼합형 펀드로 구분한다.

82 변액보험은 유가증권 시장의 단기 실적호전에 따른 시세차익을 주목적으로 주로 3년 내외 중·단기운용하는 상품이다.

83 특별계정 자산의 평가방법은 취득원가(장부가)를 적용하는 것이 기본원칙이다.

84 특별계정 최초 설정 시 기준가격은 1,000좌 당 1,000.00이다.

85 해당일의 기준가격은 전일말 특별계정의 전체 순자산을 특별계정 전체의 좌수합계로 나누어 산출한다.

86 변액보험을 판매하는 회사는 변액보험 운용설명서, 변액보험 특별계정 운용현황, 계약관리내용 조회의 3가지를 회사 인터넷 홈페이지 "상품공시실" 내에 있는 "변액보험공시실"에 공시하여야 한다.

87 계약자가 납입한 제1회 보험료는 즉시 특별계정으로 투입한다.

88 제2회 이후 보험료를 계약해당일 이후에 납입한 경우 계약 해당일을 이체사유가 발생한 날로 한다.

89 변액보험의 청약철회는 보험증권을 받은 날부터 30일 이내에 가능하다.

90 변액보험의 보험료 납입최고기간은 계약자가 제2회 이후의 기본보험료를 납입기일까지 납입하지 아니하여 보험료 납입이 연체 중인 경우에 회사는 14일 이상의 기간을 납입최고기간으로 한다.

똑똑한 해설

82 다른 실적배당상품에 대한 설명이다. 변액보험은 장기저축 및 인플레이션에 따른 보험금의 실질가치 하락방지를 주목적으로 10년 이상 장기운용하는 상품이다.

83 시가평가를 적용하는 것이 기본원칙이나, 객관적인 시가가 형성되지 않은 경우에는 취득원가(장부가)에 해당일의 수입이자를 더한 금액을 평가금액으로 한다.

87 청약을 한 날부터 30일 이내에 승낙된 경우에는 청약을 한 날부터 30일이 지난 날의 다음날, 청약을 한 날부터 30일이 지난 후 승낙된 경우에는 승낙일에 특별계정으로 이체한다.

88 제2회 이후 보험료를 「계약해당일 – 제2영업일」 이전에 납입한 경우에 해당하는 설명이다. 제2회 이후 보험료를 계약해당일 이후에 납입한 경우에는 「납입일 + 제2영업일」을 이체사유가 발생한 날로 한다.

89 변액보험의 청약철회는 보험증권을 받은 날부터 15일 이내에 가능하나, 청약을 한 날부터 30일을 초과하거나 진단계약 또는 전문보험계약자가 체결한 계약은 청약을 철회할 수 없다.

정답확인

81 O 82 × 83 × 84 O 85 O 86 O 87 × 88 × 89 × 90 O

91 정기공시는 결산공시와 분기공시로 나뉘며, 결산공시는 사업연도 말 결산일로부터 3개월 이내에 정기공시 항목의 내용을 인터넷 홈페이지 경영공시실에 3년 간 공시해야 한다.

92 변액보험계약의 경우 변액보험 운용설명서를 공시하지 않아도 된다.

93 생명보험상품 비교공시기관은 생명보험협회이다.

94 변액보험 특별계정의 경우 자산운용보고서 교부기간은 1개월 중 1회 이상이다.

95 자본적정성, 자산건전성 등은 경영지표에 속한다.

96 회사의 재무상황, 민원발생현황은 금융감독원 공시내용에 포함되지 않는다.

97 보험회사는 변액보험 청약일로부터 15일 이내에 변액보험에 대한 필수안내사항을 설명하였는지 여부를 확인하여야 한다.

98 금융감독 당국이 예금 지급정지명령을 내린 경우에는 예금 지급이 불가능하다.

99 새마을금고는 예금자보호법에 의한 보호대상이다.

100 종합금융회사의 CMA는 예금보호상품이다.

똑똑한 해설

92 변액보험계약은 변액보험 운용설명서를 공시해야 한다.

94 변액보험 특별계정의 자산운용보고서 교부기간은 분기별 1회 이상이다.

96 회사의 재무상황, 민원발생현황은 금융감독원 공시내용에 포함되는 내용이다.

99 새마을금고는 예금자보호법에 의한 보호대상에 속하지 않지만 자체 기금으로 보호된다.

정답확인

91 O 92 × 93 O 94 × 95 O 96 × 97 O 98 O 99 × 100 O

문제편

도로주행

교육이란 사람이 학교에서 배운 것을
잊어버린 후에 남은 것을 말한다.

– 알버트 아인슈타인 –

회사명	지점명	수험번호	성 명	시험지 유형	점 수

※ 본 모의고사 문제는 기출 복원 자료를 바탕으로 제작되었습니다.

※ 다음 문제에서 맞는 것은 ○표, 틀린 것은 ×표를 하시오(1~4).

01 현재 우리나라의 거래소에서 발표되는 모든 주가지수는 시가총액방식이며, 1980년 1월 4일을 기준시점으로 하는 시가총액 방식의 주가지수를 산출하여 발표하고 있다.

○ / ×

02 채권의 잔존만기가 길수록 유통수익률 변동에 따른 채권가격 변동률은 높아진다.

○ / ×

03 변액보험의 연환산수익률은 투자실적이 악화될 경우 (-) 수익률이 가능하다.

○ / ×

04 변액연금보험은 연금개시 전 보험기간 중 기본보험료의 2배(보장성은 1배) 이내에서 추가납입보험료를 납입할 수 있다.   ○ / ×

※ 다음 문제의 물음에 가장 적합한 것 하나만 골라 답안지의 해당란에 표기하시오(5~40).

05 다음 중 기준금리에 대한 설명으로 맞는 것으로만 짝지어진 것은?

> 가. 한국은행 금융통화위원회는 물가동향, 국내외 경제상황, 금융시장 여건 등을 종합적으로 고려하여 연 8회 기준금리를 결정(유지, 인상, 인하)하고 있다.
> 나. 기준금리는 초단기금리에 6개월 또는 12개월 시차를 두어 영향을 미친다.
> 다. 통화운영체계로 물가안정목표제를 채택하고 있다.

① 가, 나
② 가, 다
③ 나, 다
④ 가, 나, 다

06 다음 중 외환시장과 파생상품시장에 대한 설명으로 옳지 않은 것은?

① 외환시장과 파생상품시장은 모두 장외에서의 거래를 허용한다.
② 옵션 보유자는 자산을 거래할 권리만 가질 뿐 의무는 지지 않는다.
③ 현물환 거래는 계약일로부터 2영업일 이내에 외환 인수도 및 결제가 이루어진다.
④ 통화스왑은 원금을 교환하고 만기 시 해당 시점의 환율로 원금을 재교환하는 거래이다.

07 다음 중 기업공개에 대한 설명으로 맞는 것은?

① 신주발행이 반드시 수반되어야 한다.
② 반드시 기업단위로 이루어진다.
③ 주식발행, 채권발행 방식 모두 가능하다.
④ 한국거래소에서 증권거래가 될 수 있도록 하는 것이다.

08 금융시장의 기능에 대한 설명으로 옳지 않은 것은?

① 자금중개기능
② 위험관리기능
③ 정보비용의 증가
④ 금융자산가격의 결정기능

09 정해진 기간이 지난 다음에 정해진 가격으로 채권을 다시 매수하거나 매도할 것을 조건으로 하는 채권매매방식의 상품은 무엇인가?

① CD   ② CP
③ RP   ④ MMF

10 다음 중 교환사채에 대한 설명으로 틀린 것은?

① 교환사채의 가치는 주식으로 상환되는 특징이 있어 채권가치와 향후 주가상승에 따른 매매차익으로 구성된다.
② 교환권을 행사하면 발행회사의 자본금이 증가한다는 점에서 전환사채와 같다.
③ 교환권을 행사하면 사채권자의 지위는 상실하고 대상회사 주주의 지위를 획득한다.
④ 사채권의 발행이율은 보통사채보다는 낮게 책정된다.

11 다음 중 자산유동화의 효과에 대한 설명으로 틀린 것은?

① 금융기관은 현금화가 어려운 보유자산을 매각하여 BIS 자기자본비율을 제고할 수 있다.
② 투자자입장에서는 일반회사채보다 수익률이 다소 높은 양호한 투자대상이 된다.
③ 기업은 손쉽게 자금을 조달할 수 있지만 부채비율은 높아진다.
④ 기초자산 보유자는 자금조달 비용을 줄이고 재무상태를 개선할 수 있다.

12 다음 중 상속세 및 증여세 과세방법은?

① 순자산증가설
② 유형별포괄주의
③ 완전포괄주의
④ 열거주의

13 다음 중 금융소득과 세금에 대한 설명으로 틀린 것은?

① 금융소득이 4천만원인 경우 종합소득과 구분하여 분리과세를 적용한다.
② 금융소득 종합과세여부는 개인별 연간 금융소득의 합계액으로 판단한다.
③ 분리과세되는 금융소득은 원천징수로 납세의무가 종결되므로 금융소득 종합과세 대상에서 제외된다.
④ 비과세종합저축은 발생한 이자소득에 대해 세금 전액이 면제된다.

14 다음 중 생명보험 약관에 대한 설명으로 틀린 것은?

① 해약환급금이 지급되지 않은 경우에 해지된 날로부터 3년 이내에 회사가 정한 절차에 따라 부활(효력회복)을 청약할 수 있다.

② 제1회 보험료 납입 시 보험회사의 책임이 개시된다.

③ 보험계약에 관하여 분쟁이 있는 경우 분쟁당사자 또는 기타 이해관계인과 보험회사는 금융감독원장에게 조정을 신청할 수 있다.

④ 강제집행 등으로 해지된 계약의 경우 피보험자의 동의를 거쳐 특별부활을 청약할 수 있다.

15 다음 중 손해보험에 대한 설명으로 옳지 않은 것은?

① 보험사고 발생의 객체가 주로 피보험자의 재산이다.

② 보험사고의 발생시기만이 불확실한 보험이다.

③ 보험업법상 손해보험사업과 인보험사업을 겸영할 수 없다.

④ 이득금지의 원칙이 적용되어 실제로 입은 손해만큼의 보상이 이루어진다.

16 다음 중 연금계좌 세액공제에 대한 설명으로 틀린 것은?

① 근로소득외의 종합소득이 있는 경우에도 적용이 가능하다.

② 확정급여형 퇴직연금계좌는 세액공제를 받을 수 있는 연금계좌에 포함된다.

③ 종합소득금액이 4천만원인 경우 연금계좌 납입액의 15%(지방소득세 별도)를 세액공제 받을 수 있다.

④ 보험회사의 연금저축보험, 은행의 연금저축신탁 등이 해당한다.

17 다음 중 예정기초율과 보험료의 관계에 대한 설명으로 옳은 것은?

① 예정이율이 하락하면 보험료도 하락한다.

② 예정사망률이 하락하면 생존보험의 보험료도 하락한다.

③ 예정사업비율이 하락하면 보험료도 하락한다.

④ 예정사망률이 상승하면 사망보험의 보험료는 하락한다.

18 다음 중 종합소득세 계산 시 종합소득의 합산 금액은?

- 양도소득 : 3천만원
- 사업소득 : 2천만원
- 이자소득 : 5백만원
- 배당소득 : 1천만원
- 근로소득 : 1천 5백만원

① 3천만원

② 3천 5백만원

③ 5천만원

④ 5천 5백만원

19 다음 중 우리나라 변액보험 도입배경(필요성)으로 틀린 것은?

① 물가상승에 대응하는 보험금의 실질가치 보장 및 상품선택권 확대

② 역마진 등 금리리스크 적정 관리로 보험경영의 안정성 증가

③ 보험시장 건전성 제고와 주식 · 채권투자 증가로 보험시장 및 자본시장 발전에 기여

④ 고위험 · 고수익 보험상품의 도입으로 소비자 욕구 충족

20 다음 중 미국의 변액보험 도입배경에 대한 설명 중 거리가 먼 것은?

① 보험회사의 입장에서는 기존 보험상품의 예정이율 적용에 따른 금리부담 위험으로부터 회피하기 위해 도입되었다.

② 금융소비자들의 가계소득 증가로 인한 금리선호의식 증대에 부응하기 위해 도입되었다.

③ 은행 및 증권사의 고수익 투자형 투자실적과 연동시키는 탄력성이 있는 보험상품이 필요하였기 때문에 도입되었다.

④ 고물가, 저금리 시대의 돌입으로 보험금의 실질가치가 하락하여 경쟁력을 상실해 이를 극복하기 위해 도입하였다.

21 다음 중 변액보험의 최저보증옵션에 대한 내용으로 바르게 설명한 것은?

① GMDB는 변액종신, 변액연금, 변액유니버설(적립형) 등 모든 상품에 적용되는 최저보증옵션이다.

② GMAB는 변액연금의 연금지급개시 이후 특별계정 운용성과와 관계없이 인출을 보증하는 옵션이다.

③ GMWB는 변액연금의 연금개시 후 투자성과에 관계없이 연금재원의 일정수준을 종신동안 인출을 보증하는 옵션이다.

④ GMIB는 기납입보험료 등 보증금액을 연금개시시점의 계약자적립금으로 보증하는 옵션이다.

22 다음 표에서 변동보험금을 일시납보험 추가가입방법으로 계산하는 변액보험은 무엇인가?

> 가. 변액종신보험
> 나. 변액연금보험
> 다. 변액유니버설보험(적립형)
> 라. 변액유니버설보험(보장형)

① 가, 라   ② 나, 라
③ 다, 라   ④ 가, 나, 라

23 다음 변액종신보험 계약에서 피보험자의 사망으로 인하여 받게 되는 보험금은 얼마인가?

> • 기납입보험료 : 2,000만원
> • 기본보험금 : 4,000만원
> • 변동보험금 : (−)500만원

① 1,000만원   ② 2,500만원
③ 3,000만원   ④ 4,000만원

24 다음 설명의 빈칸에 들어갈 말로 적절한 것은?

> 변액보험은 일반보험과 달리 자산을 별도의 특별계정으로 운용한다. 특별계정에 투입되는 보험료는 채권이나 주식 등의 유가증권에 투자되어 그 수익을 매일 적립하는 방식으로 운용된다. 특별계정 투입보험료는 순보험료와 (　　　)를 합한 금액으로 계산한다.

① 납입 중 계약유지비용
② 납입 후 계약유지비용
③ 계약체결비용
④ 기타비용

25 변액보험 자산운용원칙에 대한 설명으로 옳지 않은 것은?

① 규모의 이익을 실현하고 투자 위험의 분산도 꾀하도록 특별계정은 투자·운용된다.

② 특별계정과 일반계정은 각각 독립해 운용하지만 각 계정에 속하는 자산을 다른 계정과 상호 매매·교환하는 것이 불가능하다.

③ 계약자가 납입하는 보험료 전체가 특별계정에서 펀드로 운용되어 배당액을 계약자에게 지급한다.

④ 변액보험의 자산운용은 장기적 수익성 추구를 원칙으로 하고 있다.

26 다음 중 특별계정 자산운용 옵션인 펀드변경에 대한 설명으로 맞는 것은?

① 일반적으로 변경할 수 있는 횟수의 제한이 없다.

② 보험회사는 펀드변경을 신청한 계약자에게 수수료를 청구할 수 있다.

③ 리스크가 서로 다른 펀드로의 변경이 불가능하다.

④ 펀드변경 수수료는 회사별로 동일하다.

27 변액종신보험에 대한 설명으로 옳지 않은 것은?

① 펀드변경이 가능하다.

② 선택특약은 일반종신과 유사하게 자유로이 부가할 수 있다.

③ 일반종신보험으로의 전환은 가능하지만 연금전환 특약은 활용할 수 없다.

④ 비흡연자 및 건강상태가 양호할 경우 보험료할인혜택 및 세제상 공제혜택을 받을 수 있다.

28 다음 중 특별계정(펀드)의 자산 평가에 대한 설명으로 틀린 것은?

일 자	투입 보험료	기준가격	계약자 보유좌수
1. 26	10만원	1,000원	100,000
2. 26	10만원	1,000원	㉠
3. 26	20만원	2,000원	㉡
4. 26	20만원	4,000원	㉢

① 1. 26일 보험료 투입 시 계약자적립금은 100,000원이다.

② 2. 26일 보험료 투입 시 추가로 취득하는 펀드는 10만좌로서 총 20만좌를 보유하고 있다.

③ 3. 26일 보험료 투입 후 계약자 보유좌수는 30만좌이다.

④ 4. 26일 보험료 투입 후 계약자 보유좌수는 40만좌이다.

29 다음 중 변액유니버설보험의 월대체보험료에 포함되는 항목이 아닌 것은?

① 계약체결비용

② 특약보험료

③ 위험보험료

④ 예금보험료

30 변액연금보험에서 최저연금적립금 보증이 설정되어 있는 경우. 다음에서 설명하는 액연금보험의 10년이 경과 후 사망보험금은 얼마인가?

- 보험료의 납입기간이 10년이고, 매월 50만 원씩 보험료를 납입
- 기본사망보험금 : 1,000만원
- 계약자적립금 : 6,500만원
- 최소사망보험금은 기납입보험료의 120%를 보상

① 7,500만원 ② 6,500만원

③ 6,000만원 ④ 7,200만원

31 다음 중 변액보험의 해약환급금에 대해 맞게 설명한 것은?

① 보험료 납입기간 중에는 해약환급금이 기납입보험료를 초과할 수 없다.

② 중도해지 시 보험계약대출금에서 특별계정(펀드) 가입 금액을 차감할 수 있다.

③ 보험기간, 보험료 납입횟수, 특별계정 운용실적 등에 따라 해약환급금은 달라질 수 있다.

④ 기납입보험료에서 해지공제금액을 차감하여 해약환급금을 지급한다.

32 다음 중 변액보험에서 특별계정이 필요한 이유에 해당하지 않는 것은?

① 수익성을 가장 중요시하기 때문에
② 투자리스크를 계약자가 부담하기 때문에
③ 자산규모가 커질수록 투자효율성이 증가하기 때문에
④ 계약자 자산에 비례한 공평한 투자손익의 배분이 필요하기 때문에

33 다음 중 변액보험의 계약내용에 대한 설명으로 틀린 것은?

① 보험가입금액의 변경을 원할 경우 일반적으로 증액과 감액이 모두 가능하다.
② 보험회사에서 정하는 방법에 따라 판매하고 있는 유사한 일반보험으로 전환이 가능하다.
③ 기본보험금을 감액하는 경우에는 변동보험금액도 같은 비율로 감액된다.
④ 보험가입금액을 감액하는 경우 감액된 부분은 해지된 것으로 본다.

34 다음 중 특별계정의 운용보수에 해당하는 펀드비용을 모두 고른 것은?

```
가. 사무관리보수
나. 기초펀드 운용보수
다. 기타비용
라. 수탁보수
```

① 가, 나
② 가, 라
③ 나, 다
④ 다, 라

35 다음 중에서 수시공시 항목이 아닌 것은?

① 파생상품거래 등으로 인한 거액의 손실
② 경영환경에 중대한 변경을 초래하는 사항
③ 적기시정조치 등 법령에 의한 주요 조치사항
④ 사회공헌활동

36 다음 중 변액보험 특별계정에서 차감되는 제반비용에 해당하지 않는 것은?

① 특별계정 운용관련 수수료
② 최저사망보험금 보증비용
③ 납입 후 유지비
④ 기타비용

37 다음 중 생명보험회사의 변액보험공시실에서 확인할 수 없는 것은?

① 타 보험회사 상품과의 펀드수익률 비교
② 누적수익률 및 연환산수익률
③ 계약자 개인별 적립금
④ 특별계정보수 및 비용

38 다음 중 변액보험 판매 시 준수해야 할 사항에 대한 설명으로 옳지 않은 것은?

① 모집종사자가 변액보험을 판매하기 위해서는 자격시험에 합격해야 한다.
② 변액보험판매자격시험 합격자는 판매 전 6시간 이상의 교육을 이수해야 한다.
③ 일반금융소비자에게 변액보험을 권유할 경우 적합성 원칙을 준수해야 한다.
④ 변액보험을 보험계약 체결을 권유 없이 판매하는 경우 적정성 원칙을 준수해야 한다.

39 주식투자에서 특정 기업에 집중함으로써 발생할 수 있는 위험을 피하고, 투자수익을 극대화하기 위해 여러 종목에 분산 투자하는 방법을 무엇이라 하는가?

① 리베이트
② 포트폴리오
③ 베이시스
④ 골든크로스

40 주가가 떨어질 것을 예측해 주식을 빌려 파는 공매도를 했지만 반등이 예상되자 빌린 주식을 되갚으면서 주가가 오르는 현상은?

① 숏 드로잉
② 숏 커트
③ 쇼트키효과
④ 숏 커버링

회사명	지점명	수험번호	성 명	시험지 유형	점 수

※ 본 모의고사 문제는 기출 복원 자료를 바탕으로 제작되었습니다.

※ 다음 문제에서 맞는 것은 ○표, 틀린 것은 ×표를 하시오(1~4).

01 변액유니버설보험의 적립형에 따른 사망보험금은 매일 변동한다.　　○ / ×

02 진단계약, 보험기간이 90일 이내인 계약, 전문보험계약자가 체결한 계약은 청약철회를 인정하지 않는다.　　○ / ×

03 변액보험의 자산운용실적이 저조하여 해약환급금이 낮아지면 최저사망보험금 보증도 낮아진다.　　○ / ×

04 변액종신보험의 경우 최저보증이율이 없다.
　　○ / ×

※ 다음 문제의 물음에 가장 적합한 것 하나만 골라 답안지의 해당란에 표기하시오(5~40).

05 다음 중 금융시장의 설명으로 볼 수 없는 것은?
　① 금융시장은 그 역할에 따라 간접금융과 직접금융으로 나눌 수 있다.
　② 금융시장은 자금공급자의 공급량에 따라 금융자산의 가격을 결정한다.
　③ 금융시장은 다양한 위험수준을 갖는 거래자들로 구성되었기 때문에 위험수준 조정이 가능하다.
　④ 금융시장은 거래에 따르는 비용을 줄일 수 있다.

06 파생금융상품에 대한 설명 중 틀린 것은?
　① 기초자산 및 부채의 가치변동에 따른 리스크를 회피하고자 만들어진 상품이다.
　② 선도, 선물, 스왑 등이 포함된다.
　③ 거래장소에 따라 유가증권시장과 코스닥시장으로 구분된다.
　④ 옵션의 경우 권리는 있으나 의무를 지지 않는다는 특징이 있다.

07 금융기관에 대한 설명 중 틀린 것은?
　① 은행은 가장 대표적인 금융기관이다.
　② 한국수출입은행은 특수은행에 속하지만, 중소기업은행은 일반은행에 속한다.
　③ 투자매매업, 투자중개업, 투자자문업 등은 금융투자업자의 고유업무영역에 속한다.
　④ 은행은 타 금융기관에 비해 수익률은 낮은 편에 속한다.

08 실적배당형 상품에 대한 설명으로 볼 수 없는 것은?

① MMF는 장기실적배당상품에 속한다.
② CMA는 종합금융회사의 CMA와 금융투자회사의 CMA로 구분된다.
③ MMF는 입출금에 있어 제약을 받지 않는 편이다.
④ 종합금융회사의 CMA는 예금자보호대상에 속한다.

09 주식시장에 대한 설명 중 옳은 것을 모두 고르면?

> 가. 주식은 배당·잔여재산 분배를 기준으로 보통주, 우선주, 후배주, 혼합주로 구분할 수 있는데, 나. 보통주는 배당·잔여재산 분배의 표준이 되는 주식을 말한다. 다. 우선주는 주주총회 상정 안건 시 권리를 우선할 수 있는 주식이며, 라. 혼합주는 액면가액과 주주의 성명이 혼합되어 나타나있는 주식을 말한다.

① 가, 나
② 가, 다
③ 나, 다
④ 나, 라

10 다음 중 프로그램매매 호가효력 일시정지제도(sidecar)가 발동되지 않는 시간대는?

① 장 종료 40분전 이후
② 장 종료 50분전 이후
③ 장 종료 40분전 이전
④ 장 종료 50분전 이전

11 다음 주식시세표에 대한 설명으로 맞는 것은?

(단위 : 원, 10주)

종목	종가	등락폭	거래량	시가	고가	저가
A생명	55,000	▲1,000	180	58,000	58,700	56,200

① 전일 종가는 금일 저가보다 높다.
② 금일 시가는 금일 종가보다 낮다.
③ 금일 시가는 전일 종가보다 높다.
④ 거래량은 18,000주이다.

12 다음 중 단기금융시장에 대한 설명으로 맞는 것은?

① 콜, 기업어음(CP), 양도성예금증서(CD), 환매조건부채권(RP), 표지어음, 통화안정증권 등이 해당된다.
② 기업, 금융기관, 정부 등 자금부족부문에서 필요한 자금을 조달하는 데 활용된다.
③ 유동성이 풍부하여 금리변동에 대한 가격변동폭이 크다.
④ 장기금융시장에 비해 거래규모가 소규모로 이루어지는 시장이다.

13 다음 중 채권투자와 채권시장에 대한 설명으로 틀린 것은?

① 채권은 유통시장에서 만기 상환일 이전이라도 언제든지 현금화할 수 있고 유동성도 높다.
② 채권시장은 대부분 기관투자자 중심의 경쟁매매방식을 통해 이루어진다.
③ 채권의 결제는 당일 또는 익일에 가능하다.
④ 채권거래는 거래조건의 표준화되지 않아 개인의 접근성이 다소 떨어진다.

14 매매거래중단제도(Circuit Breaker)에 대한 설명으로 맞는 것은?

① 코스피지수가 전일종가대비 10%, 15%, 20% 이상 하락하면 매매거래의 중단을 예고할 수 있다.

② 1, 2단계가 발동되면 40분 동안 시장 내 호가접수와 채권시장의 거래를 중단한다.

③ 매매거래 중단의 적용횟수에는 제한이 없다.

④ 3단계의 경우 장종료 40분전 이후에도 적용한다.

15 다음 중 생명보험약관에 명시된 내용으로 적절하지 않은 것은?

① 보험계약에 대한 분쟁이 발생한 경우 생명보험협회에 조정을 요청할 수 있다.

② 해지되어 효력이 상실된 보험계약은 해지일로부터 3년 이내에 부활시킬 수 있다.

③ 청약일로부터 30일이 경과한 후에는 보험계약자가 계약의 청약철회를 신청할 수 없다.

④ 보험계약 체결일로부터 3년이 경과한 후에는 보험회사가 계약 전 알릴 의무 위반으로 계약을 해지할 수 없다.

16 다음 중 저축성보험의 보험차익 비과세 적용 시 계약기간 기산일 변경사유에 해당하지 않는 것은?

① 계약자 명의가 변경(사망 제외)되는 경우

② 보장성보험을 저축성보험으로 변경하는 경우

③ 최초 계약한 기본보험료의 1배를 초과하여 기본보험료를 증액한 경우

④ 납입보험료를 6개월 선납한 경우

17 다음 중 연금계좌 세액공제를 받은 연금에 대해 연금소득 수령 시 원천천징수세율(지방소득세 제외)로 틀린 것은?

번호	구분	세율
①	65세, 종신연금	5%
②	75세, 확정연금	4%
③	85세, 종신연금	3%
④	55세, 확정연금	5%

18 다음 표에서 김시대씨의 증여재산으로 보는 보험금은 얼마인가?

> 김시대씨는 생명보험에 가입하여 1억원의 보험금을 수령하였다. 총 납입보험료 5천만원 가운데 2천만원은 김시대씨가 납입하였고, 나머지는 부모님이 납입하였다.

① 4백만원

② 6백만원

③ 4천만원

④ 6천만원

19 다음 중 우리나라 변액보험상품의 판매 순서를 바르게 연결한 것은?

① 변액연금보험 → 변액종신보험 → 변액유니버설보험

② 변액종신보험 → 변액연금보험 → 변액유니버설보험

③ 변액유니버설보험 → 변액종신보험 → 변액연금보험

④ 변액종신보험 → 변액유니버설보험 → 변액연금보험

20 다음 중 변액보험에 대한 설명으로 틀린 것은?

① 변동보험금은 투자성과에 따라 (−)가 발생할 수 있다.

② 변동보험계약은 투자실적에 따라 추가보험료를 부담한다.

③ 선택특약은 회사가 정한 산출이율로 일반계정에서 운용된다.

④ 기본보험계약은 보험료 산출의 기초가 되는 계약이다.

21 다음 중 변액종신보험에 대한 설명으로 틀린 것은?

① 운용실적에 따라 사망보험금이 변동하기 때문에 보장성 보험료 세액공제혜택은 받을 수 없다.

② 연금전환특약을 활용하여 노후생활 자금으로 사용할 수 있다.

③ 펀드의 운용실적에 따라 해약환급금은 매일 변동한다.

④ 투자수익률이 산출이율보다 낮으면 (−)변동보험금이 발생할 수 있다.

22 다음 중 변액보험의 최저보증옵션에 대한 설명으로 맞는 것은?

① 변액종신보험은 계약자가 최저사망보험금 보증여부를 선택할 수 있다.

② 최저보증을 위해 보증비용으로 일반계정 내에 보증준비금 항목을 만들어 미리 적립해 둔다.

③ 보증내용과 보증비용이 회사별로 동일하다.

④ 변액연금보험은 최저사망보험금 보증을 하지 않는다.

23 다음 중 변액연금보험에 대한 설명으로 맞는 것은?

① 해약환급금을 일정 금액 이상으로 보장한다.

② 사망보험금은 매월 재계산되어 다음 달 계약해당일까지 1개월간 확정 · 적용한다.

③ 장해지급률이 80%인 장해상태가 되었을 경우 사망보험금을 지급하고 계약은 소멸한다.

④ 최저연금적립금 보증옵션을 선택할 수 있다.

24 다음은 보험계약관계자에 관한 설명이다. 이 중 틀린 것은?

① 보험자는 보험료 지급의무가 있으며 보험계약자는 보험금 지급의무가 있다.

② 보험자에게 속하여 보험계약을 체결하는 이를 보험설계사라 한다.

③ 보험수익자는 사고 발생 시 보험금청구권을 가진 자를 의미한다.

④ 보험자의 신체검사를 통해 위험수준을 측정, 이를 보험자에게 제공해주는 이를 보험의라 한다.

25 다음 중 변액유니버설보험의 중도인출에 대한 설명으로 틀린 것은?

① 해약환급금의 일정범위 내에서 적립금의 중도인출이 가능하다.

② 중도인출은 대출도 감액도 아니어서 손쉽게 필요자금을 찾아 쓸 수 있다.

③ 중도인출로 인해 계약이 조기에 해지될 수도 있다.

④ 중도인출금액은 반드시 상환해야하는 의무가 있다.

26 다음과 같이 변액유니버설보험을 가입하고 10년이 경과했을 때 사망보험금은 얼마인가?

> • 사망보험금 = MAX[기본보험금, 계약자적립금×110%, 기납입보험료]
> • 기본보험금 : 5,500만원
> • 사망 시 계약자적립금 : 5,000만원
> • 월납보험료 40만원으로 10년 동안 납입

① 5,000만원
② 5,500만원
③ 6,000만원
④ 6,500만원

27 다음 중 변액보험의 특징에 대해 잘못 설명한 것은?

① 변액보험은 집합투자기구 상품과 달리, 장기적인 물가상승의 위험을 헤지하고자 할 경우 가입한다.
② 고객이 납입한 보험료를 주식, 채권 등에 투자하여 발생한 이익을 배분하여 주는 실적배당형 보험상품이다.
③ 투자자에게는 자기책임의 원칙이 적용된다.
④ 투자실적과 관계없이 보험금과 해약환급금이 주어진다.

28 다음 중 특별계정(펀드)의 종류에 대한 내용으로 틀린 것은?

① 인덱스주식형 펀드는 펀드의 수익률이 목표지수와 비슷하게 움직이도록 포트폴리오를 구성하여 운용하는 펀드이다.
② 채권형 펀드는 30% 이하로 주식에 투자할 수 있다.
③ 주식의 편입비율에 따라 주식형, 채권형, 혼합형 펀드로 구분된다.
④ 혼합형 펀드는 주식시장 활황 시 고수익은 어렵지만 투자자산을 안정적으로 운용할 수 있는 펀드이다.

29 다음을 나열하여 특별계정 투입보험료식을 구하시오.

> • 영업보험료
> • 계약체결비용
> • 납입 중 계약유지비용
> • 기타비용
> • 순보험료
> • 납입 후 계약유지비용

① 특별계정 투입보험료 = 순보험료 − (납입 후 계약유지비용 + 납입 중 계약유지비용 + 기타비용)
② 특별계정 투입보험료 = 신계약비 − (영업보험료 + 납입 후 계약유지비용 + 기타비용)
③ 특별계정 투입보험료 = 영업보험료 − (계약체결비용 + 납입 중 계약유지비용 + 기타비용)
④ 특별계정 투입보험료 = 순보험료 − (계약체결비용 + 영업보험료 + 기타비용)

30 다음 (   ) 안에 들어갈 내용이 바르게 나열된 것은?

> 계약자는 보험계약대출금과 보험계약대출이자를 언제든지 상환할 수 있으며, 이 경우 (   )에 상환금액에 해당하는 금액을 (   )으로 투입한다.

① 상환일 + 제2영업일, 특별계정
② 상환일 + 제1영업일, 일반계정
③ 상환일 + 제2영업일, 일반계정
④ 상환일 + 제1영업일, 특별계정

31 다음 ( ) 안에 들어갈 내용을 바르게 나열한 것은?

> 변액유니버설보험은 의무납입기간 이후에는 특약보험료와 ( )을 보험료 납입 시에 공제하지 않고 매월 계약해당일에 당월 위험보험료와 함께 차감하는데 이를 ( )라고 한다.

① 계약체결 및 계약관리비용, 월대체보험료
② 사업비, 선납보험료
③ 사업비, 월대체보험료
④ 계약체결 및 계약관리비용, 선납보험료

32 다음 중 변액보험의 해지 및 부활에 대한 설명으로 틀린 것은?

① 변액보험 해지 시 기납입보험료에서 해지공제금액을 차감한 금액을 해약환급금으로 지급한다.
② 해지된 기간 동안은 특별계정의 운용실적 확보가 불가능하다.
③ 부활 시 적립금 및 보험금액은 해지된 시점을 기준으로 한다.
④ 해약환급금은 피보험자의 나이, 보험기간 등에 따라 달라진다.

33 다음 중 특별계정(펀드)의 자산평가 방법에 대한 설명으로 맞는 것은?

① 계약자가 보험계약대출원리금을 상환할 경우 특별계정의 기준가격은 상승한다.
② 채권의 자산평가는 장부가평가를 실시한다.
③ 기준가격이 동일한 경우 계약자적립금은 계약자 보유좌수에 비례한다.
④ 최초 펀드 설정 시 기준가격은 1,000원이며 그 이하로는 떨어지지 않는다.

34 다음 중 변액보험의 계약관리내용에 대한 설명으로 틀린 것은?

① 변액보험 특별계정은 투자신탁으로 간주되므로 자산운용보고서를 작성하여 분기별 1회 이상 계약자에게 교부한다.
② 보험계약자는 인터넷 홈페이지를 통해 수시로 운영실적의 변동내역을 확인할 수 있다.
③ 저축성 변액보험의 보험계약관리내용에는 납입보험료와 특별계정 투입금액 및 계약자 적립금을 기재하고 있다.
④ 변액보험의 경우 연 1회 이상 보험계약관리내용을 보험계약자에게 문서로 제공한다.

35 다음 중 변액보험의 계약내용 변경에 대한 설명으로 맞는 것은?

① 기본보험금액을 감액하는 경우 같은 비율로 변동보험금액도 감액되며 기본보험금액 또는 변동보험금액만의 감액은 불가능하다.
② 보험가입금액을 감액하고자 할 때에는 그 감액된 부분은 중도인출로 본다.
③ 변액유니버설보험의 보험수익자는 변경이 불가능하다.
④ 계약자가 피보험자의 성별을 청약서에 잘못 기재한 경우 정정이 불가능하다.

36 다음 중 생명보험회사의 수시공시 항목에 해당하는 것의 개수는?

> • 재무구조 및 경영환경에 중대한 변경을 초래하는 사항
> • 기타 경영상 중대한 영향을 미칠 수 있는 사항
> • 정부기관 등으로부터 받은 출자내용 등
> • 민원발생건수 및 불완전판매비율

① 1개
② 2개
③ 3개
④ 4개

37 다음 중 적합성 진단에 대한 설명으로 옳은 것은?

① 계약자가 이전에 금융상품을 취득한 경험은 보험사에 알리지 않아도 된다.

② 면담 또는 질문을 통한 적합성 진단은 녹취의 방법으로만 기록하여 보존해야 한다.

③ 계약자가 펀드변경을 신청한 경우 기존의 적합성 진단 내용을 수정하지 않고 활용한다.

④ 적합성 진단과 관련하여 계약자로부터 확인받은 내용은 10년 동안 유지·관리해야 한다.

38 다음 중 적합성(적정성) 진단의 대상에 대한 설명으로 맞는 것은?

① 보험계약자가 전문금융소비자인지 확인하고 전문금융소비자인 경우 적합성 진단을 실시한다.

② 전문보험계약자가 일반보험계약자와 동일하게 대우를 받겠다는 의사를 구두로 통지하는 경우 정당한 사유가 없으면 일반보험계약자로 보아야 한다.

③ 보험계약자가 60세 이상, 미성년자로 일상이나 사회생활에서 제약을 받는 취약금융소비자인 경우 부적합자로 판단할 수 있다.

④ 고령자 중 변액보험이나 금융투자상품에 가입(투자)한 경험이 있다면 취약금융소비자로 판단하지 않는다.

39 국내 시장에서 외국 기업들이 활개를 치고 다니는 반면, 자국 기업들은 부진을 면하지 못하는 현상을 무엇이라 하는가?

① 윔블던 효과

② 롱테일 법칙

③ 서킷브레이커

④ 스핀오프

40 다음 중 소득이 증가할 때 소비가 늘어나는 정도를 표현한 경제용어는 무엇인가?

① 유효수요

② 잉여가치

③ 한계저축성향

④ 한계소비성향

회사명	지점명	수험번호	성 명	시험지 유형	점 수

※ 다음 문제에서 맞는 것은 ○표, 틀린 것은 ×표를 하시오(1~4).

01 우리나라 보험상품 중 특별계정에서 운용되는 상품은 변액보험, 퇴직보험, 유니버설보험, CI보험 등이 있다. ○ / ×

02 콜시장은 금융기관이 초단기로 일시적인 여유자금을 대여하거나 부족자금을 차입하는 금융기관 간 자금시장이다. 콜시장 참가기관은 은행, 은행신탁, 종금, 투신, 보험, 증권 등이 있는데 주로 투신사와 은행신탁이 콜머니기관으로 참여한다. ○ / ×

03 일본에서는 과거 펀드운용의 미숙으로 수익률 폭락과 부실판매로 인한 소송 등으로 변액보험에 대한 인식이 좋지 않았으나, 1999년부터 내국계 생명보험사를 중심으로 펀드의 수를 늘린다든지, 자산운용을 외부에 위탁하는 등 고객니즈개선을 위해 고객편의사항이 반영된 변액연금보험을 적극적으로 판매하여 그 이미지가 조금씩 개선되고 있다. ○ / ×

04 금융감독원에서 분쟁처리결과 및 보험회사에 대한 경영실태평가 등을 포함한 보험회사의 경영실적 등을 공시하고 있다. ○ / ×

※ 다음 문제의 물음에 가장 적합한 것 하나만 골라 답안지의 해당란에 표기하시오(5~40).

05 다음 중 금리에 대해 틀리게 설명한 것은?
① 한국은행 금융통화위원회가 기준금리를 결정하여 발표한다.
② 금리의 변동은 자금의 수요·공급 규모를 결정한다.
③ 실효금리는 실제로 지급하거나 부담하게 되는 금리를 말한다.
④ 일반적으로 금리상승 시에는 기업의 투자가 확대되는 효과를 가져올 수 있다.

06 실적배당상품에 대한 설명 중 맞는 것은?
① 은행의 신탁업무는 은행 고유계정에서 운용된다.
② MMF(Money Market Fund)는 고객으로부터 예탁금을 받아 단기고수익 상품으로 운용하여 높은 수익을 지급함과 동시에 수시입출 및 자금결제 기능 등 부가서비스를 제공하는 복합금융상품이다.
③ 증권사형 CMA는 5천만원까지 예금자보호대상이다.
④ 투자회사(뮤추얼펀드)는 증권투자 전문가가 투자자들로부터 자금을 모아 주식회사인 투자회사를 조직하고 일반투자자는 그 주주가 되어 재산은 관리협정에 따라 자산보관회사에게 예탁하는 형태이다.

07 다음에서 설명하는 용어는 무엇인가?

> • 시장분석, 투자시점판단, 주문제출 등의 과정을 컴퓨터로 처리하는 거래기법을 통칭
> • 개인투자자들이 구축하기로 쉽지 않기 때문에 대부분 기관 투자자에 의해 이루어짐

① 분식결산 ② 시가총액
③ 프로그램 매매 ④ 스톡옵션

08 주식에 대한 설명 잘못 설명한 것은?

① 주식발행으로 조달된 자금은 자기자본으로서 차입금과 달리 기업의 재무구조를 개선시키는 한편 상환 필요성이 없고, 배당만 하면 되기 때문에 가장 안정적인 자금 조달수단이 된다.
② 주식회사가 실패할 경우 주주의 경제적 책임은 출자한 자본에 한정토록 하는 자본주의 사회의 특수한 경제제도이다.
③ 이익배당은 보통주보다 우선하지만 잔여재산의 분배에 있어서는 열등한 지위에 있는 주식인 혼합주도 있다.
④ 우선주는 이익이나 이자의 배당 또는 잔여재산의 분배 등과 같은 재산적 이익을 받는데 있어서 채권에 비하여 우선적 지위가 인정된 주식이다.

09 다음 중 유상증자 방법에 대한 설명으로 가장 적절한 것은?

> 상장법인이 신주를 모집하는 경우에 주주에게 우선청약의 기회를 부여하고 그 주주 등이 청약하지 아니한 주식을 다시 모집하는 방식

① 주주배정
② 주주우선공모
③ 제3자 배정
④ 일반공모증자

10 다음에서 설명하는 용어는?

> 기업이 주식회사의 체제를 갖추기 위해 주식을 분산시키고 재무 내용을 공시하는 것을 말한다. 증권 종목별이 아닌 기업 단위로 이루어지며, 신주를 공모하거나 발행되어 대주주가 소유하고 있는 주식 일부를 매출하는 것으로 주식을 분산시키는 방법을 사용한다.

① 증 자 ② 감 자
③ 상 장 ④ 기업공개

11 채권에 대한 설명 중 맞게 설명한 것은?

① 시중자금사정이 풍부하면 채권수익률이 상승한다.
② 채권의 내적 요인을 보면 채권의 잔존만기가 길수록 수익률이 낮아지는 것이 일반적이다.
③ 채권가격은 유통수익률에 비례한다.
④ 채권수익률이란 채권투자에서 얻어지는 현금흐름의 현재가치와 채권의 시장가격을 일치시켜주는 할인율이다.

12 합성채권에 대한 설명 중 맞게 설명한 것은?

① 전환사채는 사채에 부여된 전환권리를 행사하게 되면 사채권자의 지위는 상실하며 다른 회사 주주의 지위를 획득하게 된다.
② 교환사채는 사채에 부여된 교환권리를 행사하게 되면 사채권자의 지위는 상실하며 발행회사의 주주의 지위를 획득하게 된다.
③ 신주인수권부사채는 신주인수권을 행사하여 추가자금을 납입하고 주식을 획득하게 되므로 채권의 효력은 만기까지 존속된다.
④ 수의상환청구채권은 만기일 이전에 당해 채권을 매입할 수 있는 권리를 채권 투자자에게 부여하여 채권 발행자가 채권 원리금을 만기 이전에 조기 상환할 수 있는 권한을 부여한 채권이다.

13 금융투자상품의 세금에 관련된 설명이다. 옳은 것은?

① 개인의 소득은 이자, 배당, 사업, 근로, 연금, 기타, 퇴직소득의 7가지로 나눈다.

② 일시적으로 발생하는 퇴직소득, 양도소득은 종합소득에 합산하지 않고 별도로 분리과세한다.

③ 이자소득, 배당소득에 대하여는 유형별 포괄주의를, 그 이외의 소득에 대하여는 열거주의를 채택하고 있다.

④ 금융소득의 합계액이 2천만원을 초과할 경우에는 해당소득세를 원천징수함으로써 납세의무가 종결된다.

14 다음 중 생명표에 대한 설명으로 틀린 것은?

① 모든 국민을 대상으로 한 생명표를 국민생명표라고 한다.

② 10년 동안 특정 연령대의 사람들이 몇 명 정도 사망 또는 생존할 것인가를 나타낸 표이다.

③ 생명보험의 보험료 산출을 위한 기초통계의 역할을 한다.

④ 우리나라 생명보험회사는 2024년부터 제10회 경험생명표를 사용한다.

15 다음 내용이 설명하는 것은 무엇인가?

보험의 기본적인 원리이며, 개인의 경우 사고의 발생 가능성 및 시기 등은 불확실하지만 다수의 사람을 대상으로 관찰해 보면 사고의 발생을 예측할 수 있는 것

① 대수의 법칙
② 수지상등의 원칙
③ 사망률
④ 생명표

16 다음 중 3이원방식과 현금흐름 방식을 비교한 내용으로 틀린 것은?

번호	구분	3이원 방식	현금흐름 방식
①	가정적용	보수적 표준 기초율	회사별 최적 가정
②	이익원천	이원별 이익	종합 이익
③	수익성 분석	필수적	선택적
④	새로운 원가 요소 반영	용이하지 않음	용이함

17 다음 중 보장성 보험료 세액공제에 대한 설명으로 틀린 것은?

① 근로소득자(일용근로자 제외)에 대해 적용된다.

② 장애인은 일정한 연령제한을 두고 소득요건만 충족하면 세액공제 대상이 될 수 있다.

③ 태아는 보장성 보험료 세액공제 대상이 되지 못한다.

④ 해당 연도에 중도해지 한 경우라도 납입한 보험료에 대해서는 세액공제를 받을 수 있다.

18 다음 보험수익자에 대한 보험금 과세방법으로 맞는 것은?

보험계약자, 보험수익자 및 실질보험료 납입자가 본인이고, 피보험자를 배우자로 하여 변액종신보험에 가입한 경우 피보험자 사망으로 인한 사망보험금 수령

① 증여세로 과세
② 상속세로 과세
③ 기타소득으로 과세
④ 과세 안 됨

19 다음 중 각 측면에 따른 변액보험의 필요성에 대한 설명으로 틀린 것은?

① 보험소비자 측면 : 보험금의 실질가치 보장
② 모집종사자 측면 : 상품 확대로 수익성 증대
③ 국가경제적 측면 : 자본시장의 확대
④ 보험회사 측면 : 공격적인 투자 확대

20 다음 중 변액보험의 법적규제에 대한 설명으로 맞는 것은?

① 보험회사의 임직원은 변액보험을 모집할 수 없다.
② 보험업법의 법적규제를 받으므로 자본시장법의 집합투자규정적용 예외가 인정된다.
③ 손해보험회사에서는 변액보험의 판매가 가능하다.
④ 변액보험의 법률상 정의는 보험업법에 명시되어 있다.

21 변액보험의 상품구조에 대한 설명 중 맞는 것은?

① 기본보험계약은 특별계정에 투자되는 계약이다.
② 변동보험계약은 투자실적에 따라 추가보험료에 대한 부담이 있다.
③ 기본보험계약은 최저보장금액 산정에 기초가 되는 계약이다.
④ 변동보험계약은 선택특약의 가입에 의해 발생되는 계약이다.

22 다음 중 변액보험에 대한 설명으로 틀린 것은?

① 변액보험상품의 종류로는 변액종신보험, 변액연금보험, 변액유니버설보험 등이 있다.
② 변액보험은 금융투자회사의 금융상품과 투자신탁 또는 투자회사와 유사한 자산운용구조를 갖고 있다.
③ 변액보험은 실적배당형 상품으로 투자결과로 발생하는 손익은 전부 계약자에게 귀속된다.
④ 변액보험의 변동보험계약은 추가보험료를 부담하는 계약이다.

23 다음 중 일시납보험 추가가입방법으로 변동보험금을 계산하는 보험상품은?

① 변액종신보험, 변액유니버설보험(보장형)
② 변액종신보험, 변액유니버설보험(적립형)
③ 변액연금보험, 변액유니버설보험(적립형)
④ 변액연금보험, 변액종신보험

24 변액연금의 보증옵션에 관한 설명 중 틀린 설명은?

① GMDB, 최저사망보험금 보증으로 실적이 악화되더라도 기본 사망보험금의 지급을 보증하는 옵션이다.
② GMAB, 최저연금적립금 보증으로 연금개시시점에서 펀드의 계약자적립금과 기납입보험료를 비교하여 큰 금액을 연금재원으로 보증하는 옵션이다.
③ GMWB, 제2보험기간 중 연금재원을 특별계정에서 운용할 경우 특별계정의 투자성과에 관계없이 연금재원의 일정수준을 지급 보증하는 옵션이다.
④ GMIB, 특별계정의 투자성과에 관계없이 일정수준의 이율을 보증하는 옵션이다.

25 다음 (   ) 안에 들어갈 알맞은 단어는?

> 변액종신보험의 최저사망보험금 보증기간은 납입최고(독촉)기간이 끝나는 날의 다음날부터 (   )이 될 때까지의 기간을 말하며, 최저사망보험금 보증기간이 끝나는 경우 계약은 효력이 없어진다.

① 예정해약환급금이 0
② 예정계약자적립금이 0
③ 예정책임준비금이 0
④ 예정최저적립금이 0

26 다음 중 변액연금보험에서 최저연금적립금 보증을 통해 최소한 기납입보험료를 보증받기 위한 조건으로 맞는 것은?

① 보험료 납입기간이 5년 이상인 경우
② 연금개시 시점이 55세 이후인 경우
③ 계약기간이 10년 이상인 경우
④ 연금개시 시점까지 계약을 유지한 경우

27 다음 중 변액연금보험에 대해 틀리게 설명한 것은?

① 계약자의 투자성향에 따라 미리 정해진 자산운용의 형태 중 원하는 것을 직접 선택할 수 있다.
② 연금개시 이후 적립금을 일반계정에서 운용할 수 있다.
③ 사망보험금은 펀드의 운용실적에 따라 매일 변동한다.
④ 저축성 변액연금보험의 경우 투자수익률과 순수익률 중 높은 수익률을 선택하여 예시할 수 있다.

28 다음 중 특별계정(펀드)의 종류에 대한 내용으로 맞는 것은?

① 채권형 펀드는 주식에 투자하지 않는다.
② 채권형 펀드는 원금손실의 가능성이 없다.
③ 주식형 펀드는 채권에 투자하지 않는다.
④ 주식형 펀드를 채권형 펀드로 변경이 불가능하다.

29 변액보험의 특별계정의 필요성에 대해서 잘못 설명한 것은?

① 투자성과에 대한 기여도를 명확히 구별하기 위해
② 자산운용의 평가방법이 상이하기 때문
③ 안정적으로 수익을 계속적으로 배당하기 위해
④ 자산운용의 목적이 상이하기 때문

30 특별계정 운용, 수탁보수의 관한 설명 중 틀린 것은?

① 특별계정의 적립금에 대해 일정률로 부과한다.
② 매월 특별계정에서 일반계정으로 차감하게 된다.
③ 특별계정의 리스크 정도에 따라 그 적용률이 다른 것이 일반적이다.
④ 은행, 자산운용회사의 실적배당형 상품에 부과하는 운용보수 및 신탁보수와 유사한 개념이다.

31 다음 중 변액유니버설보험(보장형)의 사망보험금 지급액의 계산식은?

① 기납입보험료

② 기본사망보험금 + 변동보험금

③ 기본사망보험금 + 사망 당시 계약자 적립금

④ MAX[기본보험금, 계약자 적립금 일정 비율, 기납입보험료]

32 변액보험의 현금흐름에 대한 설명 중 맞는 것은?

① 납입 후 계약유지비용은 보험료를 납입이 완료되었다 하더라도 계속해서 납입한다.

② 특별계정투입보험료는 순보험료와 납입 후계약유지비용으로 구성된다.

③ 특별계정투입보험료는 특별계정에서 유가증권에 투자되어 매주 실적배당률로 적립된다.

④ 자연식 위험보험료는 변액보험만의 특이한 사항이다.

33 다음 중 변액보험의 선납보험료에 대한 설명으로 맞는 것은?

① 특별계정으로 투입되기 전까지 선납보험료는 예정이율로 이자를 계산한다.

② 선납보험료는 특별계정으로 바로 투입되지 않으며 매월 계약해당일마다 투입됨을 계약자에게 설명해야 한다.

③ 저축성상품은 일반적으로 평균공시이율로 할인하며 보험료의 배수로 납입한다.

④ 선납보험료와 추가납입보험료의 특별계정 이체 시기는 동일하다.

34 다음 중 변액보험의 추가납입보험료의 특별계정 투입일로 맞는 것은?

① 청약일

② 계약해당일

③ 납입일 + 제1영업일

④ 납입일 + 제2영업일

35 다음 중 변액유니버설보험에서 보험료 미납 시에 매월 차감되는 것은?

① 위험보험료

② 중도인출

③ 월대체보험료

④ 해약환급금

36 다음 중 보험정보 공시의 필요성으로 맞는 것은?

① 단기상품이므로 보험회사의 재무건전성 등 경영상태를 살펴보아야 하기 때문

② 보험소비자는 보험상품에 대한 상세정보 및 내용 등을 직접 비교하는 것이 금지되어 있기 때문

③ 회사별 보장과 급부 설계 등에 차이가 있어 보험소비자가 이해하기 어렵기 때문

④ 유형의 상품으로 보장받기 이전에는 그 효용을 알 수 없기 때문

37 변액보험 공시에 대한 설명 중 틀린 것은?

① 변액보험 특별계정의 기준가격, 수익률, 전원말기준의 자산구성 내역을 인터넷에 공시한다.

② 계약을 체결하려는 자에게 최근 3년간 운영실적이 기재된 특별계정 운용설명서를 제시한다.

③ 변액보험 공시내용에는 원금보전의 가능성을 기재하여야 한다.

④ 변액보험은 자격시험 합격자만이 판매할 수 있다는 것을 상품 안내사항에 명시한다.

38 甲이 납입한 보험료 중 특별계정 투입보험료가 3,000만원이며, 해당 일자 펀드기준가격은 1,250원이다. 특별계정의 자산운용 실적이 좋아져서 펀드기준가격이 1,500원으로 증가하였다. 甲의 보유좌수와 계약자적립액이 알맞게 연결된 것은?

① 2,200만좌 – 3,600만원

② 2,200만좌 – 3,300만원

③ 2,400만좌 – 3,600만원

④ 2,400만좌 – 3,300만원

39 부자에게서 세금을 거둬 저소득층을 지원하거나, 부유한 지역의 재정을 가난한 지역에 나눠주는 정책을 무엇이라 하는가?

① 로빈후드세

② 퍼플오션

③ 테뉴어제도

④ 사회보장

40 다음 지수 중 구매력 평가지수(PPP)라 볼 수 없는 것은?

① 빅맥지수

② 콤섹아이팟지수

③ 카페라테지수

④ 필라델피아 반도체지수

회사명	지점명	수험번호	성 명	시험지 유형	점 수

※ 본 모의고사 문제는 기출 복원 자료를 바탕으로 제작되었습니다.

※ 다음 문제에서 맞는 것은 ○표, 틀린 것은 ×표를 하시오(1~4).

01 변액종신보험은 최초 가입 시에 비해 납입기간이 경과함에 따라 자연식 위험보험료의 비중이 커져 특별계정 투입보험료가 감소하는데, 이는 일반종신보험에서는 나타나지 않는 차이점이다.　　　　　○ / ×

02 우선주는 이익이나 이자의 배당 또는 잔여재산의 분배 등과 같은 재산적 이익을 받는데 있어서 채권에 비하여 우선적 지위가 인정된 주식이다.　　　　　○ / ×

03 변액연금보험과 변액유니버설보험 적립형의 경우 변동보험금을 가산지급방법으로 계산하는 것이 일시납 추가가입 방법으로 계산하는 것보다 유리하다.　　　　　○ / ×

04 공시제도는 증권시장 내의 정보 불균형을 해소하고 공정성을 확보하여 투자자를 보호하기 위함이다.　　　　　○ / ×

※ 다음 문제의 물음에 가장 적합한 것 하나만 골라 답안지의 해당란에 표기하시오(5~40).

05 다음 중 환금성이 가장 높은 상품은?
① 은행의 MMDA
② 저축성보험
③ 폐쇄형 뮤추얼펀드
④ 장기수익증권(투자신탁)

06 다음 중 「자본시장법」의 기본방향으로 틀린 것은?
① 원칙적으로 포괄적 자율, 예외적인 규제
② 금융투자업, 금융투자상품, 투자자를 경제적 실질에 따라 분류
③ 금융투자업무의 상호 간 겸영 금지
④ 이해상충 방지체계 마련

07 다음 중 단기금융시장에 대한 설명으로 틀린 것은?
① 거래가 대규모로 이루어지기 때문에 금리에 따른 가격변동폭이 크다.
② 콜시장, 환매조건부채권매매시장 등이 해당된다.
③ 보통 만기 1년 미만의 금융상품이 거래되는 금융시장이다.
④ 자금시장이라고도 한다.

08 다음 중 우선주에 대한 설명으로 틀린 것은?

① 누적적 및 비누적적 우선주로 구분된다.
② 참가적 및 비참가적 우선주로 구분된다.
③ 후배주에 상반되는 것이다.
④ 배당이나 잔여재산 배분에서 표준이 된다.

09 다음은 투자자가 배당을 받기 위해서 주식을 매수해야 하는 마지막 날짜로 맞는 것은?(모두 영업일)

> • A기업은 12월 결산법인이다.
> • 배당기준일 : 12월 28일(목)

① 12월 26일　　　② 12월 27일
③ 12월 28일　　　④ 12월 29일

10 다음 중 주식 및 채권에 대한 설명으로 틀린 것은?

① 주식은 주식회사가 발행주체가 된다.
② 채권은 타인자본으로 재무제표상 부채항목으로 처리된다.
③ 주주와 채권자는 증권소유자로서 회사경영과 관련하여 동일한 지위를 갖는다.
④ 채권자는 주식에 우선하여 재산배분권을 가진다.

11 다음에서 설명하는 채권수익률의 종류는 무엇인가?

> 채권시장에서 대표되는 수익률로서 발행된 채권이 유통시장에서 계속 매매되면서 시장의 여건에 따라 형성되는 수익률이다.

① 발행수익률　　　② 실효수익률
③ 유통수익률　　　④ 표면수익률

12 다음 중 종합소득에 포함되지 않는 소득에 해당하는 것은?

① 이자소득　　　　② 배당소득
③ 기타소득　　　　④ 양도소득

13 다음 (　　) 안에 들어갈 공통된 단어는?

> • 개인별 금융소득이 연간 (　　) 초과 시 금융소득 종합과세가 적용된다.
> • 순금융재산이 (　　) 이하인 경우 전액 금융재산 상속공제를 받을 수 있다.

① 1,000만원　　　② 2,000만원
③ 3,000만원　　　④ 4,000만원

14 다음은 금융시장의 어떤 기능에 대한 설명인가?

> 자금잉여부문의 여유자금을 흡수하여 자금부족부문, 특히 투자효율이 높은 기업에 투자자금을 저렴하게 공급함으로써 거시적인 측면에서 국민경제의 후생을 증대시킨다.

① 자금중개　　　　② 시장규율
③ 유동성 제공　　　④ 거래비용 절감

15 다음 (　　) 안에 들어갈 내용으로 맞는 것은?

> ※ 계약 전 알릴의무 위반으로 해지할 수 없는 경우
> • 보험회사가 그 사실을 안 날부터 (가) 지난 경우
> • 계약을 체결한 날부터 (나)이 지났을 경우

① 가. 1개월, 나. 3년
② 가. 1년, 나. 2개월
③ 가. 3년, 나. 3개월
④ 가. 3개월, 나. 2년

16 다음 설명에 해당하는 책임준비금 구성요소를 바르게 짝지은 것은?

> 가. 보험계약 이행에 따라 발생할 미래의 현금흐름을 현재가치로 환산한 값이다.
> 나. 보험계약에 따라 서비스를 제공하면서 발생하게 될 미실현이익을 말한다.
> 다. 비금융위험에서 발생하는 잔여보장요소의 불확실성 감수에 대해 보험회사가 요구하는 보상금액을 말한다.

① 가. 이행현금흐름, 나. 보험계약마진,
　 다. 위험조정
② 가. 이행현금흐름, 나. 최선추정부채,
　 다. 보험계약마진
③ 가. 발생사고부채, 나. 이행현금흐름,
　 다. 위험조정
④ 가. 발생사고부채, 나. 이행현금흐름,
　 다. 최선추정부채

17 다음 중 보장성 보험료의 세액공제에 대한 설명으로 옳지 않은 것은?

① 100만원 한도 내에서 해당 연도에 납입한 보험료 중 12%의 금액을 공제받을 수 있다.
② 근로소득이 없는 연금소득자 또는 개인사업자는 세액공제를 받을 수 없다.
③ 일용근로자를 포함한 모든 근로소득자를 세액공제 대상으로 한다.
④ 기본공제 대상자는 요건을 충족하는 본인과 부양가족에 해당한다.

18 다음 (　　) 안에 들어갈 내용을 순서대로 바르게 나열한 것은?

> 개인종합자산관리계좌(ISA) 만기 시 연금계좌로 이체된 금액에 대해서 (　가　) 또는 (　나　) 중 적은 금액을 연금계좌세액공제로 추가 적용한다.

① 가. 100분의 10, 나. 200만원
② 가. 100분의 10, 나. 300만원
③ 가. 100분의 20, 나. 400만원
④ 가. 100분의 20, 나. 300만원

19 다음 중 우리나라의 변액보험 도입배경 및 경과에 대한 설명으로 틀린 것은?

① 2001년 「보험업감독규정」을 개정하여 법적 근거가 마련되었다.
② 2000년 이후 금융환경변화에 대응하여 시장수익률을 반영하면서 인플레이션을 헷지하여 보험금의 실질가치를 보장하기 위해 도입을 추진하였다.
③ 변액종신보험이 최초로 도입되었다.
④ 세계적인 금융위기인 2009년에도 수입보험료가 증가하였다.

20 다음 중 변액종신보험에 대한 설명으로 맞는 것은?

① 피보험자가 80% 이상의 고도장해가 발생한 경우 사망보험금을 지급하고 계약은 소멸한다.
② 사망보험금에 대해 납입보험료 이상으로 최저보증을 한다.
③ 변동보험금은 일시납보험 추가가입방법으로 계산한다.
④ 보험료의 납입은 원칙적으로 단기납이며, 전기납을 선택할 수 없다.

21 다음 표에서 설명하는 변액보험의 최저보증 옵션은 무엇인가?

> 기납입보험료 등 약정된 보증금액을 연금개시시점의 계약자적립금(연금재원)으로 보증

① GMDB　　　　② GMAB
③ GLWB　　　　④ GMIB

22 다음 중 변액유니버설보험에 대해 틀리게 설명한 것은?

① 중도인출이 불가능한 상품이다.
② 보험기간 중 수시로 보험료를 추가납입 할 수 있다.
③ 보험료 납입기간은 일반적으로 전기납이다.
④ 기본적으로 보험기간은 종신이다.

23 다음 중 사망보장을 주목적으로 하는 변액보험상품으로만 짝지어진 것은?

① 변액종신보험, 변액연금보험
② 변액연금보험, 변액유니버설보험(적립형)
③ 변액종신보험, 변액유니버설보험(보장형)
④ 변액유니버설보험(적립형), 변액유니버설보험(보장형)

24 다음 (   ) 안에 들어갈 내용으로 맞는 것은?

> 변액보험은 「보험업법」에 따라 (   )을 설정하여 운용해야 한다. (   )이란, 보험상품의 도입목적, 상품운용방법 등이 일반상품과 크게 상이하여 보험회사로 하여금 다른 보험상품과 구분하여 별도로 관리 및 운용할 것을 보험관련 법규에서 지정한 것으로 계정상호간 계약자를 보호하는 것을 목적으로 설정한 것이다.

① 특별계정   ② 임시계정
③ 일반계정   ④ 추가계정

25 다음 중 변액종신보험과 일반종신보험의 공통점이 아닌 것은?

① 다양한 선택특약의 자유조립
② 보험상품에 부여되는 다양한 세제혜택
③ 사업비의 발생
④ 지급되는 보험금

26 다음 중 변액연금보험의 예시수익률에 대한 설명으로 옳지 않은 것은?

① 투자수익률을 −1%로 가정하면 연금개시 시점의 해약환급금은 납입 원금보다 적어진다.
② 투자수익률을 평균공시이율로 가정하면 사망보험금은 기간이 경과할수록 점차 증가한다.
③ 투자수익률을 평균공시이율 × 1.5로 가정하면 연금개시 시점의 해지환급률은 납입개시 시점의 해지환급률보다 낮다.
④ 어떤 예시수익률을 가정하더라도 보험료를 납입하는 기간 동안 사망보험금은 증가한다.

27 다음 중 변액보험의 특별계정 자산평가 방법에 대해 바르게 설명한 것은?

① 매일 투자수익률을 산출하여 그 성과를 매월 계약자적립금에 반영한다.
② 특별계정 자산의 평가방법은 시가평가를 적용하는 것이 기본원칙이다.
③ 특별계정 최초 설정 시 기준가격은 100좌당 1,000.00원으로 시작한다.
④ 해당일 기준가격은 당월 말 특별계정의 전체 좌수를 특별계정 순자산의 좌수로 나누어 계산일 당일만 적용된다.

28 다음에서 설명하는 변액보험 특별계정(펀드)의 자산운용 옵션은 무엇인가?

> 일시납보험료 또는 추가납입보험료 등 주로 고액자금을 일시에 납입할 경우 활용할 수 있는 기능으로 펀드로 자금을 한 번에 투입 시 그 시점의 주식 등 시장의 흐름에 수익률이 크게 좌우되는 불안정성을 해결하기 위해 개발된 기능이다.

① 펀드별 편입비율 설정 기능
② 보험료 평균분할 투자 기능
③ 펀드 자동재배분 기능
④ 펀드변경 기능

29 다음 빈칸에 들어갈 말을 바르게 나열한 것은?

> 변액보험의 특별계정 운용보수는 특별계정에 속한 재산과 관련된 다양한 보수로 구성되어 있다. 그 중 (가)는 재산의 투자일임을 담당하는 투자일임업자에게 지급하는 보수이고, (나)는 재산 운용을 감시하는 신탁업자에게 지급하는 보수이며, (다)는 재산의 회계업무 등을 처리하는 관리 회사에 지급하는 보수이다.

① 가. 투자일임보수, 나. 사무관리보수,
　다. 수탁보수
② 가. 투자일임보수, 나. 수탁보수,
　다. 사무관리보수
③ 가. 사무관리보수, 나. 투자일임보수,
　다. 수탁보수
④ 가. 사무관리보수, 나. 수탁보수,
　다. 투자일임보수

30 다음 중 채권형 펀드에 대한 설명으로 틀린 것은?

① 국공채, 회사채 등에 투자·운용하여 안정성을 추구한다.
② 단기채권형 펀드는 원금손실 발생 가능성이 거의 없다.
③ 주식으로 전환이 가능한 합성채권에 투자할 수 있다.
④ 상장주식에 10% 미만으로 투자할 수 있다.

31 다음 중 일시납보험 추가가입방법에 대한 설명으로 틀린 것은?

① 예정책임준비금을 초과하는 금액을 활용하여 보험을 추가 가입하는 방식이다.
② 변액연금보험에서 사용되는 방식이다.
③ 투자수익률이 좋을 경우 변동보험금이 크다는 장점이 있다.
④ 위험보험료를 많이 소비하므로 수익률은 낮아질 수 있다.

32 해약환급금의 경우 해지시점의 적립금에서 해지공제액 등을 차감한 후 지급되는데, 해지공제액은 최대 몇 년까지 공제하는가?

① 3년　　　　　　② 5년
③ 7년　　　　　　④ 10년

33 변액종신보험에서 납입기간 후 특별계정 적립금에서 차감하는 비용으로 바르게 묶은 것은?

① 특별계정운용보수, 자연식 위험보험료
② 납입 중 계약유지비용, 저축보험료
③ 계약체결비용, 평준식 위험보험료
④ 납입 후 계약유지비용, 선택특약보험료

34 다음은 변액종신보험 계약자 김시대 씨의 가입내역이다. 김시대 씨 유족에게 지급되는 사망보험금으로 맞는 것은?(단, 최저사망보증옵션 설정하였고, 사망보험금은 사망일 기준 지급)

> • 사망일 2024년 10월 15일
> • 청구일 2024년 11월 13일
> • 기본보험금 : 5,000만원
> • 기본보험금 : 5,000만원
> • 변동보험금 : –500만원
> • 변동보험금 : 500만원

① 4,500만원　　　② 5,000만원
③ 5,500만원　　　④ 1억원

35 다음 중 예금자보호법에 의한 보호대상 금융상품으로 맞는 것은?

① 보험회사의 보증보험계약
② 투자매매업자의 수익증권
③ 은행의 양도성 예금증서(CD)
④ 종합금융회사의 어음관리계좌(CMA)

36 다음 (　) 안에 설명하는 것으로 맞는 것은?

> 예를 들어 변액보험계약자가 사이버몰 등에 접속하여 특정 상품명을 직접 입력하여 검색하고 이를 선택하여 변액보험계약 체결절차를 진행하는 경우 (　)을 실시해야 한다.

① 적합성 진단
② 적정성 진단
③ 투자성향 진단
④ 특별계정 재진단

37 다음 표에서 설명하는 내용은?

> 2015년부터 생명보험협회와 손해보험협회가 공동으로 운영하는 보험슈퍼마켓으로 연금보험, 자동차보험 등 8가지 보험상품을 보험소비자가 보다 손쉽게 비교하여 가입할 수 있도록 안내하고 있는 사이트

① 내보험 다찾아줌
② 보험다모아
③ 온라인보험
④ 연금마켓

38 다음 중 생명보험협회의 기타공시 중 보험금 청구지급 관련 소송공시와 관련되어 공시되는 내용으로 맞는 것은?

① 회사별 보험금 부지급률, 불만족도, 보험금 부지급 · 지급지연률 및 사유별 건수
② 회사별 본안소송 및 민사조정 건수, 보험금 청구건 대비 소송제기 비율
③ 보험료 납입가능 신용카드사 및 납입가능 상품군
④ 불완전판매계약해지율, 청약철회비율

39 주식시장에서 일반적으로 쓰는 용어로, 주가가 단기간에 과다하게 급락하는 상황을 뜻하는 말은?

① 언더슈팅
② 오버슈팅
③ 언더제트
④ 오버제트

40 돈을 풀고 금리를 낮춰도 투자와 소비가 늘지 않는 현상을 무엇이라 하는가?

① 유동성 함정
② 스태그플레이션
③ 디멘드풀인플레이션
④ 애그플레이션

회사명	지점명	수험번호	성 명	시험지 유형	점 수

※ 본 모의고사 문제는 기출 복원 자료를 바탕으로 제작되었습니다.

※ 다음 문제에서 맞는 것은 O표, 틀린 것은 × 표를 하시오(1~4).

01 보험회사가 계약자에 대하여 장래에 지급하는 보험금, 환급금, 배당금 등을 충당하기 위하여 계약자로부터 받은 순보험료의 일부를 적립해 놓은 금액을 책임보험료라고 한다.

O / ×

02 자금공급자와 자금수요자가 모여서 거래가 형성되는 금융시장은 자금중개, 금융자산의 가격결정, 유동성 제공, 정보비용 절감, 위험관리, 시장규율 등의 기능을 하고 있다.

O / ×

03 최저보증이 있는 변액보험은 특별계정(펀드)에서 매일 또는 매월 최저보증비용을 차감하여 일반계정에 적립한다.

O / ×

04 경영공시는 생보사의 경영투명성을 제고하기 위한 제도로 정기공시, 수시공시 등이 있다.

O / ×

※ 다음 문제의 물음에 가장 적합한 것 하나만 골라 답안지의 해당란에 표기하시오(5~40).

05 다음 중 3년 만기 정기예금에 예치했을 경우 동일한 수익률일 때 만기 금액이 가장 작은 이자계산방식은?

① 단 리   ② 월복리
③ 6개월 복리   ④ 연복리

06 다음에서 설명하고 있는 금융기관으로 맞는 것은?

> 특정 행정구역 내에 소재하는 담보력과 신용도가 취약한 소규모기업과 서민을 위해 금융편의를 제공하도록 설립된 지역 서민금융기관

① 상호저축은행
② 종합금융회사
③ 생명보험회사
④ 신용협동기구

07 다음 중 주식에 대한 설명으로 틀린 것은?

① 주식을 산 사람은 명의개서를 해야 주주로서의 권리를 갖게 된다.
② 우리나라에서는 의결권이 없는 주식도 발행할 수 있다.
③ 상장은 기업이 발행한 증권 종목별로 이루어진다.
④ 주당 가격이 과도하게 높아 소액투자가 어려워지는 경우 액면병합을 실시한다.

08 다음 중 단기금융시장(자금시장)과 상품에 대한 설명으로 틀린 것은?

① 양도성예금증서는 만기 전 중도환매가 허용되지 않는다.
② 통화안정증권은 한국은행이 통화량을 조절하기 위하여 발행하는 증권이다.
③ 거래가 소규모로 이루어지기 때문에 유동성이 비교적 낮다.
④ 만기 1년 미만의 금융상품(금융자산)이 거래되는 시장이다.

09 다음 중 채권에 대한 설명으로 옳지 않은 것은?

① 일반적으로 발행할 수 있는 기관과 회사가 법률적으로 정해진다.
② 채권은 주식과 마찬가지로 원금상환의무가 없다.
③ 채권투자에 따른 위험으로는 채무불이행위험과 시장위험이 있다.
④ 채권은 타인자본으로 이루어진다.

10 다음 중 소득종류별 과세방법에 대한 설명으로 틀리게 설명한 것은?

① 퇴직소득과 양도소득은 분류과세로 종합소득에 합산하지 않는다.
② 법인이 보험차익을 얻은 경우에는 소득세를 과세한다.
③ 2천만원 초과 금융소득에 대해서는 근로소득, 사업소득 등과 합산하여 누진세율을 적용한다.
④ 2천만원 이하의 금융소득에 대한 원천징수세율은 14%(지방소득세별도)이다.

11 다음에서 설명하는 채권은 무엇인가?

> 발행가격이 미리 액면금액에서 상환기일까지의 이자를 차감하여 정해지는 채권으로 금융채 일부(통화안정증권, 산업금융채권 등) 등이 이에 속한다.

① 이표채　　② 복리채
③ 할인채　　④ 금융채

12 다음 중 금리에 대한 설명으로 맞는 것은?

① 실효금리는 명목금리에서 물가상승률을 뺀 금리다.
② 한국은행은 주로 콜금리를 이용하여 기준금리를 결정한다.
③ 표면금리가 동일한 예금이면 실효금리도 동일하다.
④ 한국은행은 물가동향, 금융시장 여건 등을 종합적으로 고려하여 기준금리를 결정한다.

13 다음 중 매매거래 중단제도(Circuit Breakers)에 대한 설명으로 틀린 것은?

① KOSPI가 직전거래일의 종가보다 8%, 15%, 20% 이상 하락한 경우 매매거래중단의 발동을 예고할 수 있다.
② 1, 2단계의 매매거래중단이 발동되면 20분 동안 시장 내 호가접수와 채권시장을 제외한 현물시장과 연계된 선물옵션시장도 호가접수 및 매매거래를 중단한다.
③ 2단계 매매거래 중단 발동 이후 한국종합주가지수가 전일종가 대비 15% 이상 하락하고, 2단계 발동지수 대비 2% 이상 추가 하락한 경우 당일 발동시점을 기준으로 유가증권시장의 모든 매매거래를 종료한다.
④ 3단계 매매거래 중단은 장 종료 40분전 이후에도 발동이 가능하다.

14 다음 중 상환기간이 5년 초과인 채권은?

① 단기채   ② 중기채

③ 장기채   ④ 상환채

15 다음 김시대 씨가 보장성 보험에 가입하고 받을 수 있는 세액공제금액(지방소득세 별도)은 얼마인가?

> 개인사업자인 김시대 씨는 보장성 보험에 가입한 후 1년 동안 120만원의 보험료를 납입하였다.

① 10만원

② 20만원

③ 50만원

④ 세액공제금액 없음

16 다음 ( ) 안에 들어갈 생명보험표준약관에서 정한 청약철회의 기한을 순서대로 맞게 나열한 것은?

> 보험계약자는 보험증권을 받은 날부터 ( )일 이내에 계약의 청약을 철회할 수 있다. 다만, 보험계약의 청약을 한 날로부터 ( )일이 초과된 계약은 청약을 철회할 수 없다.

① 15, 30   ② 15, 90

③ 30, 60   ④ 30, 90

17 다음 중 보험계약의 성립요건이 아닌 것은?

① 위험의 존재

② 적정한 보험금

③ 손해복구자금에 대한 수요

④ 사회 · 경제적 제도로 존재

18 다음 중 예금자보호제도에 대한 설명으로 옳지 않은 것은?

① 투자자가 맡긴 예금을 금융회사가 지급할 수 없을 때 예금보험공사가 대신 지급해주는 공적보험제도이다.

② 파생상품이 다양해지면서 수익증권, 펀드 등의 상품까지 보호가 확대되었다.

③ 예금자 1인 당 최고 5,000만원까지 보호된다.

④ 상호저축은행이 발행한 자기앞수표는 예금자보호대상이다.

19 다음에서 설명하는 유상증자의 배정방법은 무엇인가?

> 새로 발생되는 주식의 인수권을 기존 주주들의 보유지분에 비례하여 배정하고 실권주가 발생하면 이사회의 결의에 따라 그 처리방법을 결정하는 것으로 가장 일반적인 유상증자의 형태

① 주주우선공모   ② 주주배정

③ 일반공모   ④ 직접공모

20 다음 중 우리나라의 변액보험에 관한 법적 규제에 대해 틀리게 설명한 것은?

① 변액보험의 법률상 정의는 보험금이 자산 운용성과에 따라 변동하는 보험계약(보험업법 제108조 제1항 제3호)이다.

② 변액보험은 자본시장법에 따라 특별계정을 설정하여 운용하여야 한다.

③ 손해보험회사에서는 변액보험을 취급할 수 없다.

④ 변액보험은 생명보험과 집합투자(펀드운용에 의한 실적배당)의 성격을 동시에 가지므로 법적 규제에 있어서도 보험업법과 자본시장법의 일부규정이 동시에 적용된다.

21 다음 중 변액종신보험 특별계정(펀드)의 투입보험료에 대해 틀리게 설명한 것은?

① 순보험료와 납입 후 계약유지비용이 특별계정(펀드)으로 투입된다.
② 기타비용은 보험기간 동안 매일 동일한 금액이 차감된다.
③ 납입 후 계약유지비용은 계약자 적립금에서 차감하여 사용한다.
④ 특별계정(펀드)에서 주식, 채권 등 유가증권에 투자되어 매일 투자수익률로 적립된다.

22 다음 (   ) 안에 들어갈 내용으로 맞는 것은?

> 변액종신보험은 특별계정 펀드 수익률이 악화되어 (   )을/를 계약자적립금에서 공제하지 못할 때에는 최소한 보험가입금액 수준의 사망보장을 위해 최저사망보험금 보증준비금에서 위험보험료 부족분을 보전한다.

① 위험보험료
② 해약환급금
③ 보험가입금액
④ 책임준비금

23 다음 중 변액보험 상품에 대한 설명으로 틀린 것은?

① 투자실적이 좋을 경우 해약환급금은 기납입보험료를 넘을 수 있다.
② 변액보험의 사망보험금 최저보증은 보험 고유기능이기 때문에 별도의 비용이 부과되지 않는다.
③ 투자수익률이 낮을 경우 일반보험에 적용되는 이율보다 낮아질 수 있다.
④ 선택특약을 자유롭게 조립할 수 있다.

24 다음과 같이 특별계정(펀드)에 보험료를 납입할 경우 계약자 보유좌수는?

> • 특별계정 투입보험료 : 1천만원
> • 해당 일자 펀드 기준가격 : 1,250.00원

① 100만좌
② 200만좌
③ 500만좌
④ 800만좌

25 다음에서 설명하는 변액보험의 자산운용옵션은 무엇인가?

> 계약자는 보험계약 체결시 또는 보험기간 중에 이 기능의 적용여부를 선택할 수 있다. 이 기능은 가입 후 일정기간(매 3개월, 6개월, 1년 등)마다 적용된다.

① 펀드변경 기능
② 펀드별 편입비율 설정 기능
③ 보험료 평균분할투자 기능
④ 펀드 자동재배분 기능

26 변액보험의 현금흐름에 대한 설명으로 옳지 않은 것은?

① 변액보험의 영업보험료는 순보험료와 부가보험료로 구성된다.
② 유지비는 보험료 납입기간 중 사용하는 납입 중 계약유지비용과 보험료 완납 후 계약유지기간 중 사용하는 납입 후 계약유지비용으로 구분된다.
③ 특별계정에 투입되는 보험료는 순보험료와 미래에 사용할 유지비인 납입 후 계약유지비용을 합한 금액이다.
④ 특별계정 투입보험료에서 자연식 위험보험료 및 납입 후 계약유지비용은 계약기간이 1/2 이상이 지나야 특별계정에서 일반계정으로 차감할 수 있다.

27 다음 중 변액종신보험의 특별계정 투입보험료로 틀린 것은?

> 특별계정 투입보험료 = ① 납입보험료 − (② 계약체결비용 + ③ 납입 중 계약유지비용 + ④ 순보험료)

28 다음 중 변액보험을 특별계정으로 운용하는 사유에 해당하지 않는 것은?

① 자산운용의 실적에 대한 투자위험 부담자가 상이하기 때문에
② 자산운용의 환급규모가 상이하기 때문에
③ 자산운용의 평가방법이 상이하기 때문에
④ 자산운용의 목적이 상이하기 때문에

29 다음 중 변액보험의 상품구조에 대한 설명으로 틀린 것은?

① 사망을 보장하는 종신보험의 경우 변액종신보험과 변액유니버설보험(보장형)이 있는데 유니버설의 형태인 변액유니버설보험(보장형)으로 대부분 판매가 이루어지고 있다.
② 최근 변액유니버설보험(적립형)에서 변동보험금이 없는 형태는 판매 중단되었다.
③ 사망보험금을 최저보증하고 있다.
④ 변액연금보험의 경우 연금개시 시 최저연금재원 보증을 위해 이미 납입한 보험료를 최저연금적립금으로 보장할 수 있다.

30 다음에서 설명하고 있는 변액보험의 종류는?

> 다양한 고객의 니즈를 반영하여 입출금 기능, 간접투자 상품의 실적배당기능, 보험의 보장기능을 하나의 상품으로 제공할 수 있는 One-Stop Service 종합금융형 보험이다.

① 변액유니버설보험
② 변액종신보험
③ 변액연금보험
④ 변액보험

31 다음 중 변액보험의 보험료 납입에 대해 맞게 설명한 것은?

① 변액유니버설보험은 보험료의 납입은 별도로 정해진 납입기간 없이 보험기간 중 계약자가 원하는 때에 보험료를 납입할 수 있다.
② 변액연금보험은 월납으로만 납입이 가능하다.
③ 변액종신보험의 보험료 납입기간은 2개월납, 3개월납, 6개월납, 연납 등의 방법이 운영된다.
④ 변액유니버설보험은 의무납입기간 이전 계약이 해지되지 않는 한도 내에서 원하는 기간만큼 납입을 하지 않을 수도 있다.

32 다음에 공통으로 들어갈 말은?

> (　　)금액을 일반계정에서 먼저 지급한 후 특별계정의 계약자적립금에서 그 금액만큼 차감하여 일반계정으로 이체한 후 일반계정의 (　　)금적립금계정에 적립한다. 계약자가 (　　)을 신청할 경우 (　　)금에 해당하는 금액만큼을 일반계정에서 신용(담보)대출로 처리한다.

① 보험계약대출
② 보험가입
③ 보험부활승낙
④ 해지환급

33 다음 중 변액보험 판매 시 필수 안내 사항이 아닌 것은?

① 운용실적에 따른 사망보험금 및 해약환급금 변동
② 원금손실가능성
③ 예금자보호법 적용 제외
④ 해약환급금 보증

34 다음 중 변액보험의 현금흐름에 대한 설명으로 틀린 것은?

① 변액연금보험의 경우 예정신계약비 상각이 완료되면 특별계정에 투입되는 보험료는 커진다.
② 변액종신보험은 기간이 경과할수록 위험보험료로 인하여 특별계정에 투입보험료가 작아진다.
③ 모든 변액보험의 기타비용은 특별계정으로 투입되지 않는다.
④ 특별계정 적립금에 부과되는 최저보증비용은 보험기간이 경과할수록 그 적용률이 증가한다.

35 다음 중 예금자보호법에 의한 보호대상예금은?

① 양도성예금증서
② 환매조건부채권
③ 정기예금
④ 뮤추얼펀드

36 다음 중 변액보험의 자산평가방법에 대한 설명으로 옳지 않은 것은?

① 매일 실적배당률을 산출하고 계약자적립금에 반영한다.
② 국내 상장주식과 사채는 시가로 평가한다.
③ 시가가 형성되지 않은 자산은 장부가격을 평가금액으로 한다.
④ 특별계정을 최초 설정할 때 1,000좌당 기준가격은 1000.00원으로 한다.

37 다음 중 보험정보의 정기공시 항목의 예시가 아닌 것은?

① 대주주 현황
② 해약환급금 준비금
③ 포괄손익계산서
④ 대주주의 의결권 행사

38 다음 중 변액보험 공시에 대한 설명으로 틀린 것은?

① 보험계약자가 보험계약을 청약할 경우 변액보험 운용설명서를 교부하고 그 중요한 내용을 설명하여야 한다.
② 변액보험 관리내용을 계약자에게 문서로 제공하는데 연 1회 이상 제공하여야 한다.
③ 생명보험협회는 협회 공시실에 매일의 변액보험 펀드별 기준가격 및 수익률 등을 공시하고 있다.
④ 계약관리내용은 보험회사에서만 확인이 가능하며, 생명보험협회에서는 공시하지 않는다.

39 사회 구성원의 주관적인 가치판단을 반영하여 소득 분배의 불평등도를 측정하는 지표는?

① 지니계수

② 빅맥지수

③ 엥겔계수

④ 앳킨슨지수

40 대기업들이 간과하고 있거나 무시하고 있는 시장을 중소기업들이 개척하는 전략은?

① 시장세분화 전략

② 제품차별화 전략

③ 적소시장 전략

④ 가격차별화 전략

제06회 최종모의고사

회사명	지점명	수험번호	성 명	시험지 유형	점 수

※ 본 모의고사 문제는 기출 복원 자료를 바탕으로 제작되었습니다.

※ 다음 문제에서 맞는 것은 ○표, 틀린 것은 ×표를 하시오(1~4).

01 자사주란 회사가 보유하고 있는 자기주식을 말하며, 자사주 매입 시 일반적으로 유통주식 수가 줄어 주당가치가 높아지는 효과가 있다.　　　　　　　　　　　　○ / ×

02 연금보험과 교육보험은 생존보험으로, 종신보험은 사망보험으로 분류한다.
　　　　　　　　　　　　　　　○ / ×

03 변액보험의 변동보험금 계산방법 중 사망보험금 증가규모와 만기, 해약 시 수익률이 가장 큰 방법은 일시납 추가가입방법이다.
　　　　　　　　　　　　　　　○ / ×

04 변액보험 특별계정(펀드)은 채권의 매입비율에 따라 주식형 펀드, 채권형 펀드, 혼합형 펀드 등으로 나눌 수 있다.　　○ / ×

※ 다음 문제의 물음에 가장 적합한 것 하나만 골라 답안지의 해당란에 표기하시오(5~40).

05 다음 중 금융시장 주요기능에 대해 틀리게 설명한 것은?
　① 투자자들이 필요한 경우 언제든 목표수익을 달성하게 하는 투자기능
　② 금융거래의 탐색비용이나 정보비용을 절감시키는 거래비용 절감기능
　③ 잉여부문의 여유자금을 부족부문에 공급하는 자금중개 기능
　④ 시장 참여자들에게 다양한 금융상품과 거래 기회를 제공하는 위험관리 기능

06 다음 중 단기로 운용되는 실적배당형 상품에 대해 틀리게 설명한 것은?
　① 초단기형 채권 투자상품인 MMF는 입출금이 가능하다.
　② CMA는 종금사형 CMA, 증권사형 CMA로 구분된다.
　③ 종금사형 CMA는 예금자보호법에 의한 보호대상이 아니다.
　④ 변액보험은 실적배당형 상품으로 분류되나 운용기간을 감안하여 단기실적배당 상품으로 분류하지 않는다.

07 매매거래에 관한 설명 중 맞는 것은?

① 코스닥과 거래소의 가격폭 제한은 같다.
② 우리나라에는 매매거래 중단제도가 없다.
③ 배당 기준일 다음날의 주가는 배당만큼 높아지는 것이 보통이다.
④ 권리락은 신주배정일 기준일 이전에 결제되는 주식에는 신주인수권이 없어지는 것을 말한다.

08 다음 중 주식의 매매계약 체결 시 거래소에서 거래를 체결시키는 원칙을 순서대로 나열한 것은?

① 가격우선의 원칙, 시간우선의 원칙
② 가격우선의 원칙, 대량우선의 원칙
③ 시간우선의 원칙, 대량우선의 원칙
④ 호가우선의 원칙, 대량우선의 원칙

09 다음 중 주식시세표에 대해 맞게 설명한 것은?

① 종목 : 해당 주식회사 명칭
② 종가 : 당일의 가장 높은 가격
③ 고가 : 당일의 마감 가격
④ 시가 : 전일의 마감 가격

10 다음 중 채권수익률에 영향을 주는 요인이 아닌 것은?

① 시중금리
② 채권의 액면가액
③ 채권의 수급
④ 만기까지의 잔존기간

11 다음 중 합성채권에 대해 틀리게 설명한 것은?

① 전환사채는 주식으로 전환한 경우 채권의 효력이 없어진다.
② 교환사채는 교환권 청구 시 추가적인 자금부담이 있다.
③ 신주인수권부사채는 미리 정해진 일정한 조건에 근거해 그 회사의 주식을 인수할 권리가 붙은 사채이다.
④ 신주인수권부사채는 보통사채와 신주인수권이 결합된 것이다.

12 다음 중 단기금융시장의 거래상품을 매개로 하는 예금상품에 포함되지 않는 것은?

① 수시입출금식 예금   ② 양도성예금증서
③ 환매조건부채권   ④ 어음관리계좌

13 프로그램 매매 호가효력 일시정지 제도에 대한 설명으로 옳은 것은?

① 프로그램 매매에 의한 주식시장의 과도하고 급격한 등락을 방지하고 일시적으로 프로그램 매매 호가의 효력을 중단시켜 시장을 안정화시키는 것이다.
② 하락 시 프로그램 매도의 호가효력을 1분 동안 정지한다.
③ 하루에 2회에 한한다.
④ 장 종료 20분 전부터 장 종료시점까지는 발동되지 않는다.

14 다음 중 투자에 대하여 투자자의 원금손실 위험이 가장 큰 금융상품은?

① 정기예금
② CD금리 연동형 정기예금
③ 전통형 보험
④ 변액보험

15 다음 중 생명보험계약에서 부합계약이 필요한 이유를 바르게 설명한 것은?

① 보험계약은 일반 경제생활에서의 계약보다도 더욱 선의가 요구되는 계약이다.
② 보험계약자는 보험료를 납입해야 할 의무를 지게 되며, 반대로 보험회사는 보험사고가 발생할 때 보험금을 지급해야 할 의무가 발생된다.
③ 보험계약은 보험금이 장래의 우연한 사고 발생 시 지급된다.
④ 한 보험회사가 수많은 보험계약자를 상대로 개개인의 필요에 맞게 보험약관을 정하는 것이 불가능하다.

16 다음 중 책임준비금에 대해 틀리게 설명한 것은?

① 보험료를 평준보험료 방식으로 산출한 경우 별도의 적립이 필요하지 않다.
② 이행현금흐름에는 최선추정부채와 위험조정이 포함된다.
③ 발생사고부채는 이미 발생한 사건에 대해 보험금 등을 지급할 의무를 말한다.
④ 최선추정부채는 잔여보장부채와 발생사고부채에 모두 포함되어 있다.

17 다음 중 금융재산 상속공제에 대한 설명 중 맞는 것은?

① 순금융재산은 금융재산에서 금융부채를 공제한 것을 말한다.
② 1억원을 초과하는 금융재산에 대해서는 한도 없이 순금융재산의 20%가 공제된다.
③ 연금보험은 종신보험에 비해 상속세 재원 조달효과가 크다.
④ 상속재산 중 금융재산은 보험금을 포함하지 않는다.

18 다음 월적립식 저축성 보험계약의 보험차익 비과세 요건에 대해 맞게 설명한 것을 모두 고른 것은?

> 가. 계약기간이 5년 이상일 것
> 나. 최초납입일부터 납입기간이 3년 이상
> 다. 매월 납입하는 기본보험료가 균등할 것
> 라. 기본보험료의 선납기간이 5년 이내일 것
> 마. 계약자 1명당 매월 납입하는 보험료 합계액이 150만원 이하일 것(2017년 4월 1일 이후체결한 보험계약으로 한정)

① 가, 나   ② 나, 다
③ 다, 마   ④ 다, 라

19 다음 중 일본의 변액보험 도입초기 판매 실패사유에 대해 맞게 설명한 것을 모두 고르시오.

> 가. 주식시장의 침체로 인한 수익률 저하
> 나. 특별계정의 펀드운용 미숙
> 다. 상품구조의 복잡 및 상품의 유연성 부재

① 가, 다   ② 가, 나
③ 나, 다   ④ 가, 나, 다

20 일시납보험 추가가입방법에 대한 설명으로 맞는 것은?

① 다른 변동보험금 계산방법보다 상대적으로 수익률(만기 시)이 높다.
② 변액종신보험에 주로 적용되는 방법이다.
③ 사망보험금의 증가속도가 가장 크다.
④ 국내 적용상품이 없다.

21 다음 ( )에 들어갈 용어로 맞는 것은?

> 최저연금적립금 보증은 연금개시시점의 연금 재원으로 최소한 ( ) 수준을 보증해주는 옵션으로 특별계정적립금에서 보증비용을 공제하여 ( ) 내의 최저연금적립금 보증준비금 계정에 적립한다.

① 기납입보험료, 특별계정
② 기납입보험료, 일반계정
③ 위험보험료, 특별계정
④ 위험보험료, 일반계정

22 다음 중 변액종신보험과 일반종신보험을 비교한 것으로 맞는 것은?

구 분	비교항목	변액종신보험	일반종신보험
가	사망보험금	투자실적에 연동	확정 또는 공시이율 연동
나	투자책임	회사 부담	계약자 부담
다	부리이율	최저보증이율 있음	최저보증이율 없음
라	예금자보호	예금자보호 대상 상품	예금자보호 대상 상품

① 가
② 나
③ 다
④ 라

23 변액유니버설 연금보험에 대한 내용 중 틀리게 설명한 것은?

① 일반적으로 기본보험료의 2배 이내에서 추가납입이 가능하다.
② 변동보험금 계산방법으로 책임준비금비례방법이 사용된다.
③ 최저사망보험금 보증 및 최저연금적립금 보증 기능을 도입하고 있다.
④ 연금지급형태는 종신연금형, 확정연금형, 상속연금형 등이 있다.

24 다음 중 2025년에 적용할 수 있는 변액연금의 투자수익률 예시이율을 모두 고른 것은?

> 가. -1%   나. 1%
> 다. 2.45%   라. 2.75%
> 마. 3.675%   바. 4.125%

① 가, 다, 마
② 가, 다, 바
③ 가, 라, 바
④ 나, 라, 바

25 다음 중 변액유니버설보험에 대해 틀리게 설명한 것은?

① 변액유니버설보험은 수익률이 악화되더라도 사망보험금은 최저 보증된다.
② 일정기간이 지나면 보험료 납입중지 및 추가납입 등 보험료 납입이 자유롭다.
③ 기납입 보험료 범위 내에서 적립금에 대한 중도인출이 가능하다.
④ 실적배당과 입출금을 결합한 상품이다.

26 다음 중 변액보험 특별계정 투입보험료에 대해서 틀리게 설명한 것은?

① 고객이 납입한 생명보험료 전액이 특별계정에서 운용되는 것은 아니다.
② 특별계정 투입 보험료는 특별계정에서 주식, 채권 등에 투자되어 매일 실적배당금에 적립된다.
③ 변액종신보험의 특별계정 투입보험료는 연령이 증가함에 따라 늘어난다.
④ 특별계정 운용수수료는 특별계정 적립금에 대해 일정률로 부과되어 매일 차감된다.

27 다음 중 변액연금보험에 부가되는 비용을 모두 고른 것은?

> 가. 특별계정 운용 · 수탁 보수
> 나. 최저 사망보험금 보증비용
> 다. 최저 해약 환급금 보증비용
> 라. 최저 연금 적립금 보증비용

① 가, 나
② 나, 다, 라
③ 가, 나, 라
④ 가, 나, 다, 라

28 다음 중 변액보험과 자산운용회사의 실적배당상품에 대해 틀리게 설명한 것은?

① 대부분의 자산운용회사 실적배당상품은 대출기능이 있다.
② 대부분의 자산운용회사 실적배당상품은 펀드변경 기능이 없다.
③ 변액보험은 10년 이상 장기운용 상품이다.
④ 변액보험은 중도위험 중도수익을 추구한다.

29 혼합형 펀드에 대한 설명으로 틀리게 설명한 것은?

① 채권, 주식, 대출 등에 투자한다.
② 주식투자 비율에 상한을 두지 않는다.
③ 관계법령에서 허용하는 채권을 투자대상으로 한다.
④ 투자원금에 대한 손실위험이 존재한다.

30 다음 중 2025년 11월 19일 인터넷 변액보험 공시실에서 조회된 내용에 대해 틀리게 설명한 것은?

기준가격	전일대비	누적 수익률	연환산 수익률	순자산 가치
1307.82	−0.13	30.78%	5.17%	480억원

① 현재 이 특별계정은 (+)수익률을 달성하고 있다.
② 2025년 11월 18일의 기준가격은 1307.69이다.
③ 누적수익률은 펀드 최초개설일 대비 2025년 11월 19일까지의 수익률이다.
④ 5.17%는 누적수익률을 연(年)으로 환산했을 경우 수익률이다.

31 다음 중 우리나라에서 판매되는 변액연금보험의 일반적인 보험료 납입방법을 모두 고른 것은?

> 가. 월납   나. 2개월납
> 다. 9개월납   라. 일시납

① 가, 나, 다
② 나, 다, 라
③ 다, 라
④ 가, 라

32 변액보험의 부활에 대한 설명으로 틀린 것은?

① 부활은 실효일로부터 3년 이내에 가능하다.
② 부활 시 연체보험료와 연체이자를 납입해야 한다.
③ 부활 시 계약자적립금 등을 특별계정으로 이체하지 않고 일반계정에서 별도 관리한다.
④ 부활 시 보험회사의 승낙이 필요하다.

33 다음 중 변액종신보험의 계약내용을 변경할 수 있는 것을 모두 고르면?

> 가. 펀드자동 재배분 옵션의 변경
> 나. 연금저축보험으로의 전환
> 다. 보험가입금액의 감액

① 가
② 나, 다
③ 가, 다
④ 가, 나, 다

34 A생명보험회사의 일반계정 총자산은 3조원
이다. A생명보험회사 변액보험 특별계정펀
드의 최초 개설 시 펀드에 투입할 수 있는
초기투자자금의 최고한도는?

① 30억원
② 100억원
③ 200억원
④ 300억원

35 다음 중 보험사 경영공시 중 수시공시를 도
입한 사유로 볼 수 있는 것은?

① 신상품 개발의 홍보 및 계약자 안내를 위
해서
② 보험사 상품별 수익률 게시로 계약자의 선
택을 유도하기 위해서
③ 보험회사의 사업연도 말 손익계산서를 보
여 주기 위해서
④ 금융감독 당국의 적기 사정조치 등을 계약
자들에게 알리기 위해서

36 다음 중 보험회사가 계약자에게 안내하는 보
험계약관리내용에 대해 맞게 설명한 것은?

① 일반보험의 경우 만기에 한 번 문서로 계
약자에게 통보하여야 한다.
② 변액보험은 월 1회 이상 계약관리내용을
통보해 주어야 한다.
③ 변액보험은 자산운용보고서를 작성하여
반기 1회 통보하여야 한다.
④ 인터넷 홈페이지에 계약자가 운용실적 내
역을 확인할 수 있도록 하고 있다.

37 다음 중 변액보험 주요내용 확인서에 대해
틀리게 설명한 것은?

① 예금자 보호 여부에 대해 정확히 기재해야
한다.
② 해약 환급금이 원금에 미치지 못할 수 있
다는 가능성을 기재해야 한다.
③ 확인서상의 핵심문구를 판매자가 기재한
후 설명해 주어야 한다.
④ 약관, 청약서 부본 등의 교부 및 설명여부
의 확인에 대한 사항이 수록되어야 한다.

38 다음 중 예금자보호제도에 따라 별도로 각각
5천만원까지 보호받을 수 있는 금융상품을
바르게 짝지은 것은?

① 변액보험의 적립금, 연금저축보험
② 사고보험금, 연금저축신탁
③ 변액보험의 적립금, 변액보험 최저보증보
험금
④ 확정기여형 퇴직연금제도의 적립금, 보증
보험회사의 채권

39 다음 중 지역경제동맹이 아닌 것은?

① MERCOSUR   ② EFTA
③ WTO   ④ NAFTA

40 다음 중 바코드로 알 수 없는 것은?

① 국가식별   ② 제조업체
③ 상품품목   ④ 유통경로

회사명	지점명	수험번호	성 명	시험지 유형	점 수

※ 본 모의고사 문제는 기출 복원 자료를 바탕으로 제작되었습니다.

※ 다음 문제에서 맞는 것은 O표, 틀린 것은 ×표를 하시오(1~4).

01 새마을금고는 예금자보호법 대상이 아니기 때문에 가입자들은 예금보호를 받지 못한다.

O / ×

02 생사혼합보험은 보험기간 내에 피보험자가 사망할 경우에도 보험금이 지급되고 보험기간 만료 시까지 생존할 경우에도 보험금이 지급되는 보험이다.

O / ×

03 BIS 자기자본비율은 은행 및 보험회사에 대한 우량금융기관 판단지표이다.

O / ×

04 변액보험 특별계정 초기투자자금의 상환시점은 특별계정 펀드의 규모가 일정수준 초과하는 때이다.

O / ×

※ 다음 문제의 물음에 가장 적합한 것 하나만 골라 답안지의 해당란에 표기하시오(5~40).

05 종합금융회사가 영업자금 조달을 위해서 자체 신용으로 융통어음을 발행하여 일반 투자자에게 매출하는 형식의 금융상품은?

① 수익증권
② 어음관리계좌
③ 기업어음
④ 발행어음

06 다음 중 현금흐름방식과 3이원방식을 비교한 것으로 옳은 것은?

번호	구 분	현금흐름방식	3이원방식
①	가정 종류	3이원 포함, 해지율, 재보험 등	위험률, 이자율, 사업비율
②	가정 적용	보수적인 표준기초율	회사별 최적
③	새로운 원가요소반영	용이함	용이하지 않음
④	수익성 분석	필수적	선택적

07 기업공개와 상장의 차이점을 바르게 설명한 것은?

① 비상장 기업은 기업공개를 추진할 수 없다.
② 기업공개의 주목적은 유가증권의 공정한 가격형성이다.
③ 상장의 주목적은 주식분산이다.
④ 기업공개는 발행시장, 상장은 유통시장에서 각각 이루어진다.

08 생명보험상품의 분류에 대한 설명으로 틀린 것은?

① 적용금리에 따라 금리확정형연금, 금리연동형연금, 실적배당형연금으로 구분할 수 있다.

② 연금수령형태에 따라 종신보험, 확정연금, 상속연금으로 구분할 수 있다.

③ 가장 기본적인 분류방법은 생존보험, 사망보험, 생사혼합보험이다.

④ 개인보험과 단체보험으로 분류하지 않는다.

09 변액보험의 현금흐름을 잘못 설명하고 있는 것은?

① 자연식 위험보험료는 연령이 증가할수록 증가하므로 특별계정 투입보험료는 연령이 증가함에 따라 약간씩 늘어나게 된다.

② 특별계정 투입보험료는 순보험료 + 납입 후 계약유지비용으로 구성된다.

③ 매월 계약 해당월의 자연식 위험보험료와 납입 후 계약유지비용을 일반계정으로 차감한다.

④ 채권, 주식 등 유가증권에 투자되어 매일 실적배당률로 적립된다.

10 변액보험의 보험계약대출(약관대출)에 대한 설명 중 적절하지 못한 것은?

① 변액보험의 보험계약대출 한도, 구비서류, 대출이율 등은 전통형 보험과 유사하다.

② 변액보험에서 보험계약대출을 받으면 보험계약대출원금을 상환하기 전까지 특별계정의 계약자 적립금에서 보험계약대출금액만큼 운용되지 않는다.

③ 계약자는 보험계약대출금과 대출이자를 언제든지 상환할 수 있으며 이 경우 상환금액에 해당되는 적립금은 상환일 + 2영업일에 일반계정에서 특별계정으로 투입된다.

④ 변액보험의 보험계약대출이자는 보험회사 이익으로 처리한다.

11 금융중개기관의 수신상품에 대한 설명으로 옳지 않은 것은?

① 여유자금을 운용하는 목적으로 가계의 입장에서 활용할 수 있다.

② 금융보조기관이 자금을 조달하기 위해 자금공급자에게 제공하는 상품을 수신상품이라 한다.

③ 과거 수신상품은 은행의 예금이 대부분이었으나 금융시장의 발달과 다양한 금융상품의 출현으로 복잡한 상품이 개발되고 있다.

④ 수익성, 안정성, 유동성이 높은 상품을 투자자들은 선호하지만 이 조건이 동시에 충족될 수는 없다.

12 뮤추얼펀드에 대한 설명으로 옳지 않은 것은?

① 회사형 투자신탁이라고도 하는 뮤추얼펀드는 감독기관의 감독을 통해 통제하고 있다.

② 투자기간이 끝나면 회사를 청산하거나 존속기간을 연장하게 된다.

③ 중도환매 가능 여부에 따라 개방형과 폐쇄형으로 구분된다.

④ 환금성 도모를 위해 폐쇄형은 유통시장에서 거래가 가능하도록 하고 있다.

13 다음 중 채권수익률에 대한 설명으로 틀린 것은?

① 이표채의 경우 액면 이하 발행의 경우(할인발행)는 발행수익률이 표면이자율보다 낮다.

② 이표채의 경우 회사채, 금융채 등이 해당된다.

③ 실효수익률은 복리의 개념이고, 연평균수익률은 단리의 개념이다.

④ 세전수익률이 높더라도 세율이 높아지면 세후수익률은 낮아진다.

14 다음 중 채권수익률의 결정요인 중 외적 요인이 아닌 것은?

① 경기동향
② 시중금리
③ 정부의 금융정책
④ 표면이자율

15 다음 중 수지상등의 원칙과 관련이 없는 설명은?

① '만인은 1인을 위한, 1인은 만인을 위한' 상부상조제도가 보험이다.
② 보험회사의 경영은 수입과 지출이 같아야 한다는 것이 원칙이다.
③ 보험계약자 개개인의 납입보험료와 지급받는 보험금간의 차이는 있을 수 있어도 계약자 전체적으로 보면 납입보험료 총액과 지급받는 보험료 및 제지급금 총액은 같다.
④ 보험료 총액(가입자 수 × 보험료) = 보험금 총액(예정된 보험사고 발생건수 × 보험금)

16 다음 중 신용협동기구에 해당하지 않는 것은?

① 농협단위조합   ② 신용협동조합
③ 새마을금고   ④ 우체국

17 다음 중 세제혜택 금융투자상품에 대한 설명으로 틀린 것은?

① 일정요건을 충족한 저축성보험의 보험차익은 비과세한다.
② 60세 이상의 거주자가 저축원금 5,000만원 이하인 비과세종합저축에 가입한 경우 그 저축의 이자 및 배당은 비과세한다.
③ 비과세 종합저축의 가입기간은 2019년까지이다.
④ 2014년말까지 가입한 세금우대종합 저축에서 발생하는 이자 및 배당은 분리과세 금융투자상품이다.

18 신용거래에 대한 설명으로 옳지 않은 것은?

① 신용거래 융자금에 대하여 증권회사는 담보를 징구한다.
② 관리 · 감리종목을 대상종목에서 제외하고 종목별로 한도가 설정(상장주식 수의 20% 이내)된다.
③ 고객이 증권회사로부터 매수 시 주식(대주), 매도 시 현금(융자)을 빌려 결제하는 매매거래를 말한다.
④ 신용거래 융자금이 상환기일 내에 상환되지 않았을 경우 그 익일에 담보물을 처분하여 대출금 회수에 충당한다.

19 다음 중 일본의 변액보험 도입 초기 판매의 실패사유가 아닌 것은?

① 주식시장의 침체로 인한 수익률 저하
② 특별계정의 펀드 운용 미숙
③ 상품구조의 복잡성 및 상품의 유연성 부재
④ 부동산시장의 활황으로 인한 주가 폭등

20 책임준비금에 관한 설명으로 틀린 것은?

① 보험회사가 계약자 또는 보험수익자에 대해 미래에 지급할 보험금, 배당금 등을 충당하기 위해 순보험료의 일부를 적립한 금액을 말한다.
② IFRS17의 도입에 따라 보험부채의 평가기준이 시가기준에서 원가기준으로 바뀌었다.
③ 보험계약마진은 보험계약 서비스를 통해 발생하게 될 미래의 이익을 말한다.
④ 발생사고부채는 미보고된 보험사건에 대한 최선추정부채와 위험조정을 포함한다.

21 다음 중 변액보험의 특별계정에 의한 자산운용이 필요한 이유로 적합하지 않은 것은?

① 안정성보다 수익성을 추구하기 때문이다.
② 일반계정의 계약자를 보호해야 하기 때문이다.
③ 투자에 대한 책임을 전적으로 회사가 부담하기 때문이다.
④ 계약자의 자산에 비례한 공평한 투자손익의 배분이 이루어져야 하기 때문이다.

22 다음 중 일반계정과 특별계정의 비교설명이 틀린 것은?

① 위험부담의 경우 일반계정은 회사가, 특별계정은 계약자가 부담한다.
② 최저보증이율의 경우 일반계정은 예정이율을 보증하고, 특별계정은 보증하지 않는다.
③ 일반계정의 자산운용원칙은 수익성, 특별계정의 자산운용원칙은 안전성이다.
④ 일반계정의 결산시기는 매년, 특별계정의 결산시기는 매일 이루어진다.

23 다음 중 변액보험의 특징을 설명한 것으로 틀린 것은?

① 변액연금보험의 계약자들은 주로 노후를 대비하기 위해 가입하기 때문에 일반적으로 수익성보다는 안전성을 선호한다.
② 변액유니버설보험은 보험기간 중 보험료를 추가 납입하거나 일시 중지할 수 있으며 적립금 중도인출도 가능하다.
③ 변액종신보험은 계약이 중도에 해지되더라도 최저보증을 하기 때문에 항상 보험가입금액을 해약환급금으로 지급한다.
④ 변액양로보험은 실제 계약자적립금에서 미상각 신계약비를 공제한 금액을 해약환급금으로 지급한다.

24 변액보험과 투자신탁 상품의 비교·설명한 것으로 맞는 것은?

번호	종류	변액보험	투자신탁
①	가입 목적	실질가치가 보전된 보장 제공	간접투자를 통한 수익 추구
②	투자자의 지위	피보험자	수익자 또는 주주
③	비용	판매보수, 자산운용보수, 수탁보수 등	사업비, 특별계정운용보수, 보증비용 등
④	세제 혜택	5년 이상 유지, 관련요건 충족 시 보험차익 비과세	국내주식 매매차익 비과세

25 변액보험의 상품내용 중 틀린 것은?

① 변액유니버설은 보험의 보장기능, 은행의 자유입출금, 투신사의 실적배당이 모두 가능하다.
② 변액양로보험의 만기금은 보험가입금액에 만기 시 실제 적립금을 더하여 지급한다.
③ 변액연금은 연금 개시 후 정액연금 형태 또는 변액연금 형태로 선택이 가능하다.
④ 변액종신보험이 일반종신보험과 다른 점은 해약환급금이 투자실적에 따라 변동된다는 것이다.

26 다음 중 적립형 변액유니버설보험의 변동보험금 계산방법으로 맞는 것은?

① 일시납보험 구입방법
② 가산지급방법
③ 책임준비금 비례방법
④ 전부 가능

27 약관상 계약 전 알릴 의무 불이행에 따른 계약의 해지와 가장 관련이 있는 생명보험계약의 특성은?

① 유상쌍무계약
② 선의계약성
③ 부합계약
④ 불요식 · 낙성계약

28 일반종신보험과 변액종신보험의 차이점이 아닌 것은?

① 선택특약
② 자산운용
③ 최저보증이율
④ 투자책임

29 다음 중 기업공개의 효과라고 볼 수 없는 것은?

① 주권의 양도가 불가능하기 때문에
② 누적적 투표권을 갖기 때문에
③ 이익을 보면서 주식을 매각할 수 있기 때문에
④ 주식가치를 임의로 정할 수 있기 때문에

30 채권발행의 제한에 대한 내용으로 옳지 않은 것은?

① 정부가 채권을 발행할 경우 국회의 동의를 얻어야 한다.
② 주식회사가 채권을 발행할 경우 금융위원회에 등록한 후 유가증권신고서를 제출하여야 한다.
③ 법률로 정해진 기관 또는 회사만 발행가능하다.
④ 채권을 발행할 수 있는 회사는 주식회사 또는 개인을 포함한다.

31 전환사채에 관한 내용으로 옳지 않은 것은?

① 상법상의 사채발행한도 : 초과발행 가능
② 대상증권 : 발행회사의 신주식
③ 발행회사의 요건 : 상장법인 또는 등록법인
④ 권리행사 후 사채권자의 지위 : 사채권자 지위 상실, 타 회사 주주의 지위획득

32 교환사채에 대한 내용으로 옳지 않은 것은?

① 대상증권 : 발행회사가 소유하고 있는 타 회사의 주식
② 발행회사의 요건 : 상장법인 또는 등록법인
③ 주주가 되는 시기 : 교환을 청구한 때
④ 권리행사 후 사채권자의 지위 : 사채권자의 지위 상실, 타 회사 주주의 지위 획득

33 다음 빈칸에 들어갈 알맞은 말은?

> 계약자는 보험기간 중 해당 계약의 (   ) 범위 내에서 보험회사가 정한 방법에 따라 보험계약대출을 받을 수 있다.

① 납입보험료
② 계약자적립금
③ 해약환급금
④ 사망보험금

34 다음 생명보험의 기본원리 중 생명표에 대한 설명으로 바르지 않은 것은?

① 사람의 연령별 생사와 관련된 통계를 나타낸다.
② 우리나라 생명보험회사는 2024년부터 제10회 경험생명표를 사용한다.
③ 전체 국민 또는 특정 지역 인구를 대상으로 한 인구통계에 의해 사망상황을 작성한 표를 국민생명표라고 한다.
④ 생명보험회사, 공제조합 등의 가입자에 대해 실제 사망경험을 근거로 작성한 표를 실제생명표라고 한다.

35 다음 중 보험업감독규정 상 변액연금보험이 가정할 수 있는 예시수익률로 적절하지 않은 것은?

① -1.0%

② 2.75%

③ 4.125%

④ 10%

36 다음 중 보험안내자료의 필수기재사항이 아닌 것은?

① 보험회사의 상호나 명칭

② 해약환급금에 관한 사항

③ 보험금 지급제한 조건의 예시

④ 보험계약의 내용과 다른 사항

37 다음 보기에서 계약을 해지할 경우 납부해야 할 원천징수 과세금액은 얼마인가?

> • 계약일 : 2010년 8월 30일
> • 납입보험료 : 7천만원
> • 해지일 : 2025년 6월 30일
> • 해약환급금 : 9천만원

① 0원

② 70만원

③ 90만원

④ 200만원

38 특별계정 투입보험료가 1,200만원, 해당 일자의 펀드 기준가격이 1,200.00원일 때 계약자 보유좌수는 얼마인가?

① 120만 좌수

② 500만 좌수

③ 1,000만 좌수

④ 10,000만 좌수

39 연간 소득 대비 총부채 연간 원리금상환액을 기준으로 부채상환능력을 평가함으로써 대출 규모를 제한하는 규제는?

① DSR

② LTV

③ DTI

④ DTA

40 다음 중 일자리 나누기와 관련이 없는 것은?

① 잡셰어링

② 임금피크제

③ 워크셰어링

④ 더블워크

회사명	지점명	수험번호	성 명	시험지 유형	점 수

※ 본 모의고사 문제는 기출 복원 자료를 바탕으로 제작되었습니다.

※ 다음 문제에서 맞는 것은 ○표, 틀린 것은 × 표를 하시오(1~4).

01 변액유니버설보험의 월대체보험료의 구성은 주계약 기본보험료의 부가보험료와 위험보험료, 특약보험료(기타비용 포함)의 합계이다.
○ / ×

02 상호저축은행 및 상호저축은행중앙회에서 발행한 저축은행 발행채권은 예금자보호법에 의해 보호된다.
○ / ×

03 비과세 종합저축은 저축원금 4천만원 미만인 경우 그 이자와 배당이 비과세된다.
○ / ×

04 과세표준이 200억원을 초과하는 법인의 법인세 세율은 21%이다.
○ / ×

※ 다음 문제의 물음에 가장 적합한 것 하나만 골라 답안지의 해당란에 표기하시오(5~40).

05 다음 중 금융시장의 기능으로 옳은 것을 모두 고른 것은?

> 가. 유동성 제공
> 나. 거래비용 증가
> 다. 금융자산가격의 결정
> 라. 자금중개
> 마. 시장개방
> 바. 위험관리

① 가, 나, 라, 마, 바
② 가, 나, 라, 마
③ 가, 다, 라, 바
④ 가, 다, 마, 바

06 다음 자본시장법에 따라 금융투자업을 영위하는 금융투자회사의 고유업무를 나열해 놓은 것이다. 모두 맞게 짝지은 것은?

> 가. 투자매매업
> 나. 집합투자업
> 다. 신탁업
> 라. 투자중개업
> 마. 투자자문업
> 바. 투자일임업

① 가, 나, 라
② 가, 다, 라, 마
③ 가, 나, 다, 라, 마, 바
④ 가, 나, 다, 라, 바

07 다음 중 증권의 종류와 정의에 대한 설명으로 틀린 것은?

① 지분증권 : 주권, 신주인수권으로 표시된 것

② 투자계약증권 : 특정투자자가 그 투자자와 타인(다른 투자자 포함) 간의 공동사업에 금전 등을 투자하고 주로 타인이 수행한 공동사업의 결과에 따른 손익을 귀속 받는 계약상의 권리가 표시된 것

③ 수익증권 : 금전신탁계약에 의한 수익권이 표시된 수익증권, 투자신탁을 설정한 집합투자업자가 투자신탁의 수익권을 균등하게 분할하여 표시한 것

④ 채무증권 : 국채증권, 지방채증권, 특수채증권, 기업어음증권(기업이 사업에 필요한 자금을 조달하기 위하여 발행한 약속어음으로서 금융감독원장령으로 정하는 요건을 갖춘 것)

08 다음 중 주식의 종류와 기준이 알맞게 짝지어진 것은?

> 가. 의결권 기준 : 의결권주, 무의결권주
> 나. 배당 및 잔여재산의 분배 기준 : 보통주, 우선주, 상환주식, 전환주식
> 다. 기명여부 기준 : 기명주, 무기명주
> 라. 액면표시 기준 : 액면주, 무액면주

① 가, 나   ② 가, 나, 다
③ 가, 다, 라   ④ 가, 나, 다, 라

09 다음 중 유상증자의 종류에 대한 설명 중 틀린 것은?

① 일반공모 : 제3자 배정방식과 같이 신주발행 시 기존의 주주에게 배정하지 않고 일반 불특정 다수인을 대상으로 공개모집방식에 의하여 유상증자를 실시하는 방법

② 주주우선공모 : 상장법인이 신주를 모집하는 경우에 주주에게 우선청약의 기회를 부여하고 그 주주 등이 청약하지 아니한 주식을 다시 모집하는 방식

③ 직접공모 : 인수기관을 통하지 않고 발행회사가 직접 자기의 책임과 계산하에서 신주를 공모하는 방식으로 기업 스스로 모집능력이 있는 경우에 활용되는 방식

④ 주주배정 : 새로 발행되는 주식의 인수권을 새로운 주주들에게 먼저 배정하는 방식

10 다음 중 금융시장의 유형 및 특징에 대해 틀리게 설명한 것은?

① 단기금융시장은 1년 이상의 장기채권이나 만기가 없는 주식이 거래되는 자본시장으로 구분된다.

② 우리나라의 거래소 시장으로는 한국거래소가 있다.

③ 딜러와 브로커와 고객 간의 쌍방거래로 이루어지는 시장은 직접거래시장이다.

④ 발행시장에서는 투자자로부터 신규자금이 발행자에게 공급되는 기능을 한다.

11 한국은행 기준금리는 한국은행과 금융기관 간 거래의 기준이 되는 금리로 주로 (   )일물 (   )금리를 이용한다. 다음 중 괄호에 들어갈 숫자와 말을 맞게 나열한 것은?

① 5, 콜
② 7, 환매조건부채권(RP)
③ 7, 콜
④ 5, 환매조건부채권(RP)

12 다음 중 주가하락의 요인으로 틀린 것은?

① 급격한 물가상승
② 완만한 물가상승
③ 금리의 상승
④ 유가를 비롯한 원자재 가격의 상승

13 다음은 예정기초율과 보험료와의 관계이다. 맞게 설명한 것을 모두 고른 것은?

> 가. 예정사망률이 높아지면 사망보험의 보험료는 내려가고, 생존보험의 보험료는 올라간다.
> 나. 예정사망률이 낮아지면 사망보험의 보험료는 올라가고, 생존보험의 보험료는 내려간다.
> 다. 예정이율이 낮아지면 보험료는 올라가고, 높아지면 보험료는 내려간다.
> 라. 예정사업비율이 낮아지면 보험료는 내려가고, 높아지면 보험료는 올라간다.

① 가, 나, 다, 라   ② 가, 나, 다
③ 나, 다, 라   ④ 다, 라

14 다음 중 변액보험의 계약내용 변경에 대한 설명 중 틀린 것은?

① 감액된 계약은 감액 전 보험가입금액으로의 증액이 불가능하다. 하지만, 일부 변액유니버설 보험에서는 보험가입금액의 증액 및 감액이 자유롭게 허용되는 경우도 있다.
② 한 번 전환된 계약은 다시 변액보험으로 환원시키는 것이 불가능하다.
③ 모든 보험사는 펀드변경 수수료를 부과하고 있다.
④ 2개 이상의 펀드를 선택한 계약자는 펀드 자동재배분 여부를 선택 또는 비선택으로 자유롭게 변경 가능하다.

15 다음 중 증자와 관련된 설명으로 바른 것은?

① 다른 사람에게서 돈을 빌리는 경우(자기자본)와 주식을 발행하여 주주로부터 자본을 모으는 경우(타인자본)가 있다.
② 증자란 회사가 자본을 늘리기 위해 주식을 추가로 발행하는 것을 말한다.
③ 무상증자는 기업이 주주들에게 돈을 받지 않고 새로운 주식을 발행하여 무상으로 나누어 주는 것으로 현금배당 대신 실시하는 주식배당은 무상증자가 아니다.

④ 증자와 비슷한 성격인 감자 또한 자본금을 늘리는 행위로서 누적된 부실을 해소하기 위해 실시된다.

16 주식시장의 변화에 따른 펀드변경 시 권장할 만 한 것은?

① 주식시장의 상승이 예상되면 주식형(성장형), 인덱스혼합형의 편입비율을 줄인다.
② 주식시장이 상승이 예상되면 채권형의 편입비율을 늘린다.
③ 일시적으로 주식과 채권시장이 모두 침체현상을 보일 경우는 MMF와 같은 피난 펀드를 이용하는 것도 한 방법이다.
④ 장기투자 상품에서 펀드의 변경은 단기적인 추세에 따라 판단해야 한다.

17 IFRS17을 적용한 책임준비금의 구성요소에 대해 틀리게 설명한 것은?

① IFRS17은 보험부채를 잔여보장부채와 발생사고부채로 구분한다.
② 발생사고부채는 보고되지 않은 최선추정부채와 보험계약마진을 포함한다.
③ 위험조정은 잔여보장부채와 발생사고부채에 모두 포함된다.
④ 이행현금흐름은 보험계약 이행에 따른 미래의 현금흐름을 현재가치로 환산하여 산출한다.

18 다음 중 계약자, 보험대상자(피보험자), 수익자 형태에 따른 변액종신보험의 세금부과에 대해 맞게 짝지어진 것은?

구 분	계약자	피보험자	수익자	실질 보험료 납입자	보험금 과세방법
종 신	(가)	부모	본인	본인	(나)
종 신	모	부	모	모	(다)

① 가 : 본인, 나 : 소득세 과세 안 됨,
　　다 : 소득세 과세 안 됨
② 가 : 부모, 나 : 증여세 과세,
　　다 : 증여세 과세
③ 가 : 부모, 나 : 소득세 과세 안 됨,
　　다 : 소득세 과세 안 됨
④ 가 : 본인, 나 : 소득세 과세 안 됨,
　　다 : 증여세 과세

19 변액보험은 통상 특별계정으로 설정되어 펀드를 통해 자산운용이 되고 있으므로 펀드에 대한 세제를 이해할 필요가 있다. 다음 중 펀드세제에 대한 설명으로 틀린 것은?

① 펀드세제의 핵심은 펀드가 획득하는 소득에 대해서는 과세하지 않고, 펀드가 획득한 소득을 투자자에게 분배하는 시점에 당해 소득을 지급받는 자의 세액을 원천징수하도록 함으로써 이중과세를 방지하고 있다.
② 소득을 지급하는 자가 원천징수의무자가 되며, 일반적으로 수탁회사(은행이나 증권회사 등)가 분배금을 지급하므로 원천징수의무자가 된다.
③ 개인투자자의 경우 펀드소득은 다른 금융소득과 합산하여 2천만원을 초과하는 부분은 종합과세하고 이하인 경우에는 원천징수로서 납세의무가 종결된다.
④ 펀드는 채권과 주식을 교차운용하기 때문에 주식운용수익이 손실이 나더라도 채권운용수익이 생긴다면 이자소득에 대한 원천징수문제가 발생한다.

20 다음 중 주요 수시공시 항목으로 틀린 것은?

① 부실채권, 금융사고, 소송, 파생상품거래 등으로 인한 거액의 손실
② 재산, 채권채무관계, 투자 · 출자관계, 손익구조 변동에 관한 사항
③ 적기시정조치 등 법령에 의한 주요 조치사항
④ 당기순이익, 손익발생원천별 실적 등의 경영실적

21 다음 중 상품설명서와 요약서, 가입설계서에 기재되어야 할 내용으로 알맞게 짝지은 것은?

가. 상품설명서
나. 상품요약서
다. 가입설계서

A. 보험회사, 모집자, 보험료 납입기간 등
B. 상품의 특이사항 및 보험가입 자격요건 등
C. 보험가입 조건, 보장내용, 해약환급금 예시 등

① 가 : A, 나 : C, 다 : B
② 가 : C, 나 : B, 다 : A
③ 가 : A, 나 : B, 다 : C
④ 가 : B, 나 : C, 다 : A

22 다음 중 변액보험 공시에 관한 설명 중 틀린 것은?

① 변액보험 운용설명서에는 변액보험 계약 시 유의할 사항, 변액보험 상품의 개요 및 용어정의, 상품구조 및 운용흐름, 특별계정 펀드의 유형 포트폴리오 등의 내용으로 구성되어 있다.
② 일반보험계약의 반기별로 보험계약관리내용을 보험계약자에게 문서로 통보해 주는 데 비해 변액보험의 경우 분기별 1회 이상 보험계약관리 내용을 통보해 주어야 한다.

③ 변액보험은 자산운용보고서를 작성하여 해당 재산을 보관·관리하는 신탁업자의 확인을 받아 분기별 1회 이상 보험계약자에게 통보하여야 한다.

④ 생명보험사는 인터넷 홈페이지 "상품공시실" 내에 "변액보험공시실" 코너를 마련하여 특별계정운용현황 등을 확인할 수 있도록 하고 있다.

23 다음의 변액보험과 자산운용회사 상품과의 비교표의 괄호 안에 들어갈 말로 알맞은 것은?

구 분	변액보험	수익증권 · 뮤추얼펀드
투자자의 지위	계약자 권리 보유	(가)의 권리 보유
부가비용	(나), 자산운용보수, 수탁보수 등	자산운용보수, 수탁보수 등
세제혜택	(다) 유지 시 보험차익 비과세	─

① 가 : 수익자 또는 주주, 나 : 사업비, 다 : 7년 이상

② 가 : 수익자 또는 주주, 나 : 판매보수, 다 : 10년 이상

③ 가 : 위탁자, 나 : 사업비, 다 : 10년 이상

④ 가 : 수익자 또는 주주, 나 : 사업비, 다 : 10년 이상

24 2016년 1월 8일에 개설된 변액보험의 특별계정에 대한 운용현황을 2025년 2월 7일 인터넷 변액보험 공시실을 통해 조회하였더니 아래와 같은 내역들이 공시되어 있다고 가정하자. 제시된 정보로 계산한 연환산수익률은 얼마인가?(단, 2016년 1월 8일에서 2025년 2월 7일의 경과일수는 3,319일이다)

기준 가격	전일 대비	누적 수익률	연환산 수익률	순자산 가치
1615.21원	2.58	80.44%	?	160,332,930,223원

① 8.12

② 8.24

③ 8.54

④ 8.85

25 보험료의 특별계정 투입에 대한 설명 중 틀린 것은?

① 제1회 보험료는 즉시 특별계정으로 투입하지 않고, 이체사유가 발생한 날을 기준으로 특별계정투입보험료를 일반계정에서 특별계정으로 이체한다.

② 제1회 보험료를 납입 즉시 특별계정으로 투입하지 않는 이유 중 하나는 청약철회 기간 동안 투자실적이 악화되면 계약자가 청약철회를 통하여 이미 납입한 보험료를 환급해가는 역선택을 방지하기 위함이다.

③ 제2회 이후 보험료는 이체사유 발생한 날을 기준으로 특별계정으로 투입한다.

④ 제2회 이후 보험료를 월계약해당일 이후 납입했을 때에는 납입일을 이체사유가 발생한 날로 하여 특별계정으로 투입한다.

26 우리나라의 변액보험에 대한 법적규제 및 판매자격제도에 관한 설명 중 틀린 것은?

① 법적규제에 있어 보험업법에만 규제를 받는다.

② 변액보험은 손해보험회사에서는 취급할 수 없다.

③ 2001년 5월에 생명보험협회 및 생명보험회사는 변액보험판매자격시험 및 자격관리에 관한 규정을 자율적으로 제정하였다.

④ 변액보험 모집종사자가 모집자격이 없는 상태에서 변액보험을 모집하는 경우에는 법령 위반에 해당되어 모집자격이 박탈되거나 영업이 정지될 수 있다.

27 다음 중 일시납보험 추가가입(증액)방법에 대한 설명으로 맞는 것은?

① 현재 국내에서 판매하고 있는 금리연동형 저축보험 또는 연금보험 등과 유사한 구조이다.

② 다른 계산방법보다 상대적으로 수익률이 높아 변액보험을 저축성 또는 연금목적으로 가입하려는 고객에게 적합하다.

③ 가산지급방법에 비해 보장을 목적으로 변액보험을 가입하려는 고객에게 적합한 방법이다.

④ 일시납보험 추가가입방법은 사망보험금의 증감속도가 빠른 반면, 국내에 유사한 구조의 보험상품이 없어 계약자가 생소하게 생각할 수 있다.

28 다음은 변액보험의 변동보험금 계산방식에 따른 비교표이다. 괄호 안에 알맞은 것을 순서대로 나열한 것은?

구 분	가산 지급방법	일시납보험	추가 가입방법
(가)	(나)	小	中
大	수익률(만기 /해약 시)	大	中
小	국내 적용상품	(다)	변액 종신보험

① 가 : 책임비례금 준비방법, 나 : 사망보험금 증가규모, 다 : 없음

② 가 : 책임준비금 비례방법, 나 : 사망보험금 증가규모, 다 : 변액연금보험, VUL (적립형)

③ 가 : 책임준비금 비례방법, 나 : 최저연금액 증가규모, 다 : 변액연금보험, VUL (적립형)

④ 가 : 책임비례금 준비방법, 나 : 최저연금액 증가규모, 다 : 없음

29 다음은 변액보험의 최저보증옵션에 대한 설명이다. 설명 중 틀린 것은?

① 변액연금보험의 최저사망보험금 보증은 피보험자가 연금 개시 전 보험기간 중 사망 시 특별계정의 펀드 수익률과 상관없이 사망보험금으로 최소한 기납입보험료 수준을 보증해 주는 옵션이다.

② 변액연금보험의 최저연금적립금보증은 피보험자가 연금개시시점에서 생존하였을 경우 특별계정의 펀드수익률과 상관없이 연금개시시점의 연금재원으로 최소한 기납입보험료 수준을 보증해 주는 옵션이다.

③ 변액종신보험은 보험회사에서 매월(또는 매년) 특별계정적립금에서 보증비용을 공제하여 일반계정 내에 최저사망보험금 보증준비금 계정에 적립하고 계약자적립금에서 가입금액에 해당하는 위험보험료를 차감할 수 없는 경우 부족분으로 사용한다.

④ 변액연금보험은 최저사망보험금 보증옵션과 최저연금적립금보증옵션이 모두 다 적용된다.

30 다음 중 변액연금보험에 대한 설명으로 틀린 것은?

① 연금개시 시점까지 유지할 경우 기납입보험료 등을 최저연금적립금으로 보장한다.

② 대부분의 변액연금상품은 연금개시 이후 일반계정의 공시이율을 반영하여 계산한다.

③ 변액연금에 특정 장해상태 시 납입면제 기능을 제공하는 일부 보험회사도 존재한다.

④ 2024년 판매되는 상품의 사망보험금, 해약환급률 및 연금액은 0%, 4%, 8% 중 하나를 예시수익률로 가정할 수 있다.

31 다음 중 금융기관의 역할에 대해 틀리게 설명한 것은?

① 금융기관은 자금수요자의 채무를 자금공급자의 요구에 맞는 자산형태로 바꾸는데, 이러한 과정을 자산교환과정이라 한다.

② 금융기관은 규모의 경제와 범위의 경제가 가능하여 거래비용을 낮출 수 있다.

③ 금융기관은 많은 투자자들의 자금을 흡수하여 이를 다양한 종류의 직접증권에 투자함으로써 잘 분산된 포트폴리오를 구성하여 고객에게 제공함으로써 위험을 현저히 낮출 수 있다.

④ 금융기관의 각종 결제서비스를 제공함으로써 고객에게 편리함을 주고 있다. 특히, 전자자금이체제도는 장거리 간의 자금 이체를 신속하게 해주지만, 그로 인해 금융서비스 제공에 드는 비용이 증가하고 있다.

32 원금 300만원을 연복리 세후 10%의 2년 만기 일시납 정기예금에 가입하였다. 만기수령액으로 맞는 것은?

① 363만원 ② 360만원
③ 330만원 ④ 336만원

33 다음은 특별계정 투입보험료에 대한 식이다. 괄호 안에 들어갈 말을 순서대로 나열한 것은?

> 특별계정 투입보험료
> = 영업보험료 - (계약체결비용 + (가) + 기타비용)
> = 순보험료 + (나)

① 사업비, 영업보험료
② 사업비, 부가보험료
③ 납입 중 계약유지비용, 납입 후 계약유지비용
④ 납입 중 계약유지비용, 부가보험료

34 다음 채권형 펀드와 혼합형 펀드의 비교 중 틀린 것은?

구 분	채권형 펀드	혼합형 펀드
a 운용대상	주로 채권(60% 이상)에 투자, 주식에 투자 안함	주로 채권, 단기자금, 주식(60% 미만) 등에 운용
b 장점	장기 안정적인 수익 확보 및 원금보전 가능성 높음	안정성과 수익성의 동시추구
c 단점	주식시장 폭락 시 수익 기대 곤란	저금리 시대에는 고수익 기대 곤란
d 투자스타일	고위험 / 고수익	중위험 / 중수익

① a ② b
③ c ④ d

35 다음 중 특별계정의 자산평가방법에 대한 설명으로 틀린 것은?

① 주식이나 채권과 달리 객관적인 시가가 형성되지 않는 대출 등의 경우에는 취득원가(장부가)에 해당일의 수입이자를 더한 금액을 해당일의 평가금액으로 본다.

② 국내·외 상장주식은 시가평가한다.

③ 국내·외 공·사채는 시가평가한다.

④ 특별계정의 자산은 계약자 간의 공평성을 유지하기 위해서 매월 실적배당률을 산출하여 그 성과를 매월 계약자적립금에 반영한다.

36 다음 중 CMA에 대한 설명으로 틀린 것은?

① CMA(Cash Management Account)는 고객으로부터 예탁금을 받아 단기고수익 상품으로 운용하여 높은 수익을 지급함과 동시에 수시입출 및 자금결제 가능 등 부가서비스를 제공하는 복합금융상품이다.

② 보통의 은행예금과 같이 입출금서비스는 가능하나 자동납부와 급여이체의 기능은 없다.

③ CMA는 크게 종금형과 금융투자 회사형으로 나뉜다.

④ 종금사형 CMA는 5,000만원까지 예금자보호가 가능하다.

37 다음 중 변액보험의 보험료 납입에 관한 설명으로 틀린 것은?

① 변액연금보험은 월납 및 일시납의 납입방법만 선택 가능하나 일부 회사의 경우 3개월, 6개월, 연납을 운영하는 경우도 있다.

② 변액유니버설보험의 경우 기본적으로 보험기간과 납입기간이 종신이다.

③ 변액연금보험과 변액유니버설보험의 가장 큰 차이는 유니버설 기능, 즉 보험료의 자유납입이다.

④ 변액종신보험은 월납, 분기납, 연납 또는 일시납으로 납입 가능하다.

38 다음에서 설명하는 자산운용 옵션은 무엇인가?

> 이 기능은 일시납보험료 또는 추가납입보험료 등 주로 고액자금을 일시에 납입할 경우 활용할 수 있는 기능으로 펀드로 자금을 한 번에 투입할 때 그 시점의 주식 등 시장의 흐름에 수익률이 크게 좌우되는 불안정성을 해결하기 위해 개발된 기능이다.

① 보험료 정액분할 투자

② 펀드 자동재배분 기능

③ 보험료분산투입 기능

④ 특별계정(펀드) 변경 기능

39 변액보험의 사망보험금에 대한 설명으로 맞는 것은?

① 일반적으로 거의 모든 보험회사가 사망보험금은 청구일을 기준으로 기본보험금과 변동보험금을 합한 금액을 지급한다.

② 일반적으로 거의 모든 보험회사가 사망일자가 2020.8.1일 경우 기본보험금이 2억원, 변동보험금이 2,000만원이고, 청구일자 2020.8.8일에 기본보험금이 2억원, 변동보험금이 2,500만원일 경우, 수익자에게 지급되는 사망보험금은 2억 2,500만원이다.

③ 일부 보험사의 변액보험은 청구일을 기준으로 사망보험금을 지급한다. 이는 사망일과 청구일 사이의 리스크를 회피하기 위한 목적이다.

④ 변액연금보험이나 적립형 변액유니버설보험의 경우에는 변동보험금을 계산하지 않고, 가입 시 정한 보험가입금액에 특별계정 계약자적립금 전액을 합하여 사망보험금을 지급하는 것이 일반적이다.

40 변액보험의 보험계약대출 및 이자에 대해 틀리게 설명한 것은?

① 변액보험의 보험계약대출 한도, 구비서류, 대출이율 등은 일반보험과 유사하다.

② 보험계약대출 원금 처리의 한 방법은 계약자가 보험계약대출을 신청할 경우 보험계약대출금액에 해당하는 금액만큼을 일반계정에서 신용(담보)대출로 처리하는 형태이다.

③ 보험계약대출이율이 7%, 보험계약대출수수료가 1.5%일 경우, 계약자가 보험계약대출이자 납입 시, 수수료율 1.5%를 포함한 8.5%에 해당하는 금액이 특별계정으로 투입되어 운용되게 된다.

④ 계약자가 신청한 보험계약대출을 일반계정 신용(담보)대출로 처리한 경우, 계약자가 납부한 이자는 일반보험과 동일하게 전액 일반계정의 이익으로 처리된다.

회사명	지점명	수험번호	성 명	시험지 유형	점 수

※ 본 모의고사 문제는 기출 복원 자료를 바탕으로 제작되었습니다.

※ 다음 문제에서 맞는 것은 O표, 틀린 것은 ×
표를 하시오(1~4).

01 연금소득과 양도소득은 종합소득에 합산하지
않고 별도로 분류과세한다.　　O / ×

02 변액보험은 국내도입 후 고금리의 지속, 국
내외 주식시장 활황, 각종 간접투자 금융상
품 활성화에 힘입어 지속적인 증가세를 기록
하고 있다.　　O / ×

03 변액종신보험은 매일 일반계정적립금에서 보
증비용을 공제하여 특별계정 내에 최저사망
보험금 보증준비금 계정에 적립한다.
　　O / ×

04 변액보험의 특별계정은 매일 시가법에 의해
평가한다.　　O / ×

※ 다음 문제의 물음에 가장 적합한 것 하나만 골
라 답안지의 해당란에 표기하시오(5~40).

05 다음 중 수익증권과 뮤추얼펀드를 비교한 것
으로 맞게 설명한 것은?

구 분	투자신탁 (수익증권)	투자회사 (뮤추얼펀드)
가. 발행유가증권	주 주	수익증권
나. 설립형태	신탁계약에 의한 신탁관계	법인형태의 주식회사
다. 통제제도	주주의 자율규제	감독기관의 감독
라. 투자자의 법적지위	주 주	수익자

① 가
② 나
③ 다
④ 라

06 다음 중 현금흐름 방식에 의한 보험료 산출
방법으로 옳은 것은?

① 2008년 12월 보험업법 시행령 개정으로
현금흐름방식 보험료 산출이 도입되었다.
② 2014년 3월부터는 3이원 방식을 사용할
수 없다.
③ 회사별 보험료가 차별화되기 어려우며,
옵션·보증이 부가된 보험상품이 출시되
기 어렵다는 단점이 있다.
④ 3가지 예정기초율 외에 계약 유지율, 판
매량, 목표이익 등 현금흐름에 영향을 주
는 다양한 요소들을 반영한다.

07 다음 중 **책임준비금**에 대한 설명으로 **틀린** 것은?

① IFRS17의 도입으로 책임준비금은 평가시점의 현재가치를 적립하는 방식을 채택했다.

② 발생사고부채는 보고되지 않은 최선추정부채를 포함한다.

③ 보험계약마진은 보험계약의 보장기간 동안 이익으로 인식하며 상각하지 않는다.

④ 최선추정부채는 각 계약 내에서 발생하는 모든 발생사고요소의 현금흐름을 현재가치로 추정한 값이다.

08 다음에서 설명하는 유상증자의 배정 방법은?

> 상장법인이 신주를 모집하는 경우에 주주에게 우선청약의 기회를 부여하고 그 주주 등이 청약하지 아니한 주식을 다시 모집하는 방식

① 주주우선공모 ② 일반공모증자
③ 제3자 배정 ④ 주주배정

09 변액보험을 상업적으로 상품화하여 최초로 판매한 국가는?

① 일 본 ② 네덜란드
③ 영 국 ④ 미 국

10 다음 중 특별계정에서 운용되는 상품이 아닌 것은?

① 정액보험 ② 퇴직보험
③ 변액보험 ④ 연금저축

11 다음 중 자본시장법의 기본방향이 아닌 것은?

① 기능별 규율체제
② 업무범위의 축소

③ 투자자 보호제도 선진화
④ 포괄주의 규율체제

12 변액종신보험과 일반종신보험의 공통점이 아닌 것은?

① 다양한 세제혜택
② 건강상태에 따른 보험료 할인 혜택
③ 투자성향에 따라 자산운용 형태 선택가능
④ 다양한 선택특약을 자유조립

13 다음 중 **인덱스펀드**에 대한 설명으로 옳은 것은?

① 특별계정 펀드 중 평균 운용보수가 가장 높다.

② KOSPI200 등의 주가지수에 따라 수익률이 변한다.

③ 개별종목 주식에 대한 신뢰가 높은 고객에게 적합하다.

④ 주식에 전혀 투자하지 않아 고수익을 기대하기는 힘들다.

14 다음 ( )에 들어갈 용어를 순서대로 나열한 것은?

> 변액종신보험의 해약환급금은 ( ) 변동하고 변동보험금은 ( ) 변동한다.

① 매일 - 매월 ② 매일 - 매년
③ 매월 - 매일 ④ 매월 - 매년

15 다음은 생명보험계약의 특성 중 어떤 것인가?

> 보험계약은 계약자의 청약이 있고 이를 보험회사가 승낙하면 계약이 성립된다.

① 유상쌍무계약 ② 부합계약
③ 사행계약성 ④ 불요식 · 낙성계약

16 다음 중 미국의 변액보험 도입 배경이 아닌 것은?

① 금리선호의식의 증대
② 저금리시대의 돌입
③ 투자위험 회피
④ 고수익 투자형 상품의 등장

17 다음 세법의 종류별 과세형태로 바르지 못한 것은?

① 소득세 : 열거주의 과세
② 퇴직소득, 양도소득 : 분류과세
③ 법인세 : 순자산증가설
④ 상속세, 증여세 : 유형별 포괄주의

18 다음 중 금리정책에 대해 틀리게 설명한 것은?

① 매월 초 금융통화위원회에서 금리정책운용방향을 결정한다.
② 한국은행 기준금리는 주로 7일물 환매조건부채권 금리를 이용한다.
③ 금리를 올리면 경기가 활발해지고 실업이 감소된다.
④ 실물에 미치는 효과는 통상 기준금리 결정 후 6개월 이상 지나야 나타난다.

19 다음 중 변액보험에 대한 설명으로 틀린 것은?

① 보험금이 자산운용성과에 따라 변동하는 보험계약이다.
② 생명보험회사와 손해보험회사에서 취급한다.
③ 특별계정을 설정하여 운용해야 된다.
④ 최근에는 정책적인 목적 때문에 특별계정이 설정되기도 한다.

20 채권에 대한 설명으로 맞는 것은?

① 회사는 금감위에 등록하고 유가증권 신고서를 제출하여야한다.
② 정부는 기획재정부로부터 동의를 받아야 채권 발행 가능하다.
③ 유통시장에서 자유롭게 거래가능하다.
④ 차용증서와 같이 법적인 보호를 받을 수가 없다.

21 다음 ( )에 들어갈 용어를 순서대로 나열한 것은?

> 변액보험은 ( ) 1회 이상 보험계약관리내용 보험계약자에게 통보해 주어야 하며, 자산운용보고서를 ( ) 1회 이상 보험계약자에게 통보하여야 한다.

① 분기별 – 연
② 분기별 – 반기별
③ 연 – 분기별
④ 분기별 – 분기별

제 09 회

22 다음 ( )에 들어갈 용어를 순서대로 나열한 것은?

> 저축성보험은 10년 이상 유지 시에는 비과세 하지만 10년 미만 유지 시에는 기타 금융소득과 합산하여 2천만원 초과 시는 ( )한다.

① 분리과세
② 분리과세
③ 종합과세
④ 종합과세

23 다음 중 주식의 매매거래 중단제도에 대한 설명으로 틀린 것은?

> 1단계 매매거래중단은 최초로 한국종합주가지수가 전일종가대비 ① 8% 이상 하락한 경우에 발동되며, 2단계 매매거래중단은 1단계 매매거래중단 발동 이후 한국 종합주가지수가 전일종가대비 ② 15% 이상 하락하고 1단계 발동지수대비 1% 이상 추가 하락한 경우 발동된다. 1, 2단계 매매거래중단이 발동되면 20분 동안 시장 내 호가접수와 채권시장을 제외한 현물시장과 연계된 선물옵션시장도 호가접수 및 매매거래를 중단한다. 단, 각 단계별로 발동은 ③ 1일 1회로 한정하고, ④ 장종료 30분전 이후에는 중단하지 않는다. 한편 2단계 매매거래중단 발동 이후 한국종합주가지수가 전일종가대비 20% 이상 하락하고, 2단계 발동지수대비 1% 이상 추가 하락한 경우 당일 발동 시점을 기준으로 유가증권시장의 모든 매매거래를 종료한다.

24 다음 중 주식에 대해 틀리게 설명한 것은?

① 무의결권주식은 경영지배가 아닌 배당에만 관심 있는 투자자를 대상으로 발행된다.
② 의결권이 없는 주식도 주주총회 시 정족수 계산에서 발행주식 총수로 산입한다.
③ 우선주는 배당을 받지 못한 경우, 다음해에 이월해주는지 여부에 따라 누적적 우선주와 비누적적 우선주로 구분된다.
④ 보통주는 이익배당 및 잔여재산분배에서 최하위의 권리를 갖는다.

25 변동보험금 계산방식 중 사망보험금의 증가규모가 큰 순서대로 나열한 것은?

① 책임준비금비례방법 – 일시납보험추가가입방법 – 가산지급방법
② 일시납보험추가가입방법 – 가산지급방법 – 책임준비금비례방법
③ 가산지급방법 – 일시납보험추가가입방법 – 책임준비금비례방법
④ 가산지급방법 – 책임준비금비례방법 – 책임준비금비례방법

26 다음에서 설명하는 변액연금의 보증옵션은?

> 제2보험기간(연금개시 후 보험기간) 중 연금재원을 특별계정에서 운용할 경우 특별계정의 투자성과에 관계 없이 연금재원의 일정수준을 지급 보증하는 옵션

① GMAB
② GMWB
③ GMDB
④ GMIB

27 일반계정과 특별계정을 비교한 다음 내용 중 틀린 것은?

① 일반계정의 리스크 부담은 회사부담이다.
② 특별계정의 최저보증이율은 없다.
③ 특별계정의 결산시기는 매일이다.
④ 일반계정의 자산평가시기는 매년이다.

28 다음 중 채권에 대한 설명으로 맞는 것은?

① 채권소유자는 회사경영의 의사결정에 참여할 수 있다.
② 만기 시 원금상환의 의무가 없다.
③ 증권의 존속기간은 한시적이다.
④ 채권의 발행은 부채의 감소를 수반한다.

29 다음 중 유가증권 상장 시 나타나는 효과로 볼 수 없는 것은?

① 기업자금조달의 용이
② 공시의무 및 위반 시 제재
③ 소유주식의 집중
④ 담보가치의 향상

30 다음 중 변액종신보험에 대한 설명으로 맞는 것은?

① 일반계정에서 다른 보험 자산과 통합운용된다.
② 일반종신보험으로 변경이 불가하다.
③ 예금자보호법의 적용대상에 포함된다.
④ 판매자격시험에 합격한 전문설계사만 판매가 가능하다.

31 다음 중 합성채권에 대한 설명으로 틀린 것은?

① 전환사채는 보유채권을 주식으로 전환하여 취득할 수 있는 권리가 부여된 사채이다.

② 신주인수권부사채는 주식으로 전환될 경우 채권의 효력이 없어진다.

③ 교환사채는 발행회사가 소유한 다른 상장 유가증권으로 교환권이 부여된 사채이다.

④ 수의상환채권은 채권의 만기일 이전에 당해 채권을 매입할 수 있는 권리를 채권 발행자에게 부여하여 채권 발행자가 채권 원리금을 만기 이전에 조기 상환할 수 있는 권한을 부여한 채권을 의미한다.

32 다음 중 연금소득에 대한 설명으로 옳은 것은?

① 50세 이후부터 수령할 수 있다.

② 수령연차가 5년 이상일 경우 수령한도의 제한이 없다.

③ 75세의 연금소득자는 4%의 원천징수세율을 적용받는다.

④ 사적연금소득합계액이 연간 1,500만원 이상이면 분리과세를 선택할 수 없다.

33 다음 중 종신보험의 보험금과세방법이 틀린 것은?

구 분	계약자	보험 대상자 (피보험자)	수익자	실질 보험료 납입자	보험금 과세 방법
가	본 인	본 인	상속인	부 모	증여세 과세
나	본 인	부 모	본 인	본 인	소득세 과세 안 됨
다	본 인	본 인	상속인	본 인	증여세 과세
라	모	부	모	부	증여세 과세

① 가   ② 나
③ 다   ④ 라

34 다음 중 변액보험의 특별계정에 대해 맞게 설명한 것을 모두 고른 것은?

> 가. 리스크 부담 : 계약자 부담
> 나. 자산평가 시기 : 매월
> 다. 최저보증이율 : 있음
> 라. 자산운용 목적 : 안정성 위주

① 가
② 가, 나
③ 가, 나, 다
④ 가, 나, 다, 라

35 다음 중 변액연금보험에 대한 설명으로 맞는 것은?

① 최저보증기능이 있어 중도 해약 시에도 원금손실의 위험이 없다.

② 연금개시 후 보장은 소멸된다.

③ 연금개시 후 정액연금으로 운영할 경우에는 특별계정에서 운영된다.

④ 특정 장해상태 시 납입면제 기능이 있다.

36 다음 중 변액보험의 상품구조에 대해 맞게 설명한 것은?

① 변액종신보험에서 기납입보험료를 최저보장 사망보험금으로 설정하고 있다.

② 변액연금에서 기본보험금을 최저보장 사망보험금으로 설정하고 있다.

③ 선택특약은 특별계정에서 운용된다.

④ 사망보험금은 최초 계약한 기본보험계약의 기본보험금과 변동보험금으로 구성된다.

37 다음 중 유니버설보험의 특징이 아닌 것은?

① 저금리, 고주가 시대에는 고수익을 제공하기 어렵다.
② 자유입출금이 가능하다.
③ 상품구조가 복잡하다.
④ 공시이율을 적용한다.

38 다음 중 우량 금융기관 판단지표가 바르게 짝지어진 것은?

① 은행 – BIS기준 자기자본비율
② 자산운용회사 – 영업용 순자본비율
③ 보험회사 – 위험대비 자기자본비율
④ 증권회사 – 지급여력비율

39 다음 중 변액유니버설보험에 대한 특징이 아닌 것은?

① 최저보증이율이 없다.
② 해약환급금은 투자수익률에 따라 매일 변동된다.
③ 보장형 변액유니버설보험은 사망보험금으로 기납입보험료를 최저보증 한다.
④ 보험료 납입기간의 자율성을 가지고 있다.

40 다음 중 변액보험의 가산지급방법에 대한 설명으로 틀린 것은?

① 보장부분과 적립부분을 분리하여 변동보험금을 계산하는 방식이다.
② 사망 시에는 기본사망보험금에 사망시점의 적립금을 더해서 지급한다.
③ 투자실적에 따라 적립금과 사망보험금이 매일 변동한다.
④ 사망보험금 증가속도가 빨라 보장성을 목적으로 가입하려는 고객에게 적합한 형태이다.

회사명	지점명	수험번호	성 명	시험지 유형	점 수

※ 본 모의고사 문제는 기출 복원 자료를 바탕으로 제작되었습니다.

※ 다음 문제에서 맞는 것은 ○표, 틀린 것은 × 표를 하시오(1~4).

01 생명보험 경영공시제도에서 결산공시는 매사업연도 결산일로부터 3개월 이내에 공시기준상의 공시항목을 공시하여야 한다.

○ / ×

02 유상증자방식으로 국내에서는 제3자 배정보다 주주배정방식이 널리 사용된다.

○ / ×

03 유가증권의 대표적인 것으로 주식, 채권이 있는데 주식은 타인자본이고, 채권은 자기자본이다.

○ / ×

04 실질금리는 명목금리에서 물가상승률을 차감해 계산하는 것이 일반적이다.

○ / ×

※ 다음 문제의 물음에 가장 적합한 것 하나만 골라 답안지의 해당란에 표기하시오(5~40).

05 다음 중 금융시장의 기능을 잘못 설명한 것은?

① 투자자들이 필요한 경우 유동성 보유자산 매각을 통한 금융자산의 유동성을 확보한다.

② 금융시장에서 발생하는 비용과 시간을 절감해준다.

③ 금융상품과 금융거래기회를 제공하여 위험관리를 도와준다.

④ 현재소비를 위해 저축한 여유자금을 금융자산에 투자하거나 미래소비를 위해 필요한 자금을 빌릴 수 있는 기회를 제공한다.

06 교환사채에 대한 내용으로 옳지 않은 것은?

① 대상증권 : 발행회사가 소유하고 있는 타 회사의 주식

② 발행회사의 요건 : 상장법인 또는 등록법인

③ 주주가 되는 시기 : 교환을 청구한 때

④ 권리행사 후 사채권자의 지위 : 사채권자의 지위 상실, 타 회사 주주의 지위 획득

07 신주인수권부사채와 전환사채의 비교에 관한 설명으로 옳지 않은 것은?

① 신주인수권부사채의 발행금리는 전환사채보다 높다.

② 신주인수권부사채는 발행회사의 신주를 인수할 수 있는 권리이고, 전환사채는 발행회사의 신주로 전환할 수 있는 권리이다.

③ 신주인수권부사채는 권리행사 후에 사채
　권이 소멸된다.
④ 전환사채의 발행금리는 일반사채보다 훨
　씬 낮다.

08 다음 중 채권의 가격변동성에 대한 설명으로
틀린 것은?

① 채권수익률의 일정한 변화에 대한 채권 가
　격변화율은 상승률이 하락률보다 크다.
② 채권수익률과 가격과의 관계는 선형적
　이다.
③ 채권수익률의 변화폭이 작을 때는 가격변
　화율이 상대적으로 작다.
④ 채권수익률의 하락으로 인한 채권가격 상
　승률은 동일한 비율의 상승으로 인한 채권
　가격하락률보다 크다.

09 다음 중 자산유동화증권에 해당하지 않는
것은?

① ABCP　　　　② RP
③ MBS　　　　④ CLO

10 다음 중 금융시장의 설명으로 옳지 않은 것은?

① 자금의 거래가 상시적으로 이루어지는 특
　정건물이나 장소를 말한다.
② 자금의 수요자와 공급자 간의 거래가 행하
　여지는 시장이다.
③ 자금조달방법에 따라 간접금융과 직접금
　융으로 나누어진다.
④ 금융자금의 공급기간에 따라 단기시장과
　장기시장으로 구분된다.

11 양도성예금증서에 대한 내용으로 적당하지
않은 것은?

① 중도해지가 불가능하다.
② 정기예금에 양도성을 부여한 것이다.

③ 기명 할인식으로 발행된다.
④ 채권과 유사한 성격을 가진다.

12 어음관리계좌(CMA)에 관한 사항 중 틀린
것은?

① 수익률은 실적배당이다.
② 예탁금액은 5천만원이 한도이다.
③ 이자계산은 인출 시 원금과 배당금을 지급
　한다.
④ 화폐시장에 직접 참여하기 어려운 일반투
　자고객을 위한 단기금융상품이다.

13 다음 중 예금자보호 상품이 아닌 것은?

① 청약자 예수금　　② 표지어음
③ 종금사 CMA　　　④ MMDA

14 변액보험에 해당하는 내용으로 거리가 먼 것은?

① 보험금이 투자수익에 따라 달라진다.
② 인플레이션으로 인한 자산가치 하락을 보
　완할 수 있는 기능이 있다.
③ 위험을 보장하고 특약 가입 시 다양한 보
　장을 추가할 수 있다.
④ 계약자에게 지시권이 있다.

15 다음은 계약내용 변경과 관련된 내용이다.
옳지 않은 것은?

① 모든 사항에 대해 정정이 가능하다.
② 변액종신보험은 유사한 일반종신보험으로
　전환이 가능하고, 일반연금으로 전환할 수
　있다.
③ 계약자가 보험가입금액의 변경을 원할 경
　우 사용자의 의지에 따라 증액 및 감액 모
　두 가능하다.
④ 일부 변액유니버설보험에서는 보험가입금
　액의 증액 및 감액을 자유롭게 허용하는
　경우도 있다.

16 다음 중 생명보험의 기초이론에 대한 설명으로 옳은 것은?

① 예정사망률이 높아지면 생존보험의 보험료도 높아진다.
② 보험회사는 예정위험률, 예정이율, 예정배당률을 기초로 보험료를 계산한다.
③ 생명보험은 사망률과 대수의 법칙을 기초로 하고 있다.
④ 연령에 따라 보험료가 매년 높아지는 것을 평준보험료라 한다.

17 이자율의 변동과 채권가격에 대한 설명 중 옳지 않은 것은?

① 채권의 가격은 이자율의 변동에 반비례한다.
② 이자율변동에 따른 채권가격변동률은 잔존기간이 길수록 크다.
③ 이자율변동에 따른 채권가격변동률은 만기수익률이 낮을수록 크다.
④ 이자율변동에 따른 채권가격변동률은 표면이자율이 높을수록 크다.

18 다음 중 이자지급 방식에 따른 채권 분류에 속하지 않는 채권은?

① 할인채   ② 이표채
③ 복리채   ④ 영구채

19 다음 중 금융투자상품에 대한 설명으로 틀린 것은?

① 금융투자상품은 이익을 얻거나 손실을 회피할 목적이 있는 것을 말한다.
② 크게 증권과 파생상품으로 구분이 된다.
③ 현재 또는 장래의 특정시점에 금전, 그 밖의 재산적 가치가 있는 것을 지급하기로 약속하는 상품이다.

④ 금전 등의 지급시점이 현재이면 파생상품, 지급시점이 장래의 특정시점이면 증권으로 구분한다.

20 다음 중 변액종신보험 상품요약서 중 필수기재사항에 해당하지 않는 것은?

① 보험금 청구절차
② 보험금 지급제한 조건
③ 보장위험별 연간보험료
④ 약관으로 정하는 보장내용

21 다음 중 변액보험 특별계정 계약자가 선택할 수 있는 자산운용 옵션은?

① 펀드의 운용기관을 직접 지정한다.
② 적립금 전액을 다른 특별계정으로 횟수 제한 없이 변경한다.
③ 투자성과에 따라 변동된 펀드의 적립금 비율을 정기적으로 고객이 설정한 비율로 자동재배분한다.
④ 혼합형 펀드 가입 시 주가 하락 상황에서 손실을 수익률에 임의로 반영하지 않는다.

22 다음 중 우리나라 변액보험에서 허용되는 납입방법은?

① 월납, 연납
② 월납, 일시납
③ 연납, 일시납
④ 월납, 비월납

23 다음 중 보험안내자료의 필수기재사항에 해당하지 않는 것은?

① 보험금 지급제한 조건
② 보험회사의 재무적 안정성
③ 보험가입에 따른 권리 · 의무
④ 보험상담 및 분쟁의 해결에 관한 사항

24 다음 중 생명보험협회 인터넷 홈페이지 내의 변액보험운영현황에서 알 수 있는 내용이 아닌 것은?

① 운용회사
② 기준가격
③ 보험계약관리내용
④ 연환산수익률

25 다음 중 변액보험 판매 시 필수안내사항에 해당하지 않는 것은?

① 펀드별 특징
② 원금손실가능성
③ 펀드변경 시 절차 및 필요성
④ 예금자보호법 적용 대상

26 다음 빈칸에 들어갈 알맞은 숫자는?

> 변액보험의 경우 보험료 미납으로 계약이 해지되었으나 해약환급금을 받지 아니한 경우, 계약자는 해지된 날로부터 (   ) 이내에 보험회사가 정한 절차에 따라 계약의 부활을 청약할 수 있다.

① 15일
② 30일
③ 2년
④ 3년

27 김 과장은 2025년 1월 말 현재 A은행 주가지수연계정기예금(ELD) 7천만원, B은행 표지어음 2천만원, 우체국예금 2천만원을 보유하고 있다. A은행, B은행, 우체국 모두 파산 시 예금보험공사로부터 보호받을 수 있는 금액은 총 얼마인가?

① 6천만원
② 7천만원
③ 9천만원
④ 1억 1천만원

28 다음 중 예금보험가입 금융기관에 해당되는 곳은?

① 외국은행 국내지점
② 새마을금고
③ 우체국
④ 농협단위조합

29 다음의 경우 세액공제금액은 얼마인가?

> • 50세 미만, 종합소득금액이 6천만원
> • 연금저축계좌 500만원, 퇴직연금계좌 납입액 200만원

① 60만원
② 68만원
③ 72만원
④ 84만원

30 다음 중 금융기관보험대리점 모집수수료율을 공시하는 기관은?

① 금융위원회
② 금융감독원
③ 생명보험협회
④ 신용관리위원회

31 다음 중 생명보험약관에 대한 설명으로 틀린 것은?

① 계약 전 알릴 의무 위반으로 계약해지 시 보험회사는 해약환급금 또는 이미 납입한 보험료 중 많은 금액을 지급한다.
② 보험계약은 보험회사의 청약과 보험계약자의 승낙으로 이루어진다.
③ 보험회사가 보험약관의 교부, 성명의무를 위반할 경우 계약자는 청약일로부터 3개월 이내에 그 계약을 취소할 수 있다.
④ 보험계약자는 보험증권을 받은 날부터 15일 이내에 계약의 청약을 철회할 수 있으나, 보험계약의 청약을 한 날로부터 30일을 초과한 경우에는 청약을 철회할 수 없다.

32 다음 중 변액보험 판매 시 금지사항에 해당하지 않는 것은?

① 계약의 부당한 대체 행위
② 광고된 내용을 확인하는 행위
③ 보험금, 해약환급금을 보증하는 행위
④ 변액보험을 타금융상품으로 오인하게 하는 행위

33 다음 중 변액보험의 최저보증옵션에 대한 설명으로 옳은 것은?

① 변액연금보험의 사망보험금은 기납입보험료, 사망당시 계약자적립금, 기본사망보험금 중 가장 큰 것을 지급한다.

② 변액종신보험의 사망보험금은 사망 시 특별계정의 펀드수익률과 상관없이 최소한 기납입보험료 수준을 보증하고 있다.

③ 실적에 따라 사망보험금은 변동하지만 해약환급금은 변동되지 않는다.

④ 최저보증을 위해 보증비용을 펀드에서 차감하고 있다.

34 다음 중 우리나라의 변액보험상품 도입시기가 빠른 것부터 순서대로 맞게 나열된 것은?

① 변액연금 → 변액종신 → 변액유니버설

② 변액연금 → 변액유니버설 → 변액종신

③ 변액종신 → 변액연금 → 변액유니버설

④ 변액종신 → 변액유니버설 → 변액연금

35 다음 중 변액보험의 필요성에 해당하지 않는 것은?

① 금리리스크 관리

② 보험시장 발전에 기여

③ 자격제도에 따른 전문성 확보

④ 보험금의 명목가치 보장

36 다음 중 변액보험상품의 특징이 아닌 것은?

① 변액보험은 뮤추얼펀드와 비슷한 자산운용구조를 지니고 있다.

② 투자실적에 따라 해약환급금이 증가 또는 원금손실의 가능성도 있다.

③ 투자결과에 대한 책임은 계약자가 부담하는 손익전가의 원칙이 있다.

④ 사망시 지급되는 사망보험금이 최저보증이 될 수 있도록 설계하는 경우 보증비용을 추가로 부담하게 된다.

37 다음 설명 중 옳지 않은 것은?

① 일시납보험 추가가입방법은 가산지급방법에 비해 사망보험금의 크기가 크다.

② 일시납보험 추가가입방법은 기본보험계약의 사망보험금 이하로 감액이 되지 않는다.

③ 가산지급방법은 기본보험금과 적립금을 합하여 사망보험금을 지급한다.

④ 일시납보험 추가가입방법은 계산방법이 단순하여 고객의 상품 이해가 용이하다.

38 다음 중 변액유니버설에 대한 설명으로 옳지 않은 것은?

① 중도인출이 가능하다.

② 보험기간과 납입기간이 종신이다.

③ 일정기간 의무납입기간을 설정한다.

④ 7년 이상 유지 시 비과세로 전환된다.

39 다음의 설명과 관련 있는 것은 무엇인가?

> • 2009년 11월 당시 미국 오바마 대통령이 중국 방문 시 세계경제의 위기와 선진국 경제의 무역불균형이 심화됨에 따라 위안화 시스템을 개혁해야 한다고 주장하면서 위안화 절상을 촉구하였다.
> • 경기회복 시점에 과도하게 풀린 자금이나 각종 완화정책을 인플레이션 등의 부작용을 일으키지 않고 회수하는 것을 말한다.

① 출구전략　　　② 디레버리지

③ 양적완화 정책　　④ 통화스와프

40 수출국이 특정 수출산업에 대해 장려금이나 보조금을 지급하여 수출상품의 가격경쟁력을 높일 경우, 수입국이 그 수입상품에 대해 보조금액에 해당하는 만큼의 관세를 부과하는 것을 무엇이라고 하는가?

① 상계관세　　　② 조정관세

③ 탄력관세　　　④ 보호관세

회사명	지점명	수험번호	성 명	시험지 유형	점 수

※ 본 모의고사 문제는 기출 복원 자료를 바탕으로 제작되었습니다.

※ 다음 문제에서 맞는 것은 ○표, 틀린 것은 × 표를 하시오(1~4).

01 보험계약자는 보험증권을 받은 날로부터 15일 이내에 계약의 청약을 철회할 수 있다.

○ / ×

02 종신보험은 보험기간이 정해져 있는 정기보험과는 달리 평생 동안 보장을 해주는 상품이다.

○ / ×

03 채무보증, 어음인수, 어음의 할인은 은행의 부수업무이다.

○ / ×

04 자본시장법에 따라 금융투자업을 영위하는 금융투자회사의 고유업무로는 투자매매업, 투자중개업, 집합투자업, 투자자문업, 투자일임업, 신탁업이 있다.

○ / ×

※ 다음 문제의 물음에 가장 적합한 것 하나만 골라 답안지의 해당란에 표기하시오(5~40).

05 다음은 단기 금융시장의 종류를 열거한 것이다. 이 중 틀린 것은?

① 기업어음시장
② 양도성예금증서시장
③ 통화안정증권시장
④ 자산유동화증권시장

06 3년 동안 연 6%의 이자를 6개월 복리로 계산해 주는 금융상품에 가입하였을 때, 연평균수익률을 산출하기 위한 올바른 식은?

① $[(1 + 0.03)^6 - 1] / 3$
② $[(1 + 0.06)^6 - 1] / 3$
③ $[(1 + 0.06)^3 - 1] / 3$
④ $[(1 + 0.03) - 1] / 3$

07 PER에 대한 설명 중 맞게 설명한 부분을 모두 고른 것은?

가. 주당순이익이다.
나. 주가의 적정 수익률을 판단하는 지표이다.
다. 수치가 낮을수록 고평가됨을 의미한다.
라. 1주 당 이익금에 비하여 주가가 몇 배 수준에 있느냐의 지표이다.

① 가
② 가, 나
③ 나, 라
④ 가, 나, 라

08 종합소득세율(지방소득세 별도)에서 5억 5천만원일때 세율은 몇 %인가?

① 40% ② 42%

③ 44% ④ 46%

09 일본의 변액보험판매 실패 사유를 설명한 것으로 틀린 것은?

① 주식시장이 상승세를 이어감에 따라 높은 수익을 기대하는 계약자들이 보험을 대량으로 해약하였다.

② 통합형 펀드 1개만 운영하여 투자위험을 분산할 수 없었다.

③ 대형 생보사의 부실판매로 소송이 빈발하면서 판매를 기피하게 되었다.

④ 상품구조가 난해하고 펀드변경, 중도인출 등 부가서비스가 없었다.

10 다음 내용이 설명하는 것은 무엇인가?

> 보험의 기본적인 원리이며, 개인의 경우 사고의 발생 가능성 및 시기 등은 불확실하지만 다수의 사람을 대상으로 관찰해 보면 사고의 발생을 예측할 수 있는 것

① 대수의 법칙 ② 수지상등의 원칙

③ 사망률 ④ 생명표

11 다음은 금융상품과 금리의 관계를 설명한 것이다. 잘못된 것은?

번호	구 분	확정금리	연동금리	실적금리
①	수익률	대	중	소
②	투자자 책임	소	중	대
③	금융기관 책임	대	중	소
④	주요 금융상품	정기예금	CD 연동형 정기예금	변액보험

12 다음 중 상품의 연결이 바르지 않은 것은?

① 저축성 상품 – 보통예금

② 입출금이 자유로운 상품 – 당좌예금

③ 시장성 상품 – 표지어음

④ 특수목적부상품 – 장기주택마련저축

13 예정기초율과 보험료의 관계를 설명한 것 중 틀린 것은?

① 예정사망률이 낮아지면 사망보험의 보험료는 싸지게 된다.

② 예정사망률이 높아지면 사망보험의 보험료는 비싸지게 된다.

③ 예정이율이 낮아지면 보험료도 싸진다.

④ 예정사업 비율이 낮아지면 보험료도 싸진다.

14 다음의 변동보험금 계산방법 중 만기수익률이 큰 순서대로 맞게 나열한 것은?(단, 자산운용수익률은 동일한 것으로 가정)

① 가산지급방법 > 책임준비금 비례방법 > 일시납보험 추가납입방법

② 일시납보험 추가납입방법 > 책임준비금 비례방법 > 가산지급방법

③ 일시납보험 추가납입방법 > 가산지급방법 > 책임준비금 비례방법

④ 가산지급방법 > 일시납보험 추가납입방법 > 책임준비금 비례방법

15 특별계정과 일반계정의 자산운용에 대한 설명 중 맞는 것은?

① 일반계정의 결산 시기는 매년 이루어진다.

② 일반계정의 유가증권평가는 매년 이루어진다.

③ 특별계정은 원가평가에 의한 자산평가를 한다.

④ 특별계정의 결산 시기는 매년 이루어진다.

16 주식에 대한 설명으로 옳지 않은 것은?

① 의결권을 행사할 수 있는지 여부에 따라 의결권주와 무의결권주로 구분된다.

② 우리나라의 경우 대부분의 주식은 무기명식 주식이다.

③ 액면가액은 회사 자본금의 구성단위이다.

④ 상환 필요성이 없고 배당만 하면 되기 때문에 가장 안정적인 자금조달수단이 된다.

17 다음 중 실제로 지급되는 보험금은 얼마인가?

> (사망 보험금을 사망일 기준으로 지급하는 보험회사로 가정)
>
> 사망일 : 2025년 1월 7일
> 기본금 : 3,000만원, 변동보험금 : −100만원
> 청구일 : 2025년 2월 25일
> 기본금 : 3,000만원, 변동보험금 : 300만원

① 2,900만원

② 3,000만원

③ 3,200만원

④ 3,300만원

18 주식의 매매거래에 대한 설명으로 틀린 것은?

① 고객이 매매거래를 하기 위해서는 계좌에 위탁증거금을 보유하고 있어야 한다.

② 매매거래에 대한 세금은 매도자에게만 징구한다.

③ 요율은 금융투자업자 자율적으로 결정한다.

④ 주식의 매매거래에서 결제는 매매계약을 체결한 날의 다음날에 이루어진다.

19 월납입액이 100만원이고, 연이율이 10%인 적립형 정기적금을 2년(24개월) 동안 유지하였을 경우 만기수령액은 얼마인가?

① 2,400만원

② 2,550만원

③ 2,650만원

④ 2,450만원

20 다음 자사주에 대한 설명으로 옳지 못한 것은?

① 회사가 보유하고 있는 자기주식을 말한다.

② 자사주 매입의 한도는 별도의 제한이 없다.

③ 임직원에게 스톡옵션을 지급할 때 자사주를 취득한다.

④ 이유 없이 주가가 폭락하는 경우 주가 부양으로 자사주를 취득한다.

21 액면분할과 액면병합에 대한 다음 설명 중 틀린 것은?

① 액면분할은 주식의 액면가를 일정비율로 나누는 것을 말한다.

② 상장사들은 주주총회 의결을 거쳐 액면가를 100원, 200원, 500원, 1,000원, 2,500원, 5,000원 중 여러 가지를 선택할 수 있다.

③ 액면가를 높이는 것을 액면병합이라고 한다.

④ 액면분할의 경우는 5,000원을 500원으로, 액면병합은 500원을 5,000원으로 만드는 경우가 가장 흔하다.

22 예금자보호법에 관한 설명 중 틀린 것은?

① 원금과 소정의 이자 등을 합산하여 최고 5,000만원까지 보호받는다.

② 보호금액 5,000만원은 각 지점별로 보호되지만, 예금 종류별로 보호되는 것은 아니다.

③ 보호받지 못한 나머지 예금은 선순위변제 후 남은 재산이 있을 시 타채권에 비례보호 받을 수 있다.

④ 금융기관이 인허가 취소 및 파산 시 해당한다.

23 주가를 결정하는 일반적인 요인 중 기업의 개별요인은 무엇인가?

① 경 기　　　　② 물가금리
③ 무역수지　　　④ 신제품 개발

24 생명보험상품 및 약관에 대한 설명 중 맞는 것을 모두 고른 것은?

> 가. 자연보험료는 생명보험에서 피보험자가 매년 갱신조건부로 1년 정기보험을 계약할 경우 각 연도의 순보험료를 의미한다.
> 나. 보험계약은 당사자 쌍방의 의사의 합치가 있으면 성립하고, 그 계약의 성립요건으로서 청약서 작성 등의 요식행위를 요구하고 있다.
> 다. 보험계약의 특성 상 초년도에 계약체결비용 지출이 많아 추가적으로 대체하여 사용하고 차년도 이후의 부가보험료로 이를 대체하는 것을 질멜식 책임준비금이라고 한다.
> 라. 예정사망율이 낮아지면 생존의 보험료는 비싸지게 된다.

① 가, 다
② 가, 나, 다
③ 가, 다, 라
④ 다, 라

25 다음 중 계약 전 알릴의무에 관련된 생명보험계약의 특성은?

① 낙성계약　　　② 부합계약
③ 선의계약성　　④ 사행계약성

26 보험회사가 계약 전 알릴의무 위반으로 계약을 해지할 수 없는 경우를 모두 고른 것은?

> 가. 보험회사가 계약 당시 계약 전 알릴의무 위반 사실을 알았거나, 중대한 과실로 인하여 알지 못하였을 때
> 나. 보험회사가 그 사실을 안 날로부터 1개월이 지났거나 보장개시일로부터 보험금 지급사유가 발생하지 않고 2년(진단계약은 1년)이 지났을 때
> 다. 보험회사가 계약 청약 시 보험대상자(피보험자)의 건강상태를 판단할 수 있는 기초자료(건강진단서 사본 등)에 의하여 승낙통지를 한 때(계약자 또는 보험대상자(피보험자)가 회사에 제출한 기초자료의 내용 중 중요한 사항을 고의로 사실과 다르게 작성한 때에는 제외)
> 라. 보험설계사 등이 보험계약자 또는 보험대상자(피보험자)의 계약 전 알릴의무 사항을 임의로 기재한 경우

① 가
② 가, 나
③ 가, 나, 다
④ 가, 나, 다, 라

27 다음 괄호 안에 들어갈 단어를 맞게 쓴 것은?

> 근로소득이 있는 거주자가 소득세법에서 규정하고 있는 보장성 보험에 가입한 경우 당해연도에 납입한 보험료에 대해 연말정산 시 (가)만원을 한도로 소득공제해 준다. 이 때 보장성 보험료 소득공제는 (나)를 대상으로 하며, (다)는 보장성 보험료 소득공제를 받을 수 없다.

① 가 : 100, 나 : 근로소득자,
　다 : 개인사업자
② 가 : 200, 나 : 개인사업자,
　다 : 근로소득자

③ 가 : 300, 나 : 근로소득자,
　　다 : 개인사업자
④ 가 : 100, 나 : 개인사업자,
　　다 : 근로소득자

28 다음 (　　) 안에 들어갈 단어를 맞게 쓴 것은?

> 우리나라의 경우 2001년 (　가　)이 최초 도입된 이래 2002년에 (　나　), 2003년에 (　다　)이 뒤를 이어 판매되었다.

① 가 : 변액종신보험, 나 : 변액연금,
　　다 : 변액유니버설보험
② 가 : 변액연금, 나 : 변액종신보험,
　　다 : 변액유니버설보험
③ 가 : 변액종신보험, 나 : 변액유니버설보험,
　　다 : 변액연금
④ 가 : 변액유니버설보험, 나 : 변액연금,
　　다 : 변액종신보험

29 다음 중 일반계정과 특별계정에 대해 틀리게 설명한 것을 모두 고른 것은?

항 목	구 분	일반계정	특별계정
가	RISK 부담	회사 부담	계약자 부담
나	최저보증이율	없 음	있 음
다	자산운용목적	안정성 위주	수익성 위주
라	자산평가시기	매 일	매 월
마	결산시기	매 일	매 년

① 가, 나, 라
② 나, 라, 마
③ 가, 다
④ 가, 나

30 단기 금융시장의 상품으로 맞지 않는 것은?

① 환매조건부채권(RP)
② 어음관리계좌(CMA)
③ 주택저당채권(MBS)
④ 통화안정증권

31 기업공개의 방법에 대한 설명 중 틀린 것은?

① 기존 대주주 소유의 주식 일부를 일반 대중에게 공개 매출하는 것을 구주의 매출이라 한다.
② 회사설립 후 즉시 사장법인이 되는 경우의 공모방법을 모집설립이라 한다.
③ 기업공개 시 가장 일반적으로 사용하는 형태는 기존 주주에게 신주인수권을 부여하는 방법이다.
④ 신주의 모집이란 일반 대중으로부터 신규로 발행된 주식을 공모하는 방법이다.

32 다음 내용이 설명하는 것은 무엇인가?

> 흔히 자사 주식 매입선택권이라고 하며, 기업에서 임직원에게 자사의 주식을 일정 한도 내에서 액면가 또는 시세보다 낮은 가격으로 매입할 수 있는 권리를 부여한 뒤 일정기간이 지나면 임의대로 처분할 수 있는 권한을 부여하는 것

① 우리사주조합
② 액면분할
③ 스톡옵션
④ 권리락

33 만기상환 금액이 44,000원이고 이자율이 10%, 만기가 1년인 채권의 현재 가격은?

① 36,000원　　② 38,000원
③ 40,000원　　④ 42,000원

34 다음 내용이 설명하는 것으로 바른 것은?

> 보험계약은 당사자 쌍방의 의사 합치가 있으면 성립하고 특별한 요식행위를 요구하지 않는다.

① 불요식 낙성계약
② 유상쌍무계약
③ 부합계약
④ 선의계약성

35 다음 채권형 펀드와 혼합형 펀드의 비교 설명 중 틀린 것은?

번호	구분	주식형 펀드	채권형 펀드	혼합형 펀드
①	운용 대상	주식에 60% 이상 투자	채권에 60% 이상 투자	채권, 단기자금, 주식(60% 미만)운용
②	장점	수익성 추구 주식시장 활황 시 고수익 획득가능	장기 안정적인 수익확보, 원금보전 가능성 높음	안정성과 수익성의 동시추구
③	단점	주식시장 폭락 시 원금 손실 발생	저금리 시대에는 고수익 기대 곤란	주식시장 폭락 시 수익기대 곤란
④	투자 스타일	고위험 / 고수익	중위험 / 중수익	저위험 / 저수익

36 다음 중 맞는 것을 고른 것은?

> 변액유니버설보험은 기본적으로 **가**. 보험기간과 납입기간이 종신이고, **나**. 계약자가 매월 납입하고자 하는 보험료를 선택하지만 **다**. 보험료의 납입은 별도로 정해진 납입기간 없이 보험기간 중 계약자가 원하는 때에 보험료를 납입할 수 있고, **라**. 계약이 해지되지 않는 한도내에서 원하는 기간 만큼 납입을 하지 않을 수도 있다.

① 가, 나
② 다, 라
③ 나, 다, 라
④ 가, 나, 다, 라

37 다음 중 금융권별 예금자보호법에 의한 보호 금융상품이 잘못 연결된 것은?

① 은행 – 주택청약종합저축
② 투자매매업자 – 개인종합자산관리계좌(ISA)에 편입된 금융상품 중 예금보호대상으로 운용되는 금융상품
③ 보험회사 – 변액보험계약 최저사망보험금·최저연금적립금·최저중도인출금·최저종신중도인출금 등 최저보증
④ 종합금융회사 – 어음관리계좌(CMA)

38 2016년 6월 23일부터 변액보험의 경우에도 보험약관에 최저보증 약정이 있는 경우 보험회사가 최저 보증하는 보험금 등은 예금자보호 대상으로 편입됐다. 다음 중 각 보험상품별 최저보증 현황으로 틀린 것은?

① 변액연금보험 – 최저연금적립금 보증(GMAB)
② 변액유니버설보험 – 최저사망보험금 보증(GMDB)
③ 변액종신보험 – 최저중도인출금 보증(GMWB)
④ 변액연금보험 – 최저종신중도인출금 보증(GLWB)

39 다음은 금융상품과 금리를 설명하는 표이다. 틀린 부분을 모두 고른 것은?

항목	구 분	확정금리	연동금리	실적(변동)금리
가	내 용	계약기간 동안 확정된 금리 보장	대표적인 시장금리에 연동하여 적용	채권, 주식 등에 투자한 결과를 실적에 따라 배당
나	수익률/ 리스크	대	중	소
다	투자자 책임	소	중	대
라	금융기관 책임	소	중	대
마	주요 금융상품	정기예금, 적금, 전통형 보험	CD 금리연동형 정기예금, 공시이율 적용 보험 상품	실적배당형 신탁, 뮤추얼펀드, 변액보험

① 나, 다
② 나, 라
③ 가, 마
④ 가, 다

40 다음과 같은 현상을 무엇이라 하는가?

> 국제 유가 급락, 신흥국 경제위기, 유럽 디플레이션 등 각종 악재가 동시다발적으로 한꺼번에 터지는 것

① 세컨더리 보이콧
② 칵테일 리스크
③ 염소의 저주
④ 스태그플레이션

회사명	지점명	수험번호	성 명	시험지 유형	점 수

※ 본 모의고사 문제는 기출 복원 자료를 바탕으로 제작되었습니다.

※ 다음 문제에서 맞는 것은 O표, 틀린 것은 × 표를 하시오(1~4).

01 탐색비용이란 금융자산의 투자가치를 평가하기 위하여 필요한 정보를 얻는데 소요되는 비용이다.　　　　　 O / ×

02 순보험료는 장래 보험금 지급의 재원이 되는 보험료로서 위험보험료와 저축보험료로 구성되며, 각각 예정위험률과 예정이율에 의해 계산된다.　　　　　 O / ×

03 유가증권의 대표적인 것으로 주식, 채권이 있는데 주식은 자기자본이고, 채권은 타인자본이다.　　　　　 O / ×

04 변액보험을 상업적으로 상품화하여 최초로 판매한 국가는 네덜란드, 영국, 미국, 캐나다, 일본 순이다.　　　　　 O / ×

※ 다음 문제의 물음에 가장 적합한 것 하나만 골라 답안지의 해당란에 표기하시오(5~40).

05 다음의 금융시장의 기능에 대한 설명 중 틀린 것은?

① 자금잉여부문의 여유자금을 흡수하여 자금 부족부문에 투자자금을 저렴하게 공급
② 자금의 수요자와 공급자 간의 적정가격 산출
③ 금융자산의 유동성 확보 및 정보비용의 상승
④ 시장에 참가하는 기업과 정부를 감시하고 평가하는 규율기능

06 금리에 관한 설명 중 틀리게 설명한 것은?

① 인플레이션 고려 여부에 따라 명목금리와 실질금리로 구분할 수 있다.
② 표면금리가 동일하다면 실효금리도 동일하다.
③ 월복리 : 원금$(1+r/12)^k \times 12$ (k=경과년수)
④ 단리 : 원금$(1+r \times k)$

07 자본시장법의 기본방향에 대한 설명으로 틀린 것은?

① 기능별 열거주의 규율체계
② 기능별 규율체계
③ 업무범위의 확대
④ 투자자 보호제도 선진화

08 기업공개와 상장에 관한 설명 중 맞게 설명한 것은?

① 기업공개와 증자는 대개 신주의 발행을 수반하는 것으로 유통시장과 관련된 것이다.
② 기업공개와 증자는 주식발행뿐만 아니라, 채권발행과도 관련이 있다.
③ 상장은 다수의 투자자에게 주식을 분산하는 것으로 반드시 기업단위로 이루어진다.
④ 기업공개 시 신주공모, 구주매출, 또는 이 두 가지를 혼합한다.

09 유상증자 방법 중 우리사주제도와 관련 깊은 것은?

① 주주배정
② 주주우선공모
③ 제3자 배정
④ 일반공모증자

10 다음 설명 중 (   )에 들어갈 말이 순서대로 바르게 나열된 것은?

( )은 각 종목마다 ( )에 ( )를 곱해 이를 합계한 것으로 모든 주식을 ( )로 평가한 금액을 말한다.

① 시가총액 – 상장주식수 – 시가 – 고가
② 시가총액 – 시가 – 상장주식수 – 시가
③ 상장주식수 – 시가 – 상장주식수 – 시가
④ 상장주식수 – 시가총액 – 시가 – 시가

11 주식시장의 상승신호 사례로 틀린 것은?

① 증권회사의 고객예탁금 증가
② 기업경기실사지수(BSI) 상승
③ 경기선행지수 상승
④ 우리나라 수입의 증가

12 매매거래의 관리에 대한 설명 중 바르게 된 것은?

① 가격제한폭은 전일종가 상하 15%(단, 코스닥시장은 12%)
② 종합주가지수가 전일보다 10% 이상 하락한 상태가 10분 이상 지속되면 거래가 중단된다.
③ 매매거래 중단제도는 장 종료 50분전 이후에는 중단하지 아니하며 1일 2회로 제한된다.
④ 배당락은 배당 기준일이 지나 배당을 받을 수 있는 권리가 없어지는 것을 말한다.

13 주가 및 주식투자 수익률의 변동요인 중 기업의 개별요인에 해당되지 않는 것은?

① 물가 및 금리
② 임원인사
③ 증자 및 감자
④ 인수합병

14 다음 중 그 성격이 다른 하나는?

① 건설수주액
② 소비자 기대지수
③ 제조업 가동률지수
④ 장단기 금리 차

15 채권에 대한 설명으로 맞는 것은?

① 채권표면에는 이자가 미리 확정 표시된다.
② 채권은 차용증서와 같이 법적인 제약과 보호를 받지 못한다.
③ 정부는 정부의 동의를 받지 않고 채권을 발행할 수 있다.
④ 채권은 어음, 수표 등과 같이 유통시장에서 자유로운 거래가 불가능하다.

16 소득세에 대한 설명으로 올바르지 못한 것은?

① 소득세는 개인의 소득을 과세대상으로 하는 조세이다.

② 개인 소득 중 이자, 배당소득은 종합과세 대상이 될 수 없다.

③ 퇴직소득, 양도소득은 종합소득과 구분하여 각 소득별로 별도 과세한다.

④ 분리과세는 종합소득에 포함되지만 사전에 소득세를 원천징수하여 납세의무가 종결된다.

17 甲의 선택으로 잘못된 것은?

甲은 ① 주택을 마련하기 위해 은행에 찾아가 주택종합청약저축과 장기주택마련저축에 가입하였고, 리스크에 대비하기 위해 건강보험에 가입하려고 하는데, ② 보험회사의 부실여신비율을 확인하고 난 뒤에 S생명사의 건강보험에 청약하였다. 또한 ③ A금융투자회사의 영업용순자본비율을 확인한 뒤 ④ 비상예비자금을 마련하고 주식거래를 하고자 CMA를 개설하고 향후 지속적인 거래를 하고자 한다.

18 예정기초율과 보험료의 관계의 설명이다. 이 중 틀린 것은?

① 예정사망률이 낮아지면 사망보험료는 싸지게 된다.

② 예정사망률이 높아지면 생존보험료는 싸지게 된다.

③ 예정이율이 낮아지면 보험료는 싸지게 된다.

④ 예정사업비율이 높아지면 보험료는 비싸지게 된다.

19 다음의 생명보험약관의 주요내용에 대한 설명 중 틀린 것은?

① 보험계약은 보험계약자의 청약과 보험회사의 승낙으로 이루어진다.

② 보험계약자에게 보험약관을 전달하지 않을 경우 15일 이내에 계약을 취소할 수 있다.

③ 보험회사는 계약을 체결할 때 계약자에게 약관을 교부하고 그 중요한 내용을 설명해야 한다.

④ 보험계약은 제1회 보험료를 납입해야 회사의 책임이 개시된다.

20 생명보험계약의 특성으로 바르게 설명한 것은?

① 보험계약은 청약과 승낙으로 이루어지는 부합계약이다.

② 보험청약서는 보험계약을 성립시키는 중요한 요소이다.

③ 보험계약은 일반적으로 보험회사에 의해 미리 작성된 보험약관을 통해 체결이 되는데 이를 불요식 계약이라 한다.

④ 보험계약은 보험금이 장래의 우연한 사고 발생시 지급된다는 점에서 사행계약에 속한다.

21 보장성 보험료에 대한 세액공제 내용으로 틀리게 설명한 것은?

① 당해 연도에 납입한 보험료에 대해 연말정산 시 세액공제를 받을 수 있다.

② 납입한 보험료의 한도는 100만원이다.

③ 근로소득자가 기본공제대상자를 피보험자로 하는 보장성 보험의 경우에 한한다.

④ 납입한 보험료의 15.2%에 대해서 세액공제를 받을 수 있다.

22 다음 중 책임준비금의 요소에 해당하지 않는 것은?

① 계약체결비용   ② 보험계약마진
③ 이행현금흐름   ④ 위험조정

23 미국이 변액보험상품 판매에 성공한 원인으로 적절한 것은?

① 변액상품의 특성상 안정적이면서 고수익 실현이 가능
② 세제혜택 감소로 인해 보험사의 지속적인 상품 개발
③ 변액보험상품의 뛰어난 유연성 및 다양한 투자 옵션
④ 고금리로 인한 변액상품에 대한 인지도 개선

24 다음은 우리나라 변액보험 도입 배경(필요성) 중 하나이다. 관련성이 높은 것은?

역마진 등 금리리스크 적정 관리로 보험경영의 안정성 증가 및 선진상품 도입에 따른 국제 경쟁력 제고

① 보험소비자 측면   ② 모집종사자 측면
③ 보험회사 측면   ④ 국가경제적 측면

25 다음은 우리나라 변액보험 판매 순서이다. (   ) 안에 들어갈 순서로 바르게 연결된 것은?

우리나라의 경우 2001년 변액(   )보험이 최초 도입된 이래 2002년에 변액(   ), 2003년에 변액(   )보험이 뒤를 이어 판매되었다.

① 연금 – 종신 – 유니버설
② 종신 – 유니버설 – 연금
③ 유니버설 – 연금 – 종신
④ 종신 – 연금 – 유니버설

26 다음은 미국, 일본, 우리나라의 변액보험 판매자격제도 및 법적 규제에 관한 것이다. 맞는 것은?

미국은 ① 변액보험을 보험성격을 가진 유가증권으로 간주하며 이를 판매하려는 자는 기본적인 보험설계사 자격시험 외에 ② 증권거래위원회(SEC)에서 주관하는 투자상품 및 변액보험 판매자격시험을 통과하여야 한다. ③ 우리나라의 경우는 일본, 미국과 달리 보험업법의 규제는 받으나 자본시장 통합법 등의 적용을 받지는 않는다. 우리나라 보험업법에 따르면 변액보험은 특별계정을 설정하여 운용해야 된다. ④ 특별계정은 원래 정책적인 목적 때문에 설정하기 시작하였으나, 최근에는 투자위험의 부담을 명확히 하기 위한 목적으로 설정되기도 한다.

27 다음은 변액보험에 관한 설명이다. 틀린 것은?

① 변액보험은 투자실적이 좋을 경우에는 사망보험금과 환급금이 증가한다.
② 변액보험의 투자 결과는 전적으로 계약자가 부담하는 『자기책임의 원칙』이 적용된다.
③ 변액보험은 보험고유의 기능인 보장을 제공하기 위해 보증비용을 추가로 부담하게 된다.
④ 변액보험의 기타비용은 판매보수, 자산운용보수, 수탁보수 등으로 구성되어 있다.

28 변동보험금 계산 방법에 관한 설명으로 틀린 것은?

① 가산지급방법은 현재 국내에서 판매하고 변액종신보험과 유사한 구조로 보장부분과 적립부분을 분리하여 변동보험금을 계산하는 방식이다.
② 일시납보험 추가가입(증액)방법은 기본보험계약의 예정책임준비금을 초과하는 금액을 일시납보험료로 하여 잔여기간에 해당하는 보험을 추가가입하는 방법이다.

③ 책임준비금비례방법은 기본보험계약의 예정책임준비금 이상의 초과적립금과 예정책임준비금과의 비율에 따라 변동보험금을 계산하는 방법이다.

④ 사망보험금 증가규모가 가장 큰 계산방법은 책임준비금 비례방법이다.

29 우리나라에서 실제 판매되고 있는 변액종신보험의 보장구조에 대한 설명 중 맞는 것은?

① 변액종신보험은 사망만 담보하며 제1급 장해 시는 보장하지 않는다.

② 변동보험금은 매년 계약 해당일마다 재계산된다.

③ 투자수익률이 예정이율을 초과하면 변동보험금이 발생하지 않는다.

④ 변동보험금은 실제 계약자적립금과 이 보험의 예정이율로 계산된 기본보험계약의 예정 책임준비금과의 차액을 가지고 계산된다.

30 다음은 변액보험상품을 설명한 내용이다. 틀린 것은?

① 변액연금보험은 연금개시 이후에는 정액연금으로만 운영할 수 있다.

② 변액유니버설 보험은 은행의 입·출금, 투신의 투자기능 및 보험의 보장기능을 하나의 상품으로 제공하는 보험이다.

③ 변액종신보험은 중도해지 시 투자실적에 따라 해약환급금이 변동되며 보험기간의 만기가 없는 보험이다.

④ 변액양로보험에서 해약환급금은 실제 계약자 적립금에서 미상각 신계약비를 공제한 금액이다.

31 다음은 변액종신과 일반종신을 비교한 것이다. 틀린 것은?

번호	구분	변액종신보험	일반종신보험
①	자산운용	특별계정	일반계정
②	투자책임	계약자 부담 (자기책임의 원칙)	일반계정
③	예금자보호	예금자보험법의 적용대상 제외	예금자보호법의 적용대상에 포함
④	보험변경	일반종신보험으로 변경불가	변액종신으로 변경불가

32 변액보험과 투신상품과의 비교에 대한 설명 중 틀린 것은?

① 변액보험 특징은 장기적 인플레 헤지를 통해 실질가치가 보전된 보장 제공한다.

② 투신상품의 운용형태는 투자금액 일부만 유가증권에 투자하여 수익을 지급한다.

③ 변액보험의 계약자 권리에는 자금운용 지시권은 없다.

④ 투신상품의 투자자의 권리는 수익자 또는 주주의 권리를 보유한다.

33 다음 ( ) 안에 들어갈 말을 바르게 배열한 것은?

> 특별계정 투입보험료는 특별계정에서 채권, 주식 등 유가증권에 투자되어 매일 실적배당률로 적립되며, 매월 계약 해당일에 해당 월의 ( )와 ( )을 특별계정에서 일반계정으로 차감하게 된다.

① 영업보험료 – 납입 후 계약유지비용

② 자연식 위험보험료 – 납입 중 계약유지비용

③ 영업보험료 – 납입 중 계약유지비용

④ 자연식 위험보험료 – 납입 후 계약유지비용

34 특별계정(펀드)에 관해서 맞게 설명한 것은?

① 채권 편입비율에 따라 채권형 펀드, 주식형 펀드, 혼합형 펀드 등의 형태로 구분할 수 있다.

② 채권형 펀드의 경우 채권에 60% 이상 투자하고 나머지는 주식에 투자한다.

③ 시장 예측이 불확실한 경우 채권형 펀드가 유리하다.

④ 채권형 펀드는 장기 안정적인 수익 확보 및 원금보전 가능성이 높다.

35 변액보험계약자 갑은 8월 10일 현재 특별계정 투입보험료가 2,000만원이고, 펀드기준가격이 1,250원이다. 9월 1일 펀드기준가격이 1,500원으로 증가하였다. 9월 1일 계약자 적립금은 얼마인가?

① 1,120만원   ② 2,240만원

③ 2,400만원   ④ 3,400만원

36 다음 중 변액보험 자산운용 옵션에 해당하지 않는 것은?

① 펀드 자동 재배분기능

② 펀드운용방법 지시기능

③ 특별계정(펀드) 변경기능

④ 보험료 분산투입기능

37 다음 중 변액보험의 약관에 대한 설명으로 맞는 것은?

① 변액종신보험, 변액연금보험은 월납, 3개월납, 6개월납, 연납 등으로 선택가능하다.

② 감액된 계약은 감액 전 보험가입금액으로의 증액이 불가능하다.

③ 선납보험료는 납입과 동시에 특별계정으로 투입된다.

④ 계약자가 납입한 제1회 보험료는 다음 날 특별계정으로 투입된다.

38 다음 중 실제 지급되는 보험금은 얼마인가?

> (사망일을 보험금 지급기준으로 하는 보험회사의 보험금이다)
>
> 사망일 : 2024년 10월 2일
> 기본금 : 3,000만원
> 변동보험금 : – 500만원
> 청구일 : 2025년 8월 1일
> 기본금 : 3,000만원
> 변동보험금 : 300만원

① 2,500만원   ② 3,000만원

③ 3,100만원   ④ 3,300만원

39 다음 중 변액보험을 판매하는 회사의 홈페이지 "변액보험공시실"에 반드시 공시해야 하는 항목이 아닌 것은?

① 자산운용사의 정보

② 특별계정운용현황

③ 보험계약관리내용

④ 변액보험운용설명서

40 예금자보호제도와 관련된 설명으로 맞는 것은?

① 2003년부터 금융기관이 파산할 경우 1인당 5천만원까지 예금을 보호한다.

② 예금자보호한도는 예금의 종류별로 한정된다.

③ 법인은 예금자보호대상에서 제외된다.

④ 다른 금융기관으로 계약이 이전 시, 승계되지 않는 예금이 예금자보호법에 의한 보호대상 예금이면 예금보험공사가 보험금을 지급한다.

회사명	지점명	수험번호	성 명	시험지 유형	점 수

※ 본 모의고사 문제는 기출 복원 자료를 바탕으로 제작되었습니다.

※ 다음 문제에서 맞는 것은 ○표, 틀린 것은 × 표를 하시오(1~4).

01 MMF는 예금자보호법의 보호를 받지 못하지만, CMA의 경우는 항상 예금자보호법의 보호를 받을 수 있다.　　　　○ / ×

02 계약자들이 납입하는 보험료 총액과 보험회사가 지급하는 보험금 및 지출비용 총액은 동일한 규모가 되는데 이를 대수의 법칙이라 한다.　　　　○ / ×

03 변액연금에서 연금개시 이후에도 투자성과에 상관없이 종신연금지급액을 보증하는 옵션은 GLIB이다.　　　　○ / ×

04 변액종신의 경우는 기간이 경과할수록 영업보험료가 펀드로 투입되는 비율이 작아지는데, 10년납 이상의 장기납 변액연금은 오히려 투입비율이 더 커지게 된다.　　　　○ / ×

※ 다음 문제의 물음에 가장 적합한 것 하나만 골라 답안지의 해당란에 표기하시오(5~40).

05 금융투자회사의 고유업무에 대한 설명으로 잘못된 것은?

① 투자매매업 : 누구의 명의로 하든지 자기의 계산으로 금융투자상품의 매도·매수, 증권의 발행·인수 또는 그 청약의 권유, 청약, 청약의 승낙을 영업으로 하는 것

② 투자중개업 : 누구의 명의로 하든지 타인의 계산으로 금융투자상품의 매도·매수, 그 청약의 권유, 청약, 청약의 승낙 또는 증권의 발행·인수에 대한 청약의 권유, 청약, 청약의 승낙을 영업으로 하는 것

③ 집합투자업 : 2인 이상에게 투자권유를 하여 금융투자상품에 대한 종류, 종목, 취득·처분, 취득·처분의 방법·수량·가격 및 시기 등에 대한 투자판단에 관한 자문에 응하는 것을 영업으로 하는 것

④ 신탁업 : 신탁을 영업으로 하는 것

06 금융기관에 대한 설명이다. 틀린 것을 고르시오.

① 은행의 고유업무로 예·적금의 수입 또는 유가증권 기타 채무증서의 발행, 대출, 어음할인 내·외국환 업무가 있다.

② 금융투자회사의 고유업무는 투자매매업, 투자중개업, 집합투자업, 투자자문업, 투자일임업, 신탁업의 6가지로 구분하고 있다.

제
13
회

225

③ 일반은행이 재원이나 채선성의 제약으로 필요한 자금을 공급하기 어려운 특정부문에 자금을 공급하는 업무를 담당하는 특수은행이 은행법에 의해 설립되어 있다.

④ 금융투자회사는 직접금융시장에서 기업이 발행한 증권을 매개로 하여 투자자의 자금을 기업에게 이전시켜 주는 기능을 한다.

07 다음은 자산운용회사에 대한 내용이다. 틀린 것을 고르시오.

① 대표적 상품으로 채권형/주식형/혼합형 수익증권, MMF 등이 있다.

② 자산운용회사는 간접투자상품을 설정, 운용 및 판매할 수 있다.

③ 다수의 고객으로부터 위탁받은 장단기자금을 공동기금으로 조성하여 유가증권에 투자함으로써 발생한 수익을 고객들에게 되돌려 주는 증권투자대행기관이다.

④ 당초 수익증권 발행잔액이 20% 이하 혹은 2조원 이하인 경우에는 신탁원본의 가액을 기준으로 5,000억원까지 직접판매에 한도 제한을 받았으나, 2007년 12월에는 한도 제한이 철폐되었다.

08 다음 중 입출금이 자유로우면서 정기예금 수준의 금리를 주는 상품이 아닌 것은?

① MMF
② CMA
③ 보통예금
④ MMDA

09 다음 중 CMA에 대한 설명으로 틀린 것은?

① 과거에는 종합금융회사의 대표적인 상품이었으나 2005년 6월부터 금융투자회사에서도 판매가 허용되었다.

② 종금사형 CMA는 예금보호대상이 된다.

③ 금융투자회사형 CMA는 예금보호대상이 아니다.

④ 자본시장 통합법 이후로도 소액결제시스템 참여가 허용되지 않았다.

10 다음 중 투자신탁(수익증권)에 대한 설명으로 틀린 것은?

① 자본시장과 금융투자업에 관한 법률에 따른다.

② 신탁계약에 의한 신탁관계 형태를 갖는다.

③ 투자자는 주주의 지위를 갖는다.

④ 판매사를 통해 투신사에 환매청구를 한다.

11 다음 설명하는 내용에 해당하는 것은?

> 예금은행의 자금조달비용을 반영하여 산출된 지수로 2010년 2월부터 주택담보대출의 기준금리로 사용되고 있다. 이전에는 CD금리를 기준으로 사용했으나 CD는 은행의 자금조달비용을 제대로 반영하지 못하는 문제가 있었다.

① KORIBOR
② CD
③ COFIX
④ Call

12 다음 중 이익배당은 보통주에 우선하고 잔여 재산분배에 있어서는 열등한 지위에 있는 주식은?

① 보통주
② 우선주
③ 후배주
④ 혼합주

13 유상증자의 종류에 대한 설명 중 맞는 것은?

① 주주배정 : 주주에게 우선청약 기회 부여 후 미청약분을 다시 모집

② 주주우선공모 : 신주인수권을 보유지분에 비례하여 기존 주주들에게 부여

③ 직접공모 : 인수기관을 통해 발행회사가 직접 자기의 책임과 계산하에서 신주를 공모하는 방식

④ 일반공모 증자 : 기존 주주에게 배정하지 않고 불특정 다수를 대상으로 유상증자 실시하는 방법

14 주식매매거래에 관한 설명 중 옳은 것은?

① 하루에 변동할 수 있는 증권가격의 상하한 폭은 전일 종가 대비 12%이다.

② 매매거래 중단제도란 종합주가지수가 전일보다 10% 이상 하락한 상태가 1분이상 지속되면 매매거래가 일시적으로 정지되는 것으로 1일 2회를 한도로 적용될 수 있다.

③ 배당 기준일 다음날의 주가는 전일 대비 배당만큼 높아지는 것이 보통이다.

④ 내부자가 내부정보를 이용해 6개월 이내 단기매매로 이득을 얻은 경우 그 이익금을 당해 법인에 반환하도록 청구할 수 있다.

15 보장성 보험의 세액공제에 대한 설명으로 잘못된 것은?

① 공제 대상자의 요건은 직계존속의 경우 만 60세 이상이다.

② 세액공제 제외대상에는 개인사업자와 일용근로자가 있다.

③ 기본공제 대상자의 요건 중 공통사항으로 연간 소득금액이 200만원 이하인 경우가 있다.

④ 일반 보장성 보험과 구분하여 세액공제한도를 적용하며 일반 보장성 보험료 세액공제와 장애인 전용 보장보험료 세액공제가 중복될 시 하나를 선택해야 한다.

16 세금우대종합저축제도에 대한 설명으로 잘못된 것은?

① 전 금융기관에서 취급한다.

② 신탁, 공제, 저축성보험, 증권저축 등도 계약기간 1년 이상 적립식 또는 거치식 금융상품의 경우 해당된다.

③ 가입한도는 20세 이상 1인 당 전 금융기관 합산 1천만원 이하이다.

④ 남자 60세, 여자 55세 이상인 경우의 가입한도는 3천만원이다.

17 다음 법인세의 세율을 설명하는 표의 내용이 잘못된 것은?

과세표준	세 율
① 2억 이하	② 10%
2억원 초과 ~ 200억원 이하	③ 22%
200억원 초과	④ 22%

18 비과세 금융상품에 대한 설명으로 맞는 것은?

① 보험계약의 계약유지기간은 10년 이상이지만 계약일로부터 10년이 경과하기 전에 확정된 기간 동안 연금형태로 분할하여 지급받는 경우에는 해당계약의 보험차익의 이자소득세가 과세된다.

② 저축성보험이 비과세 요건을 충족하지 못하게 된 경우에는 만기에만 보험차익에 대하여 이자소득세가 원천징수 된다.

③ 비과세종합저축은 65세 이상자 또는 장애인 등은 가입대상으로 1인당 7천만원 이하까지 납입이 가능하다.

④ 생계형저축은 7천만원 한도로 가입이 가능하다.

제 **13** 회

19 다음 중 채권형 펀드에 편입될 수 없는 자산은?

① 회사채　　　　② 주 식
③ 콜 론　　　　④ 국채선물

20 다음 중 변액보험 공시에 대해 맞게 설명한 것은?

① 보험계약자에게 분기별 1회 이상 변액보험 운용설명서를 제공해야 한다.
② 보험계약자에게 보험계약관리내용을 분기별 1회 이상 통보해야 한다.
③ 보험계약자에게 자산운용보고서를 연 2회 통보해야 한다.
④ 생명보험협회 홈페이지에서는 개인별 계약관리내용을 확인할 수 있다.

21 다음 중 생명보험계약의 특성에 속하지 않는 것은?

① 유상쌍무계약
② 사행계약
③ 부합계약
④ 요식계약

22 보험관련 세제에 대한 설명으로 틀린 것은?

① 저축성 보험은 10년 지난 후에 중도해지하면 이자소득세가 비과세된다.
② 1억원 초과하는 금액을 상속하는 경우 순금융재산의 30%를 상속공제한다.
③ 보장성 보험을 중도해약할 경우 당해년도 해약 시까지 납입한 보험료는 소득공제가 가능하다.
④ 근로자가 부담하는 노인장기요양보험료에 대해서는 전액 소득공제해준다.

23 금융재산의 상속공제에 대한 설명 중 틀린 것은?

① 상속재산의 상속공제 금액의 최대한도는 2억원이다.
② 순금융재산이 2,000만원 미만일 경우 전액 공제된다.
③ 계약자가 부친이고, 수익자가 자녀일 경우 모친(피보험자)의 보험사고 발생 시 상속세가 과세된다.
④ 자녀를 수익자로, 계약자와 피보험자를 부모로 설정한 경우 보험사고 발생 시 증여세 납부의무가 발생한다.

24 다음 중 파생금융상품에 대한 설명으로 틀린 것은?

① 기초자산을 기준으로 금리, 통화, 주식 및 실물상품으로 구분한다.
② 거래장소에 따라서는 장외 및 장내거래로 구분한다.
③ 거래형태에 따라서는 선도, 선물, 옵션, 스왑 등으로 나누어진다.
④ 옵션이란 통화나 금리 등의 거래조건을 서로 맞바꾸는 것을 말한다.

25 다음 중 책임준비금과 해약환급금에 대한 설명으로 틀린 것은?

① IFRS17이 도입됨에 따라 보험부채를 원가기준이 아닌 시가기준으로 평가하게 되었다.
② 잔여보장요소에는 최선추정부채와 보험계약마진, 위험조정이 포함된다.
③ 해약환급금은 보험계약의 해약 등이 발생할 때 계약자에게 반환하는 금액을 말한다.
④ 보험료 납입기간이 12년인 경우 해약공제 기간은 10년으로 설정한다.

26 변액보험의 역사에 대한 틀리게 설명한 것은?

① 변액보험은 시장상황에 따라 변하는 시장금리형 상품이다.
② 최초의 판매국가는 네덜란드이다.
③ 변액보험을 판매한 순서는 네덜란드, 영국, 캐나다, 미국, 일본 순이다.
④ 네덜란드 금융의 경우 은행, 증권, 보험업의 구분이 없다.

27 미국의 변액보험 도입 배경이 아닌 것은?

① 저금리 정책으로 인하여 주식시장의 현금 유입 증가
② 맞벌이 부부 증가, 자녀수 감소 등 가계소득 증가로 금리에 대한 선호도 상승
③ 생명보험회사의 경영상 필요성
④ 은행의 시장금리 연동형 예금 판매 개시

28 우리나라의 변액보험 도입 경과로 틀린 것은?

① 변액종신보험이 최초로 2001년 7월부터 판매가 시작되었다.
② 변액종신보험 출시 이후, 변액 연금은 2002년부터 판매되었다.
③ 변액유니버설보험은 변액연금보다 먼저 판매 되었다.
④ 2009년 2월부터 자본시장과 금융투자업에 관한 법률의 규제를 받고 있다.

29 변동보험금 계산방법 중 틀리게 설명한 것은?

① 사망보험금은 기본보험금에 사망시점의 변동보험금을 합한 금액이다.
② 우리나라에서는 변액종신보험 및 변액유니버설보험(보장형)에서 사용하고 있다.

③ 일시납 보험 추가가입방법은 계산 주기에 따라 월 1회, 일 1회 등으로 구분할 수 있으며, 사망보험금은 기본 보험금액에 사망시점의 변동보험금액을 합한 금액이 지급된다.
④ 변동보험금을 활용하면 수익률이 낮아질 수 있다.

30 다음 중 최저사망 보험금 보증비용과 최저연금적립금 보증비용에 대해 맞게 설명한 것은?

① 최저사망보험금 보증비용 : 펀드별 차등 부과
② 최저연금적립금 보증비용 : 펀드별 차등 부과
③ 최저사망보험금 보증비용 : 매년 특별계정에서 일반계정으로 차감
④ 납입 후 계약유지비용 : 납입 후 매월 공제, 펀드와 무관

31 다음 중 특별계정의 투입보험료에 대한 설명으로 틀린 것은?

① 특별계정 투입보험료는 채권, 주식 등 유가증권에 투자되어 매일 실적배당률로 적립된다.
② 매월 자연식 위험보험료와 납입 후 계약유지비용을 일반계정에서 특별계정으로 차감한다.
③ 위험보험료는 연령이 높아질수록 증가하므로 특별계정 투입보험료는 연령이 증가할수록 줄어든다.
④ 특별계정 투입보험료는 순보험료와 납입 후 계약유지비용으로 구성된다.

32 다음 중 펀드에 대한 설명 중 틀린 것을 고르시오.

① 채권형 펀드는 원금보전 가능성이 높지만, 저금리시대에는 고수익 기대가 어렵다.

② 주식형 펀드는 주식에 60% 이상 투자한다.

③ 혼합형 펀드는 주식시장이 폭락하면 원금보전이 곤란한 단점이 있다.

④ 채권형 펀드의 주식편입비율은 10% 미만이다.

33 적합성 원칙과 고객 투자성향 분석에 대한 설명으로 잘못된 것은?

① 고객의 투자성향에 대한 인지수준, 소득상황, 투자목적, 투자경험 등에 비추어 적합한 투자를 권유하는 원칙이다.

② 변액보험 가입 시에는 재가입 권유 금지 조항이 적용된다.

③ 투자성향 분석 후 펀드를 선택하는 것은 자산편입비율에 따른 리스크 정도가 다르기 때문이다.

④ 직접적으로 고객을 대면하는 컨설턴트의 경우 특별계정 각각의 특징 및 리스크 정도에 대한 사전 교육 및 이해가 필요하다.

34 2025년 8월 2일 특별계정투입보험료가 3,000만원이고, 당일 좌당기준가격이 1,500원이다. 2025년 8월 24일 좌당기준가격이 2,000원이라면, 2025년 8월 14일 계약자적립금은 얼마인가?

① 3,000만원

② 4,000만원

③ 4,500만원

④ 6,000만원

35 변액보험과 투자신탁(수익증권)에 대한 설명이다. 다음 중 틀리게 설명한 것은?

① 변액보험은 장기적 인플레이션 헷지를 통해 실질가치를 보장하기 위한 목적이다.

② 변액보험은 사업비 및 위험보험료 등을 차감한 일부 금액만을 투자한다.

③ 수익증권은 사업비, 자산운용보수, 수탁보수 등 부가비용이 소요된다.

④ 수익증권은 수익자의 권리를 가지게 된다.

36 변액유니버셜보험에 대한 설명 중 틀린 것은?

① 변액유니버셜보험은 저금리, 고주가 시대에는 고수익을 제공하기 어려운 유니버셜보험의 단점을 보완한 상품이다.

② 변액유니버셜보험 적립형에 대한 변동보험금계산은 가산지급방법으로 계산된다.

③ 변액유니버셜보험 보장형에 대한 변동보험금계산은 책임준비금 비례방법을 사용한다.

④ 변액유니버셜보험 상품은 다양한 선택특약을 조립하여 상품 설계를 할 수 있다.

37 피보험자 김시대의 사망일자 2023년 8월 1일에 기본보험금이 1억이고, 변동보험금이 −2,000만원이었다. 청구일자 2025년 8월 26일에 기본보험금이 1억 변동보험금이 −1,500만원일 경우, 수익자에게 지급될 사망보험금은?(사망일 기준으로 보험금 지급하는 회사이다)

① 8,000만원

② 8,500만원

③ 1억원

④ 1억 2천원

38 다음 중 보험안내자료의 기재금지사항이 아닌 것은?

① 공정거래법에서 정한 불공정거래행위에 해당하는 사항
② 보험계약자에게 유리한 내용을 골라 안내하는 사항
③ 사실에 근거하지 아니한 사항을 기초로 다른 보험회사 상품에 비하여 유리하게 비교한 사항
④ 보험금 지급 제한 조건

39 저축성 변액보험의 수수료 안내표에 대한 내용으로 틀린 것은?

① 저축성 변액유니버설보험, 변액연금보험 등의 계약자가 부담하는 보수 및 비용을 명확히 제시하기 위해 보험계약체결 과정에서 수수료 안내표를 제공하고 있다.
② 저축성 변액보험에 대한 예정사업비(비율 및 금액), 위험보험료, 특별계정운용비용, 보증비용 및 수수료 등이 포함된다.
③ 특별계정 운용비용에는 운용보수와 수탁보수가 포함되며 증권거래비용 및 기타비용은 포함하지 않는다.
④ 보험회사 홈페이지 및 연 2회 서면제공을 통해 이미 납입한 보험료 대비 적립금 및 해약환급금 비율을 제공한다.

40 예금자보호법에 의한 보호대상 금융상품이 아닌 것은?

① 은행의 별단예금
② 은행의 표지어음
③ 보험회사의 원금이 보전되는 금전신탁
④ 상호저축은행의 저축은행 발행채권

제 **13** 회

회사명	지점명	수험번호	성 명	시험지 유형	점 수

※ 본 모의고사 문제는 기출 복원 자료를 바탕으로 제작되었습니다.

※ 다음 문제에서 맞는 것은 ○표, 틀린 것은 ×표를 하시오(1~4).

01 유동성이란 보유하고 있는 자산을 현금으로 바꿀 수 있는 정도를 말한다.　○ / ×

02 생명보험 표준약관은 보험계약자의 불편은 해소해 주지만 분쟁이나 민원은 예방해 주지 못한다.　○ / ×

03 생명보험의 용어중 기간과 날짜 관련 용어로는 보험기간, 영업일, 연단위 복리가 있다.　○ / ×

04 보험회사가 계약 정 알릴 의무 위반으로 계약을 체결한 날부터 3개월이 지났을 때에는 계약을 해지 할 수 없다.　○ / ×

※ 다음 문제의 물음에 가장 적합한 것 하나만 골라 답안지의 해당란에 표기하시오(5~40).

05 다음 중 경기후행지수로만 구성된 것은?

> 가. 이직자 수
> 나. 상용근로자 수
> 다. 생산자제품재고지수
> 라. 건설수주액

① 가, 나　　　② 다, 라
③ 가, 나, 다　　④ 가, 다

06 다음 중 금리에 대한 설명으로 맞는 것은?

① 금리가 오르면 기업의 입장에서는 투자를 늘리게 된다.
② 실제로 지급하거나 부담하게 되는 금리를 실질금리라 한다.
③ 미국은 연방기금금리, 일본은 콜금리를 각각 기준금리로 활용하고 있다.
④ 중앙은행 최고 의사결정기구인 금융통화위원회는 분기의 금리정책 운용방향을 결정짓는다.

07 기업공개와 증자에 대한 설명으로 맞는 것은?

① 기업공개와 증자는 주식발행에 국한된 것이고, 채권발행과는 무관하다.
② 기업공개는 기업이 발행한 증권종목별로 이루어진다.
③ 증자의 형태는 자본금이 증가하는 유상증자와 자본금이 증가하지 않는 무상증자로 구분된다.
④ 주주배정, 제3자 배정, 직접공모, 신주공모, 구주매출 방법이 대표적인 증자 방법이다.

08 신주인수권부사채에 대한 설명으로 맞는 것은?

① 대상 유가증권은 발행회사의 주식이다.
② 주식의 취득가격은 교환가격이다.
③ 주주가 되는 시기는 전환을 청구한 때이다.
④ 권리행사 후 사채권자의 지위는 상실된다.

09 다음 빈칸에 들어갈 숫자로 알맞은 것은?

> 주식의 매매 또는 지분의 양도가 이루어지는 경우 증권거래세가 부과된다. 증권거래세는 매년 단계적으로 인하되고 있으며, 2025년에는 코스닥시장에서 거래되는 주식에 대해 매도금액의 (   )%가 원천징수된다.

① 0.1　　　　　② 0.15
③ 0.18　　　　④ 0.24

10 다음 중 주가의 급격한 변화에 대응하여 사용하는 매매거래 관리제도가 아닌 것은?

① 사이드카　　　② 서킷 브레이커
③ 배당락　　　　④ 변동성 완화장치

11 다음 중 단기금융시장에 속하지 않는 것을 고르시오.

① 콜
② 환매조건부채권매매(RP)
③ 자산유동화증권(ABS)
④ 통화안정증권

12 다음 중 단기금융상품 거래의 특징을 고르시오.

> 가. 유동성이 높다.
> 나. 거래가 소규모로 이루어진다.
> 다. 만기가 길다.
> 라. 가격 변동폭이 크다.

① 가　　　　　　② 가, 나
③ 나, 다　　　　④ 라

13 금융투자회사의 고유 업무가 아닌 것을 고르시오

① 투자매매업　　② 분산투자업
③ 투자일임업　　④ 신탁업

14 생명보험에서 피보험자가 매년 갱신조건부로 1년 정기보험을 계약할 경우 각 연도마다 계약자가 부담하는 위험보험료를 무엇이라 하는가?

① 자연보험료　　　② 평준보험료
③ 보험료 적립금　　④ 부가보험료

15 다음은 집합투자기구에 대한 설명이다. 틀리게 설명된 것은?

① 투자신탁(수익증권)은 수익자(투자자), 판매회사(증권회사 및 은행), 위탁회사(집합투자업자), 수탁회사 간의 계약에 따라 이루어진다.
② 투자회사(뮤추얼펀드)는 증권투자전문가가 투자자들로부터 자금을 모아 주식회사인 투자회사를 조직하고 투자자들이 그 주주가 되며 재산은 관리협정에 따라 보관자에게 예탁하는 형태이다.
③ 투자회사(뮤추얼펀드)는 상법상 회사이기 때문에 운용수수료 외에도 등록세, 임원보수, 회계감사보수 등 비용을 투자자들이 추가로 부담해야 하는 단점이 있다.
④ 투자회사(뮤추얼펀드)는 약속한 투자기간이 도래하기 전에 중도환매가 가능한 폐쇄형과 중도환매가 되지 않는 개방형으로 구분된다.

16 다음 중 보험사가 계약 전 알릴 의무 위반으로 계약을 해지할 수 있는 경우를 고르시오.

① 보험회사가 계약 당시 계약 전 알릴 의무 위반사실을 알았을 경우
② 보험회사가 그 사실을 안 날로부터 15일이 지났을 경우
③ 보장개시일로부터 보험금 지급사유가 발생하지 않고 2년이 지났을 때
④ 보험설계사 등이 보험계약자 또는 피보험자의 계약 전 알릴의무 사항을 임의로 기재한 경우

17 다음 중 우리나라 변액보험 도입배경(필요성)으로 맞지 않는 것은?

① 보험소비자 측면에서 물가상승에 대응하는 보험금의 실질가치 보장 및 상품선택권 확대

② 보험회사 측면에서 역마진 등 금리리스크 적정관리로 보험경영의 안정성 증가 및 선진상품 도입에 따른 국제경쟁력 제고

③ 모집종사자 측면에서 소비자 욕구를 충족하는 보험시장의 확대로 수익증대 및 자격제도에 따른 전문성 제고

④ 보험회사 측면에서 보험시장 건전성 제고와 주식, 채권투자 증가로 자본시장 발전에 기여

18 다음 중 보험계약의 특성을 모두 고른 것은?

> 가. 무상쌍무계약
> 나. 불요식 낙성계약
> 다. 부합계약
> 라. 사행계약성

① 가   ② 나
③ 나, 다   ④ 나, 다, 라

19 적합성 진단에 따른 보험계약자 정보 확인서 내용으로 맞지 않는 것은?

① 연 령   ② 목 적
③ 경 험   ④ 재산상황

20 소득세법의 보장성 보험차익에 대해 과세한다는 규정이 없기에 본인의 소득으로 보험료를 납입하여 보험대상자인 부모가 사망하여 보험차익을 발생시키더라도 과세할 수 없는 것은 세법의 무슨 원리 때문인가?

① 포괄주의 과세원리
② 적정금액 과세원리
③ 불로소득 과세원리
④ 열거주의 과세원리

21 다음 중 종합소득에 합산하지 않고 별도로 분류과세하는 항목으로만 구성된 것은?

① 사업소득, 근로소득
② 배당소득, 기타소득
③ 연금소득, 이자소득
④ 퇴직소득, 양도소득

22 저축성 변액보험 가입단계별 수수료 안내표 제공방법에 대한 설명으로 맞는 것은?

① 저축성 변액보험의 수수료 안내표는 보험계약이 완전히 이루어 진 후 제공한다.

② 특별계정 운용비용에는 운영보수, 투자일임보수 등 증권거래비용 및 기타 비용의 보수도 공시한다.

③ 보험가입 후 – 보험약관

④ 보험가입 전 – 보험계약서

23 다음 중 미국의 변액보험 판매 성공이유로 알맞는 것은?

① 고물가, 고금리시대의 돌입
② 시장금리의 하락
③ 복잡한 상품구조 및 상품의 유연성 부재
④ 주식시장의 침체로 인한 수익률의 저하

24 일반계정과 특별계정의 비교 설명 중 틀린 것을 고르시오.

① 자산 평가 시기는 일반계정은 매월, 특별계정은 매일이다.

② 최저보증이율이 일반계정은 있으며 특별계정은 없다.

③ 자산운용목적은 일반계정은 안정성위주며 특별계정은 수익성 위주이다.

④ 결산 시기는 일반계정은 매년이며 특별계정은 매월이다.

25 다음 ( ) 안에 들어가는 숫자의 합으로 맞는 것은?

> 변액보험자격시험에 합격한 후에는 변액보험 상품 등에 대해 ( )시간 이상 판매 전 교육을 이수하여야 하고 매년 1회 ( )시간 이상 보수교육을 이수하여야 한다.

① 6   ② 8
③ 10   ④ 12

26 다음 중 펀드에 따라 차등적으로 차감되는 특별계정 제반비용은?

① 납입 후 계약유지비용
② 최저사망보험금 보증비용
③ 특별계정 운용수수료
④ 자연식 위험보험료

27 변액보험 자산운용에 대하여 맞게 설명한 것은?

① 고수익을 위한 공격적 운영에 주력한다.
② 고위험 고수익 상품이다.
③ 유가증권 시장의 단기 실적호전에 따른 시세차익 획득을 주목적으로 한다.
④ 10년 이상 장기운용을 한다.

28 변액유니버설보험의 설명 중 맞는 것을 고르시오.

① 변액유니버설보험은 기본적으로 보험기간과 납입기간이 종신이다.
② 보험기간 중 2개월 이상 납입을 하지 않으면 자동 해지 된다.
③ 의무납입 기간은 법적으로 1년 이상 설정하도록 정해져 있다.
④ 추가납입 액수는 계약 시 미리 정해져 있다.

29 다음 중 변액종신보험에 부가되는 비용을 모두 고른 것은?

> 가. 최저 사망금 보증비용
> 나. 특별계정 운용, 수탁보수
> 다. 최저연금 적립금 보증비용
> 라. 최저 해약 환급금 보증비용

① 가, 나
② 나, 다, 라
③ 가, 나, 라
④ 가, 나, 다, 라

30 다음 중 ( )에 들어갈 내용으로 맞는 것은?

> 보험약관 상 좌수란 특별계정 설정 시 ( )을 1좌로 하며, 그 이후에는 매월 좌당 기준가격에 따라 좌단위로 특별계정에 이체 또는 인출한다.

① 1원   ② 10원
③ 100원   ④ 1,000원

31 특별계정 자산평가 방법에 대한 내용으로 올바르지 않는 것은?

① 국내 상장주식 : 시가평가
② 국내 채권 : 시가평가
③ 대출 : 해당일의 평가금액(취득원가 + 이자)
④ 특별계정의 자산평가 시기는 매월이다.

32 다음 중 특별계정 폐지 사유가 맞는 것은?

① 당해 각 특별계정의 자산이 급격히 감소하거나 자산가치의 변화로 인해 효율적인 자산운용이 곤란한 경우
② 일반계정의 자산이 감소하여 회사의 존속이 어려운 경우
③ 1개월 간 계속하여 특별계정의 순자산가치가 200억원에 미달하는 경우
④ 당해 각 특별계정의 운용대상이 폭증한 경우

33 변액종신보험의 보장구조에 대한 설명으로 맞지 않는 것은?

① 사망보험금은 매일 변동한다.
② 사망보험금은 기본보험금과 변동보험금의 합으로 구성된다.
③ 기본보험금을 사망보험금으로 최저보증한다.
④ 변동보험금은 일시납보험 추가가입방법으로 계산된다.

34 변액연금보험의 특별계정 투입보험료는 영업보험료에서 부가보험료를 뺀 나머지이다. 다음 중 부가보험료가 아닌 것은?

① 계약체결비용   ② 계약유지비용
③ 순보험비   ④ 기타비용

35 변액연금보험에 대한 설명으로 적절하지 않는 것은?

① 연금개시 이후의 적립금운용방법은 계약자의 선택에 따라 공시이율적용연금형, 변액연금형으로 운영할 수 있다.
② 연금개시 전 사망 시에는 투자실적에 따라 변동되는 사망보험금을 일시납추가가입방법으로 계산한다.
③ 변액연금의 투자실적이 악화될 경우에는 연금지급액이 줄어들 수도 있다.
④ 연금지급개시 후에는 종신연금을 지급하는 형태로 실적배당형 상품이라는 점에서 전통형 연금보험과 다르다.

36 변액종신보험, 변액유니버설보험, 변액연금보험에서 공통적으로 보증하고 있는 보증옵션으로 맞는 것은?

① GMAB
② GMSB
③ GMDB
④ GMWB

37 변액보험과 관련된 아래의 항목 중 잘못된 내용은 무엇인가?

① 기본보험금액만을 감액하는 것은 불가능하나 변동보험금만 감액하는 것은 가능하다.
② 변액종신보험은 종신보험과 같은 유사한 일반보험으로의 전환이 가능하다.
③ 초회 보험료를 납입한 경우 일반계정에서 일정기간 머문 후 특별계정으로 옮겨진다.
④ 변액종신보험은 변액연금보험으로의 전환이 불가능하다.

38 적립형 변액유니버설보험에 대한 설명으로 틀린 내용은?

① 변액보험의 장점인 실적배당과 유니버설보험의 장점인 단순한 상품구조 및 자유입출금을 결합한 종합금융형 보험이다.
② 공시이율을 적용하므로 저금리 고주가 시대에는 고수익을 기대하기 어렵다.
③ 보험기간은 종신에 국한 기본형으로 한다.
④ 변동보험금은 가산지급방법으로 계산하며 사망보험금은 기본사망보험금과 사망 시 실제 적립금을 합해 지급한다.

39 변액보험 판매 시 필수 안내사항이 아닌 것은?

① 운용실적에 따른 사망보험금 및 해약환급금의 변동
② 원금손실 가능성
③ 예금자보호법 적용 제외
④ 손실에 대한 보상 약속

40 다음 중 변액보험 공시와 관련되어 생명보험협회 인터넷 홈페이지에서 확인할 수 있는 것은?

① 기간 수익률
② 개인별 수익률
③ 납입 총 보험료를 기준으로 환산한 수익률
④ 개인별 실제 적립금 내역

회사명	지점명	수험번호	성 명	시험지 유형	점 수

※ 본 모의고사 문제는 기출 복원 자료를 바탕으로 제작되었습니다.

※ 다음 문제에서 맞는 것은 ○표, 틀린 것은 ×
표를 하시오(1~4).

01 변액종신보험의 납입방법은 월납과 일시납만
이 가능하다. ○ / ×

02 보험상품은 유형의 상품으로서 보험사고가
발생하여 보장을 받기 이전에 효과를 알 수
있다. ○ / ×

03 최근에는 보험상품이 점차 단순화 되고 있다.
○ / ×

04 변액보험은 다른 금융기관의 실적배당형 상
품과는 다르게 예금자보호법에 의해 보호받
는다. ○ / ×

※ 다음 문제의 물음에 가장 적합한 것 하나만 골
라 답안지의 해당란에 표기하시오(5~40).

05 다음 금융시장 분류 중 가장 좁은 의미의 시
장은?
① 자본시장(장기금융시장)
② 외환시장
③ 화폐시장(단기금융시장)
④ 채권시장

06 다음 중 은행권 상품이 아닌 것은?
① 신탁상품   ② CMA
③ MMDA   ④ 수익증권

07 다음 중 투자회사와 투자신탁에 대한 설명으
로 옳은 것은?
① 투자회사는 수익증권을 발행하는 회사이다.
② 투자신탁은 외부 감독기관의 통제를 받는다.
③ 투자신탁은 투자회사와 달리 상법의 적용
을 받는다.
④ 투자회사는 투자신탁과 달리 자본시장법
의 적용을 받지 않는다.

08 장래 특정일 또는 일정기간 내에 미리 정해
진 가격으로 상품이나 유가증권 등의 특정
자산을 사거나 팔 수 있는 권리를 가지고
있으며 의무를 지지 않는 계약을 무엇이라
하는가?
① 옵 션   ② 선 물
③ 선 도   ④ 스 왑

09 ( )에 맞게 설명한 것은?

시중 자금사정이 풍부하면 채권 수요가 ( ) 하기 때문에 채권수익률은 ( ) 한다.

① 증가, 하락   ② 증가, 증가
③ 하락, 증가   ④ 하락, 하락

10 다음 보기에서 설명하는 금융투자업자의 고유업무는?

금전, 부동산 및 동산, 기타 재산권을 수탁받아 위탁자의 이익이나 특정목적을 위해 관리하는 업무

① 투자일임업   ② 투자자문업
③ 투자중개업   ④ 신탁업

11 다음 중 금리에 대한 설명으로 옳지 않은 것은?

① 자금수요자가 빌린 금액에 대한 대가로 자금공급자에게 지급하는 금액의 비율을 말한다.
② 금리는 현재소비와 미래소비의 가치를 동일하게 유지해주는 역할을 한다.
③ 한국은행의 금융통화위원회에서는 반기 1회 기준금리를 결정한다.
④ 기준금리의 변동은 실물경제에 영향을 미친다.

12 채권과 주식의 차이점에 대한 설명으로 맞지 않는 것은?

① 채권의 조달원금은 상환의무가 없으나, 주식의 조달원금은 만기 시 원금상환이다.
② 채권의 조달자금의 성격은 타인자본이나, 주식의 조달자금의 성격은 자기자본이다.
③ 채권의 존속기간은 한시적이나, 주식의 존속기간은 영구적이다.
④ 채권은 경영참가권이 없으나, 주식은 경영참가권이 있다.

13 신주인수권부사채의 발행회사 측면의 장점이 아닌 것은?

① 사채발행에 의한 자금조달의 촉진
② 재무구조의 개선효과
③ 자금조달의 기동성 부여
④ 주가상승에 따른 이익 획득

14 교환사채의 교환 시 발행사의 자산과 부채의 변동상태는?

① 자산증가, 부채감소
② 자산증가, 부채증가
③ 자산감소, 부채감소
④ 자산감소, 부채증가

15 다음 중 계약자가 보유한 좌수가 증가하는 원인은?

① 월 공제액 차감
② 보험계약대출
③ 보험료의 납입
④ 자산운용 실적 악화

16 다음 중 주식상장의 긍정적 효과가 아닌 것은?

① 기업의 홍보효과
② 소유주식의 분산
③ 직접 자금조달능력의 확대
④ 경영권 안정효과

17 다음 중 채권가격 결정요인이 아닌 것은?

① 채권수익률   ② 액면가격
③ 표면이자율   ④ 매매방법

18 수익률 계산 시 기준이 되는 금리는?

① 확정금리   ② 연동금리
③ 표면금리   ④ 변동금리

19 다음 중 단기 채권형 펀드에 대한 설명으로 틀린 것은?

① 유동성의 확보를 우선시한다.
② 기업어음, 주식 등의 자산에 주로 투자한다.
③ 원금 손실의 가능성이 극히 낮은 수준이다.
④ 고수익을 기대하기는 어렵지만 위험 부담도 낮다.

20 다음 중 잘못된 내용은?

① 거래소시장을 장내시장이라고도 한다.
② 우리나라는 단 한 개의 거래소(한국거래소)만을 둔다.
③ 한국거래소는 상장유가증권과 비상장유가증권을 거래한다.
④ 한국거래소에는 크게 유가증권시장, 코스닥시장, 파생상품시장이 있다.

21 다음 중 일시납보험 추가가입방법으로 변동보험금을 계산하는 보험상품끼리 묶인 것은?

① 변액연금보험, 변액종신보험
② 변액종신보험, 변액유니버설보험(보장형)
③ 변액연금보험, 변액유니버설보험(적립형)
④ 변액연금보험, 변액유니버설보험(보장형)

22 다음 중 양도성예금증서에 대한 설명으로 옳지 않은 것은?

① 예치기간은 30일 이상이고 세제혜택이 없다.
② 제3자에게 양도가 가능한 증서이지만 유통시장에서의 매매는 제한된다.
③ 채권의 성격과 유사하며, 비교적 수익성이 높고 환금성 및 안정성이 보장되는 금융상품이다.
④ 정기예금에 양도성을 부여한 것으로 무기명할인식으로 발행된다.

23 다음 중 변액보험 운용설명서에 포함되는 내용이 아닌 것은?

① 특별계정 운용보수
② 변액보험 운용흐름
③ 변액보험 상품 개요
④ 계약자 개인별 적립금

24 펀드변경에 관한 설명으로 틀린 것은?

① 최대 변경 횟수는 12회이다.
② 보험계약의 해지를 방지할 수 있다.
③ 직접변경은 불가능 하다.
④ 효율적인 포트폴리오 관리기회를 제공 할 수 있다.

25 생명보험회사가 계약자의 자기책임원칙을 주장하기 위한 것으로 볼 수 없는 것은?

① 적극적으로 충실한 정보제공
② 공시의무 철저히 준수
③ 단기투자성과에 집중 설명
④ 판매 시 설명의무 성실히 이행

26 다음 (   )에 해당하는 내용이 아닌 것은?

> 변액유니버설보험(보장형)은 변동보험금이 없는 대신 사망보험금으로 (   ), (   ), (   ) 중 가장 큰 금액을 지급하는 형태이다.

① 해약환급금
② 보험가입금액
③ 계약자적립금의 일정비율
④ 기납입보험료

27 변액보험상품과 일반보험상품을 비교 시 공통점은?

① 사망보험금형태, 보험료납입
② 부리이율, 운용계정
③ 운용계정, 보험료납입
④ 사망보험금형태, 운용계정

28 변액종신보험과 변액연금보험의 납입방법으로 맞는 것은?

① 3개월납
② 2개월납
③ 월납, 일시납
④ 연 납

29 다음 중 특별계정 운용보수에 포함되지 않는 것은?

① 재산의 투자일임에 따라 투자일임업자에게 지급하는 보수
② 재산의 관리·운용을 감시하는 신탁업자에게 지급하는 보수
③ 다른 집합투자기구에 투자할 때 발생한 운용보수 및 판매보수
④ 재산의 회계업무를 처리하는 일반사무 관리 회사에 지급하는 보수

30 변액보험 계약 시 유의할 사항, 상품구조 및 운용흐름, 특별계정의 이체 및 평가, 운용보수, 변액보험 상품의 특징 및 개요, 보험료 납입, 과거(최근 3개년)운용실적, 변액보험판매자격 등의 내용으로 구성되어 있는 것은?

① 운용설명서   ② 가입설계서
③ 상품요약서   ④ 상품설명서

31 변액종신보험의 특징에 대한 설명으로 틀린 것은?

① 운용실적에 따라 사망보험금과 해약환급금이 변동한다.
② 사망보험금을 최고보증한다.
③ 고객의 투자성향에 따라 자산운용 형태를 선택 할 수 있다.
④ 보험기간 중 수시로 펀드를 변경할 수도 있다.

32 변액유니버셜보험의 기능에 해당하지 않는 것은?

① 주식형 펀드는 주로 주식의 60% 이상에 투자하고 고위험·고수익을 추구한다.
② 주식형 펀드는 상대적으로 펀드운용보수가 낮은 장점이 있다.
③ 채권형 펀드는 주식에 투자하지 않기 때문에 급격한 수익률 등락은 거의 없다.
④ 혼합형 펀드는 주식시장 활황 시 주식형에 비해 상대적으로 수익률이 저조하다.

33 다음은 변액보험의 대출에 대한 설명이다. 이 중 틀린 것은?

① 대출이자는 보험회사에서 정한 보험계약 대출원금을 차감한 나머지 금액이 특별계정으로 투입되어 운용된다.
② 보험계약대출을 받았을 경우 계약자가 실제로 부담하는 이자는 보험계약대출수수료 수준이다.
③ 약관대출을 받으면 원금을 상환하기 전까지 특별계정의 계약자 적립금에서 약관대출 금액만큼이 투자, 운용되지 않는다.
④ 약관대출금을 상환하지 않더라도 보험회사는 보험금, 해약환급금 등의 지급사유가 발생한 날에 보험금 또는 해약환급금에서 보험계약 대출원리금을 차감할 수 있다.

34 다음은 초기투자자금에 대한 설명이다. 바르지 못한 것은?

① 초기투자자금의 설정 이유는 특별계정자산의 안정적이고 효율적인 운용을 위해서이다.
② 보험회사가 특별계정 펀드의 최초설정 시 회사자산의 일부를 초기투자자금으로 펀드에 투입한다.
③ 초기투자자금은 특별계정에서 일반계정으로 이체하여 설정한다.
④ 특별계정 펀드의 규모가 일정수준을 초과하게 되면 보험회사는 초기투자자금을 일반계정으로 이체하여 회수한다.

35 다음 특별계정 펀드의 종류에 대한 설명으로 틀린 것은?

① 주식의 편입여부에 따라 혼합형과 채권형 특별계정을 구분한다.
② 주식편입비율을 달리하여 여러 개의 펀드 설정이 가능한 것은 혼합형이다.
③ 채권형은 장기적인 안정적 수익확보와 원금보전 가능성이 혼합형에 비해 높다.
④ 혼합형에 비해 상대적으로 채권형의 운용 위험도가 높다.

36 주요 수시공시 항목으로 옳지 않은 것은?

① 법령에 의한 주요 조치사항
② 손익구조에 중대한 변동을 초래하는 상황
③ 당기순손익, 손익발생원천별 실적
④ 경영상 중대한 영향을 미칠 수 있는 사항

37 변액보험 판매 시 필수안내사항에 대한 설명으로 틀린 것은?

① 특별계정 적립금에서 운용관련 수수료 및 최저보증비용 등이 차감된다는 것을 설명하여야 한다.
② 채권형 펀드와 주식형 펀드 등 각 펀드 종류별 특징을 반드시 설명하여야 한다.
③ 보험가입 후에도 지속적으로 공시자료를 제공받을 수 있고 각종 공시정보를 수시로 조회할 수 있음을 정확히 알려주어야 한다.
④ 변액보험은 가입 시 펀드를 선택하게 되는데 펀드변경은 회사의 고객창구를 방문하여 변경해야함을 알려주어야 한다.

38 다음 중 변액보험의 최저보증옵션에 대한 설명으로 옳은 것은?

① 변액연금보험의 사망보험금은 기납입보험료, 사망당시 계약자적립금, 기본사망보험금 중 가장 큰 것을 지급한다.
② 변액종신보험의 사망보험금은 사망 시 특별계정의 펀드수익률과 상관없이 최소한 기납입보험료 수준을 보증하고 있다.
③ 실적에 따라 사망보험금은 변동하지만 해약환급금은 변동되지 않는다.
④ 최저보증을 위해 보증비용을 펀드에서 차감하고 있다.

39 모든 생활용품을 취급하는 대형 할인점이나 슈퍼마켓·백화점과는 달리 분야별로 특정한 품목만을 취급하는 전문할인점을 뜻하는 용어는?

① 컨틴전시 플랜
② 로스 리더
③ 플래그십 스토어
④ 카테고리 킬러

40 다음 보기에서 설명하는 것과 관련 있는 것은?

- 미국에서 11월 추수감사절의 다음날을 일컫는 용어
- 미국에서 전통적으로 연말 쇼핑시즌을 알리는 시점이나 연중 최대의 쇼핑이 이뤄지는 날
- 2004년 국회에서 노무현 전 대통령에 대한 탄핵이 가결된 후 한국금융시장의 폭락 장세 지칭

① 블랙먼데이
② 블랙프라이데이
③ 화이트먼데이
④ 화이트프라이데이

정답 및 해설

드라이브

훌륭한 가정만한 학교가 없고,
덕이 있는 부모만한 스승은 없다.

– 마하트마 간디 –

제01회 정답 및 해설

01	02	03	04	05	06	07	08	09	10	11	12	13	14	15	16	17	18	19	20
○	○	○	○	②	④	②	③	③	②	③	③	①	④	②	②	③	②	④	④
21	22	23	24	25	26	27	28	29	30	31	32	33	34	35	36	37	38	39	40
①	①	④	②	③	②	③	④	④	①	③	③	①	②	④	④	①	②	②	④

05 금융통화위원회의 기준금리 결정은 초단기금리인 콜금리에 즉시 영향을 미친다. 장·단기 시장금리, 예금 및 대출 금리 등의 변동으로 이어져 궁극적으로는 실물경제 활동에 영향을 미치게 된다.

06 통화스왑은 만기 시 미리 약정한 환율로 원금을 재교환하는 거래이다.

07 ① 자본시장법에 따라 기업공개 시 신주공모, 구주매출 모두 가능하므로 반드시 수반되어야 하는 것은 아니다.
③ 채권발행과는 무관하다.
④ 상장에 대한 설명이다.

08 **금융시장의 기능**
- 자금의 중개기능
- 금융자산의 가격결정기능
- 금융거래비용 절감
- 국민경제의 후생증대기능
- 높은 유동성 제공기능
- 위험관리기능

09 RP(환매조건부채권)는 채권을 일정기간 후에 일정가격으로 다시 매도하거나 매수할 것을 조건으로 한 채권매매방식이다.

10 교환권을 행사하는 경우 추가적인 자금부담이 없다는 점에서 신주인수권부사채와 다르며 자본금의 증가가 수반되지 않는다는 점에서 전환사채와 다르다.

11 자산유동화증권(ABS ; Asset-Backed Securities)은 대출채권 등 다양한 자산(보유자산)을 기반으로 발행하는 증권으로 금융의 증권화(Securitization)를 가속화시킨 대표적인 금융상품이다. 기업은 부채비율을 높이지 않고 자금을 조달할 수 있다.

12 완전포괄주의란 법률에 별도 면세규정을 두지 않는 한 상속·증여로 볼 수 있는 모든 거래에 대해 세금을 부과할 수 있도록 하는 제도이다.

13 금융소득이 2천만원 이하인 경우 14%의 원천징수세율(지방소득세 1.4% 별도)을 적용하여 분리과세한다.

14 강제집행 등으로 해지된 계약의 경우 해지 당시의 보험수익자가 계약자의 동의를 얻어 계약 해지로 인해 보험회사가 채권자에게 지급한 금액을 보험회사에 지급하고 계약자 명의를 보험수익자로 변경하여 계약의 특별부활(효력회복)을 청약할 수 있다.

15 손해보험은 우연한 사고를 보험사고로 하고 있어 사고발생의 여부와 사고발생기간, 사고발생의 규모가 모두 불확실하다. 보험사고의 발생시기만이 불확실한 것은 생명보험이다.

16 확정급여형(DB형) 퇴직연금은 개인이 추가로 납입할 수 없기 때문에 세법상 정의하는 연금계좌에는 제외된다.

17 예정기초율과 보험료의 관계
- 예정사망률이 하락하면 사망보험의 보험료는 하락하고, 생존보험의 보험료는 상승한다.
- 예정사망률이 상승하면 사망보험의 보험료는 상승하고, 생존보험의 보험료는 하락한다.
- 예정이율이 하락하면 보험료는 상승한다.
- 예정이율이 상승하면 보험료는 하락한다.
- 예정사업비율이 하락하면 보험료는 하락한다.
- 예정사업비율이 상승하면 보험료는 상승한다.

18 양도소득은 분류과세되며, 이자 및 배당소득은 금융소득으로서 2천만원 이하는 분리과세로 과세가 종결된다. 따라서 종합과세되는 소득은 사업소득 + 근로소득 = 3천 5백만원이다.

19 변액보험은 중위험 · 중수익 상품군에 해당된다.
① 보험소비자 측면
② 보험회사 측면
③ 국가경제적 측면
④ 모집종사자 측면

20 미국은 1970년대 고물가, 고금리 시대에 진입, 생명보험 상품이 경쟁력을 상실하여 실효와 해약률 및 약관대출 등의 증가로 생명보험회사의 자금이 급격히 이탈하게 됨으로써 변액보험이 도입되었다.

21 ② GMWB에 대한 설명이다. ③ GLWB에 대한 설명이다. ④ GMAB에 대한 설명이다.

22 일시납보험 추가가입(증액) 방법은 변액종신보험, 변액유니버설보험(보장형)에서 사용하고 있다.

23 변액종신보험의 보장구조
사망보험금(매월 변동) = 기본보험금(기본보험금을 사망보험금으로 최저보증) + 변동보험금(일시납보험 추가가입 방법으로 계산)
따라서 3,500만원이 사망보험금이지만 GMDB(최저사망보험금 보증)으로 인해 기본보험금을 최저보장하므로 받게 되는 보험금은 4,000만원이다.

24 특별계정 투입보험료 = 순보험료 + 납입 후 계약유지비용

25 변액보험의 경우 계약자가 납입하는 보험료 전체가 특별계정에서 펀드로 운용되는 것이 아니고, 일반적으로 납입보험료 중 부가보험료를 제외한 순보험료가 특별계정으로 투입되어 운용된다.

26 이전하는 계약자적립금의 0.1% 이내에서 수수료 청구가 가능하나 실제로 서비스의 일환으로 미부과가 일반적이다.
① 현재 판매중인 변액보험 중 최대 펀드변경 횟수는 12회이며 회사별로 상이한 펀드변경 횟수를 적용하고 있다.
③ 적립액 전액 또는 일부금액 이동 가능하다.
④ 펀드변경 수수료는 회사마다 다르다.

27 연금전환 특약을 활용, 연금으로 전환이 가능하다.

28 4월 26일에 추가로 취득하는 펀드는 5만좌이므로($\frac{특별개정\ 투입보험료}{투입일\ 기준가격}$ × 100) 투입 후 계약자 보유좌수는 35만좌이다.

29 예금보험료는 월대체보험료 항목이 아니며, 기타비용은 보험료(특약이 부가된 경우 특약보험료 포함) 납입 시에 공제한다.

30 1,000만원 + 6,500만원 = 7,500만원(기납입보험료의 120%(7,200만원)가 최저보증사망보험금이지만, 기본사망보험금 + 적립금(7,500만원)이 더 크기 때문에 사망보험금으로 지급)

31 ① 해약환급금은 운용성과 등에 따라 기납입보험료를 초과할 수도 있다.
② 중도해지 시 특별계정(펀드) 적립금에서 보험계약대출금을 차감할 수 있다.
④ 특별계정 적립금에서 해지공제금액을 차감한 금액을 해약환급금으로 지급한다.

32 자산규모, 투자효율성과는 무관하다. 변액보험과 정액보험은 각각 투자위험과 부담자, 자산운용의 평가방법, 자산운용의 목적이 다르기 때문에 변액보험은 특별계정을 필요로 한다.

33 계약자가 보험가입금액의 변경을 원할 경우 일반적으로 증액은 불가능하지만 감액은 가능하며 일부 변액유니버설보험(적립형)에서는 보험가입금액의 증액 및 감액을 허용하는 경우도 있다.

34 특별계정의 운용보수는 운영보수, 투자일임보수, 수탁보수, 사무관리보수를 포함한다.

35 사회공헌활동은 정기공시 항목 중 기타 경영현황에 속하는 항목이다.

36 기타비용은 특별계정에 투입되지 않는 비용이므로 특별계정에서 차감되는 비용이 아니다.
변액보험 특별계정에서 차감되는 제반비용
- 특별계정 운용관련 수수료
- 최저사망보험금 보증비용
- 최저연금적립금 보증비용
- 위험보험료
- 납입 후 유지비

37 타 보험회사 상품과의 펀드수익률 비교는 생명보험협회의 상품 비교공시에서 확인할 수 있고 보험회사는 타 보험회사 상품의 펀드수익률을 공시할 수 없다.

38 변액보험판매자격시험 합격자는 4시간 이상의 판매 전 교육을 이수해야 한다.

39 포트폴리오는 본래 서류가방 또는 자료수집철을 뜻하며 수익을 극대화하기 위해 분산 투자하는 방법이다.
① 지불대금이나 이자의 일부 상당액을 지불인에게 되돌려주는 일이나 돈
③ 정상 시장에서 형성된 현물가격과 선물가격 간의 차이
④ 주가를 예측하는 기술적 분석의 지표로, 중기 이동평균선이 장기 이동평균선을 아래에서 위로 뚫고 올라가는 현상

40 **숏 커버링(Short Covering)**
공매도(Short Selling)란 말 그대로 '없는 것을 판다'란 뜻으로 주식이나 채권을 가지고 있지 않은 상태에서 매도주문을 내는 것을 말한다. 이렇게 없는 주식이나 채권을 판 후 결제일이 돌아오는 3일 안에 보다 싼 값으로 주식이나 채권을 구해 매입자에게 돌려주면 된다. 약세장이 예상되는 경우 시세차익을 노리는 투자자가 활용하는 방식이다. 그런데 오히려 강세장이 되어 해당 주식이 오를 것 같으면 손해를 보기 전에 빌린 주식을 되갚게 된다. 그렇게 되면 당연히 주식가격은 더 오르게 되는 것이다.

제02회 정답 및 해설

01	02	03	04	05	06	07	08	09	10	11	12	13	14	15	16	17	18	19	20
○	○	○	○	②	③	②	①	①	①	③	①	②	④	①	④	①	④	②	②

21	22	23	24	25	26	27	28	29	30	31	32	33	34	35	36	37	38	39	40
①	②	④	①	④	②	④	②	③	①	①	①	③	④	①	③	④	④	①	④

05 금융시장은 자금의 수요자와 공급자간에 결정된 가격을 통해 거래가 이뤄지므로, 공급량만을 가지고 가격이 결정된다고 보긴 어렵다.

06 거래장소에 따라 장내시장과 장외시장으로 구분된다. 유가증권시장과 코스닥시장은 모두 장내시장에 포함된다.

07 한국산업은행, 한국수출입은행, 중소기업은행은 모두 특수은행에 포함된다

08 MMF는 초단기형 상품에 속한다.

09 **주식의 종류**
- 보통주 : 배당 · 잔여재산 분배의 표준이 되는 주식
- 우선주 : 배당 · 잔여재산 분배에 있어 우선적 지위가 인정되지만 의결권은 없는 주식
- 후배주 : 배당 · 잔여재산 분배에 있어 후배적 지위가 인정되는 주식
- 혼합주 : 배당은 우선적 지위가 인정되나 잔여재산 분배에 있어 후배적 지위가 인정되는 주식

10 프로그램 매매 호가효력 일시정지제도(sidecar)는 하루 1회에 한하며, 장 종료 40분전 이후에는 발동되지 않는다.

11 ① 전일 종가(55,000 - 1,000 = 54,000)는 금일 저가(56,200)보다 낮다.
② 금일 시가(58,000)는 금일 종가(55,000)보다 높다.
④ 거래량은 1,800주이다.

12 ② 장기금융시장에 대한 설명이다.
③ 금리변동에 대한 가격변동폭이 작다.
④ 거래규모가 대규모로 이루어진다.

13 채권시장은 다수의 매도 및 매수 주문이 한 곳에서 경쟁매매를 통해 이루어지는 장내시장(거래소시장)과 증권회사 창구에서 투자자 상호간에 개별적인 상대매매를 통해 형성되는 장외시장으로 구분된다.

14 ① 8%, 15%, 20% 이상 하락한 경우 중단을 예고할 수 있다.
② 시장 내 호가접수와 채권시장의 거래제외한 현물시장과 연계된 선물옵션시장도 거래를 중단한다.
③ 각 단계별로 1일 1회로 한정한다.

15 보험계약에 대한 분쟁이 발생한 경우 분쟁당사자, 보험회사, 기타 이해관계인은 금융감독원장에게 분쟁의 조정을 요청할 수 있다.

16 납입보험료를 6개월까지 선납이 가능하므로 계약변경사유에 해당하지 않는다.

17 70세 미만 연금수령 시 세율은 5%이지만, 사망할 때까지 연금수령하는 종신계약에 따라 받는 연금소득 원천징수세율 4%가 적용된다.

18 **보험수익자가 보험료 일부를 납부한 경우**

$$증여재산가액 = 보험금 \times \frac{타인으로부터\ 증여받아\ 납입한\ 보험료액}{납입한\ 보험료\ 총액}$$

$$= 1억원 \times \frac{3천만원}{5천만원} = 6천만원$$

19 변액종신보험(2001년) → 변액연금보험(2002년) → 변액유니버설보험(2003년) 도입되었다.

20 변동보험계약은 특별계정 운용실적에 따라 추가로 계산되는 계약이며, 추가보험료 부담이 없다.

21 변액종신보험은 일반종신보험과 동일하게 연간 100만원까지 보장성 보험료 세액공제혜택을 받을 수 있다.

22 ① 최저사망보험금 보증여부는 계약자가 선택할 수 없다.
③ 보증내용과 보증비용은 회사별로 상이하다.
④ 모든 변액보험상품에 최저사망보험금 보증이 적용된다.

23 ① 해약환급금은 최저보증이 없다.
② 사망보험금은 기본사망보험금에 매일 변동하는 계약자 적립금을 더하여 지급하는 방식이다.
③ 장해율이 80% 이상이더라도 사망보험금을 지급하지 않는다.

24 보험자는 일반적으로 보험회사를 말하며, 이는 보험료 지급의무가 아닌 보험금 지급의무를 의미한다.

25 중도인출은 상환의무가 없다.

26 기본보험금 = 5,500만원과 계약자적립금의 110%(5,000만원 × 110%) = 5,500만원, 기납입보험료(40만원 × 12월 × 10년) = 4,800만원 중 가장 큰 금액인 5,500만원이 사망보험금이다.

27 변액보험은 투자실적에 따라 보험금과 해약환급금이 달라질 수 있다. 그렇기에 투자실적이 나빠지면 원금 손실의 가능성도 발생할 수 있다.

28 채권형 펀드는 주로 채권(60% 이상)에 투자하며 주식에 투자하지 않는다.

29 특별계정 투입보험료는 영업보험료에서 (신계약비 + 납입 중 유지비 + 수금비)를 차감한 값으로 구해진다. 또는 순보험료와 완납 후 유지비를 더한 값으로 나타낼 수 있다.

30 상환일 + 제2영업일, 특별계정

31 변액유니버설보험의 월대체보험료에 대한 설명이다.

32 변액보험 계약을 해지할 경우 특별계정 적립금(해지신청일 + 제2영업일의 기준가를 적용)에서 해지공제금액을 차감한 금액을 해약환급금으로 지급한다.

33 ① 계약자가 보유한 좌수가 증가하지만 기준가격은 변동하지 않는다.
② 시가평가를 적용하는 것이 기본원칙이나, 대출 등의 경우에는 취득원가(장부가)에 해당일의 수입이자를 더한 금액을 해당일의 평가금액으로 본다.
④ 최초로 펀드를 설정한 날을 1,000.00원으로 하여 매일의 펀드 투자실적에 따라 등락하게 된다. 펀드 투자실적이 좋을 경우에는 상승할 것이고, 투자실적이 안 좋을 경우에는 전날보다 하락할 것이다.

34 변액보험의 경우 분기별 1회 이상 보험계약관리 내용을 계약자에게 제공하여야 하며, 인터넷 홈페이지를 통해 계약자가 수시로 운용실적 변동내용을 확인할 수 있도록 한다.

35 ② 보험가입금액을 감액하고자 할 때에는 그 감액된 부분은 해지된 것으로 본다.
③ 보험수익자 변경은 가능하다.
④ 계약자의 청약서 작성 시 오류, 보험회사 측의 청약서 전산입력 과정에서의 착오 등을 바르게 고치는 것으로서 보험종류, 보험기간, 납입주기, 피보험자의 성별, 나이 등 모든 사항의 정정이 가능하다.

36 민원발생건수 및 불완전판매비율은 정기공시 항목이며, 나머지는 수시공시 항목이다.

37 ① 계약자가 이전에 금융상품을 취득·처분한 경험은 보험회사가 계약자로부터 반드시 파악해야 하는 내용이다.
② 적합성 진단 결과는 서명(전자서명 포함), 기명날인, 녹취의 방법 등으로 기록할 수 있다.
③ 계약자가 투자성향으로 정한 범위를 초과하는 편입 비중으로 펀드를 변경하고자 할 경우 적합성을 재진단해야 한다.

38 ① 일반금융소비자인지 전문금융소비자인지 확인하여야 하고, 일반금융소비자인 경우 적합성 진단을 실시하여야 한다.

② 일반금융소비자와 같은 대우를 받겠다는 의사를 보험회사에 서면으로 통지하는 경우, 정당한 사유가 없으면 이에 동의하고 전문금융소비자를 일반금융소비자로 보아야 한다.

③ 보험계약자가 취약금융소비자(65세 이상 고령자, 미성년자, 정신적 장애로 일상이나 사회생활에서 제약을 받는 자 등)로 판단되는 경우 별도의 기준에 따라 보험계약자를 부적합자로 판단할 수 있다.

39 윔블던 효과란 윔블던 테니스 대회를 개최하는 것은 영국이지만, 우승은 외국 선수들이 더 많이 한다는 데서 따온 말이다. 즉, 개방된 시장을 외국 기업이 석권하는 현상을 뜻한다.

② 롱테일 법칙 : 인터넷 쇼핑몰에서 비인기 상품이 올리는 매출을 모두 합하면 인기상품 매출만큼 커지는 의외의 현상을 말한다. '우수고객(상품) 20%가 전체 매출의 80%를 만든다' 는 파레토 법칙과 반대되는 개념이다.

③ 서킷브레이커(Circuit Breakers) : 주식거래를 일시적으로 중단하는 제도로, '주식거래중단제도' 라고도 하며, 주가가 폭락하는 경우 거래를 정지시켜 시장을 진정시키는 목적으로 도입됐다.

④ 스핀오프(Spin Off) : 기업 경쟁력 강화를 위해 다각화된 기업이 한 회사를 독립시키는 '회사 분할' 을 말한다. 회사 분할은 경영 효율성 증진 및 필요 없는 부분을 정리하려는 목적으로 실시한다.

40 한계소비성향은 소득의 증가분을 소비의 증가분으로 나눈 값이다.

01	02	03	04	05	06	07	08	09	10	11	12	13	14	15	16	17	18	19	20
×	×	×	○	④	④	③	④	②	④	④	③	③	②	①	③	②	④	④	④
21	22	23	24	25	26	27	28	29	30	31	32	33	34	35	36	37	38	39	40
③	④	①	②	①	④	④	①	③	②	④	②	②	④	③	③	③	③	①	④

제 03 회

01 특별계정에서 운용되는 3가지 상품은 변액보험, 퇴직보험, 연금보험이다.

02 투신사와 은행신탁은 주로 콜론기관이다.

03 내국이 아니라 외국계 생명보험사를 중심으로 진행되었다.

05 금리상승 시에는 자금조달 비용이 확대되어 기업의 투자가 줄어든다.

06 ① 별도의 은행신탁계정에서 운용, ② CMA에 관한 내용, ③ 종금사 CMA만 예금자 보호 대상

07 프로그램 매매에 해당하는 설명이다.

08 채권은 주식보다 잔여재산의 분배에 있어 주식에 우선한다.

09 주주우선공모방식에 대한 설명이다.

10 기업공개는 주식회사가 발행한 주식을 분산시키고 재무 내용을 공시함으로써 주식회사의 체제를 갖추는 것을 말한다.

11 ① 시중자금사정이 풍부하면 채권에 대한 수요가 증가함에 따라 채권가격이 상승으로 채권수익률이 하락한다.
② 채권의 잔존만기가 길수록 수익률은 상승하는 것이 일반적이다.
③ 반비례한다.

12 ① 교환사채, ② 전환사채, ④ 매입할 수 있는 권리는 수의상환채권이다.

13 ① 양도소득 포함 8가지, ② 분류과세, ④ 종합소득에 해당하는 다른 소득과 합산하여 누진세율을 적용하여 종합과세한다.

14 생명표는 어떤 연령대의 사람들이 1년에 몇 명 정도 사망 또는 생존할 것인가를 산출하여 나타낸 표를 말한다.

15 대수의 법칙에 대한 설명이다.

16 ③ 3이원방식은 선택적, 현금흐름방식은 필수적으로 분석한다.

17 ② 장애인은 연령제한 없이 소득요건만 충족하면 세액공제 대상이 될 수 있다.

18 실질보험료 납입자가 본인이므로 과세대상이 아니다.

19 보험회사는 안정적인 보험경영을 위해 변액보험을 필요로 한다.

20 ① 보험회사의 임직원도 협회의 자격시험에 합격하면 모집이 가능하다.
② 「보험업법」과 「자본시장법」의 일부 규정이 동시에 적용된다.
③ 손해보험회사에는 판매가 불가능하다.

21 ① 기본보험계약은 최저사망이 보장되는 계약이다.
② 변동보험계약은 투자실적에 따라 추가보험료에 대한 부담이 없다.
④ 변동보험계약은 투자실적에 따라 발생되는 계약이다.

22 변동보험계약은 추가보험료를 부담하지 않는 계약이다.

23 우리나라에서는 변액종신보험 및 변액유니버설보험(보장형)에서 사용되고 있다.

24 약정된 보증금액을 연금개시시점의 계약자적립금으로 보증한다.

25 예정해약환급금(예정책임준비금 또는 예정최저적립금에서 해지공제액을 차감한 금액)이 0이 될 때까지 계약은 유지된다.

26 연금개시 시점까지 계약을 유지한 경우에 GMAB보증이 적용된다.

27 저축성 변액연금보험의 경우 투자수익률과 함께 순수익률을 예시하도록 되어있다.

28 ② 채권형 펀드도 원금손실의 가능성이 존재한다.
③ 주식형 펀드는 채권에 투자할 수 있다.
④ 주식형 펀드에서 채권형 펀드로 펀드변경이 가능하다(위험등급이 다른 펀드로의 변경 가능).

29 일반보험에 관한 설명이다. 변액보험이 자산운용에서 중시되는 것은 안정성이 아니라 수익성이다.

30 매일 특별계정에서 일반계정으로 차감한다.

31 변액유니버설보험(보장형)은 기본보험금, 계약자적립금 중 일정 비율, 기납입보험료 중 가장 큰 금액을 사망보험금으로 지급한다.
② 변액종신보험의 사망보험금 지급액이다.
③ 변액연금보험 및 변액유니버설보험(적립형)의 사망보험금 지급액이다.

32 ① 납입 후 계약유지비용은 보험료를 납입할 때 미리 받는다.

③ 매일 적립된다.

④ 일반종신보험에도 동일하게 적용된다.

33 ① 평균공시이율로 이자를 계산한다.

③ 저축성보험에 대해서는 선납할인이 적용되지 않는다.

④ 선납보험료 특별계정 투입 시기는 매월 계약해당일이지만, 추가납입보험료의 특별계정 투입시기는 납입일 +
제2영업일이다.

34 '납입일 + 제2영업일' 이다.

35 월대체보험료에 대한 설명이다.

36 ① 장기상품이므로 보험회사의 재무건전성 등 경영상태를 살펴보아야 하기 때문이다.

② 보험소비자가 직접 비교할 수 있도록 보험정보를 공시할 필요가 있다.

④ 무형의 상품으로 보장받기 이전에는 그 효용을 알 수 없기 때문이다.

37 원금손실의 가능성을 기재해야 한다.

38 甲보유좌수는 3,000만원 / 1,250원 × 1,000 = 2,400만좌

적립액은 2,400만좌 × 1,500원 / 1,000 = 3,600만원

39 ② '치열한 경쟁시장(Red Ocean)' 과 '무경쟁 신시장(Blue Ocean)' 의 중간상태에 위치하는 시장을 말한다.

③ 교수로 임용된 뒤 일정 기간이 지나 연구 성과 등을 심사해 통과한 교수에게는 정년을 보장해주지만, 탈락하
면 퇴출시키는 제도이다.

40 **필라델피아 반도체지수**

필라델피아 증권거래소(www.phlx.com)에서 주요 반도체기업 16개의 주가를 가중 평균해서 만든 지수중의 한
가지이다. 또한 필라델피아 증권거래소에서는 이 지수에 대한 지수옵션을 거래하기도 한다.

01	02	03	04	05	06	07	08	09	10	11	12	13	14	15	16	17	18	19	20
×	×	○	○	①	③	①	④	①	③	③	④	②	①	①	①	③	②	④	③
21	22	23	24	25	26	27	28	29	30	31	32	33	34	35	36	37	38	39	40
②	①	③	①	④	③	②	②	②	④	②	③	①	②	④	②	②	②	①	①

01 일반종신에서도 동일하게 나타나는 점이다.

02 우선주는 채권이 아니라 보통주에 비해서 우선적 지위가 인정된 주식이다.

05 단기성 상품이 환금성이 높다. MMDA, MMF, CMA 등이 있다.

06 6개 금융투자업무 상호 간 겸영 허용

07 단기금융상품은 만기가 짧아 가격변동폭이 작다.

08 배당이나 잔여재산 배분에서 표준이 되는 주식은 보통주이다.

09 3영업일(T + 2영업일)에 진정한 주주가 되므로 12월 26일까지는 매수해야 배당을 받을 수 있다.

10 ③ 주주와 채권자는 회사경영과 관련하여 의사결정에 참여할 수 있는 권한이 다르다.

11 유통수익률에 대한 설명이다.

12 양도소득은 분류과세 소득에 해당된다(분류과세 소득 : 양도소득, 퇴직소득).

13 공통으로 들어갈 단어는 2,000만원이다.
   • 금융소득 중 비과세 및 분리과세 소득을 제외한 금융소득이 2천만원을 초과하는 경우 금융소득 전체가 종합 과세대상이 된다.
   • 금융재산 상속공제는 순금융재산(= 금융재산 − 금융부채) 2,000만원 이하인 경우 전액 공제된다.

14 자금중개 기능에 대한 설명이다.

15 가. 1개월, 나. 3년

16 가. 이행현금흐름에 대한 설명이다.

나. 보험계약마진에 대한 설명이다.

다. 위험조정에 대한 설명이다.

17 일용근로자는 보장성 보험료의 세액공제 대상에서 제외된다.

18 가. 100분의 10, 나. 300만원

19 2009년에는 변액보험 도입 이후 최초로 수입보험료가 감소하였다.

20 ① 80% 이상 장해가 발생하더라도 사망보험금이 지급되지 않고 장해보험금이 지급된다.

② 사망보험금에 대해 기본보험금 이상을 최저보증한다.

④ 보험료 납입은 전기납, 단기납 모두 선택할 수 있다.

21 최저연금적립금 보증, GMAB(Guaranteed Minimum Accumulation Benefit)에 대한 설명이다.

22 중도인출이 가능하다. 보험기간 중 필요자금 또는 목적자금이 필요한 경우 계약자는 언제든지 해약환급금의 일정범위 이내에서 적립금의 중도인출이 가능하다.

23 • 변액연금보험 : 노후생활자금 확보를 주목적으로 한다.

• 변액유니버설보험(적립형) : 장기투자를 주목적으로 한다.

24 특별계정에 대한 설명으로 특별계정 상품으로는 퇴직보험, 연금저축, 변액보험 등이 있다.

25 변액종신보험은 일반종신보험과 상품의 형태는 동일하나 사망보험금이 투자실적에 따라 변동(최저사망보험금 보증)된다는 점과 중도해지 시 투자실적에 따라 해약환급금이 변동된다는 것 등이 일반종신보험과 다르다.

26 투자수익률을 평균공시이율 × 1.5로 가정하면 해지환급률이 기간의 경과에 따라 점차 증가하므로 연금개시 시점의 해지환급률은 납입개시 시점의 해지환급률보다 높다.

27 ① 계약자 간의 공평성을 유지하기 위해서 매일 투자수익률을 산출하여 그 성과를 매일 계약자적립금에 반영한다.

③ 1,000좌당 1,000.00원으로 시작한다.

④ 해당일의 기준가격은 전일말 특별계정의 전체 순자산을 특별계정 전체의 좌수로 나누어 산출(×1,000)하여 계산일 당일만 적용하게 되며, 특별계정 전체의 순자산 및 총좌수의 변동에 따라 매일 변동한다.

28 보험료 평균분할 투자 기능에 대한 설명이다.

29 가. 투자일임업자에게 지급하는 투자일임보수이다.

나. 신탁업자에게 지급하는 수탁보수이다.

다. 일반사무 관리 회사에게 지급하는 사무관리보수이다.

30 채권형 펀드는 주식에 투자할 수 없다.

31 일시납보험 추가가입방법은 보장성 보험인 변액종신보험과 변액유니버설보험(보장형)에서 사용하는 방법이다.

32 최대 7년까지 공제한다.

33 보험료 납입 시 차감되는 항목 : 납입 중 계약유지비용과 기타비용, 선택특약보험료는 특별계정에 투입되지 않는다.

34 사망일 기준으로 지급되며, 변동보험금이 (−)라도 기본보험금만큼 지급된다.

35 ① · ② · ③은 예금자보호 대상 상품이 아니다.

36 적정성 진단에 대한 설명이다.

37 보험다모아(www.e-insmarket.or.kr)에 대한 설명이다.

38 ① 보험금 지급관련 공시
③ 보험료 신용카드 납입가능현황 공시
④ 불완전판매비율 등 공시

39 **언더슈팅(Under Shooting)**
하락 추세의 최저점마저 이탈하는 급격한 하락이 나오는 구간을 말한다. 반면 정부가 정책적으로 통화를 팽창시키면 환율이 상승하게 되는데, 처음에는 균형 수준 이하로 하락했다가 점차 상승(환율하락)하여 새로운 균형수준에 이르게 되는 상태를 오버슈팅(Over Shooting)이라고 한다.

40 경제학자 케인스는 한 나라 경제가 유동성 함정에 빠졌을 때는 금융 · 통화정책보다는 재정정책을 펴는 것이 효과적이라고 주장했다.

정답 및 해설

01	02	03	04	05	06	07	08	09	10	11	12	13	14	15	16	17	18	19	20
×	○	○	○	①	①	④	③	②	②	③	④	③	③	④	①	②	②	②	②
21	22	23	24	25	26	27	28	29	30	31	32	33	34	35	36	37	38	39	40
②	①	②	④	④	④	④	②	②	①	①	①	④	④	③	③	④	②	④	③

01 책임준비금에 대한 내용이다.

05 단리가 만기금액이 가장 작다(월복리 〉 6개월 복리 〉 연복리 〉 단리).

06 비은행예금 취급기관인 상호저축은행에 대한 설명으로 저축상품의 금리는 일반은행에 비해 상대적으로 높은 편이며 대출절차가 간편하고 신속하다는 장점이 있다.

07 액면가를 높이는 것을 액면병합이라 한다. 액면분할은 주당 가격이 과도하게 높아 소액투자가 어려워지는 경우 또는 자본금이 적어 유통물량이 너무 과소하여 원활한 매매가 어려워지는 경우에 실시하는 것이 일반적이다.

08 거래가 대규모로 이루어지고 유동성은 높다.

09 채권은 주식과 달리 지급능력이 있는 한 이자와 원금을 상환해야 한다.

10 법인이 보험차익을 얻은 경우에는 법인세를 과세한다.

11 할인채(discount bond 또는 zero-coupon bond)에 대한 설명이다.

12 ① 실질금리는 명목금리에서 물가상승률을 뺀 금리다.
② 한국은행 기준금리는 종합적으로 결정되는 것이며, 기준금리가 결정되면 콜금리에 즉시 영향을 미친다.
③ 표면금리가 같다고 해서 실효금리가 같은 것은 아니다.

13 2단계 매매거래 중단 발동 이후 한국종합주가지수가 전일종가 대비 20% 이상 하락하고, 2단계 발동지수 대비 1% 이상 추가 하락한 경우 당일 발동시점을 기준으로 유가증권시장의 모든 매매거래를 종료한다.

14 상환기간에 따른 분류

상환기간이 5년 초과인 채권은 장기채이고, 상환채는 상환기한이 도래한 채권의 상환자금조달을 목적으로 새로이 발행하는 채권으로 상환기간과 관련이 없다.
- 단기채 : 상환기간이 1년 이하인 채권
- 중기채 : 상환기간이 1년 초과 5년 이하인 채권
- 장기채 : 상환기간이 5년 초과인 채권

15 근로소득이 없는 연금소득자 또는 개인사업자 등은 보장성 보험의 세액공제 대상자(근로소득자만 대상)에 해당하지 않는다.

16 보험계약자는 보험증권을 받은 날부터 15일 이내에 계약의 청약을 철회할 수 있다. 다만, 보험계약의 청약을 한 날로부터 30일이 초과된 계약은 청약을 철회할 수 없다.

17 적정한 보험금이 아니라 적정한 보험료이다. 위험이 같으면 보험료도 동일해야 하며, 위험의 크기에 비례하여 책정되어야 한다.

보험료와 보험금
- 보험료 : 고객이 매월 또는 지정한 기간마다 보험회사에 납입하는 돈
- 보험금 : 고객이 실제 지급을 받을 상황이 생긴 경우 보험사에서 지급하는 보상금

18 수익증권, 펀드 등 투자상품은 운용결과에 따른 이익 또는 손실이 투자자에게 귀속되는 상품으로 예금자보호대상이 아니다.

19 주주배정에 대한 설명이다.

20 변액보험은 보험업법에 따라 특별계정을 설정하여 운용해야 한다.

21 기타비용은 보험기간 동안 차감하는 것이 아니라 보험료 납입기간에만 발생하는 비용이다.

22 위험보험료에 대한 설명이다.

23 보증비용을 추가로 부담해야 한다.

24 1,000만원 ÷ 1,250.00원 × 1,000 = 800만 좌수가 된다.

25 고객이 자신의 투자성향에 맞게 정한 최초의 포트폴리오를 지속적으로 이어간다는 의미와 각 기간별로 수익을 실현할 수 있다는 장점이 있다.

26 특별계정 투입보험료에서 자연식 위험보험료 및 완납 후 유지비는 매월 계약 해당일에 특별계정에서 일반계정으로 차감하게 된다.

27 변액종신보험, 변액연금보험, 변액유니버설보험(의무납입기간 이내)의 특별계정 투입보험료 = 납입보험료 − 계약체결 및 계약관리비용(계약체결비용, 납입 중 계약유지비용, 기타비용)

28 자산운용 환급규모는 특별계정의 필요성과 관련이 없다.

29 현재 판매되고 있는 변액유니버설보험(보장형)의 경우 변동보험금이 없는 대신 보험가입금액, 계약자적립금의 일정비율, 기납입보험료 중 가장 큰 금액을 사망보험금으로 지급하고 초과수익발생에 따라 위험보험료를 증감시키도록 운영할 수 있는데 최근에는 이러한 변액유니버설보험(보장형)의 형태가 종신보험으로 주로 판매되고 있다.

30 변액유니버설보험에 대한 설명으로, 변액보험의 장점인 실적배당과 유니버설보험의 장점인 자유입출금을 결합하여 만든 종합금융형 보험이다.

31 ② 변액연금보험은 월납 및 일시납의 납입방법만 선택가능하며, 일부회사의 경우 3개월납, 6개월납, 연납을 운영하는 경우도 있다.
③ 변액종신보험의 보험료 납입기간은 월납과 일시납만이 가능하며 2개월납, 3개월납, 6개월납, 연납 등의 방법은 운영하지 않고 있다.
④ 변액유니버설보험은 의무납입기간 이후 계약이 해지되지 않는 한도 내에서 원하는 기간만큼 납입을 하지 않을 수도 있다.

32 변액보험의 보험계약대출원금 처리에 대한 내용이다.

33 특정 회사와 특정 기간을 들어서 비교하는 행위와 해약환급금을 보증하는 행위 등은 변액보험 판매 시 금지사항이다.

34 변액보험 최저보증비용은 상품 및 보증내용에 따라 정해진 비율로 특별계정 적립금에 대해 일정률을 부과하며, 매일 또는 매월 특별계정에서 일반계정으로 차감한다. 적용률은 보험기간에 따라 변동하지 않는다.

35 예금자보호법에 의한 보호대상은 은행의 예금상품과 CMA가 대표적이며, 비보호금융상품은 양도성예금증서(CD), 환매조건부채권(RP), 유가증권과 뮤추얼펀드, MMF 등 간접투자상품 등이 있다.

36 시가가 형성되지 않은 대출과 같은 자산은 장부가격에 해당일 수입이자를 더한 금액을 해당일의 평가금액으로 한다.

37 대주주의 의결권 행사는 수시공시 항목이다.

38 분기별 1회 이상 제공하여야 한다.

제 **05** 회

261

39　불평등에 대한 사회구성원의 주관적 판단을 반영한 앳킨슨지수는 앤토니 앳킨슨 런던정경대 교수가 개발한 불평등 지표로 1에 가까울수록 불평등 정도가 심각하다는 뜻이다.

40　**적소시장 전략**

거의 모든 산업에는 대기업과 충돌을 피하는 시장 일부에 소규모 기업들이 존재하고 있는데, 이 소규모 기업들은 그들의 전문화를 통하여 효과적으로 활동할 수 있고, 주요 기업들이 간과하고 있거나 무시하고 있는 시장적소를 차지하고 있다. 시장 적소화는 소비자와 선호를 구축하여 주요 경쟁자의 공격으로부터 자신을 방어할 수 있도록 한다.

01	02	03	04	05	06	07	08	09	10	11	12	13	14	15	16	17	18	19	20
○	○	×	×	①	③	①	①	①	②	②	①	①	④	④	①	①	③	④	②
21	22	23	24	25	26	27	28	29	30	31	32	33	34	35	36	37	38	39	40
②	①	②	③	③	③	③	①	②	②	④	③	③	②	④	④	③	②	③	④

03 가산지급방법이 수익률이 가장 크다.

04 주식 편입 비율에 따라 채권형, 혼합형, 주식형으로 나눈다.

05 투자자는 언제든지 목표 수익률을 위한 투자할 수 있으나 언제든 달성할 수 있는 것은 아니다.

06 종금사형 CMA는 예금자보호법 대상이다.

07 ② 우리나라에는 매매거래 중단제도가 있다.
③ 배당 기준일 다음날의 주가는 배당만큼 낮아지는 것이 보통이다.
④ 권리락은 신주배정일 기준일 익일 이후에 결제되는 주식에는 신주인수권이 없어지는 것을 말한다.

08 가격 우선의 원칙 – 시간우선의 원칙 순으로 적용된다.

09 ② 종가 : 당일 최종 가격
③ 고가 : 당일의 가장 높은 가격
④ 시가 : 당일의 최초 시작 가격

10 채권의 액면가액은 수익률에 영향이 없다.

11 교환사채는 청구 시 추가적인 자금 부담이 없다.

12 단기금융시장의 거래상품을 매개로 하는 예금상품을 시장성 예금상품이라고 하며, 양도성예금증서(CD), 환매조건부채권(RP), 표지어음 등이 이에 속한다. 수시입출금식 예금(MMDA)는 자유입출금식 예금상품이다.

13 선물가격이 전일 종가대비 5%(코스닥 6%) 이상 등락하여 1분 이상 지속되는 경우 상승 시 매수의 호가효력을, 하락 시 매도의 호가효력을 5분 동안 정지한다. 매매거래 중단제도와 마찬가지로 하루에 1회에 한하며, 장 종료 40분 전부터 장 종료시점까지는 발동되지 않는다.

14 변액보험은 실적배당형 상품으로 원금손실의 위험이 크다.

15 ① 선의계약에 대한 설명이다.
② 유상 · 쌍무계약에 대한 설명이다.
③ 사행계약에 대한 설명이다.

16 보험료를 평준보험료 방식으로 산출하면 별도의 적립금을 계산해야 한다.

17 ② 1억원을 초과하는 금융재산에 대해서는 순금융재산의 20%(2억원 한도)가 공제된다.
③ 연금보험은 종신보험에 비해 상속세 재원 조달효과가 작다.
④ 상속재산 중 금융재산은 보험금을 포함한다.

18 가. 최초납입일로부터 만기일(또는 중도해지일)까지의 기간이 10년 이상
나. 최초납입일로부터 납입기간이 5년 이상
라. 기본보험료의 선납기간이 6개월 이내

19 일본 변액보험의 실패사유는 주식시장의 침체, 특별계정 운용 미숙, 상품구조의 복잡 및 유연성 부족을 들 수 있다.

20 ① 다른 변동보험금 계산방법보다 상대적으로 수익률(만기 시)이 작다.
③ 사망보험금의 증가속도가 가장 크다. – 책임준비금 비례방법
④ 국내 적용상품이 없다. – 책임준비금 비례방법

21 최저연금 적립금은 기납입보험료를 보증해주는 옵션으로 일반계정 내에 최저 연금 적립금 보증준비금을 적립한다.

22

구 분	비교항목	변액종신보험	일반종신보험
가	사망보험금	투자실적에 연동	확정 또는 공시이율 연동
나	투자책임	계약자 부담	회사 부담
다	부리이율	최저보증이율 없음	최저보증이율 있음
라	예금자보호	예금자비보호 대상 상품	예금자보호 대상 상품

23 변동보험금 계산방법으로 가산지급방법이 사용된다.

24 변액보험의 투자수익률은 -1.0%, 평균공시이율, 평균공시이율 × 1.5 중 하나를 가정할 수 있고, 2025년에 적용되는 평균공시이율은 2.75%이다. 따라서 변액연금 투자수익률은 -1%, 2.75%, 4.125% 중 하나를 예시수익률로 가정할 수 있다.

25 해약환급금의 일정 범위 내에서 적립금에 대한 중도인출이 가능하다.

26 변액종신보험의 특별계정 투입보험료는 연령이 증가함에 따라 줄어든다.

27 변액연금에는 특별계정 운용, 수탁보수, 최저 사망보험금 보증비용, 최저 연금 적립금 보증비용 등이 부가되고, 최저 해약 환급금 보증비용은 없다.

28 대부분의 자산운용회사 실적배당상품은 대출기능이 없다.

29 주식투자 비율은 60% 이내이다.

30 2025년 11월 18일의 기준가격은 1307.82 + 0.13 = 1307.95이다.

31 변액연금보험의 일반적인 납입 방법은 월납, 일시납이고, 일부 보험회사에서 3개월납, 6개월납, 연납을 실시하고 있다.

32 부활 시 계약자적립금 등을 특별계정으로 이체한다.

33 변액종신보험은 연금저축보험으로 전환이 불가하다.

34 초기투자자금은 일반계정의 1%와 100억원 중 작은 금액으로 하게 되어 있다.

35 수시공시를 하게 된 이유는 계약자들에게 좀 더 빠르게 알리기 위해서이다.

36 ① 일반보험의 경우 연 1번 문서로 계약자에게 통보하여야 한다.
② 변액보험은 반기 1회 이상 계약관리내용을 통보해 주어야 한다.
③ 변액보험은 자산운용보고서를 작성하여 분기 1회 통보하여야 한다.

37 확인서상의 핵심문구를 보험계약자가 직접 기재토록 하고 있다.

38 연금저축보험과 연금저축신탁, 사고보험금, 변액보험 최저보증보험금 등은 예금자보호제도에 의해 1인당 5,000만원까지 보호받는다.
① · ③ 변액보험의 적립금은 예금보호대상에서 제외된다.
④ 확정기여형 퇴직연금제도 적립금은 개인형 퇴직연금제도 적립금과 합산하여 5,000만원까지 보호받으며, 보증보험회사의 채권은 예금보호대상에서 제외된다.

39 WTO(World Trade Organization)는 세계무역기구로 지역경제동맹이라 할 수 없다.

40 바코드는 일반적으로 국가식별코드 · 제조업체코드 · 상품품목코드 · 체크디지트로 구성되어 있다.

01	02	03	04	05	06	07	08	09	10	11	12	13	14	15	16	17	18	19	20
×	○	×	○	④	①	④	④	①	④	②	①	①	④	②	④	②	③	④	②

21	22	23	24	25	26	27	28	29	30	31	32	33	34	35	36	37	38	39	40
③	③	③	①	②	②	②	①	④	④	④	②	③	④	④	④	①	③	①	④

01 새마을금고와 농·수협단위조합, 신협 등은 예금자보호대상이 아니지만, 해당기관에서 자체적으로 기금을 만들어 1인 당 5천만원까지 보호를 받는다.

03 BIS는 국제결제은행이 정한 은행의 위험자산 대비 자기자본비율로 은행의 건전성과 안정성 확보를 위해 마련된 최소 자기자본비율에 대한 국제적 기준이다.

05 발행어음은 종합금융회사가 자금을 조달하기 위해 스스로 발행하는 자기발행어음으로 자발어음이라고도 한다.

06 보험료의 산출 방식은 3이원 방식(예정이자율, 예정위험률, 예정사업비율)과 현금흐름 방식이 있으며, 현금흐름 방식은 3이원 방식 외에 계약유지율, 판매량 등 다양한 가격요소를 반영한다. 2013년 4월부터 현금흐름 방식만 적용가능하다.

07 기업공개란 상장을 목적으로 50인 이상의 여러사람들을 대상으로 주식을 파는 행위로 일정 규모의 기업이 상장 절차 등을 밟기 위해 행하는 외부 투자자들에 대한 첫 주식공매를 말한다. 기업공개의 목적은 자금조달을 원활하게 하여 기업의 재무구조를 개선하고, 국민의 기업참여를 장려하여 국민경제 발전에 기여하는 데 있다. 상장은 기업의 자금조달을 원활하게 하기 위함이 목적이다.

08 생명보험은 개인보험, 개인연금보험, 단체보험, 단체연금보험 등 다양한 상품으로 존재한다.

09 자연식 위험보험료는 연령이 증가할수록 증가하므로 실제 운용되는 특별계정 투입보험료(위험보험료를 차감한 금액)는 연령이 증가함에 따라 약간씩 줄어들게 된다.

10 변액보험의 보험계약대출이자는 보험회사에서 정한 보험계약대출수수료를 차감한 나머지 금액이 즉시 특별계정으로 투입되어 운용된다.

11 수신은 은행에서 돈을 받는 것을 말하며 대표적인 수신상품으로는 예금, 저축, 보험 등이 있다.

12 뮤추얼펀드는 회사형 투자신탁이라고 하는데 자산운용회사가 투자자들로부터 자금을 모아 주식회사인 투자회사를 조직하고 일반투자자는 그 주주가 되어 관리협정에 따라 자산보관회사에게 예탁하는 형태이다.

13 할인발행의 경우 발행수익률이 표면이자율보다 높고, 할증발행의 경우 발행수익률이 표면이자율보다 낮다.

14 채권수익률의 결정요인
   • 외적 요인 : 경기동향, 시중금리, 정부의 금융정책, 채권의 수요와 공급 등
   • 내적 요인 : 채권의 만기, 발행주체의 지급불능위험, 표면이자율 등

15 수지상등의 원칙이란 보험계약에서 장래 수입되어질 순보험료의 현가의 총액이 장래 지출해야 할 보험금 현가의 총액과 같게 되는 것을 말한다.

16 우체국의 주요업무는 우편 · 체신업무이며 이외에도 예금 · 적금 · 대출 · 신용카드 · 보험 등의 금융상품을 취급한다. 또한 공과금 수납과 최근에는 지방특산품을 직접 가정으로 배달해주는 특산품 우편주문판매도 이루어지고 있다.

17 60세가 아니라 65세 이상이다.

18 신용거래는 증권회사로부터 자금을 차입하여 주식을 매입한 후 상환일에 주식을 처분하여 차입자금을 상환하는 방법이다.

19 ① · ② · ③ 외에 주택담보 은행대출을 통한 부실판매로 소송 빈발 및 상품이미지 악화가 그 이유이다.

20 IFRS17의 도입에 따라 보험부채의 평가 기준이 원가기준에서 시가기준으로 변경되었다.

21 투자에 대한 모든 책임은 계약자에게 있다.

22 일반계정의 자산운용원칙은 안전성, 특별계정의 자산운용원칙은 수익성이다.

23 변액보험에서 만기보험금과 해약환급금에 대한 최저보증은 없다.

24

종 류	변액보험	투자신탁
가입목적	실질가치가 보전된 보장 제공	간접투자를 통한 수익 추구
투자자의 지위	계약자	수익자 또는 주주
운용형태	보험료의 일부(사업비 및 위험보험료 등을 차감한 금액)를 유가증권 등에 투자하여 자산운용 실적에 따른 보험금 지급	투자금액 대부분을 유가증권 등에 투자하여 수익을 투자자에게 지급하며 수수료는 적립금에서 차감
비 용	사업비, 특별계정운용보수, 보증비용 등	판매보수, 자산운용보수, 수탁보수 등
세제혜택	10년 이상 유지, 관련요건 충족 시 보험차익 비과세	국내주식 매매차익 비과세

25 보험가입금액과 실제적립금을 합한 것이 만기 시 실제계약적립금이 된다.

26 적립형은 가산지급방법만 사용하고, 보장형은 일시납 추가가입방법을 사용한다.

28 특약은 기본적인 주계약의 보장내용을 확대보완 및 추가보장 등과 같이 주계약의 내용보완을 위해 주계약에 부가해서 판매하는 것으로 각 보험마다 다양하고 상이하다. 특약은 일반종신보험과 변액종신보험 모두 해당된다.

29 주식가치는 임의로 정할 수 있는 것이 아니라 시장의 논리로 정해진다.
기업공개의 효과
- 주주의 분산투자 촉진 및 소유분산
- 자금조달능력의 증가
- 주식가치의 공정한 결정
- 세제상의 혜택

30 채권은 정부, 지방자치단체, 특수법인 및 상법상의 주식회사 등 법률로써 정해진 기관 또는 회사만이 발행할 수 있다.

31 전환사채의 경우 권리행사 후 사채권자의 지위를 상실하는 한편 발행회사 주주의 지위를 획득한다.

32 교환사채는 상장법인만이 발행회사가 될 수 있다.

34 생명보험사가 실제 사망경험을 근거로 작성한 표는 경험생명표이다.

35 가입설계서에 예시할 수 있는 수익률은 변동될 수 있으며, 현재 보험업법상 −1.0%, 2.75%, 4.125%만 가능하다.

36 보험안내자료의 기재금지사항(「보험업법 시행령」 제42조 제2항)
- 독점규제 및 공정거래에 관한 법률에서 정한 불공정거래행위에 해당하는 사항
- 보험계약의 내용과 다른 사항
- 보험계약자에게 유리한 내용만을 골라 안내하거나 다른 보험회사 상품과 비교한 사항
- 확정되지 아니한 사항이나 사실에 근거하지 아니한 사항을 기초로 다른 보험회사 상품에 비하여 유리하게 비교한 사항

37 보험계약 유지기간이 10년 이상인 경우 해당계약의 보험차익에 대해서는 이자소득세를 과세하지 않는다.

38 계약자 보유좌수 = (특별계정 투입보험료/투입일 기준가격)×1,000
= (1,200만원/1,200)×1,000 = 1,000만 좌수

39 DSR(Debt Service Ratio)은 차주의 소득 대비 부채 수준을 나타내는 지표로 현행 총부채상환비율(DTI)과 비슷하지만 훨씬 엄격한 여신관리 지표다. 해당 주택담보대출의 원리금과 다른 대출의 이자 부담만을 적용해 계산하는 DTI와 달리 DSR은 금융권 전체의 원리금 상환 부담을 반영해 산출한다.

② LTV : 담보 물건의 실제 가치 대비 대출금액의 비율

③ DTI : 총소득에서 부채의 연간 원리금 상환액이 차지하는 비율

④ DTA : 자산평가액 대비 총부채 비율

제08회 정답 및 해설

01	02	03	04	05	06	07	08	09	10	11	12	13	14	15	16	17	18	19	20
×	×	×	○	③	③	④	③	④	③	②	②	④	③	②	③	②	①	②	④

21	22	23	24	25	26	27	28	29	30	31	32	33	34	35	36	37	38	39	40
③	②	④	④	④	①	③	②	③	④	④	①	③	③	④	②	④	①	③	③

01 특약보험료에서 기타비용은 제외하여야 한다.

02 저축은행 발행채권은 예금자보호법 대상이 아니다.

03 4천만원 미만이 아닌 5천만원 이하다.

04 법인세 과세표준 구간별 세액

2억원 이하	9%
2억원 초과 ~ 200억원 이하	19%
200억원 초과 ~ 3,000억원 이하	21%
3,000억원 초과	24%

05 금융시장의 기능으로는 자금중개, 금융자산가격의 결정, 유동성 제공, 거래비용 절감, 위험관리, 시장규율 등이 있다.

06 모두 금융투자회사의 고유업무이다.

07 기업어음증권 – 기업이 사업에 필요한 자금을 조달하기 위하여 발행한 약속어음으로서 금융감독원장령이 아닌 대통령령으로 정하는 요건을 갖춘 것

08 배당 및 잔여재산의 분배 기준 – 보통주, 우선주, 후배주, 혼합주

09 주주배정이란 새로 발행되는 주식의 인수권을 기존 주주들의 보유지분에 비례하여 인수권리를 부여하는 방법으로 가장 일반적인 유상증자의 형태

10 딜러와 브로커와 고객 간의 쌍방거래로 이루어지는 시장은 점두시장이다.

11 한국은행 기준금리는 주로 7일물 환매조건부채권(RP)금리를 이용한다.

12 완만한 물가상승은 경기회복과 기업실적 향상을 도와 주가를 상승시킬 가능성이 있다.

13 예정사망률이 낮아지면 사망보험의 보험료는 내려가고, 생존보험의 보험료는 올라간다. 예정사망률이 높아지면 사망보험의 보험료는 올라가고, 생존보험의 보험료는 내려간다.

14 계약자서비스 제고를 위해 펀드변경 수수료를 부과하지 않는 보험회사도 있다.

15 ① 다른 사람에게서 돈을 빌리는 경우는 타인자본, 주식을 발행하면 자기자본이다. 기준은 이자 지급의 여부이다.
③ 주식배당도 무상증자이다.
④ 증자와 반대되는 것이 감자인데, 이는 자본금을 줄이는 행위로서 누적된 부실을 해소하기 위해 실시된다.

16 주식시장의 상승이 예상되면 주식형, 주식혼합형, 인덱스혼합형의 편입비율을 늘리고, 채권형의 편입비율을 줄인다. 장기투자 상품에서 펀드의 변경은 큰 추세에 따라 결정해야 한다.

17 발생사고부채는 보고되지 않은 사고최선추정부채와 위험조정을 포함하며, 보험계약마진은 포함하지 않는다.

18 소득세법에 의하면 보장성 보험차익에 대해서는 과세규정이 없다. 따라서 본인의 소득으로 보험료를 납입하여 보험대상자인 부모가 사망하여 보험차익을 발생시켰더라도 열거되지 않는 소득으로 보아 과세할 수 없는 것이 현실이다.

19 펀드는 일반적으로 판매회사(은행이나 증권회사 등)가 분배금을 지급하므로 원천징수의무자가 된다.

20 당기순이익, 손익발생원천별 실적 등의 경영실적은 주요 정기공시 항목이다.

21 상품설명서에는 보험회사, 주계약보험기간, 보험료 납입기간 등이 기재되어 있고, 상품요약서에는 상품의 특이사항 및 보험가입 자격요건, 보험금 지급사유 등이 기재되어 있으며, 가입설계서에는 보험가입조건, 보험료, 보장내용 및 해약환급금예시 등이 기재되어 있다.

22 일반보험계약은 1년에 한 번 보험계약관리내용을 보험계약자에게 문서로 통보해 주는데 비해 변액보험의 경우 분기별 1회 이상 보험계약관리 내용을 통보해 주어야 한다.

23 수익증권이나 뮤추얼펀드의 투자자의 지위는 수익자 또는 주주이며, 변액보험은 보험회사의 사업비에 대한 부가비용이 포함되며, 계약자 1명 당 납입할 보험료의 합계액이 2억원 이하이고 계약기간 10년 이상 유지 시 보험차익에 대한 비과세가 된다.

24 경과일수 : 누적수익률 = 365일 : 연환산수익률

연환산수익률 = $\dfrac{80.44\% \times 365일}{3,319일}$ = 8.84621% ≒ 8.85

25 제2회 이후 보험료를 월계약해당일 이후 납입했을 때에는 납입일 + 제2영업일을 이체사유가 발생한 날로 하여 특별계정으로 투입한다.

26 변액보험은 생명보험과 집합투자의 성격을 동시에 가지므로 법적규제에 있어서도 보험업법과 "자본시장과 금융투자업에 관한 법률" 일부규정이 동시에 적용된다.

27 일시납보험 추가가입방법은 사망보험금 증가측면에서는 초과적립금을 재원으로 사망보험금을 구입하는 것이므로 가산지급방법에 비해 사망보험금의 크기가 크게 증가할 수 있어 가산지급방법에 비해 보장을 목적으로 변액보험에 가입하려는 고객에게 적합한 방법이라 할 수 있다.

28 책임준비금 비례방법은 사망보험금 증가규모는 크지만, 수익률 측면에서는 떨어진다. 또한, 국내에는 적용상품이 없다. 사망보험금 증가규모의 크기는 책임준비금 비례방법, 일시납보험 추가가입방법, 가산지급방법의 순이다. 가산지급방법의 국내 적용상품으로는 변액연금보험과 VUL(적립형)이 있다.

29 변액종신보험은 보험회사에서 매일(또는 매월) 특별계정적립금에서 보증비용을 공제하여 일반계정 내에 최저사망보험금 보증준비금 계정에 적립하고 계약자적립금에서 가입금액에 해당하는 위험보험료를 차감할 수 없는 경우 부족분으로 사용한다.

30 2024년부터 사망보험금, 해약환급률 및 연금액은 −1%, 2.75%, 4.125% 중 하나를 예시수익률로 가정할 수 있다.

31 전자자금이체제도는 금융서비스 제공에 드는 비용을 절감시킨다.

32 복리법 = 원금 × (1 + 금리)^n
= 300 × (1 + 0.1)^2 = 363만원

33 특별계정 투입보험료 = 영업보험료 − (계약체결비용 + 납입 중 계약유지비용 + 기타비용)
= 순보험료 + 납입 후 계약유지비용

34 채권형 펀드와 혼합형 펀드의 단점이 바뀌었다. 채권형 펀드의 단점이 저금리 시대에는 고수익 기대가 곤란하고, 혼합형 펀드의 단점이 주식시장 폭락 시 수익을 기대하기 곤란한 것이다.

35 특별계정의 자산은 매일 실적배당률을 산출하여 매일 계약자적립금에 반영한다.

36 자동납부와 급여이체도 가능하다.

37 변액종신보험은 월납 및 일시납으로 납입가능하다.

38 펀드로 자금을 한 번엔 투입 시 그 시점의 주식 등 시장의 흐름에 수익률이 크게 좌우되는 불안정성을 해결하기 위해 개발된 기능은 보험료 정액분할 투자(DCA ; Dollar Cost Averaging)이다.

39 일반적으로 거의 모든 보험회사가 사망보험금은 사망일을 기준으로 기본보험금과 변동보험금을 합한 금액을 지급한다. 일부보험사의 청구일 기준 사망보험금 지급은 사망일과 청구일 사이의 기준가격 변동에 따른 보험사의 리스크를 회피하기 위함이며, 회사별로 사망보험금 지급 기준이 상이함에 따라 보험계약 시 계약자에 대한 충분한 설명이 필요하다.

40 보험계약대출이율이 7%, 보험계약대출수수료가 1.5%일 경우, 계약자가 보험계약대출이자 납입 시, 수수료율 1.5%를 제외한 5.5%에 해당하는 금액이 특별계정으로 투입, 운용된다.

01	02	03	04	05	06	07	08	09	10	11	12	13	14	15	16	17	18	19	20
×	×	×	○	②	④	③	①	②	①	②	③	②	①	④	②	④	③	②	③

21	22	23	24	25	26	27	28	29	30	31	32	33	34	35	36	37	38	39	40
④	④	④	②	①	②	④	③	③	④	②	③	③	①	②	④	③	①	③	④

01 연금소득은 종합과세한다.

02 저금리의 지속이다.

03 변액종신보험은 매일 특별계정적립금에서 보증비용을 공제하여 일반계정내에 최저사망보험금 보증준비금 계정에 적립한다.

04 변액보험의 특별 계정은 매일 결산을 통해 평가한다.

05

구 분	수익증권	뮤추얼펀드
가. 발행유가증권	수익증권	주 주
나. 설립형태	신탁계약에 의한 신탁관계	법인형태의 주식회사
다. 통제제도	감독기관의 감독	주주의 자율규제
라. 투자자의 법적지위	수익자	주 주

06 ① 2009년, ② 2013년 4월부터, ③ 보다 차별화되고, 다양한 옵션·보증이 부가된 보험상품이 출시될 수 있다.

07 보험계약마진은 보장기간 동안 상각하여 이익으로 인식한다.

08 주주우선공모 방식에 대한 설명이다.

09 네덜란드의 바르다유 회사가 최초로 변액보험을 판매하였다.

10 정액보험은 일반계정에서 운용된다.

11 6개 금융투자업무 상호 간 겸영을 허용하는 등 업무범위가 확대되었다.

12 고객의 투자성향에 따른 자산운용 선택은 변액종신보험의 특징이다.

13 ③ 주식형 펀드에 대한 설명이다.
④ 채권형 펀드에 대한 설명이다.

14 변액종신보험의 변동보험금은 매월 계약해당일마다 일시납보험 추가가입방법에 의해 재계산되며, 해약환급금
은 투자수익률에 따라 매일 변동된다.

15 계약자가 청약을 해서 보험자가 승낙해야 보험 계약이 이루어지는 낙성 계약의 특징이다.

16 미국은 1970년 유가파동으로 인한 물가상승과 고금리시대로 돌입하게 되면서 정액보장형의 생명보험상품이 경
쟁력을 상실하였다.

17 상속세, 증여세는 완전포괄주의 과세이다. 완전포괄주의란 법률에 별도 면세규정을 두지 않는 한 상속 · 증여로
볼 수 있는 모든 거래에 대해 세금을 부과할 수 있도록 하는 제도이다.

18 금리를 올리면 일반적으로 경기 둔화, 실업 증가, 인플레이션 억제의 효과를 기대한다.

19 변액보험은 생명보험상품 중 하나이므로 손해보험회사에서는 취급할 수 없다.

20 채권의 경우 보통의 차용증서와는 달리 법적인 제약과 보호를 받게 된다. 회사의 채권발행시 금융위원회에 등록
한 후 금융감독원에 유가증권신고서를 미리 제출해야 하고, 정부의 경우 국회의 동의를 받아야 한다.

21 변액보험의 경우 보험계약내용은 분기별 1회 이상, 자산운용보고서는 분기별 1회 이상 고객에게 알려야 한다.

22 금융소득의 경우 2,000만원 초과 시 종합과세된다.

23 장 종료 40분전 이후에는 중단하지 아니한다.

24 의결권이 없는 주식은 주주총회 시 정족수계산에서 발행주식 총수에 산입하지 아니한다.

25 사망보험금의 크기는 '책임준비금비례방법 – 일시납보험추가가입방법 – 가산지급방법' 순이다.

26 GMWB에 대한 설명이다.

27 일반계정의 자산평가시기는 매월이다.

28 채권의 발행은 부채의 증가를 수반하며 채권소유자는 경영참가권이 없고 만기 시 원금을 상환하여야 한다.

29 유가증권 상장 시 소유주식은 분산된다.

30 전문설계사만 판매 가능하며, 변액종신보험은 일반종신보험으로 변경이 가능하지만 일반종신보험은 변액종신
으로 변경이 불가하다.

31 신주인수권부사채는 신주인수권을 행사하여 추가자금을 납입하고 주식을 취득하게 되므로 채권의 효력은 만기까지 존속된다.

32 ① 55세 이후부터 수령할 수 있다.

② 수령연차가 11년 이상일 경우 수령한도가 적용되지 않는다.

④ 사적연금소득합계액이 연간 1,500만원 이상일지라도 종합과세와 분리과세를 선택할 수 있다.

33 계약자와 실질 납입자가 같더라도 수익자가 다르면 상속세를 과세한다.

34 특별계정의 리스크는 계약자가 부담하며 최저보증이율이 없다. 자산운용 목적은 수익성 위주이며 자산평가와 결산시기는 매일이다.

35 ① 중도 해약 시에는 원금 손실의 위험이 있다.

③ 정액연금은 일반계정에서 운영된다.

④ 일반적으로 특정 장해상태 시 납입면제 기능이 없다.

36 변액종신보험은 기본보험금을, 변액연금은 기납입보험료를 최저보장 사망보험금으로 설정하고 있으면 선택특약은 일반계정에서 운용된다.

37 유니버설보험의 상품구조는 국내의 금리연동형 저축성 보험처럼 단순하다는 장점을 갖고 있다.

38 자산운용회사는 펀드수익률과 위험대비 자기자본비율을 증권회사는 영업용 순자본비율을 보험회사는 지급여력 비율을 주요 경영지표로 한다.

39 보장형 변액유니버설보험은 기본보험계약의 기본보험금을 최저보증한다.

40 가산지급방법은 사망보험금의 증가속도가 늦어 보장성을 목적으로 변액보험에 가입하려는 고객에게는 바람직하지 않은 형태라 할 수 있다.

제10회 정답 및 해설

01	02	03	04	05	06	07	08	09	10	11	12	13	14	15	16	17	18	19	20
○	○	×	○	④	②	③	②	②	①	③	②	①	④	③	③	④	④	④	④

21	22	23	24	25	26	27	28	29	30	31	32	33	34	35	36	37	38	39	40
③	②	②	③	④	④	②	①	③	③	②	②	④	③	④	③	④	④	①	①

03 주식은 자기자본, 채권은 타인자본(부채)이다.

05 미래소비를 위해 저축한 여유자금을 금융자산에 투자하거나 현재소비를 위해 필요한 자금을 빌릴 수 있는 기회를 제공하여 소비자인 가계의 효용을 높이는데 기여하는 것이 금융시장의 기능이다.

06 교환사채는 상장법인만이 발행회사가 될 수 있다.

07 신주인수권부사채는 권리행사 후에도 사채권이 존속하는 반면, 전환사채의 경우 권리행사 후에는 사채권이 소멸된다.

08 채권수익률과 가격과의 관계는 선형적이 아니라 역의 관계이다.

09 환매조건부채권(RP)는 자산유동화증권에 해당하지 않는다.
① 자산담보부 기업어음(ABCP)는 기업어음의 형태로 자산유동화증권을 발행한다.
③ 주택저당담보부채권(MBS)은 주택저당대출을 기초로 발행하는 증권이다.
④ 대출채권담보부증권(CLO)은 자산유동화전문회사에서 묶음으로 구성된 은행의 대출채권을 담보로 하여 발행하는 증권이다.

10 금융시장이란 기업, 가계, 정부, 금융기관 등 경제 주체들이 금융상품을 거래하여 필요한 자금을 조달하고 여유자금을 운용하는 조직화된 장소를 말한다. 이는 추상적인 것으로 어느 특정건물이나 장소를 의미하는 것은 아니다.

11 양도성예금증서란 현금지불기(CD ; Cash Dispenser)와 구별하기 위해 NCD라고도 한다. 은행이 정기예금에 대하여 발행하는 무기명의 예금증서로 예금자는 이를 금융시장에서 자유로이 매매할 수 있다.

12 CMA는 예탁금액의 제한이 없다.

제
10
회

13 표지어음, MMDA, 종금사 CMA는 모두 예금자보호상품이다. 위탁자 예수금은 예금자보호상품이나 청약자예수금은 2001년 이후 예금자보호대상에서 제외되었다.

14 계약자에게 지시권이 있는 것은 특정금전신탁 등의 경우에 한한다. 일반적 투자신탁과 계약자의 지시권은 없다 (위탁자의 지시에 의해 수탁자가 관리하는 구조와 혼동하지 말하야 한다). 변액보험의 계약자는 자금에 대한 운용지시를 할 수 없으나, 펀드의 구성을 변경할 수는 있다.

15 사용자의 의지에 따라가 아닌, 회사가 이를 심사한 후에 승낙여부를 결정한다.

16 ① 예정사망률이 높아지면 사망보험의 보험료는 인상, 생존보험의 보험료는 인하된다.
② 예정이자율, 예정위험률, 예정사업비율을 기초로 보험료를 계산한다.
④ 평준보험료는 연령이 높아져서 사망률이 변하더라도 보험료는 변하지 않는 보험료이다.

17 이자율변동에 따른 채권가격변동률은 표면이자율이 낮을수록 크다.

18 영구채는 만기에 따른 채권 분류에 속한다.

19 금융투자상품은 현재 또는 장래의 특정시점에 금전, 그 밖의 재산적 가치가 있는 것을 지급하기로 약속하는 상품으로 금전 등의 지급시점이 현재이면 증권, 지급시점이 장래의 특정시점이면 파생상품으로 구분한다.

20 약관으로 정하는 보장내용은 인터넷으로 공지한다.

21 펀드 자동재배분(Auto Rebalancing) 기능이다. 계약자는 보험계약 체결 시 또는 보험기간 중에 이 기능의 적용여부를 선택할 수 있다. 이 기능은 가입 후 일정기간(매 3개월, 6개월, 1년 등)마다 적용된다.
② 자산운용 옵션 중 펀드변경 기능은 최대 12회까지 적립금의 특별계정 변경을 허용하고 있다.

23 **보험안내자료의 필수기재사항**
- 보험회사의 상호나 명칭 또는 모집종사자의 성명 · 상호 및 명칭
- 보험가입에 따른 권리 · 의무
- 해약환급금에 관한 사항
- 예금자보호법에 의한 예금자보호와 관련한 사항
- 보험금 지급제한 조건
- 보험상담 및 분쟁의 해결에 관한 사항 등

24 **생명보험협회 인터넷 홈페이지 내의 변액보험운영현황**
- 운용회사
- 회사별 운용수수료율
- 회사별 월말 자산구성현황
- 회사별 변액보험운용설명서
- 회사별 변액보험 펀드별 매일의 기준가격 및 수익률

25 변액보험 판매 시 필수안내사항
- 펀드별 특징
- 원금손실가능성
- 펀드차감되는 제반비용
- 변액보험공시실 사용방법
- 펀드변경 시 절차 및 필요성
- 예금자보호법 적용 제외대상
- 사망보험금 및 해약환급금변동

26 변액보험의 경우 보험료 미납으로 계약이 해지되었으나 해약환급금을 받지 아니한 경우, 계약자는 해지된 날로부터 3년 이내에 보험회사가 정한 절차에 따라 계약의 부활(효력회복)을 청약할 수 있다.

27 우체국은 우체국예금보험에 관한 법률에 의해 정부가 지급을 보장하고 있으며, 금융기관별 1인 당 보호한도는 원리금합계 5천만원이다. 따라서 ELD 5천만원, 표지어음 2천만원 합계 7천만원이다.

28 예금보험가입 금융기관은 은행, 증권사, 보험사, 종금사, 상호저축은행 등 5개 금융권이다. 농·수협 중앙회와 외국은행 국내지점은 은행법에 의한 은행으로서 가입기관이다. 신용협동기구(새마을금고, 농·수협 지역조합)은 각 중앙회에서 적립한 기금으로 예금자를 보호한다.

29 세액공제 대상금액(이론편 p69 ④, ⑤ 참고)
600만원(연금저축계좌 납입액 400 + 퇴직연금계좌 납입액 200) × 12% = 72만원

30 금융기관보험대리점 모집수수료율 공시 기관
보험회사, 생명보험협회, 금융기관보험대리점

31 보험계약은 보험계약자의 청약과 보험회사의 승낙으로 이루어진다.

32 변액보험 판매 시 금지사항
- 특별이익의 제공
- 허위, 과장된 설명
- 손실에 대한 보상 약속
- 계약의 부당한 대체 행위
- 중요사항에 대한 불충분한 설명
- 보험금, 해약환급금을 보증하는 행위
- 장래의 운용성과에 대한 단정적 판단
- 변액보험을 타금융상품으로 오인하게 하는 행위
- 자사에게 유리하게 특정회사 또는 특정기간만을 비교하는 행위

33 ① 변액연금보험의 사망보험금은 기납입보험료, 사망당시 계약자적립금과 기본사망보험금을 합산한 금액 중 가장 큰 것을 지급한다.

② 변액종신보험의 사망보험금은 사망 시 특별계정의 펀드수익률과 상관없이 최소한 가입금액 수준을 보증하고 있다.

③ 실적에 따라 사망보험금과 해약환급금이 변동하기 때문에 보험의 본질적인 기능을 기대하기 어렵게 된다. 이러한 문제를 해결하기 위해 특별계정 적립금에서 보증비용을 차감하여 보증준비금을 적립하고 일정수준 이상의 사망보험금과 연금재원을 보증해주고 있다.

34 우리나라에 변액종신은 2001년, 변액연금은 2002년, 변액유니버설은 2003년에 순차적으로 도입되었다.

35 보험소비자 측면에서 변액보험은 보험금의 실질가치 보장을 위해 필요하다.

36 투자결과에 대한 책임은 전적으로 계약자가 부담하는 자기책임의 원칙이 있다.

37 일시납보험 추가가입(증액)방법은 변동보험금의 계산방법이 새로운 보장을 추가적으로 구입하는 형태이기 때문에 계산방법이 복잡하여 고객의 상품 이해가 용이하지 못하다.

38 10년 이상 유지 시 비과세로 전환된다.

39 출구전략은 일반적으로 좋지 않은 경제상황에서 빠져나갈 때 쓰는 전략으로, 구체적으로는 금리 인상, 은행의 지급준비금 조절 등의 방법이 있다.

40 ② 국민경제에 부정적인 영향을 미칠 우려가 있을 경우에 일시적으로 일정 기간 동안 세율을 조정하여 부과하는 것을 말한다.

③ 국내산업을 보호하고 물가를 안정시킬 목적으로 정부가 국회의 위임을 받아 일정한 범위 내에서 관세율을 가감할 수 있는 권한을 갖는 것을 말한다.

④ 국내의 산업을 보호하고 육성하기 위해 여러 산업의 제품과 동일한 외국의 수입품에 높은 관세를 부과하는 것을 말한다.

01	02	03	04	05	06	07	08	09	10	11	12	13	14	15	16	17	18	19	20
○	○	×	○	④	①	③	②	①	①	①	①	③	④	①	②	②	④	③	②

21	22	23	24	25	26	27	28	29	30	31	32	33	34	35	36	37	38	39	40
②	②	④	③	③	④	①	①	②	③	③	③	③	①	④	④	①	③	②	②

03 어음의 할인은 은행의 고유업무이다.

05 자산유동화증권시장은 전통적 금융시장 중 자본시장에 속하는 시장이다.

06 6개월 복리 = 원금 × $(1 + \dfrac{연이율}{2})^{경과년수 \times 2}$ ∴ 3년 평균수익률 = $[(1+0.03)^6 - 1]/3$

07 PER 수치가 낮을수록 저평가됨을 의미. 주가 수익비율을 말한다.

08

종합소득세율(지방소득세 별도)		
구 분		세 율
	1,400만원 이하	6%
	1,400만원 초과 ~ 5,000만원 이하	15%
	5,000만원 초과 ~ 8,800만원 이하	24%
과 표	8,800만원 초과 ~ 1.5억원 이하	35%
	1.5억원 초과 ~ 3억원 이하	38%
	3억원 초과 ~ 5억원 이하	40%
	5억원 초과 ~ 10억원 이하	42%
	10억원 초과	45%

09 주식시장의 하락세에 따라 계약자들이 대량으로 해약하였다.

10 대수의 법칙에 대한 설명이다.

11

구 분	확정금리	연동금리	실적금리
수익률	소	중	대

12 저축성 상품은 정기예금과 정기적금이며, 보통예금은 입출금이 자유로운 상품으로 구분된다.

13 예정이율이란 재산의 이용을 예측하여 미리 정하는 이익의 비율로 예정이율이 낮아지면 보험료는 비싸진다.

14 가산지급방법 > 일시납보험 추가납입방법 > 책임준비금 비례방법 순으로 만기수익률이 크다.

15

구 분	일반계정	특별계정
RISK 부담	회사 부담	계약자 부담
최저보증이율	있 음	없 음
자산운용목적	안정성 위주	수익성 위주
자산평가시기	매 월	매 일
결산시기	매 년	매 일

16 현재 미국을 비롯한 일부 국가에서는 무액면주식의 발행이 가능하나 우리나라에서는 인정되지 않고 있다. 우리나라의 경우 대부분의 주식은 기명식이다.

17 실제로 지급되는 보험금은 사망일 기준이므로 기본금을 최저 보장한다.

18 주식의 매매거래는 매매계약을 체결한 날로부터 3일째 되는 날(휴장일 제외)에 결제가 이루어지는 보통결제거래에 따른다.

19 원금(100만원 × 24개월 = 2,400만원) + 이자(250만원) = 2,650만원
  • 이자 = 100 × 24(24 + 1)/2 × 0.1/12 = 250만원

20 총 발행주식수가 줄어드는 효과가 발생하므로 주식회사의 원리를 거스르는 측면이 있어 엄격히 한도를 제한하고 있다.

21 액면분할은 주식의 액면가를 일정비율로 나누는 것으로 주주총회 의결을 거쳐 액면가를 100원, 200원, 500원, 1,000원, 2,500원, 5,000원 중 하나로 정할 수 있다.

22 보호금액 5,000만원은 예금의 종류별, 지점별 보호금액이 아니라 동일한 금융기관 내에서 예금자 1인이 보호받을 수 있는 총 금액이다.

23 주가를 결정하는 기업의 개별요인에는 신제품 개발이 있다.

24 보험계약은 당사자 쌍방의 의사 합치가 있으면 성립하고, 그 계약의 성립요건으로서 특별한 요식행위를 요구하지 않고 있으므로 불요식 낙성계약이다.

25 가입 시 고지의무는 역선택을 방지하기 위한 것이고, 선의의 피해자를 발생치 않기 위함이다.

26 보험회사가 계약 전 알릴의무 위반으로 계약을 해지할 수 없는 경우는 위의 사항 전부이다.

27 근로소득이 있는 거주자가 소득세법에서 규정하고 있는 보장성 보험에 가입한 경우 당해연도에 납입한 보험료에 대해 연말정산 시 (100)만원을 한도로 소득공제해 준다. 이 때 보장성 보험료 소득공제는 (근로소득자)를 대상으로 하며, (개인사업자)는 보장성 보험료 소득공제를 받을 수 없다.

28 우리나라의 경우 2001년 (변액종신보험)이 최초 도입된 이래 2002년에 (변액연금), 2003년에 (변액유니버설보험)이 뒤를 이어 판매되었다.

29

구 분	일반계정	특별계정
RISK 부담	회사 부담	계약자 부담
최저보증이율	있 음	없 음
자산운용목적	안정성 위주	수익성 위주
자산평가시기	매 월	매 일
결산시기	매 년	매 일

30 단기금융시장에는 콜, 환매조건부채권, 양도성예금증서, 기업어음, 표지어음, 통화안정증권이 있다.

31 주식회사는 기업공개 시 신주공모, 구주매출 또는 이 두 가지를 혼합하여 불특정 다수의 일반 대중으로부터 청약을 받아 주식소유집중을 완화시키고 있다.

32 스톡옵션에 대한 설명이다.

33 $X \times 0.1 + X = 44,000$원 , $X = 40,000$원

34 불요식 낙성계약에 대한 설명이다.

35

구 분	주식형 펀드	채권형 펀드	혼합형 펀드
운용 대상	주식에 60% 이상 투자	채권에 60% 이상 투자	채권, 단기자금, 주식 (60% 미만)운용
장 점	수익성추구, 주식시장 활황 시 고수익 획득가능	장기 안정적인 수익 확보, 원금보전 가능성 높음	안정성과 수익성의 동시추구
단 점	주식시장 폭락 시 원금손실 발생	저금리 시대에는 고수익 기대 곤란	주식시장 폭락 시 수익기대 곤란
투자스타일	고위험 / 고수익	저위험 / 저수익	중위험 / 중수익

36 변액유니버설보험은 기본적으로 보험기간과 납입기간이 종신이고, 계약자가 매월 납입하고자 하는 보험료를 선택하지만 보험료의 납입은 별도로 정해진 납입기간 없이 보험기간 중 계약자가 원하는 때에 보험료를 납입할 수 있고, 계약이 해지되지 않는 한도 내에서 원하는 기간 만큼 납입을 하지 않을 수도 있다.

37 은행의 주택청약종합저축은 예금자보호법에 의한 비보호 금융상품에 해당한다.

38 최저중도인출금 보증(GMWB)은 변액연금보험 최저보증의 종류에 해당한다.

39

구 분	확정금리	연동금리	실적(변동)금리
수익률 / 리스크	소	중	대
금융기관 책임	대	중	소

40 여러 가지 악재가 동시에 발생하는 경제 위기 상황을 칵테일 리스크라 하는데, 다양한 술과 재료를 혼합해 만드는 칵테일에 빗대 표현한 말이다. 세계적인 경기 불황, 이슬람 무장 단체의 테러 등이 혼재된 경제 위기를 의미한다.

① 세컨더리 보이콧 : 제재국가의 정상적인 경제활동과 관련해 거래를 하는 제3국의 기업이나 금융기관까지 제재하는 것을 말한다.

③ 염소의 저주 : 미국 프로야구 메이저리그의 팀인 '시카고컵스' 의 징크스

④ 스태그플레이션 : 경제활동이 침체되고 있는 상황에서도 물가가 지속적으로 오르는 현상

01	02	03	04	05	06	07	08	09	10	11	12	13	14	15	16	17	18	19	20
×	○	○	×	③	②	①	④	③	②	④	④	①	③	①	②	②	③	②	④

21	22	23	24	25	26	27	28	29	30	31	32	33	34	35	36	37	38	39	40
④	①	③	③	④	①	④	①	④	①	④	②	④	④	③	②	②	②	①	④

01 정보비용에 관한 설명이다.

04 캐나다가 미국보다 먼저 변액보험 판매를 시작하였다.

05 정보비용 및 탐색비용을 감소시킨다.

06 표면금리가 같더라도 실효금리는 다를 수 있다. 예를 들어, 동일한 5%라도 단리인지, 복리인지에 따라 실제 지급받는 이자가 다르다.

07 기능별 열거주의가 아니라 포괄주의 규율체계이다.

08 기업공개와 증자는 발행시장과 관련이 있고, 채권발행과는 무관하며, 상장은 발행한 유가증권을 단위로 이루어진다.

09 우리사주제도는 제3자 배정과 관련이 있다.

10 시가총액은 각 종목마다 상장주식수에 시가를 곱해 이를 합계한 것으로서 상장된 모든 주식을 시가로 평가한 금액을 말한다.

11 우리나라에서 일반적으로 수입의 증가는 경상수지 악화로 이어져 주가에 적신호로 알려져 있다.

12 가격제한폭은 코스피와 코스닥이 동일하다. 종합주가지수가 전일보다 10% 이상 하락한 상태가 1분 이상 지속될 경우에 거래가 중단되며, 매매거래 중단제도는 장 종료 40분 전 이후에는 중단하지 아니하며 1일 1회에 한정된다.

13 물가 및 금리는 시장전체 요인 중 경제적 요인에 해당된다.

14 제조업 가동률지수는 경기동행지수이고 나머지는 경기선행지수이다.

15 ② 채권은 차용증서와 같이 법적인 제약과 보호를 받는다.

③ 정부는 국회의 동의를 받지 않고 채권을 발행 할 수 없다.

④ 채권은 어음, 수표 등과 같이 유통시장에서 자유로운 거래가 가능하다.

16 이자, 배당소득의 합계가 2,000만원을 초과하면 종합과세대상이다.

17 보험회사의 주요 경영지표는 지급여력비율이다.

18 예정이율이 낮아지면 보험료는 비싸게 된다.

19 보험계약자에게 보험약관을 전달하지 않을 경우 3개월 이내에 계약을 취소할 수 있다.

20 ① 낙성계약에 대상 설명, ② 보험계약은 불요식 계약이다. ③ 부합계약에 대한 설명이다.

21 15.2%가 아닌 12%(지방소득세 별도)에 대해 세액공제가 가능하다.

22 계약체결비용은 책임준비금에 포함되지 않는다.

23 ① 변액상품은 실적연동형이기 때문에 고수익을 실현할수 있는 대신에 그만큼의 리스크를 갖는다. 또한 ② 세금 이연을 활용하여 절세효과를 기대할 수 있다.

24 보험회사 측면에서의 변액보험 도입 배경(필요성)이다.

25 2001년 변액종신보험, 2002년 변액연금보험, 2003년 변액유니버설보험

26 ② 전미증권업협회(NASD)이며, ③ 일본의 경우가 증권거래법, 투자신탁업법의 적용을 받지 않는다. ④ 서로 반대되는 내용이다.

27 판매보수는 수익증권, 뮤추얼펀드에 해당되며, 변액보험은 사업비가 해당된다.

28 가산지급방법은 금리연동형 저축보험 또는 연금보험 등과 유사한 구조를 갖는다.

29 ① 변액종신보험은 사망과 제1급 장해 시는 보장된다.

② 변동보험금은 매월 계약 해당일마다 재계산된다.

③ 투자수익률이 예정이율을 초과하면 변동보험금이 발생한다.

30 정액연금뿐 아니라 변액연금으로 운영할 수도 있다.

31 변액종신보험은 일반종신보험으로 변경가능하다.

32 ② 투신상품의 운용형태는 투자금액 거의 전부 유가증권에 투자하여 수익을 지급한다.

33 매월 계약 해당일에 자연식 위험보험료와 납입 후 계약유지비용이 일반계정으로 차감된다.

34 채권형 펀드에는 주식이 편입되지 않는다.

35 계약자 보유좌수 = (2,000만원/1,300원) × 1,000 = 1,600만좌
계약자 적립금 = (1,600만좌 × 1,500)/1,000 = 2,400만원

36 펀드 운용 방법에 대해서는 직접 지시할 수 없고, 펀드 선택을 통해 간접적인 지시만 가능하다.

37 ① 변액종신보험, 변액연금보험은 월납, 일시납으로 선택 가능하다.
② 감액된 계약은 감액 전 보험가입금액으로의 증액이 불가능하다.
③ 선납보험료는 일정기간 일반계정에서 예정이률로 부리되다가 해당 보험료 납입일에 특별계정으로 투입된다.
④ 계약자가 납입한 제1회 보험료는 즉시 특별계정으로 투입된다.

38 실제 지급하는 사망보험금은 사망일을 기준으로 한다. 사망시점에서 변동보험금은 −500만원이지만, 최저보증 옵션으로 인해 기본금 3,000만원이 지급된다.

39 자산운용사에 대한 정보는 반드시 변액보험 판매 보험회사의 홈페이지에 공시해야하는 것은 아니다.

40 2001년부터 금융기관이 파산할 경우 1인 당 5천만원까지 예금을 보호하며, 예금자보호한도는 동일한 금융기관 내에서 예금자 1인이 보호받을 수 있는 총 금액이며, 예금자 1인이라 함은 개인뿐만 아니라 법인도 대상이 된다.

제 **12** 회

제13회 정답 및 해설

01	02	03	04	05	06	07	08	09	10	11	12	13	14	15	16	17	18	19	20
×	×	×	○	③	③	④	③	④	③	③	④	④	④	③	④	③	①	②	②

21	22	23	24	25	26	27	28	29	30	31	32	33	34	35	36	37	38	39	40
④	②	③	④	④	①	①	③	③	④	②	④	②	②	③	③	③	④	③	④

01 금융투자회사형 CMA는 보호받지 못한다.

02 수지상등의 원칙에 대한 설명이다.

03 GLWB에 대한 설명이다.

04 10년이 경과하고 나면 예정계약체결비용 상각기간이 완료되어 투입비율이 커진다.

05 집합투자업과 투자자문업의 개념이 혼재되어 있다.

06 은행법이 아닌 특별법에 의하여 설립되어 있다.

07 4,000억원까지 제한을 받았다.

08 보통예금은 정기예금 수준의 금리를 보장하지 않는다.

09 2009년 2월 허용되었다.

10 수익자의 지위를 갖는다.

11 자금조달비용지수(COFIX ; Cost Of Fund Index)에 대한 설명이다.

12 혼합주에 대한 설명이다.

13 ① 주주배정 : 신주인수권을 보유지분에 비례하여 기존 주주들에게 부여하는 방식
② 주주우선공모 : 주주에게 우선청약 기회 부여 후 미청약분을 다시 모집하는 방식
③ 직접공모 : 인수기관을 통하지 않고 발행회사가 직접 자기의 책임과 계산하에서 신주를 공모하는 방식

14 ① 증권가격의 상하한 폭은 전일 종가 대비 15%이다.

② 매매거래 중단제도는 1일 1회를 한도로 적용한다.

③ 배당 기준일 다음날의 주가는 전일 대비 배당만큼 낮아진다.

15 공통으로 100만원 이하의 연간 소득금액일 때 요건에 부합한다.

16 남자, 여자 모두 60세 이상 3천만원 가입한도를 적용받는다.

17 19%로 적용된다.

18 ② 비과세 요건을 충족하지 못하게 된 경우에는 만기 또는 해지시점의 보험차익에 대하여 이자소득세 14%(지방
소득세 별도)가 원천징수된다.

③ 1인 당 5천만원 이하까지, 이자소득에 대한 세금 전액 면제된다.

④ 1인 당 3천만원 한도로 가입이 가능하다.

19 채권형 펀드에는 주식편입 비율이 없다.

20 변액보험 운용설명서 : 보험계약자가 청약 시 변액보험 운용설명서를 교부

변액보험 자산운용보고서 : 분기별 1회 이상 보험계약자에게 통보

생명보험회사 : 인터넷 홈페이지에 계약자 개인별 자산현황 등 특별계정 운용현황 공시

21 불요식 낙성계약이다.

22 순금융재산 공제는 순금융재산 × 20%(2억원 한도)

23 증여세를 부과한다.

24 통화나 금리 등의 거래조건을 서로 맞바꾸는 것은 스왑이다.

25 보험료 납입기간이 7년 이상인 경우 해약공제기간은 7년으로 설정한다.

26 실적배당형 상품이다.

27 경제 환경이 고물가, 고금리 시대로 돌입하였다.

28 변액유니버설보험은 2003년부터 변액연금 판매 개시 이후, 1년 뒤 판매되었다.

29 월 1회, 연 1회 등으로 구분이다.

30 ① 최저사망보험금 보증비용 : 매일(매월) 공제, 펀드별 동일

② 최저연금적립금 보증비용 : 매일(매월) 공제, 펀드별 동일

③ 최저사망보험금 보증비용 : 매일(매월) 공제, 펀드별 동일

31 특별계정에서 일반계정으로 차감한다.

32 주식에 투자하지 않는다.

33 변액보험에는 아직 적용되지 않았다.

34 좌당기준가격이 1,500원이면 3,000만원으로 2만좌를 보유할 수 있다.
좌당기준가격 2,000 × 보유 좌수 2만좌 = 4,000만원

35 판매보수, 자산운용보수, 수탁보수 등을 차감한다.

36 일시납보험 추가가입 방법을 사용한다.

37 기본보험금은 최저사망보험금으로 보장한다.

38 보험안내자료의 필수기재사항이다.

39 증권거래비용 및 기타 비용의 보수를 포함한다.

40 비보호금융상품이다.

01	02	03	04	05	06	07	08	09	10	11	12	13	14	15	16	17	18	19	20
○	×	×	×	③	③	①	①	②	③	③	①	②	①	④	②	④	④	③	④

21	22	23	24	25	26	27	28	29	30	31	32	33	34	35	36	37	38	39	40
④	②	②	④	②	③	④	①	①	①	④	①	①	③	②	③	①	②	④	①

02 분쟁이나 민원예방을 위해 중요하고 반복 사용되는 용어를 묶어 일목요연하게 정리하고 있다.

03 연단위 복리는 지급금과 이자율 관련 용어이고 평균공시이율, 해약환급금이 해당된다.

04 3개월이 아니라 계약을 체결한 날부터 3년이 지났을 때이다.

05 이직자 수, 상용근로자 수, 생산자제품재고지수는 대표적인 경기후행지수이다.

06 ① 금리가 오르면 기업의 입장에서는 투자를 줄이게 된다.
② 실제로 지급하거나 부담하게 되는 금리를 실효금리라한다.
④ 금융통화위원회는 매 달 회의를 통해 금리정책을 결정한다.

07 ② 기업공개는 반드시 기업단위로 이루어진다.
③ 증자의 형태는 실질재산이 증가하는 유상증자와 실질재산이 증가하지 않는 무상증자로 구분된다.
④ 신주공모, 구주매출 방법이 대표적인 기업공개 방법이다.

08 ② 주식의 취득가격은 행사가격이다
③ 주주가 되는 시기는 신주인수권을 청구한 때이다.
④ 권리행사 후 사채권자의 지위는 존속한다.

09 2025년 시중 코스닥시장에서 거래된 지분에 대한 증권거래세 원천징수세율은 0.15%이다.

10 배당락은 기업이 배당기준일 전날 배당을 받을 수 있는 권리가 사라졌음을 투자자들에게 알리기 위해 사용하는 조치로, 주가 변동에 대응하기 위한 조치가 아니다.
변동성 완화장치(VI ; Volatility Interruption)
개별종목의 가격이 일정 범위를 벗어났을 때 일시적인 주가 변동을 완화하기 위해 단일가매매를 적용하는 조치이다.

11 자산유동화증권은 채권시장에 속한다.

12 단기금융상품의 거래는 유동성이 높은 것이 특징이다.

13 분산투자가 아닌 2인 이상에게 투자권유를 하여 모은 금전 등 또는 국가재정법 제81조에 따른 여유자금을 운용하여 그 결과를 각 투자자 등에게 배분하여 귀속시키는 집합투자가 고유 업무이다.

14 보험료가 매년 피보험자의 위험률 변화에 따라 변경되는 것을 자연보험료라 하고, 실제 계약에서 전 보험기간 동안의 자연보험료를 계약자가 선택한 납입기간에 걸쳐 예정이율을 고려하여 평준화시킨 보험료를 평준보험료라 한다.

15 투자회사는 중도환매가 가능한 개방형과 중도환매가 안되는 폐쇄형으로 구분된다.

16 보험사가 그 사실을 안 날로부터 1개월이 지난 후부터이다.

17 국가경제적 측면에서 보험시장 건전성 제고와 주식, 회사채 투자 증가로 보험시장 및 자본시장 발전에 모두 기여

18 보험계약의 특성은 유상, 쌍무계약, 부합계약성, 불요식 낙성계약 등이다.

19 보험계약자 정보 확인서 내용으로는 보험계약 체결 전에 계약자의 연령, 재산상황, 보험가입 목적 등의 계약자 정보를 파악한다.

20 소득이 있더라도 그에 따른 규정이 없어 과세할 수 없는 것은 열거주의 과세원리를 따르기 때문이다.

21 퇴직소득, 양도소득은 종합소득에 합산하지 않고 별도로 분류과세 한다.

22 ① 계약자가 부담하는 보수, 비용을 명확히 알 수 있도록 가입자에게 보험계약 체결과정에서 수수료 안내표를 제공하고 있다.
③ 보험가입 후 – 보험회사 홈페이지
④ 보험가입 전 – 상품설명서

23 시장금리의 하락 및 주식시장의 지속적 활황, 뮤추얼펀드의 대중화 및 실적배당형 보험에 대한 인지도 개선, 변액보험상품의 유연성 및 다양한 투자옵션, 보험상품에만 부여하는 세제혜택 등이 미국의 변액보험판매의 성공 사유로 볼 수 있다.

24 특별계정의 결산 시기는 매일이다.

25 각 4시간의 교육을 받아야 한다.

26 특별계정 운용수수료는 펀드별로 차등적이다. 최저사망보험금 보증비용은 펀드별로 동일하며, 납입 후 계약유지비용과 자연식 위험보험료는 펀드와 무관하게 책정된다.

27 ①·②·③은 금융투자회사에서 판매하는 실적배당상품에 대한 설명이다.

28 보험기간 중 계약자가 원하는 때에 납입이 가능하며 계약이 해지되지 않는 한도 내에서 원하는 기간만큼 납입을 하지 않을 수도 있으며 의무납입기간은 법적으로는 정해져 있지 않다.

29 변액종신보험의 경우 최저 사망보험금 보증 비용과 특별계정 운용, 수탁보수가 있어야 한다.

30 보험약관 상 좌수란 특별계정 설정 시 1원을 1좌로 하며, 그 이후에는 매월 좌당 기준가격에 따라 좌단위로 특별계정에 이체 또는 인출한다.

31 일반계정의 자산평가 시기는 매월이고 특별계정 자산평가 시기는 매일이다.

32 특별계정의 폐지사유는 ①과 1년이 지난 후 1개월 간 계속하여 특별계정의 순자산 가치가 50억원에 미달하는 경우, 특별계정의 운용 대상이 소멸한 경우 등이다.

33 사망보험금은 매월 변동한다.

34 영업보험료에서 부가보험료를 뺀 것이 순보험료이다.

35 연금개시 전 사망 시 투자실적에 따라 변동되는 사망보험금을 가산지급방법으로 계산한다.

36 GMDB(최저사망보험금보증)은 변액종신, 변액유니버설, 변액연금에서 공통으로 보증하고 있는 옵션이다.

37 보험금의 감액은 부분 해약으로 보기에 변동보험금만 감액하는 것은 불가능하다.

38 변액보험은 저금리 고주가 시대에 고수익을 기대할 수 있다.

39 변액보험은 운용실적에 대한 책임이 계약자에게 귀속되므로 손실에 대한 보상을 약속해서는 안된다.

40 개인별 수익률 등 각 개인에 대한 자료는 생명보험협회 홈페이지에서 확인할 수 없다.

01	02	03	04	05	06	07	08	09	10	11	12	13	14	15	16	17	18	19	20
○	×	×	×	④	②	②	①	①	④	③	①	④	③	③	④	④	③	②	③

21	22	23	24	25	26	27	28	29	30	31	32	33	34	35	36	37	38	39	40
②	②	④	③	③	①	①	③	③	①	②	②	①	③	④	③	④	④	④	②

02 보험상품은 무형의 상품으로서 보험사고가 발생하여 보장받기 전에는 그 효과를 알 수 없다.

03 최근에는 보험상품이 타 금융권의 금융원리를 도입하여 복잡해지고 있어 상품의 내용과 약관 규정을 소비자에게 이해시키는데 많은 노력을 기울여야 한다.

04 변액보험은 자기책임의 원칙으로 인해 다른 금융기관의 실적배당형 상품과 같이 예금자보호법에 의해 보호되지 않는다. 다만, 특별계정 운용실적과 관계없는 특약 및 보험회사가 최저보증하는 보험금 등은 예금자보호법의 보호를 받는다.

05 채권시장은 자본시장의 하위시장이다.

06 CMA
고객이 예치한 자금을 기업어음(CP)이나 양도성 예금증서(CD), 국공채 등의 채권에 투자하여 그 수익을 고객에게 돌려주는 금융상품이다. 투자금융회사와 종합금융회사의 대표적인 단기금융상품이나 2005년부터 증권회사에서도 취급하기 시작했다.

07 ① 투자회사는 주식을 발행하는 회사이다.
③ 투자신탁은 상법의 적용을 받지 않고, 투자회사는 상법의 적용을 받는다.
④ 투자회사와 투자신탁 모두 자본시장법의 적용을 받는다.

08 옵션에 대한 설명이다.

09 시중 자금사정이 풍부하면 채권 수요가 증가하기 때문에 채권수익률은 하락하게 되며 채권가격은 상승한다.

10 신탁업에 대한 설명이며, 신탁재산의 운용으로부터 발생하는 수익을 모두 위탁자 또는 수익자에게 귀속시키며 이와 같은 서비스를 제공한 대가로 신탁수수료를 받는다.

11 한국은행 금융통화위원회는 물가동향, 국내외 경제상황, 금융시장 여건 등을 종합적으로 고려하여 연 8회 기준금리를 결정(유지, 인상, 인하)하고 있다.

12 채권의 조달원금은 만기 시 원금상환이나, 주식의 조달원금은 상환의무가 없다.

13 신주인수권부사채의 장점

발행회사의 측면	• 사채발행에 의한 자금조달 촉진 • 재무구조의 개선효과 • 자금조달의 기동성 부여 • 표면이자율이 낮으므로 자금조달 비용의 절감 • 인수권 행사 시 추가자금의 조달가능
투자자의 측면	• 투자의 안정성과 수익성을 동시에 만족하는 채권 • 주가상승에 따른 이익 획득 • 투자의 융통성 보장

14 교환사채는 사채 자체가 상장회사의 소유주식으로 교환되는 것으로 교환시 발행사의 자산(보유유가증권)과 부채(교환사채)가 동시에 감소한다.

15 보험료의 납입과 보험계약대출 원리금 상환은 좌수가 증가하는 원인이고 보험계약대출, 월 공제액 차감은 좌수가 감소하는 원인이다.

16 주식상장의 효과로는 ① · ② · ③ 외에 공신력 제고, 종업원의 사기진작 등의 효과가 있다. 그러나 상장이후 소액투자자의 경영간섭, 외부에서의 경영권 위협 등이 발생할 수도 있다.

17 국가경제적 측면의 도입배경이다.

18 표면금리는 모든 수익률 계산 시 기준이 되는 금리이며, 예금증서 · 채권 등의 표면에 기재된 이자율을 말한다.

19 단기 채권형 펀드는 콜, 양도성예금증서(CD), 기업어음(CP) 등에 주로 투자하며, 주식에는 투자하지 않는다.

20 한국거래소는 장내시장에서 상장된 증권만을 취급한다. 참고로 프리보드시장은 한국금융투자협회에서 관리한다.

21 • 변액유니버설보험(보장형)의 사망보험금 = 기본보험금 + 변동보험금(일시납보험 추가가입방법으로 계산)
• 변액유니버설보험(적립형), 변액연금보험의 사망보험금 = 기본사망보험금 + 사망 시점까지 적립된 계약자적립금(투자실적에 따라 매일 변동)

22 유통시장에서도 매매가 가능하다.

23 계약자 개인별 적립금은 회사별 변액보험공시실 내에서 확인할 수 있다.

24 각 회사의 인터넷 홈페이지 내 사이버 창구에 접속하여 직접 펀드변경을 신청 할 수 있으며, 회사가 계약자의 요구를 접수한 때에는 계약자에게 계약자적립금의 0.1% 범위 이내에서 수수료를 청구할 수 있다.

제 **15** 회

25 변액보험의 기본은 물가상승에 따른 보험금의 실질가치 감소를 막기 위한 인플레이션의 헷지 기능이다. 따라서 변액보험은 단기투자성과에만 주목해서는 안 된다.

26 변액유니버설보험(보장형)은 해약환급금을 보장하지 않는다.

27 부리이율이 일반보험상품은 공시이율, 변액보험상품은 실적배당형이다. 변액보험상품은 납입보험료 중 순보험료가 특별계정으로 운용한다.

28 납입방법은 월납과 일시납만이 가능하고 변액연금보험에 한하여 3, 6개월납, 연납을 운영하는 경우도 있다.

29 다른 집합투자기구에 투자할 때 발생하는 운용보수, 판매보수, 신탁보수 등은 기초펀드의 보수비용으로, 특별계정 운용보수에 포함되지 않는다.

30 운용설명서에 대한 설명이다.

31 사망보험금을 최저보증한다.

32 주식형 펀드는 펀드운용보수가 상대적으로 높은 단점이 있다.

33 대출이자는 보험회사에서 정한 보험계약대출수수료를 차감한 나머지 금액이 특별계정으로 투입되어 운용된다.

34 초기투자자금은 일반계정에서 특별계정 펀드로 이체하여 설정한다.

35 상대적으로 채권형의 운용위험도가 혼합형에 비해 낮다.

36 당기순손익, 손익발생원천별 실적은 주요 정기공시 항목 중 경영실적에 관한 내용이다.

37 일반적으로 펀드변경은 회사의 고객창구를 방문하여 펀드변경 신청서를 작성하거나 회사의 인터넷 홈페이지에 마련된 사이버창구에 접속하여 변경하는 방법이 있다.

38 ① 변액연금보험의 사망보험금은 기납입보험료, 사망당시 계약자적립금과 기본사망보험금을 합산한 금액 중 가장 큰 것을 지급한다.
② 변액종신보험의 사망보험금은 사망 시 특별계정의 펀드수익률과 상관없이 최소한 가입금액 수준을 보증하고 있다.
③ 실적에 따라 사망보험금과 해약환급금이 변동하기 때문에 보험의 본질적인 기능을 기대하기 어렵게 된다. 이러한 문제를 해결하기 위해 특별계정 적립금에서 보증비용을 차감하여 보증준비금을 적립하고 일정수준 이상의 사망보험금과 연금재원을 보증해주고 있다.

39 ① 경영자가 예측하기 어렵고 예측했다 하더라도 단기간에 회복하기 어려운 우발적인 사태가 전개될 경우 어떻게 대처할 것인가를 마련하는 위기관리 경영기법이다.
② 특매상품이나 미끼상품으로, 원가보다 싸게 팔거나 기존의 판매가에서 대폭 할인하여 판매하는 상품을 말한다.
③ 시장에서 성공을 거둔 특정한 브랜드를 중심으로 브랜드의 성격과 이미지를 극대화한 매장을 말한다.

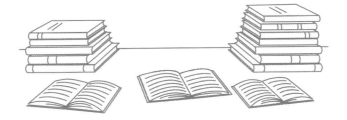

제대로 집중하면 6시간 걸릴 일을 30분만에 끝낼 수 있지만,

집중하지 않으면 30분 안에 끝날 일도 6시간을 해도 끝내지 못한다.

– 아인슈타인 –

운전면허보다 따기 쉬운
변액보험판매관리사 한권으로 끝내기

개정19판1쇄 발행	2025년 03월 05일 (인쇄 2025년 02월 12일)
초 판 발 행	2006년 09월 01일 (인쇄 2006년 07월 15일)
발 행 인	박영일
책 임 편 집	이해욱
저 자	시대금융자격연구소
편 집 진 행	김준일 · 이경민
표지디자인	박수영
편집디자인	안시영 · 하한우
발 행 처	(주)시대고시기획
출 판 등 록	제10–1521호
주 소	서울시 마포구 큰우물로 75 [도화동 538 성지 B/D] 9F
전 화	1600–3600
팩 스	02–701–8823
홈 페 이 지	www.sdedu.co.kr

I S B N	979–11–383–8846–7 (13320)
정 가	20,000원

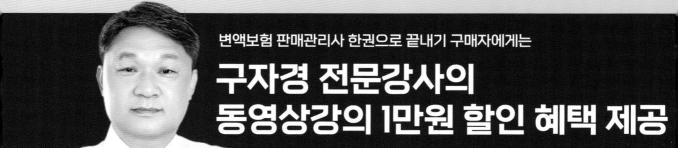

01 증권경제전문 토마토TV가 만든 교육브랜드

토마토패스는 24시간 증권경제 방송 토마토TV · 인터넷 종합언론사 뉴스토마토 등을 계열사로
보유한 토마토그룹에서 출발한 금융전문 교육브랜드 입니다.
경제 · 금융 · 증권 분야에서 쌓은 경험과 전략을 바탕으로 최고의 금융교육 서비스를 제공하고 있으며
현재 무역 · 회계 · 부동산 자격증 분야로 영역을 확장하여 괄목할만한 성과를 내고 있습니다.

뉴스토마토	TomatotV	토마토증권통	e Tomato
www.newstomato.com	tv.etomato.com	stocktong.io	www.etomato.com
싱싱한 정보, 건강한 뉴스	24시간 증권경제 전문방송	가장 쉽고 빠른 증권투자!	맛있는 증권정보

02 차별화된 고품질 방송강의

토마토 TV의 방송제작 장비 및 인력을 활용하여 다른 업체와는 차별화된 고품질 방송강의를 선보입니다.
터치스크린을 이용한 전자칠판, 핵심내용을 알기 쉽게 정리한 강의 PPT 진행 및 다운로드 제공,
선명한 강의 화질 등 으로 수험생들의 학습능력 향상과 모바일 수강 편의를 제공해 드립니다.

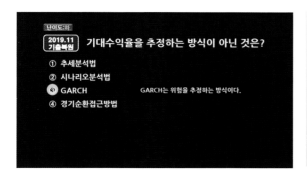

03 검증된 강의력의 현 지점장 구자경 강사

이미 AFPK와 CFP의 위험관리와 보험설계 강의에 대한 호평으로 증명된 구자경 전담 강사는
다년간의 실무 경력을 보유하고 있는 현직 겸업 강사 입니다. 보험분야 임직원 교육 진행 경력이 있어
누구보다 현직자의 마음을 잘 알고 있기 때문에 컴팩트하지만 확실하고 빠른 단기합격과정을 제공합니다.
강의를 진행하는 교재는 '변액보험판매관리사 한권으로 끝내기'로 시중 온라인 서점에서 리뷰 혹은
평점순 1위를 기록하며 이미 신뢰도를 인정받았습니다. 최고의 교재, 최고의 강사와 함께 하루에 1강씩만
들어도 2주만에 끝나는 토마토패스 변액보험판매관리사 단기합격과정으로 마음 가볍게 합격하세요.

시대에듀 금융시리즈

시대에듀 금융, 경제·경영과 함께라면
쉽고 빠르게 단기 합격!

금융투자협회	펀드투자권유대행인 한권으로 끝내기	18,000원
	펀드투자권유대행인 핵심유형 총정리	24,000원
	펀드투자권유대행인 출제동형 100문항 + 모의고사 3회분 + 특별부록 PASSCODE	18,000원
	증권투자권유대행인 한권으로 끝내기	18,000원
	증권투자권유대행인 출제동형 100문항 + 모의고사 3회분 + 특별부록 PASSCODE	18,000원
	펀드투자권유자문인력 한권으로 끝내기	30,000원
	펀드투자권유자문인력 실제유형 모의고사 4회분 + 특별부록 PASSCODE	21,000원
	증권투자권유자문인력 한권으로 끝내기	30,000원
	증권투자권유자문인력 실제유형 모의고사 3회분 + 특별부록 PASSCODE	21,000원
	파생상품투자권유자문인력 한권으로 끝내기	30,000원
	투자자산운용사 한권으로 끝내기(전2권)	38,000원
	투자자산운용사 실제유형 모의고사 + 특별부록 PASSCODE	55,000원
금융연수원	신용분석사 1부 한권으로 끝내기 + 무료동영상	24,000원
	신용분석사 2부 한권으로 끝내기 + 무료동영상	24,000원
	은행FP 자산관리사 1부 [개념정리 + 적중문제] 한권으로 끝내기	20,000원
	은행FP 자산관리사 1부 출제동형 100문항 + 모의고사 3회분 + 특별부록 PASSCODE	17,000원
	은행FP 자산관리사 2부 [개념정리 + 적중문제] 한권으로 끝내기	20,000원
	은행FP 자산관리사 2부 출제동형 100문항 + 모의고사 3회분 + 특별부록 PASSCODE	17,000원
	은행텔러 한권으로 끝내기	23,000원
	한승연의 외환전문역 Ⅰ종 한권으로 끝내기 + 무료동영상	25,000원
	한승연의 외환전문역 Ⅱ종 한권으로 끝내기 + 무료동영상	25,000원
기술보증기금	기술신용평가사 3급 한권으로 끝내기	31,000원
매일경제신문사	매경TEST 단기완성 필수이론 + 출제예상문제 + 히든노트	30,000원
	매경TEST 600점 뛰어넘기	23,000원
한국경제신문사	TESAT(테셋) 한권으로 끝내기	28,000원
	TESAT(테셋) 초단기완성	23,000원
신용회복위원회	신용상담사 한권으로 끝내기	27,000원
생명보험협회	변액보험판매관리사 한권으로 끝내기	20,000원
한국정보통신진흥협회	SNS광고마케터 1급 7일 단기완성	20,000원
	검색광고마케터 1급 7일 단기완성	20,000원

※ 도서의 제목 및 가격은 변동될 수 있습니다.